國際私法論　上巻

跡部定次郎著

昭和二年再版

國際私法論　上巻

日本立法資料全集　別巻
1198

信山社

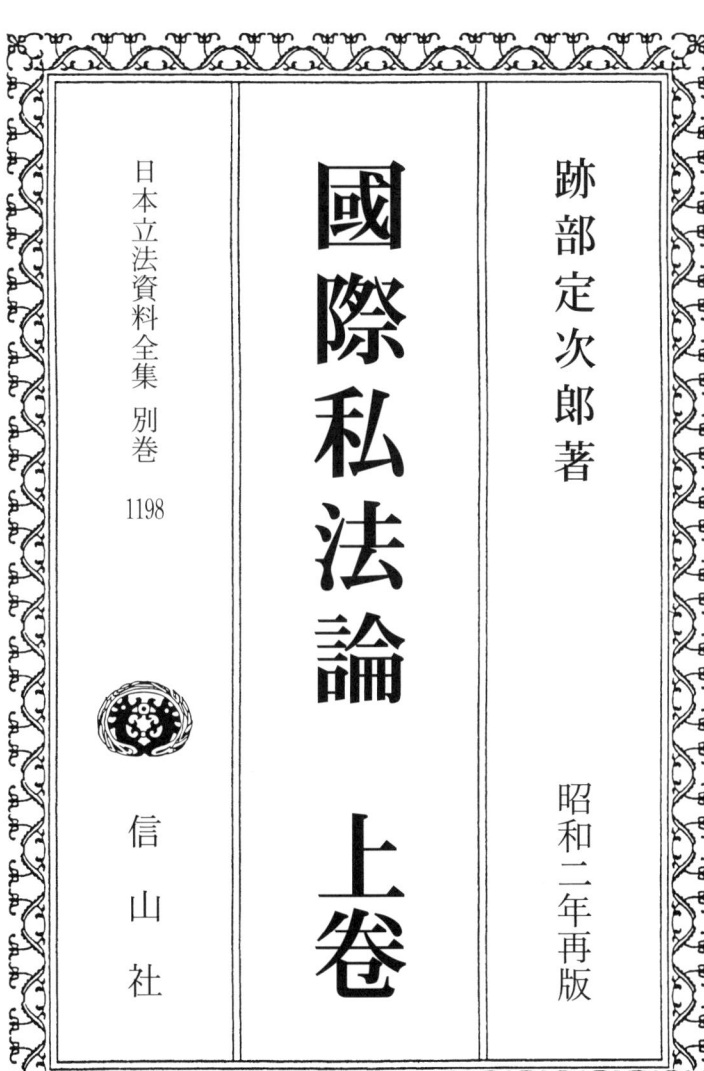

法學博士　跡部定次郎著

國際私法論

上卷

發兌　弘文堂書房

序

國際私法ハ未熟ノ法ナリ、關スル所ノ學問亦甚タ精シカラス、研究ノ困難ハ固ヨリナリト雖、余輩之レニ從事スルコト既ニ二十年、猶ホ何等ノ效果ヲ擧クルコト能ハザルハ自ラ顧ミテ深ク恥ツル所ナリ。而カモ今敢テ拙著ヲ公ニセントスル所以ノモノハ、主トシテ一ハ現在我法學界ニ於ケル斯法ニ關スル著述ノ缺陷ノ一部ヲ補ヒ、一ハ將來一層有益ナル著作ノ現出ニ聊カ助勢ヲ與ヘンカ爲ナリ。猶ホ拙著ハ理論及ヒ實際ニ渉リテ國際私法ノ何タルカヲ明カニセント欲ス、唯憂フ非才克ク此ノ重任ヲ果スコトヲ得ルカヲ。而シテ茲ニ先ツ斯法ノ基本觀念ニ屬スル本書ヲ公ニス、固ヨリ未タ意ニ滿テリト爲サス、普ネク識者ノ示敎ニ依リ、過レルヲ正シ、足ラサルヲ補ヒ、終ニ斯業ヲ成就スルコトヲ得ハ、著者ノ幸蓋シ之レニ過キタルハ有ラサルヘシ。

大正十一年十二月京都ニ於テ

著者識ス

合本ニ就テノ序言

大正十一年十二月本書上巻第一ヲ公ニシタル後、續巻ノ起稿大ニ遲レ、同十四年十月ニ至リ漸クニシテ同第二ヲ上梓スルヲ得タリ。斯クシテ世ノ期待ニ背キタルハ著者ノ眞ニ遺憾トスル所ナリ。爰ニ國際私法ノ通常所謂總論ノ部ヲ結了シタルヲ以テ、上記二册ヲ合シテ一本ト爲シ單ニ上巻ト命シタリ。而シテ此ノ機會ニ於テ印刷ノ誤謬ヲ正シ、又本文ニ多少ノ改訂ヲ加ヘタリ。猶ホ續巻ノ公刊ハ力メテ遲レサランコトヲ期ス。

大正十五年七月京都ニ於テ

著者識ス

國際私法論上卷目次

緒論

本論

第一編　總論

國際私法論

法學博士　跡部定次郎著

緒論

第一章　國際私法ノ概念

第一節　國際私法ノ發生

私法的國際生活

國際私法ハ私法的國際交通(私法的國際生活)ノ必要ニ應センカ爲メニ發生シタル法則ナリ。而シテ往々國家ガ私法的國際交通ノ主體トナルコトナキニアラスト雖モ、此ノ私法的交通ハ專ラ各國人民相互ノ交通往來ニ基ツクコト言フヲ俟タサルナリ。古代ハ勿論、中世封建ノ鎖國時代ニ於テハ各國人民ノ交通往來ハ甚タ稀ナリキ。然ルニ近世社會文明ノ發達ト俱ニ人類ノ智識的、經濟的慾望ノ增進スルヤ、各國人民ハ漸次互ニ近接シ、互ニ相交通スルニ至リ、猶ホ近時海陸交通機關ノ著大ナル發達ト共ニ各國民間ノ移動益甚シク、終ニ今日吾人ノ目擊スルカ如ク、盛ナル國際交通ヲ現出スルニ至レリ。乃チ吾人ハ昔時ノ單純ナル國內生活ノ外ニ猶ホ國際生活ヲ營ムニ至リタルモノナリト云フヲ得ヘシ。

私法的國際生活ト國內私法生活トノ差異

國際生活ニ於ケル各國人民ノ地位ハ國內生活ニ於ケルト甚タ相異ナレリ。卽チ國內生活ニ於テハ各國人民ハ各其所屬國家ノ唯一ノ主權ノ下ニ立チ、其ノ主權ノ發動タル國法ニ支配セラレ、其ノ保護ヲ享有ス。然ルニ國際生活ニ於テハ各國家ノ上ニ一ノ最高權力ナルモノナク、形式及ヒ內容ヲ異ニスル各國國法對等ニ並立スルカ故ニ國際生活ニ一定ノ規矩準繩ヲ與フルモノナシ。於是必要上此ノ國際生活ヲ規律スヘキ特別ノ法則ノ發生ヲ促スニ至レリ。卽チ一國一社會ニ於テ人民共同生活ノ必要ニ應センカ爲メニ其ノ國其ノ社會ニ法ノ發生スルガ如ク、各國人民ノ國際生活ノ需要ヲ充サンカ爲メニ自ラ一種ノ法則ノ發生ナカルヘカラス。換言

國際私法ハ私法的國際生活ノ安全ヲ圖ルヲ以テ目的トス

スレハ各國人民カ恰モ其ノ國內ニ於テ、其ノ國法ニ依リテ平穩ナル國內生活ヲ營ムコトヲ得ルガ如ク、其ノ國際生活ニ於テモ同シク平穩ナル生活ハ擔保ヲ享有スルノ必要アルナリ。所謂國際私法ハ此ノ擔保ノ任ニ當ランカ爲メニ發生シタル法則ナリ。

國際私法ハ上述ノ如ク形式及ヒ內容ヲ異ニセル各國法律、殊ニ各國私法ノ對立ノ下ニ於テ私法的國際交通ノ安全ヲ圖ランカ爲メニ生シタル法則ナリ。卽チ國際私法ハ各國人民ノ國際交通ニ於テ生スル各般ノ私法關係ノ安全ヲ圖ランカ爲メニ生シタル法則ナリ。而シテ此ノ目的ヲ達スルノ手段トシテ國際私法ハ各國私法ノ相互適用ニ關スル一ノ準則ヲ定メ、同一ノ法律關係ハ如何ナル國ニ於テモ同一ノ國法ニ從ハシメ、以テ國際生活ニ於ケル私法關係ヲ國際的ニ確保セントスルモノナリ。於是吾人ハ既ニ國際私法ノ一般ノ意義ヲ知ルコトヲ得ヘシ。卽チ國際私法ハ國際交通ニ於テ生スル私法關係ニ適用セラルヘキ國法ヲ選定スル法則ナリト言フコトヲ得ルナリ。

各國私法ノ對立狀態

上來國際私法ナル法則ハ如何ニシテ發生シタルモノナルカヲ抽象的ニ説明セリ。以下少シク具體的ノ説明ヲ以テ之レヲ補充スヘシ。各國私法ハ各自異ナレル主權ノ發動ニ出ツルモノナルヲ以テ法ノ形式ヲ異ニシ、從ヒテ互ニ其ノ效力ヲ當然認ムルコト能ハサルハ明カナリ。且又各國私法カ其ノ規定ノ内容實質ヲ異ニスルハ其ノ原因理由ノ如何ハ暫ク之レヲ問ハス、現下ノ事實トシテ明カナリ。從ヒテ私法的國際交通ニ於テ下ノ如キ各國私法ノ對立狀態ヲ現出ス。(一)米國ニ住所ヲ有スル土耳古人カ日本ニ於テ爲シタル法律行爲ニ付テ此ノ土耳古人ノ一般法律行爲能力ノ有無ヲ定ムル必要生シタリト假定スヘシ、然ルニ本國法タル土耳古法ハ十六歳ヲ以テ成年ト爲シ、住所地法タル米國法ハ二十一歳ヲ以テ、又行爲地法タル日本法ハ二十歳ヲ以テ成年ト爲ス。乃チ日米土ノ三國私法ハ茲ニ相對立ス。(二)獨逸人タル男子某日本ニ於テ一日本婦人ト結婚セントス、然ルニ婚姻要件ノ一タル年齡ニ付キ本國法タル獨逸法ハ男子ハ二十一歳ト定メ、婚姻擧行地法タル日本法ハ十七歳ト定ム、茲ニ日獨二法ハ對立アリ。(三)日本人カ獨逸ニ有スル動産ノ所有權ヲ他人ニ移轉セントス。財産所在地法タル獨逸法ハ當事者ノ合意ノ外猶ホ目的物ノ引渡ヲ必要ト爲スニ反シ、日本法ハ單ニ當事者ノ意思表示ノミヲ以テ足レリトス。爰ニモ同シク二法ノ對立ヲ見ルナリ。其他各種ノ私法的國際交通ニ於テ各國私法ノ對立關係ヲ現出ス。凡ソ此ノ如キ場合ニ於テ國際私法ハ或ハ當事者ノ本國法若クハ住所地法ニ從フヘキコト、又或ハ財産所在地法ニ依ルヘキコトヲ命シ、以テ各國私法ノ相互適用範圍ヲ一定シ、從ヒテ最終ノ目的タル私法的國際交通ノ安全ヲ圖ラントスルモノナリ。

之レヲ要スルニ國際私法ハ私法的國際交通ヲ安全ナラシメンカ爲メニ發生シタル一種ノ法則ナリ。

第二節　國際私法ノ必要

吾人ハ前節ノ説明ニ依リ、國際私法ハ私法的國際交通ノ需要ニ應シ、其ノ安全ヲ期センカ爲メニ發生シタルモノナルコトヲ知レリ。然ラハ問ハン、私法的國際交通ノ安全ヲ確保スル爲メニ國際私法ハ唯一必要ノ手段ナルカ、或ハ之レニ代ハルヘキ他ノ手段アリテ、國際私法ハ敢テ必要缺ク可ラサル手段ニ非サルカ、之レ本節ニ於テ攻究セントスルトコロナリ。

第一款　世界私法ノ設定

私法的國際生活ノ保護手段

國際私法ヲ以テ各國私法ノ相互適用範圍ヲ定ムルノ外、吾人カ各國私法ノ對立關係ニ對シ私法的國際交通保護ノ目的ヲ遂スル爲メニ先以テ想像シ得ヘキ手段ハ此ノ私法ノ對立關係其ノモノヲ撲滅スルニアリ。卽チ

世界私法ノ設定

世界一切ノ國家ヲ網羅セル一大聯合條約ニ依リ、世界各國ノ私法ヲ統一シテ所謂世界私法ナルモノヲ設定スルニアリ。若シ此ノ事業ニシテ成就センカ、最早內容ヲ異ニスル各國ノ私法ノ對立關係ヲ生スルコトナク、吾人ノ私法的國際交通ハ世界到ル處ニ一樣ノ保護ヲ享クルコトヲ得ヘシ。

法ノ內容ノ衝突ト形式ノ衝突

但シ此ノ方法ニ依ルモ法ノ形式ヲ異ニスル各國私法ノ對立關係ヨリ生ス

ル不便ハ之レヲ避クルコトヲ得ス、何トナレハ世界聯合條約ニ依リ設ケラレタル所謂世界私法ナルモノモ之レヲ各國ニ行フニハ各國ノ國法ニ依リテ之レヲ行フノ外ナケレハナリ。即チ法律規定ノ内容實質ハ同一ナルモ法ノ形式ハ各國法律トシテ互ニ相異ナルカ故ニ甲國ニ於テ認メラレタル法律效果ハ甲國法ノ法律效果ニシテ乙國法ノ法律效果ニアラス。從ヒテ乙國ニ於テ當然其ノ效力ヲ認メラルルコトヲ得ス。之レ獨立對等ナル各國主權ノ並存ナル事實ヨリ當然生スル結果ニシテ、到底避クルコト能ハサルナリ。然リ然リト雖モ既ニ内容實質ヲ異ニスル私法ノ對立關係ヲ除去スルコトヲ得ハ吾人ノ目的ハ大半成就セルモノト云フヲ得ヘシ。然ラハ所謂世界私法ノ設定ナル事業ハ果シテ成功ノ希望アリヤ如何ト云フニ、余輩ハ今日ハ勿論、將來ニ於テモ此ノ事業ハ到底完全ニ之レヲ成就セシムル能ハサルモノナリト言フニ躊躇セサルナリ。何トナレハ私法ノ或部分ニ就テハ或ハ世界統一ノ希望ナキニ非スト雖モ又他ノ多クノ部分ニ於テハ法ノ性質上其ノ世界的統一ハ到底不能ノ業ナレハナリ。即チ私法的國際交通ニ最モ密接ナル關係ヲ有スル私法、從ヒテ世界各國カ最モ痛切ニ其ノ統一ノ必要ヲ感シツツアル法律、例ヘハ內外商取引ニ密接ナル關係ヲ有スル法律ニ就テハ或ハ世界統一ノ希望アリ得ヘシ。然ルニ私法中各國ノ特殊ノ人情、風俗又社會道德ノ觀念ニ基ツク法律例之親族法又ハ相續法ノ如キニ至テヤ其ノ根源タル各國ノ人情、風俗又道德ヲ統一スルニ非サルヨリハ之レヲ統一スルコト能ハス。而シテ各國ノ人情、風俗又道德ノ觀念ヲ統一スルコトハ今日ノ列國並存ノ狀態ニ於テハ到底不能ノ事ニ屬ス。故ニ世界私法ノ設定ニ依リテ私法的國際交通ノ安全ヲ圖ラントスルハ畢竟一ノ空想ニ過キスト言ハサル可ラサルナリ。毛戸、跡部譯マイリー國際民商法論上卷二四頁以下、Kahn, Uber Inhalt, Natur und Methode des intern. Privatr. Iherings Jahrbücher für die Dogmatik, Bd. 40, S. 11.

【註】國際商取引ニ於テ最モ重要ナル地位ヲ有スル手形ニ就テ各國カ法ノ統一ヲ企圖スルニ至リタルハ自然ノ數ナリ。卽チ一九一二年海牙萬國手形法會議ノ成果トシテ統一手形規則並ニ手形法統一條約ナルモノ成立シタリ而シテ日、英、米ヲ除キ歐大陸、中米及ヒ南米ノ諸國多ク之レニ加盟シ、加盟國ハ此統一手形規則ヲ一般國內法トシテ施行スヘキ義務ヲ負ヒタルモノナリト雖モ猶ホ本條約ニ於テ各國ノ獨立ノ立法權ニ留保シタル點少カラス。故ニ此ノ手形法ノ統一ハ條約國間ニ於テモ未タ完成セラレタルモノト云フヲ得サルノミナラス、國際商取引ニ重要ナル地位ヲ

占ムル英米等カ條約ニ加盟セサル間ハ手形法ノ統一事業ハ未タ其ノ道程ノ半ハニ在ルモノト云ハサル可ラサルナリ。

國際生活ニ於ケル世界私法ノ設定

第二款　國際交通ニ於ケル世界私法

上述ノ如ク所謂世界私法ノ設定ニシテ事實不能ノ業ナリトセハ、各國私法ノ側ラニ之レト並立シテ單ニ國際交通ニ於テ生スル私法關係ニノミ適用セラルヘキ一ノ世界私法ヲ設定スルコト能ハサルカ。此ノ方法ハ私法的國際交通ノ安全ヲ圖ルニ於テ前ニ掲ケタル一般的世界私法ノ設定ニ讓ラス。且ツ各國國情ニ基ツク私法ヲ全ク破壞セサル點ニ於テ實行不能ノ非難ヲ避ケ得ルニ非サルカ。然リ、此ノ方法ハ第一方法ニ比スレハ稍實行容易ノ觀アリ、然レトモ此ノ方法モ亦完全ニ之レヲ遂行スルコト能ハサル點ニ於テ第一方法ト殆ト選フナシト信ス。卽チ假令此ノ世界私法ノ適用範圍カ單ニ國際的私法關係ニノミ限定セラルトスルモ、私法全部ニ涉リテ各國ノ協調ヲ見ルコトハ到底不能ナリ。何トナレハ此ノ方法ニ依ルモ各國ハ內國人民ノ關係セル國際的私法關係ニ就テハ各自ノ特殊ノ國情ニ基ツク國內私法ヲ抛棄セサル可ラサレハナリ。唯原則トシテ世界的性質ヲ有スル取引關係ニ關スル法律ニ就テハ第一方法ト同シク實行ノ希望アリト云フヲ得ヘシ。

【註】現ニ實行ヲ見タル一二ノ例アリ。卽チ一八九〇年歐大陸諸國間ニ締結セラレ、一八九八年及ヒ一九〇六年ニ追加セラレタル鐵道物品運送ニ關スルべるん條約。日本及ヒ歐米諸國ヲ併セ二十五國間ニ成立セル一九一〇年ノ船舶衝突規定統一條約及ヒ海難救助規定統一條約是レナリ。

第三款　結　論

私法的國際生活保障ノ最後手段

右述フルカ如ク各國別私法ヲ全然消滅セシメ若クハ各國別私法ノ側ラニ國際的ノ世界私法ヲ設定スルコトカ到底完全ニ實行スルコト能ハストセハ、又從ヒテ各國私法ノ對立關係ハ到底之レヲ除去スルコト能ハストセハ、最後ノ手段トシテ吾人ハ何等カ適當ナル方法ニ依リ各國私法ノ適用範圍ヲ國際的ニ一定シ以テ私法的國際交通ヲ保護スルノ外ナシ。所謂國際私法ハ此ノ任務ヲ盡サントスルモノナリ。依此觀之國際私法ハ私法的國際交通ノ安全ヲ圖ル爲メニ必要缺ク可ラサル手段ナリト云ハサル可ラサルナリ。

第三節　國際私法ノ範圍

第一款　學說一般

國際私法ノ範圍、換言スレハ國際私法ナル法ノ一分科ノ管轄ニ屬スヘキ事項如何。本問ハ次節ニ揭クヘキ國際私法ノ本質論ト重要ナル關係ヲ有ス、蓋シ法ノ內容範圍ヲ定ムルニ非サレハ法ノ性質ヲ明カニスルコト能ハサレハナリ。尤モ或ル法律ノ管轄事項中ニモ自ラ主從ノ關係ノ存在スルモノアルカ故ニ法ノ本質ヲ定ムル爲メニ必シモ法ノ內容實質ヲ絕對ニ一定スルノ要ナシ、然レトモ法ノ主タル管轄事項、從ヒテ當然法ノ本質ニ影響スヘキモノハ元ヨリ之レヲ確定セサル可ラス。然ラハ今一般ニ

學說ノ不同

國際私法ノ範圍如何ト云フニ、此ノ點ニ就テ從來學者ノ意見全ク一致スト云フヲ得サルナリ。且ツ此ノ意見ノ相異ハ單ニ從タル事項ニ就テノミナラス、主タル事項ニ就テモ猶ホ存在ス、而シテ此ノ如キ異見ノ行ハル

ル所以ノモノハ主トシテ斯法カ未タ完全ナル發達ヲ遂ケサルニ由ルト云ハサル可ラサルナリ。既ニ第一節ニ述ヘタルカ如ク、此ノ法律ハ私法的國際交通ノ必要ニ應センカ爲メニ發生シタルモノナルカ故ニ他ノ各分科ノ法律ニ比シ猶ホ新シキ生命ヲ有シ、從ヒテ未タ十分ニ成熟セサルモノナリ。爲メニ其ノ內容、範圍モ未タ全ク一定スルニ至ラス、性質モ亦明瞭ヲ缺クノ狀態ニ在ルモノナリ。然リ然リト雖モ各國法律殊ニ各國私法即チ民法、商法ノ適用範圍ヲ定ムルコト、猶ホ普通ニ用ヒラルル語ヲ以テスレハ私法ノ衝突ヲ解決スルコトヲ以テ國際私法ノ一管轄事項ト爲スノ點ニ於テハ絕對ニ異見ナシ【註】。否ナ多數ノ學者ハ之レヲ以テ重要ナル管轄事項ト爲シ、之レニ配スルニ之レト密接ナル關係ヲ有スル事項、例ヘハ外國人ノ私法上ノ地位、國籍問題及ヒ民事訴訟問題等ヲ以テスルヲ例トス。而シテ刑法、刑事訴訟法又ハ行政法等ノ公法ニ關スル事項ヲモ包含セシメントスル者ハ例外ニ屬ス。要スルニ私法ノ適用範圍ヲ定ムルコトヲ以テ國際私法ノ重要ナル目的ト爲スコトハ廣ク認メラルルモノト云フヲ得ヘシ。余輩モ根本ニ於テハ此ノ普通ノ見解ニ從ハントス。然レトモ細末ノ點ニ至リテヤ、多少ノ異見ナキニ非サルナリ。以下所信ノ綱要ヲ述フヘシ。

【註】唯學者中國際私法トシテ單ニ國際民法ニ付テノミ研究スル者ナキニ非ス。例之白耳義ノろーらん、獨逸ノちーてるまんノ如シ。然レトモ此等ノ學者ハ商法ノ衝突規則ヲ理論上國際私法中ヨリ排斥スヘキモノナリト爲スニ非サルコトヲ注意セサル可ラス。即チろーらんカ其ノ著述ヲ單ニ國際民法 Droit civil international ニ制限シタルハ此ノ著ハ實ハ氏ノ民法論 Principes de droit civil ノ續編タラシメントシタルカ爲メナルコト氏自ラノ辯明ニ依リテ明カナリ Laurent, Droit civil international, I, p. 1. (2). 而シテちーてるまんモ商法及手形法ヲ分離シタルハ何等本質上ノ理由アルニ非スシテ單ニ研究ノ目的物ヲ成ルヘク制限セントシタル著者ノ希望ニ出ツル旨ヲ明言セリ Zitelmann I, S. 29. 故ニ此ノ二氏ヲ以テ商法ノ衝突問題ハ之レヲ國際私法ノ範圍外ニ屬セシムヘキモノナリトノ意見ヲ有スル者ト解スルハ誤ナリ。

第二款　私法衝突ノ解決問題

私法衝突ノ解決ハ國際私法ノ本體ナリ

國際私法ノ內容、範圍如何ハ一面ニ於テハ斯法ノ目的ニ依リテ自ラ定マラサル可ラス。而シテ斯法ノ目的ハ既ニ第一節ニ說明シタルトコロナルヲ以テ本問ニ對スル答案ノ一半ハ既ニ與ヘラレタルモノナリ。即チ國際私法ハ私法的國際交通ノ安全ヲ圖ランカ爲メニ、國際生活ニ於ケル私法關係ニ適用セラルヘキ國法ヲ選定スルヲ以テ目的ト爲ス。故ニ國際私法ハ普通ニ謂フ所ノ各國私法ハ衝突ヲ解決スヘキ規則ヲ以テ其ノ内容トスルモノナリ。此ノ點ハ既ニ上來ノ説明ニ依リテ明カナルトコロナリ。而シテ本問ノ他ノ一面ハ國際私法ハ單ニ各國私法ノ衝突ヲ解決スルトコロノ規則ノミニ限ラルルカ、或ハ他ノ規則ヲモ包含スルカノ點ナリトス。

第三款　國籍住所ノ衝突ノ解決問題

私法衝突解決ノ先決問題

余ノ觀ル所ニ依レハ私法衝突解決ノ先決問題トシテ到底之レト分離ス可ラサルモノハ當然國際私法ノ内容ニ包含セラレサル可ラス、國籍及ヒ住所ハ衝突問題卽チ是ナリ。人ノ本國法又ハ住所地法ナルモノハ國際私法上屢〻適用セラルヘキ法律トシテ選定セラルルモノナリ。然ルニ此ノ本國法又ハ住所地法ヲ定ムル標準タルトコロノ國籍又ハ住所カ單純ナラサルコトアリ、卽チ當事者カ或ハ重複シテ國籍又ハ住所ヲ有シ、或ハ全クニ之レヲ有セサルコトアリ。斯カル場合ニ適用セラルヘキ法律タル本國法又ハ住所地法ヲ定ムルニハ勢ヒ遡テ國籍又ハ住所ノ衝突ヲ決定セサル可ラス。是レ國籍及ヒ住所ノ衝突問題カ國際私法ノ範圍内ニ入ル所以ナリ。然レトモ爲メニ國籍、住所其ノモノノ研究カ國際私法中ニ入ルニ非ス。從來往々ニシテ國籍問題全部ヲ國際私法中ニ包含セシメテ研究スル學者アリ、佛蘭西ノわいす氏カ其ノ大著國際私法全六巻中ノ一巻八百餘頁ヲ割テ國籍問題ノ研究ニ費ヤシタルカ如キ其ノ最モ著シキ例タリ。然レトモ余輩ハ其ノ當ヲ得サルコトヲ信ス、蓋シ私法衝突解決問題ト相渉ラサル問題ヲ混入スルハ妥當ナラサレハナリ。猶ホ國籍衝突ノ解決ト雖モ國際私法上ニ於テハ私法關係ニ適用セラルヘキ當事者ノ本國法ヲ決定センカ爲メニ爲スモノナルカ故ニ他ノ目的ノ爲メニ爲ス國籍衝突ノ解決トハ自ラ異ラサル可ラス。故ニ國籍衝突ノ問題自身モ亦國際私法上ニ於テハ其ノ全部ニ非スシテ制限ヲ受クヘキモノナリ。猶ホ此ノ點ハ後ノ説明ニ依リテ明カナルヘシ。

國籍衝突解決ノ目的

第四款　外國人ノ私法上ノ地位

次ニ猶ホ國際私法ノ管轄ニ屬スヘキ事項アリヤ。外國人ノ法律上ノ地位殊ニ其ノ私法上ノ地位如何ノ問題ハ從來ノ學者ハ殆ト一般ニ國際私法ノ管轄內ニ入ルヘキモノト認メ、國際私法ノ總論中ニ之レカ研究ヲ爲スヲ例トス。然ルニ又反對ノ意見ヲ有スル學者ナキニ非ス。例ヘハ獨逸ノちーてるまんノ如キ其ノ一人ニシテ氏ハ適用規則 Anwendungsnormen ト實質法 Materielles Recht トノ區別ハ法規ノ構成要素タル事實又ハ法律效果ノ種類ニ依リテハ之レヲ爲スコト能ハス、此ノ區別ハ偏ヘニ法規ノ目的ニ依リテ爲スヘキモノナリ、卽チ若シ或ル法規カ自ラ外國法ニ對シ內國法ノ管轄範圍ヲ定ムルコトヲ以テ其ノ目的ト爲スモノナルトキハ此ノ法規ハ衝突規則 Kollisionsnorm（適用規則ト同義）ナリ。反之或ル法規カ其ノ適用セラルヘキコトヲ規定セル他ノ法規ヲ前提ト爲ストキ、卽チ管轄限定問題カ既ニ決定セラレヲルトキハ此ノ法規ハ單純ナル實質法ノ規定ナリト

適用規則ト實質法トノ區別

外人法ハ實質法ナリ

爲シ、更ラニ進ンテ外國人ノ私法上ノ地位ニ關スル研究ハ如何ナル範圍ニ於テ國際私法ニ屬スヘキカト云フ問題ニ對シ氏ハ答ヘテ曰ク、外國人ニ付キ或ル實質法上ノ規定ヲ爲ストコロノ法規ハ同時ニ又衝突規則タルコトヲ得ヘシ。即チ若シ斯カル法規ニ依リテ初メテ外國人ニ對スル內國法ノ管轄ヲ定メントスルトキ、換言スレハ內國法ノ管轄カ他ノ國際法上ノ原則ニ依リテ定メラレサルトキハ此ノ法規ハ同時ニ衝突規則ナリ、而シテ此カル範圍ニ於テ此ノ法規ハ國際私法ニ屬ス。然リト雖モ內外人ノ權利ハ差等ヲ認ムル普通ノ法規ハ原則トシテ實質法的性質ヲ有ス、即チ斯カル法規ハ皆ナ國際法上既ニ內國法ニ管轄權ノ存スルコトヲ前提ト爲シ、唯之レニ基ツキ外國人ノ地位ヲ定ムルモノナルカ故ニ國際私法ニ屬スヘキモノニ非サルナリト（Zitelmann I. c. S. 251-259）然リ、外國人ノ法律上ノ地位ヲ定ムル法律、所謂外人法 Fremdenrecht ナルモノハ內外法ノ適用範圍ヲ定ムルコトヲ目的トセル所謂衝突規則トハ根本ノ性質ヲ異ニスルカ故ニ二者混同ス可ラサルハ明カナリ。然リト雖モ此ノ二者ノ間ニ何等カ密接ノ關係ノ存スルモノアリテ其ノ性質ノ異ナルニ拘ラス猶ホ二者ヲ聯合セシムヘキ理由ナキカ、此ノ點猶ホ研究ヲ要ス。從來學者普通ニ說テ曰ク外國人ノ權利享有問題ハ國際私法ノ前提ヲ爲スモノナリ、故ニ當然國際私法中ニ包含セラレサル可ラスト。然レトモ爰ニ注意ヲ要スルハ此ノ外國人ノ權利享有問題ハ法律衝突解決ノ先決問題タルニ非サルコトナリ。卽チ前掲ノ國籍衝突問題ノ如ク法律衝突解決ノ先決問題トシテ之レト分離ス可ラサルカ如キ關係ヲ有スルモノニ非ス。法律衝突問題ハ外國人ノ權利享有問題ト全ク獨立シテ決定スルコトヲ得ルナリ。

外人法ハ法律衝突問題ノ前提ヲ爲ス

然レトモ外國人ノ權利享有ノ問題ハ法律衝突問題ノ前提ヲ爲スモノナリ。何トナレハ外國人ニ全ク權利ノ享有ヲ認メサランカ、法律衝突ノ問題ハ初メヨリ生セサルヘケレハナリ。Bar, Neue Principien und Methoden des internationalen Privatrechts, S. 18, 19. (Archiv für Öffentl. R. Bd. XV)

外人法ト法律衝突トハ全然無關係ナリトスル說ノ誤謬

然ルニ猶ホ反對論ナキニ非ス。卽チ獨逸ノふらんつ、かーんハ其ノ著名ナル國際私法本質論ニ於テ外人法ト法律衝突 Collisio statutorum トハ前提ト本問トノ關係ヲ有セス、又元ヨリ同一ナラス、二者全ク別異ノ事項ニ屬スト爲シ、說明シテ曰ク

外人法ト衝突規則トノ性質ヲ異ニスルカ爲メニ兩者ノ關係ヲ抹殺スヘカラス

一國ハ外國人ニ對シテ原則トシテ一切ノ私權ヲ認メサルモ猶ホ能ク婚姻ノ方式ハ行爲地法ニ從フヘク、不動産所有權ハ所在地法ニ從フヘシ等ノ衝突規則ヲ認ムルコトヲ得ヘシ。一國カ此等ノ衝突規則ヲ設クルハ外國人ノ爲メニスルニ非スシテ、然カセサレハ自己國民ニ不合理ナル結果ヲ生スルヲ拒カンカ爲メナリ。又反對ニ一國ハ外國人ノ取扱ニ就キ最モ自由ナル原則ヲ採用スルモ猶ホ外國法ノ適用ニ就テハ甚タ偏狹ナル主義ヲ採ルコトヲ得ヘシ。例之外國人ハ內國人ト同シク全ク無制限ニ總テノ私權ヲ享有スヘキモノト爲スモ、同時ニ法カ明カニ例外ヲ認メタル場合ノ外ハ內國法ヲ絕對ニ適用スヘキコトヲ命スルコト猶ホ索民法第六條ノ如ク又或ハうゑひたーノ主張シタルカ如ク「疑ハシキトキハ內國法ヲ適用スヘシ」ト爲スコトヲ得ヘシト

Franz Kahn, Ueber Inhalt, Natur und Methode des internationalen Pirvat rechts (Ihering's Jahrbücher für die Dogmatik. 40, S. 11 ff.)

此ノ議論ハ眞理ノ一面ヲ觀テ他面ヲ顧ミサルモノナリ、卽チ外人法ト法律衝突規則トカ全ク性質ヲ異ニスルモノナルコトヲ指摘シタル論旨ハ正當ナリ。然レトモ外國人ニ一切ノ權利ノ享有ヲ認メサルモ猶ホ法律衝突

規則ハ存在シ得ヘク、從ヒテ法律衝突問題ハ勿論存在シ得ヘキカ如ク主張セルハ不當ノ議論タリ。抑モ法律衝突問題卽チ余輩カ第一節ニ述ヘタル各國法律ノ對立關係ナルモノハ各國家ハ平等、從ヒテ各國法律ハ平等關係ヲ前提トスルニ非サレハ之レヲ想像スルコト能ハス。一國カ外國國家ノ存在ヲ認メス、從ヒテ其ノ國法ヲ全ク無視スルトキハ茲ニ各國法律ノ對立關係無ク、從ヒテ又各國法律ノ管轄範圍ヲ公平ニ定ムル規則ノ存在スヘキ理ナシ。然ルニ外國人ニ一切ノ權利ノ享有ヲ認メスシテ而カモ外國法律ノ存在ヲ認ムルト云フカ如キ事實ハ殆ト想像スルコトヲ得ス。現ニ古代、或ハ外國人ハ之レヲ敵ト認メ又ハ劣等ナル人種ト認メテ捕ヘテ之レヲ奴隷ト爲シタルカ如キ時代ニ於テハ法ノ衝突問題ヲ生シタルコトナシ。かーんト雖モ此ノ歷史的事實ヲ否認スルコト能ハスシテ曰ク外人法ト吾人ノ研究事項(國際私法ノ義ナルヘシ)トハ多クノ接觸點ヲ有ス、兩者ノ發達ハ確カニ並行セリ。故ニ歷史的說明ニ於テハ兩者ノ關係ヲ殊ニ明カニセサル可ラスト。Kahn, S. 16. 然ルニモ拘ラス氏カ現今ニ於テ外國人ノ

内國人民ノ利益ノ爲メニ外國法ノ適用ヲ命シタル規定ハ衝突規則ニ非スシテ實質法的指定規定ナリ

權利ノ享有ヲ一切認メサルモ猶ホ國際私法ハ存在シ得ヘシト主張スルハ單ニ兩者ノ性質ノ異ナルヲ高調セントシテ兩者ノ關係ヲ强テ抹殺セントシタルモノト云ハサル可ラス。加之氏カ外國人ノ一切ノ私權ヲ認メスシテ猶ホ存在スト主張スルトコロノ衝突規則ナルモノハ余ノ見ルトコロニ依レハ實ハ眞ノ衝突規則ニ非スシテちーてるまんノ所謂實質法的指定規定 Materiellrechtlicher Verweisungssatz ナリ Zitelmann l. c. S. 257 ff. 其ノ故如何ト云フニ前掲氏ノ議論ノ前段ヲ見ルニ一國カ外國人ニ一切ノ私權ヲ認メスシテ猶ホ設ケ得ヘキ衝突規則ハ偏ヘニ內國人民ノ利益ノ爲メニ設クルトコロノモノナリ、卽チ此ノ如キ規則ヲ設ケサレハ自國民ニ不合理ナル結果ヲ生スルカ爲メナリ。果シテ然ラハ此等ノ所謂衝突規則ナルモノハ私法的國際生活ノ安全ノ爲メニ、一般ニ又公平ニ各國私法ノ管轄範圍ヲ定メントスル規則ニ非サルナリ。眞ノ衝突規則ナルモノハ單ニ內國人民ノ爲メニモアラス、又外國人民ノ爲メニモアラス、偏ヘニ內外私法的交通ノ安全ヲ期セントカ爲メニ各國私法ノ管轄範圍ヲ定ムルモノナリ。若シ一國カ或ル法律關係ニツキ內國人民ニ利益ナレハ外國法ヲ適用シ、不利益ナレハ之レヲ適用セスト云フカ如キ規則ヲ設クルコトヲ得トセハ、該法律關係ニ付キテハ其ノ國ニ絕對ニ管轄權アリト云ハサル可ラス。此ノ管轄權ヲ前提セサレハ此ノ如キ隨意ノ規則ヲ設定スルコト能ハス。故ニ單ニ內國人民ノ利益ノ爲メニ外國法ノ適用ヲ命シタル氏ノ所謂衝突規則ナルモノハ實ハ內國ノ實質法ニシテ此ノ實質法ニ依リテ指定セラレタル――適用スヘク命セラレタル――外國法ハ此ノ指定――適用命令――ニ依リテ內國實質法トナルモノナリ。卽チ此ノ所謂衝突規則ハちーてるまんノ所謂實質法的指定規定ニシテ眞ノ衝突規則ニ非サルナリ。二法カ外國法ノ適用ヲ命スル形式ハ互ニ相同シ、然レトモ二法カ之レヲ命スル意義目的ハ全ク異ナルナリ。單ニ形式ノ同一ヲ以テ性質ノ其レヲ斷ス可ラス。次ニ氏ノ議論ノ後段ニ述フル所モ論旨徹底セサルノ嫌アリ。卽チ外國人ヲ絕對無制限ニ內國人ト同等視スルモ猶ホ衝突規則ハ全ク之レヲ缺クコトヲ得ル旨ヲ主張セサレハ氏ノ論旨ヲ貫クコト能ハス。然ルニ氏ハ唯甚タ偏狹ナル外國法適用主義ノ衝突規則ノ存在シ得ヘキヲ説クニ止マルナリ【註】。之レヲ要スルニ外人法ト衝突規則トハ全ク其ノ本質ヲ異ニス、而カモ兩者ノ間ニハ或ル關係ヲ有ス、而シテ其ノ關係ハ外人法ニ依リ外國人ニ權利ノ享有ヲ認ムルコトカ事實上法律衝突問題發生ノ前提ヲ爲スト云フ點ニ在リ、此ノ意義ニ於テ外國人ノ私權享有問題カ國際私法ニ編入セラルルモノナリ。然レトモ前ニモ注意シタルカ如ク、此ノ問題ハ國籍衝突問題ノ如ク法律衝突解決ノ先決問題トシテ之レト分離スヘカラサルカ如キ關係ヲ有スルモノニ非ス。從ヒテ此ノ問題ハ或ハ全ク之レヲ國際私法中ヨリ除外スルモ理論上毫モ不可ナシ、唯二者ノ間ニ如上ノ關係存在スルカ故ニ之レヲ聯合セシムルコトヲ得ルニ止マルナリ。外人法ノ國際私法ニ於ケル地位此ノ如シ。故ニ本書ニ於テモ外人法ニ就テハ詳細ナル研究ヲ爲サスシテ唯外國人私權享有問題ノ一般ヲ序スルニ止メントス。

【註】猶ホ國法カ明カニ例外ヲ認メタル場合ノ外ハ內國法ヲ絕對ニ適用スヘシ、又ハ疑ハシキトキハ內國法ヲ適用スヘシト云フカ如キ主義カ根本ニ於テ今日ノ國際生活ノ需要ニ適フカ否カハ別ニ國際私法ノ本質論ニ於テ說明スヘシ。而シテ余輩ハ此ノ問題ヲ否定スル者ナリト雖モ若シ根本原則トシテハ此ノ如キ主義ヲ採用スルモ他方ニ例外

トシテ多少ナリトモ外國法適用ノ場合ヲ認ムトセハ今日ノ實際トシテハ一國ノ衝突規則タルヲ妨ケサルヘシ。

第五款　民刑訴訟法

國際民事訴訟法

次ニ民事訴訟ニ關スル法律衝突解決規則卽チ所謂國際民事訴訟法ヲ國際私法中ニ編入スヘキモノナリヤ否ヤ。此ノ點ニ付テモ從來學者ノ見解一ナラス、或ハ二者ハ法ノ性質ヲ異ニスルモノナルカ故ニ混合スヘキモノニ非スト爲シ、例之毛戶、跡部譯、まいりー、國際民商法第一編第一章第三節 或ハ民事訴訟法ハ民法、商法ノ補助法ニシテ之レト分離ス可ラサルモノナルカ故ニ民事訴訟法ノ衝突問題ハ當然國際私法中ニ入ルヘキモノナリト爲ス者アリ 例之 Weiss, Manuel del droit internationa privé 8 ed., XXVI. 其他民事訴訟モ一ノ法律關係ナリ、故ニ法律關係ニ適用セラルヘキ法律ヲ定ムル國際私法ハ當然民事訴訟法ノ國際的適用規則ヲ包含スヘキモノナリ 例之 Bar, Theorie u. Praxis des internationalen Privatrechts I, S. 3. ト爲ス者アリト雖モ民法、商法等實體私法ノ衝突規則ト民事訴訟法ノ衝突規則トハ性質上分離スヘキモノナルコトハ明カナリ。猶ホ二法ノ關係ハ元ヨリ之レアリト雖モ國際民事訴訟法ノ

國際刑事法

内容モ亦頗ル多端ニシテ之レヲ國際實體私法ト聯合セシムルコトノ妥當ナラサルハ猶ホ民事訴訟法ヲ民法、商法ト聯合セシムルノ妥當ナラサルカ如シ。此ノ故ヲ以テ本書ニ於テモ國際民事訴訟法ニ論及セサルヘシ。猶ホ國際破産法モ同様ノ理由ニ依リ國際私法ヨリ分離セシムヘキモノト信ス

猶ホ從來刑事法ノ衝突解決問題カ國際私法中ニ入ルヘキモノナリヤ否ヤニ付キ學者間ニ議論アリタリ。卽チ私人ノ利益ニ關スル法律衝突問題ハ總テ國際私法中ニ入ルヘキモノナリ、而シテ刑事法ハ社會ノ公益ヲ保護スルト同時ニ又一私人ノ利益ヲ保護スルモノナリトノ觀念ヨリシテ國際刑事法モ亦國際私法中ニ入ルヘキモノナリト主張スル者アリタリ、佛ノれいねノ如キ卽チ然リ Lainé, Introduction au droit international Privé I p. II et S。猶ホ此ノ主義ハ既ニふえりつくすノ採用シタル所ナリ Foelix et Demangeat Traité du droit international。privé, 1866 I, p. 2. 然レトモ刑事法ト私法トハ全ク性質ヲ異ニスルハ勿論、二者ノ關係ト雖モ之レヲ聯合セシムヘキ程度ノモノニ非ス。故ニ今日ハ實際ニ於テモ國際刑事法ヲ國際私法ノ一部ト認ムル者ナキノミナラス、此二者ヲ併合研究セントスル者ナシ ばーるノ國際私刑法教科書ハ其ノ一異例タリ Bar, Lehrbuch des internationalen Privatund Strafrechts. 國

際刑事法ハ所謂國際公法ニモ屬スヘキモノニ非ス、宜シク獨立シテ法ノ一分科ヲ成スヘキモノナリ。Weiss, 前掲 p. XXVII。

第六款　統一私法

じつたノ世界私法說

以上國際私法ノ範圍ニ關シ普通學者ノ問題ト爲ストコロノ諸點ヲ研究シタリ、以下猶ホ一二特殊ノ學者ノ議論ニ付キテ述ヘントス。其ノ一ハ和蘭ノじつたノ議論ナリ。氏曰ク或ル法律關係ニ關係ヲ有スル數法中ノ一ヲ選擇スルコトヲ以テ國際私法ノ目的ヲ達シタリト考フルハ誤ナリ、吾人カ國際私法ニ與フル一層廣汎ナル範圍ハ單ニ國際私法學ヲシテ法律衝突ヲ解決セシムルノミナラス、猶ホ進ンテ世界社會 Société universelle ニ生スル私的關係ヲ法ニ服從セシメ得ルカ如キ大規模ノ研究方法ヲ必要ナラシムルモノナリ（Jitta, Méthode du droit international privé, p. 44.）。又曰ク既ニ國際私法ニシテ個人間ノ關係ヲ一般人類社會ノ權利主張ニ從ヒテ規律スルモノナリトセンカ、國際私法ヲ以テ單ニ法規ノ管轄ヲ定ムル規則ナリトスルハ不當ナリ。此ノ管轄規則ノ外ニ猶ホ人類ノ交通關係ヲ規律スル(或ル法律ノ適用ヲ指定ス

世界統一法ハ實質法ニシテ實質法ノ管轄ヲ定ムル規則ニ非ス

ルニアラスシテ)規則ナカル可ラス。Jitta, Alte und neue Methoden des internationalen Privatrechts (Archiv für Öffentliches Recht, Band XV S. 572.

猶又曰ク余ノ觀ル所ニ依レハ國際私法ハ單ニ法律衝突ノ學問ニ非ス、換言スレハ單ニ疑ハシキ場合ニ於テ適用セラルヘキ法律ヲ指定スル所ノ學問ニ非ス、國際私法ハ人類ノ法律共同團體ノ需要ナル見地ニ基ツク私法ナリ Jitta, La substance des obligations dans le droit international privé, II, p. 487. ト。斯クシテ氏ハ單ニ衝突規則ノミナラス、數國ノ法律ヲ統一セル所謂統一法(實質法)ヲモ國際私法ノ範圍內ニ編入セントスル者ナリ。然レトモ之レ氏獨特ノ議論ニシテ氏以前ニ同論者ナキハ勿論、今日迄此ノ意見ニ贊同スル者アルヲ見サルナリ。Reichel, Anwendungs-u. Einführungsbestimmungen z. schw. Z. G. B., S. 130ff ニ僅カニ同論ヲ見ル 統一法ト衝突規則トハ余ノ既ニ述ヘタルカ如ク、共ニ私法的國際交通ノ需要ニ應セントスルモノナルカ故ニ此ノ點ニ於テ二者ハ終局ノ目的ヲ一ニスルモノナリ。然レトモ此ノ目的ヲ達センカ為メニ二者ノ採レル手段ハ全ク相異ナレリ。從ヒテ又此ノ二者ハ根本ヨリシテ其ノ性質ヲ異ニスルモノナリ。卽チ統一法ハ其ノ純然タル世界統一法ナルト、又單ニ國際的法律關係ニノミ適用アル統一法ナルト、又其他如何ナル範圍、種類ノモノタルトヲ問ハス實質法ナリ。反之衝突規則ハ實質法ノ管轄ヲ定ムル規則ニシテ或ル法律事實ヲ直接ニ規定スルモノニ非サルナリ。二者ノ間ニハ此ノ根本的ノ差異ヲ存ス。然ルニじつたハ後ニ説明スルカ如ク、衝突規則ノ性質ヲ誤解シ之レヲ以テ國内私法ト全ク同一ナル實質私法ナリト爲ス者ナリ。此ノ見解ニ依レハ統一私法ト衝突規則トハ共ニ私法ニシテ而カモ共ニ私法的國際交通ノ需要ニ應セントスルモノナルカ故ニ二者ヲ混合シテ國際私法ヲ構成スルモノト爲スモ何等支障ナキナリ。是レ氏カ從來學者ノ認ムル國際私法ノ範圍ヲ以テ狹隘ニ失スト爲シ、氏ノ所謂廣汎ナル範圍ノ國際私法ヲ提唱スルニ至リタル所以ナリ。然レトモ此ノ考ハ後ニ詳述スルカ如ク根本ニ於テ大ナル誤解ヲ包藏ス、故ニ此ノ範圍論モ亦排斥セサル可ラス。

第七款　既得權尊重則

ぴーえノ國際私法ノ三重目的説

次ニ檢スヘキハ佛ノぴーえノ説ナリ。氏ノ看ル所ニ依レハ國際私法ニ

既得權尊重説

既得權ノ成立スル二場合

ハ三重ノ目的アリ、一ニ外國人ノ地位ヲ定ムルコト、二ニ法律ノ衝突ヲ解決スルコト、三ニ外國ニ於テ爲サレタル法律行爲ノ效果ヲ定ムルコト是レナリ。法律衝突問題ヲ解決スルモ未タ以テ外國ニ於テ爲サレタル法律行爲ノ效果如何ト云フ問題ヲ決定スルコト能ハス、故ニ此ノ問題ハ法律衝突問題トハ全ク獨立ノ存在ヲ有ス。而シテ此ノ問題ノ解決ハ外國ニ於テ適法ニ獲得セラレタル權利ハ原則トシテ國際的ニ尊重セラレサル可ラス Les droits régulièrement acquis doivent être internationalement respectés トスルニ在リト Pillet, Principes de droit international privé, p. 27, 500, 514. 此ノ説ハ果シテ正當ナリヤ。後章ニ於テ余ハ再ヒ本問題ニ觸ルルノ機會ヲ有スト雖モ今爰ニ一般論トシテ此ノ所謂既得權尊重説ノ當否ヲ驗セントス。而シテ之レカ爲メニハ先以テ問題ヲ明カニスルヲ要ス。既得權卽チ或ル國ニ於テ適法ニ獲得セラレタル權利トハ何ソヤ。氏モ正シク認ムルカ如ク此ノ既得權ハ二ケノ場合ニ成立ス、其ノ一ハ問題トナレル權利ノ淵源タル法律關係カ全然一國ノ國内的性質ヲ有シ更ラニ外國ニ關係ヲ有セスシテ偏ヘニ其ノ國法ニ從ヒテ成立シタ

既得權尊重則ノ根據

既得權尊重則獨立存在否認ノ二理由

ル場合ナリ。其ノ二ハ此ノ法律關係カ國際的性質ヲ有シ、從ヒテ國際私法ノ原則ニ依リ從フヘキ管轄法律ノ要件ヲ充タシテ成立シタル場合是レナリ。氏曰ク此ノ二ケノ場合ニ成立シタル權利ハ何レモ適法ニ獲得セラレタル權利ニシテ外國ニ於テモ原則トシテ尊重セラルヘキモノナリ。而シテ其ノ之レヲ尊重スルハ國際交通ノ需要ニ基ツク必至ノ原則 Necessité ニ依ルモノニシテ法律衝突解決ノ原則ニ依ルモノニ非ス。法律衝突問題ハ法律關係ノ成立ニ關シ、既得權ノ國際的效果ノ問題ハ法律衝突問題カ既ニ解決セラレタル後ニ非サレハ生スルコト能ハサル全ク別個ノ問題ナリ。從來此ノ二問題ヲ混同シタルハ一ノ弊風ナリト。是レぴーえノ既得權尊重說ノ根本要旨ナリ Pillet, P. 36, 37, 500, 514, 515, 534.。然レトモ余輩ノ看ル所ニ依レハ氏ノ說明ヲ以テシテハ未タ所謂既得權尊重ノ原則ヲ衝突解決規則ヨリ獨立シテ存在セシムヘキ十分ナル理由ナシト言ハサル可ラサルナリ。此ノ問題ハ次ノ二個ノ方面ヨリ攻究シテ初メテ正當ナル斷定ヲ見ルコトヲ得ヘシ、卽チ所謂既得權尊重ハ衝突解決規則ヲ以テシテハ到底解決スルコ

既得權尊重ハ法律衝突問題ナリ

トヲ得サルカ、是レ攻究方面ノ一ナリ。次ニ衝突解決規則ニ違反スルモ既ニ或ル一國ニ於テ適法ニ成立シタルモノト認メラレタル法律關係ノ效果ハ他ノ國ニ於テモ之レヲ尊重スヘキモノナルカ、是レ攻究方面ノ二ナリ。此ノ第一問ニ對シ否定ノ答案ヲ得、第二問ニ對シテ肯定ノ答案ヲ得タルトキハ爰ニ初メテ既得權尊重ノ原則ハ衝突規則ヨリ獨立シテ存在スルコトノ證明ヲ得タルモノナリ。然ルニ若シ一問二問共ニ反對ノ答案ヲ得タルトキハ既得權尊重則ノ獨立存在ハ否認セラレサル可ラサルナリ。而シテ余輩ハ實ニ左ノ如ク之ヲ否認セントスル者ナリ。

第一、所謂既得權尊重ハ衝突規則ニ依リテ解決スヘキモノニシテ又十分之レヲ解決スルコトヲ得ルナリ。ぴ氏曰ク既得權ノ國際的效果ニ關スル問題ハ法律衝突問題トハ全ク獨立ノ問題ニシテ或ハ毫モ法律衝突問題ノ生シタルコトナキ場合又生スルコトナカルヘキ場合ニ於テモ猶ホ成立スルコトヲ得ルモノナリ、卽チ同國人タル甲、乙其ノ本國ニ於テ結婚セリ。而シテ共ニ其ノ本國ニ住所、居所ヲ有シ又彼等ノ一切ノ財産上ノ利害關係モ本國ニ存在スト假定セン。此ノ婚姻ハ純然タル國內的性質ヲ有シ、婚姻ニ就キ適用スヘキ法律ニ關シ更ラニ疑ヲ生スルコトナシ。然ルニ此ノ夫妻カ一朝外國ニ出ツルトキハ爰ニ彼等ノ夫婦タル身分ノ承認ニ關シテ國際問題ヲ生スヘシ。例ヘハ夫カ加特立敎ノ僧ニシテ移住國ノ法律ハ加特立敎僧侶ノ結婚ヲ許サスト假定セン、此ノ場合ニ裁判官ハ猶ホ此ノ夫ニ其ノ身分ヲ認ムヘキモノナルカト云フニ勿論此ノ婚姻ノ有效ヲ疑フヘキ餘地ナシ、何トナレハ此ノ婚姻ノ擧行セラレタル際ニ於テハ未タ訴訟地法ナルモノハ存在セサリシモノナルヲ以テ此ノ法律カ適用セラルヘキ理由ナケレハナリ。唯爰ニ問題トナルハ此ノ根本ニ於テ全然適法ナル婚姻カ外國ニ於テモ其效果ヲ有スヘキカ、卽チ夫妻ハ猶ホ其ノ取得シタル權利ヲ爰ニ主張スルコトヲ得ルカニ在ルナリト 前揭 Pillet, p. 501. 卽チ氏ハ其ノ議論ノ前提トシテ此ノ假設ノ場合ハ毫モ法律衝突問題ヲ生セスト爲スト雖モ、果シテ然ルカ。然リ、此ノ婚姻ノ成立シタル際ニ於テハ何等法ノ衝突問題ヲ生セサリシハ明カナリ。然ルニ當事者カ外國ニ至リ彼等ノ

既得權ハ衝突規則ニ依リテ尊重セラル

夫婦タル身分ノ承認ニ關シ問題ヲ生シタルトキハ爰ニ卽チ法律衝突問題ヲ生シタルモノハナリ。甲國ノ純然タル國內法上ノ法律關係ト雖モ此ノ法律關係ニ付キ乙國裁判所ニ於テ問題ヲ生シタルトキハ爰ニ甲、乙二法ノ衝突問題ヲ生スルモノナリ山口弘一氏日本國際私法論第一分册一一頁。氏カ此ノ國際問題ヲ以テ法律衝突問題ト認メサルハ或ル法律關係カ法律衝突ヲ生スル原因中ニ訴訟地ノ存在スルコトヲ忘レタルモノナリ。要スルニ此ノ問題ハ法律衝突問題ナリ、故ニ當然衝突規則ニ依リテ解決スヘキモノナリ。而シテ婚姻ノ成立條件ハ原則トシテ――公序良俗ニ反セサル限リ――當事者ノ屬人法ニ從フト爲スコト今日普通ニ法律衝突解決ノ規則トシテ認メラルル所ナリ故ニ本問婚姻ハ勿論訴訟地ニ於テモ原則トシテ之レヲ有效ト認メ從ヒテ夫婦ノ身分ヲ認ムヘキモノナリ。然ルニ氏ハ訴訟地ニ於テ此ノ夫婦ノ身分ヲ認ムルハ決シテ衝突規則ニ基ツク屬人法ノ適用ニ依ルモノニ非スト爲シ、其ノ理由トシテ述ヘテ曰ク第一、本問ハ當事者ノ婚姻擧行ノ問題ニ非ス、卽チ當事者ヲ何レノ法律ニ依リテ婚姻セシムヘキカノ問題ニ非ス。第二、此ノ重大ナル民事上ノ行爲ニ關スル法律ハ本質上屬地的ノモノナリ、如何ナル國ニ於テモ婚姻ハ嚴格ニ領土法ノ定ムル方式ヲ履ムコトヲ要スル一ノ要式契約ナリ。故ニ夫婦ノ身分ノ淵源タル行爲ヲ支配スル法律ハ其ノ適用ノ際ニ於テハ正サニ屬地法ナリ。然ルニ此ノ屬地法カ一旦適用セラレタル後ハ屬人法ニ變スト云フコトヲ得ルカ、豈此ノ如キ理アランヤト Pillet, o. p. 428 之レヲ以テ看レハ氏ハ衝突規則ナルモノハ單ニ法律關係ノ發生、成立ニ關スルモノニシテ其ノ存續ニハ關係ナキモノト爲スカ如シ。

法律適用ノ意義

然レトモ余ノ見ル所ニ依レハ衝突規則ヲ此ノ如ク制限スヘキ理由毫モ無シ、衝突規則ハ結局法律適用ニ關スル規則ナリ、而シテ法律ノ適用トハ法律效果ノ存否ヲ判斷センカ爲メニ或ル法律規定ヲ基準ト爲スト云フコトナリ Zitelmann, I. S. 35 ff. 而シテ其ノ法律效果ノ發生ノ時期如何ハ別問題ナリ。故ニ法律適用ノ問題ハ法律關係ノ發生、成立ニ關シテ生スルト同時ニ元ヨリ其ノ存續ニ關シテモ生スルモノナリ。故ニ本問夫婦ノ身分ヲ訴訟地ニ於テ認ムルハ衝突規則ニ基ツク屬人法ノ適用ヲ以テ十分ニ說明

自國ノ衝突規則ニ違反シテ認メラレタル既得權ハ之レヲ尊重セス

スルコトヲ得ルモノニシテ之レカ爲メニ敢テ既得權尊重ナル特別原則ヲ援用スルノ要ナシト言ハサル可ラサルナリ。猶ホ氏カ婚姻ニ關スル法律ヲ以テ屬地法ナリト爲スハ普通ノ見解ニ異ナルナリ、然レトモ今假リニ之レヲ屬地法ナリト爲スモ上述ノ余輩ノ法律適用ノ意義ニ從ヘハ毫モ不條理ナル結果ヲ見サルナリ。即チ婚姻地ノ法律ニ依リテ婚姻ノ法律效果ノ存否ヲ判斷スルモ何等不合理ニ非サルナリ。

第二、或ル一國ニ於テ既ニ適法ニ成立セリト認メラレタル法律關係ト雖モ他國ハ自己ノ衝突規則ニ違反シテ認メラレタルモノナルトキハ之レヲ尊重スヘキモノニ非ス。後章説明スルカ如ク一般國際私法ノ原則カ未タ完全ナル發達ヲ遂ケサル爲メニ各國ニ存在スル衝突規則ハ往々ニシテ相背馳スルノ現狀ニ在リ、從ヒテ甲國ニ於テハ其ノ衝突規則ニ依リA國法ヲ適用シテ或ル法律關係ノ成立ヲ認ムト雖モ乙國ニ於テハ其ノ衝突規則ニ依リB國法ヲ適用シテ同一法律關係ノ成立ヲ認メサルノ結果ヲ生ス。今氏ノ所謂法律關係ノ國際的效果ノ問題トシテ之レヲ看ルニ、甲國ニ於

裁判所ハ自國ノ衝突規則ニ從ハサル可ラス

衝突規則ニ反スル既得權ヲ認メサルハ既得權尊重則ノ獨立存在ヲ否認スルモノナリ

テ其ノ認ムル管轄法律ヲ適用シテ適法ニ成立シタル法律關係ノ效果カ乙國ニ於テ問題トナリタルトキハ如何ニ決スヘキカ、此ノ場合ニ乙國裁判所ハ甲國ノ衝突規則ニ從フヘキカ、又ハ自國ノ衝突規則ニ從フヘキカノ問題ヲ生ス、氏曰ク此ノ場合ニハ乙國裁判所ハ勿論自國ノ衝突規則ニ從フヘキモノナリ、何トナレハ立法者ノ採用シタル解決方法ト全ク異ナレル解決方法ヲ裁判所ニ强ユルコト能ハサレハナリト。氏又曰ク此ノ場合ニ裁判所ハ自己ノ衝突規則ニ依ル管轄法ノ外猶ホ行爲地ノ衝突規則ニ依ル管轄法ヲモ考慮スヘキカ否カト云フ問題ハ頗ル疑ハシキ問題ニシテ異論ノ生スヘキ餘地アリト雖モ余ハ此第二條件ハ之レヲ必要トセサルヲ以テ正當ナリトス、何トナレハ之レ間接ニ裁判所ニ其ノ自ラ排斥スルトコロノ國際私法ノ主義ニ從フコトヲ强ユルモノナレハナリト。余輩モ此ノ結論ニハ賛同スル者ナリ、然レトモ余輩ハ此ノ結論ニ達スルハ偏ヘニ衝突規則ニ依リテ問題ヲ決定スルノ當然ノ結果ナリ、然ルニ此ノ結論ハ氏ノ既得權尊重說ニ對シテハ一ノ自殺論タルコトヲ悟ラサル可ラス。所謂

既得權尊重則ノ價値

既得權尊重則カ衝突規則ト獨立シテ存在スヘキモノナリトセハ、苟クモ一國ニ於テ其ノ國法ノ認ムル管轄法ニ依リ適法ニ成立セリト認メラレタル法律關係ハ外國ニ於テモ其ノ效果ヲ保有スト言ハサル可ラス、然ルニ氏カ此ノ場合ニ衝突規則ニ反スルカ故ニ其ノ效果ヲ認ムルコト能ハスト爲スハ是レ自ラ既得權尊重則カ衝突規則ニ支配セラルルコトヲ認ムルモノニシテ同時ニ又既得權尊重則ノ獨立存在ヲ否認スルモノナリ。於是氏モ稍既得權尊重則ノ價値ノ甚タ重要ナラサルヲ悟リテ曰ク一國ニ於テ適法ニ獲得セラレタリト看做サルル權利モ他國ニ於テハ其ノ效果ヲ否認セラルルコトアリ、此ノ如キ結果ヲ生スルハ甚タ不都合ナリト雖モ之レ國際的義務ノ決定ニ付キテハ各國獨立ノ地位ヲ有スル自然ノ結果ニシテ又已ムコトヲ得サルナリ、故ニ結局既得權尊重則ノ主タル適用ヲ見ルハ法律關係カ其ノ根源ヨリシテ國際的性質ヲ有セサリシ場合及ヒ法律關係カ最初法律衝突問題ヲ生シタルモ或ハ行爲ノ方式ニ關スル衝突或ハ意思ノ自治ニ關スル衝突ノ如ク一般ニ承認セラレタル原則ニ從ヒ管轄法カ定メラレタル場合ナリト Pillet, p. 535, 536. 然レトモ既得權尊重則ノ獨立存在ヲ確立セント欲セハ假令或ル國カ一般ニ承認セラレタル衝突規則ニ違反シテ管轄法ヲ定メタルトキト雖モ苟クモ其ノ國ニ於テ適法ニ成立シタル法律關係ハ外國モ其ノ效果ヲ認ムヘキモノナルコトヲ主張セサル可ラサルナリ。

要スルニ既得權尊重則ハ衝突規則ニ依リテ解決スヘク又十分ニ解決シ得ルモノニシテ決シテ獨立シテ國際私法ノ一目的ヲ爲スヘキモノニ非スト信ス。

第八款　結論

以上述ヘタル所ニ依リテ國際私法ノ範圍ヲ約言スレハ國際私法ハ各國私法ノ衝突ヲ解決スルコトヲ目的トスルモノナルカ故ニ其ノ範圍モ各國私法ノ管轄決定規則ノ外ニ出テス、而シテ國籍及ヒ住所ノ衝突解決規則ハ本國法、住所地法ヲ決定スルノ先決問題トシテ斯法ニ編入セラルルモノナリ、猶ホ外國人ノ私權享有問題ハ唯法律衝突問題ノ前提タルノ關係

國內各地方特別法ノ衝突解決

ヨリシテ同シク斯法ニ併合スルコトヲ得ルモノナリ。

終リニ一言附加スヘキハ一國內ニ於ケル私法ノ衝突問題タリ、卽チ一國內ニ地方ニ依リ內容規定ヲ異ニスル私法並ヒ行ハルルトキハ其ノ國內ノ法律生活ニ於テ法律ノ衝突ヲ生ス、此ノ衝突問題ヲ解決スルコトハ同シク國際私法ノ目的範圍中ニ入ルヘキモノトスル學者ナキニ非スト雖モ

前揭 Pillet, p. 45; Bar, I, S. 3; Asser-Rivier, Element du droit international privé et du conflit des lois, p. 3. Arminjon, Nature, objet et portée des règles du droit i. pr. (Clunet 1920); Le domaine du dr. i. pr. (Clunet 1922). 等

妥當ナラス。元ヨリ此ノ二者ノ間ニハ沿革上密接ノ關係ヲ有シ、又其ノ解決規則モ根本ノ理法ニ於テ相通スルモノハナルカ故ニ二者ヲ併合研究スルハ極メテ便利ナルコトハ之レヲ認メサル可ラス。現ニ我國ニ於テモ臺灣、朝鮮、內地等ノ各地域間ノ關係ニ於テ法ノ衝突問題ヲ生スルカ故ニ後章本問題ニ付キ研究スルトコロアルヘシ。然レトモ又此ノ二者ノ間ニハ根本ニ於テ大ナル區別アリ。卽チ一ハ國際間ノ問題ニシテ、一ハ一國內ノ問題タリ、故ニ此ノ二者ヲ混合シテ國際私法ヲ構成スルモノト爲スハ當ヲ得スト言ハサル可ラサルナリ。

第四節　國際私法ノ本質

第一款　總論

學說分岐ノ原因

吾人ハ前節ニ於テ國際私法ノ內容範圍ヲ明カニシタルヲ以テ爰ニ順序トシテ斯法ノ性質ヲ究メントス。斯法ノ本質ニ就テモ其ノ範圍ニ於ケルカ如ク從來種々ノ議論行ハレ、現在モ猶ホ定說ヲ見ルコト能ハサルノ狀況ニ在リ。而シテ其ノ原因モ元ヨリ種々アリト雖モ余輩ノ觀ルトコロニ依レハ其ノ主要ナルモノ二アリ。一ハ斯法カ未タ十分ナル發達ヲ遂ケス、從ヒテ其ノ固有ノ性質ヲ未タ明カニ發揮セサルコト、二ハ斯法ニ關スル學問モ亦未タ甚タ幼稚ナルカ爲メニ他ノ各分科ノ法律トノ異同ヲ明カニスルコト能ハサルコト是ナリ。實ニ斯法ハ私法的國際交通ナル比較的新シキ社會現象ニ應シテ發生シタルモノナルカ故ニ未タ成熟ノ域ニ達セサルハ事實ナリ、然リ然リト雖モ其ノ固有ノ性質ヲ識別スルニハ既ニ十分ナル發育程度ニ在ルモノナリト信ス。

第一項　國際法主義、國內法主義ノ對立

國法主義

國際法主義

從來國際私法ノ性質ニ就キ根本ヨリ全ク相異ナレル二個ノ見解行ハル、卽チ一ハ斯法ニ國際法ノ性質ヲ認ムルモノニシテ之レヲ國際法主義 Internationalismus ト稱ヘ、他ノ一ハ斯法ヲ以テ國內法ナリトスルモノニシテ之レヲ國法主義 Nationalismus ト呼フ。國法主義ハ獨逸ノうゑひたーノ說ニ基ツキ國際私法ハ各國國法ノ一部ニ過キス、外國法ヲ適用スヘキカ否カハ一ニ國法ノ明示ノ規定ニ依ルカ又之レナキトキハ國法ノ一般ノ意義、精神ニ依リテ定ムヘキモノニシテ國法以外ニ外國法ノ適用如何ヲ定ムヘキ原則ナシトスルヲ以テ其ノ根本觀念トス。反之國際法主義ハ其ノ淵源ヲ同シク獨逸ノざゔゐにーノ國際法共同團體說 Völkerrechtliche Gemeinschaft ニ發ス、其ノ論旨ニ曰ク近世各國ノ交通益々頻繁トナルヤ、各國ハ決シテ嚴格ナル屬地主義ヲ墨守スルコト能ハスシテ、各國及ヒ各個人ノ共同利益ノ爲メニ內外人ヲ平等視シ又法律衝突問題ニ付テモ各國同一ノ原則

ヲ採用シテ、同一問題ノ何レノ國ニ於テモ同一ニ之レヲ解決セサル可ラサルニ至レリ、而シテ或ル場合ニ外國法ヲ適用スルハ單ニ一國カ外國ニ對スル禮讓、恩惠等ノ觀念ニ出ツルニ非スシテ、進歩シタル法ノ觀念ニ依ルモノナリ、要スルニ各交通國家ハ相集テ爰ニ一ノ國際法共同團體ヲ成スモノナリト Savigny, VIII S. 27ff.。而シテ元ヨリ絶對ニ之レヲ言フコト能ハスト雖モ國內法主義ハ專ラ英、米ノ學說、實際ニ行ハレ、國際法主義ハ歐洲大陸殊ニ佛、伊、白等ノ學說ノ一般ニ認ムルトコロタリ。

二主義ノ分野

獨逸ニ於テハ或ハ國內法主義ヲ唱フル學者ナキニ非スト雖モ近時國際私法學界ニ重キヲ爲セル學者ハ概ネ國際法主義ニ屬スト云フヲ得ヘシ。Kahn, Gesetzeskollisionen, S. 4 (Jahrbücher für die Dogmatik XXX), Über Inhalt, Natur und Methode des intern. Privatr., S. 19 ff; Potu, La question du renvoi en droit international privé p. 280; Neumann, Internationales Privatrecht in Form eines Gesetzentwurfs, S. 19; Marcusen, Innerstaatliches und Überstaatliches internationales Privatrecht, (Zeitschrift für intern. Privat-u. Strafr., X, S. 255. 参照

日本ハ國內法主義

我國ニ於テハ從來專ラ國內法說行ハレ、國際法說ヲ唱フル者ハ殆ト皆無ト云フヲ得ヘシ、卽チ穗積陳重博士（山口博士著國際私法提要序文一四頁）山口博士（同上著書五頁、同氏日本國際私法論分冊一、八頁以下）川名博士（日本民法總論九頁）富井博士（民法原論一卷一六頁、一一五頁）立博士（國際法ノ法規體系ニ於ケル地位（法協、三二卷二號九頁））等悉ク國內法說タリ、故ニ

本質論ノ實益

國內法主義ハ我カ現下ノ學界ヲ支配スルモノト云フヲ得ヘシ、然レトモ余輩ハ從來國際法主義ヲ主張シ、今猶ホ獨リ此ノ主義ノ眞ナルヲ信シテ疑ハサル者ナリ。京法四卷十號拙文、國際私法規定ノ欠缺補充ヲ論シ併セテへるだー教授ノ in dubio lex fori 說ヲ評ス、參照 而シテ此ノ本質論ハ單ニ理論上ノ問題ニ非スシテ後ニ說明スルカ如ク國際私法ノ原則ヲ認ムル國內衝突規則ノ欠缺補充又ハ外國法ノ適用等ノ實際問題ニ重要ナル關係ヲ有スルモノナルカ故ニ決シテ忽諸ニ附ス可ラサルナリ。

第二項 諸家ノ定義

從來諸國學者ノ與ヘタル斯法ノ定義ノ主ナルモノヲ左ニ列擧シテ參考ニ資スヘシ。

一、ざゔゐにー。法律關係ニ就テ法規ノ場所的管轄ヲ定ムル原則ナリ。

Savigny, System des heutigen römischen Rechts, Bd. VIII.

二、ふゐりつくす。各國民ノ私法ノ衝突ヲ判定スル規則ノ集合ナリ。換言スレハ一國ノ民法、刑法ヲ外國領土ニ適用スルコトニ關スル規則ノ集合ナリ。Foelix et Demangeat, Traité du droit international privé, I, p. 2.

三、ふいをれ。各國法律ノ衝突ヲ解決シ、各國臣民相互ノ關係ヲ定ムルコトヲ目的トスル原則ヲ設定スル學問ナリ。Pasquale Fiore, Droit international privé. Traduction de Pradier Fodéré, p. 3.

四、あつせる。異ナリタル國家又ハ地方ニ屬スル私人間ノ法律關係ニ關シ、又ハ外國ニ於テ爲サレタル行爲ニ關シ、又ハ一國ノ領土ニ於テ他國ノ法律ヲ適用スヘキ問題ノ生スル總テノ場合ニ於テ何レノ法律カ適用セラルヘキモノナルヤヲ定ムル原則ノ集合ナリ。Asser-Rivier, Flément du droit international privé, p. 3.

五、わいす、相互ノ私法又ハ相互國民ノ利益ニ關シ二個ノ主權間ニ生スル衝突ヲ解決スル爲メニ適用セラルヘキ規則ノ集合ナリ。Weiss, Manuel de droit international privé, 8e éd, XXV.

六、うゑすとれーき。世界ニ各異ナリタル法律ヲ有スル多數ノ領土裁判管轄ノ存在スル事實ニ因リテ生スル國法ノ一部ナリ。Wesltake, A treatise on private international law, 5th edition p. 1.

七、れゐね。人ノ國籍ヲ定メ、又各國臣民ノ法律上ノ地位、各國裁判所ノ爲シタル判決ノ效果、各國官吏ノ爲シタル處分、其ノ他殊ニ各國法律ノ衝突ニ關シ國家間ノ關係ヲ定ムル法律ナリ。Lainé, Introductier au droit international privé, T. I., p. 17.

八、ばーる。私法關係ニ就テ各國ノ法律及ヒ機關(裁判所、行政官廳)ノ管轄ヲ定ムルモノナリ。Bar, Theorie und Praxis des internationalen Privatrechts, Bd. I., S. 3, 4.

九、ろーらん。外國人ノ權利ヲ定メ、且ツ私法關係ニ就テ各國法制ノ相互ノ管轄ヲ定ムル規則ノ集合ナリ。Rolin, Principes du droit international privé, T. I., p. 12.

十、じつた。國際私法ハ私法ノ一態様ニシテ個人間ノ社會關係ヲ其ノ性質ニ適合スヘキ法律ニ服從セシムルモノナリ。 Jitta, Méthode du droit international privé, p. 45.

十一、だいしー。法律ノ領土外ノ活動又ハ權利ノ領土外ノ承認ヲ律スルトコロノ英法(卽チ國內法)ノ原則ナリ。Dicey, Conflict of laws, p. 3.

十二、ぴーゑ。國際私法ハ國際法ノ一部ニシテ外國人ノ地位ヲ定メ、各國法律ノ衝突ヲ解決シ、一國ニ於テ爲サレタル法律行爲ノ他國ニ於ケル效果ヲ定ムルコトヲ目的トスルモノナリ。Pillet, Principes de droit international privé, pp. 57, 27.

十三、ちーてるまん。各私法問題ニ就テ場所的ニ並立セル數多ノ私法中何レノ私法ヲ適用スヘキカヲ定ムル法規ナリ、卽チ私法ノ場所的適用ニ關スル法規ナリ。Zitelmann, Internationales Privatrecht, Bd. I., S. 1.

十四、まいりー。國際私法ハ本質上私法的規則及ヒ法規ノ集合ニシテ私法關係カ各國ノ法規ノ競合若クハ衝突ヲ惹起シ又ハ惹起スルノ觀アルニ當リ、各國家ノ管轄區域及ヒ法規ヲ限定スルモノナリ。毛戸、跡部譯まいりー國際民商法論上卷一三頁

十五、ゔあれりー。外國元素ヲ含有スル私法關係ヲ目的トスル法ノ一部

ナリ。Valery, Manuel du droit international privé, p. 3.

十六、しゆるゔいゆ、あるちゆいー。或ル行爲ニ就キ各國私法カ衝突スル場合ニ於テ其ノ相互ノ管轄範圍ヲ定ムル法律ナリ。Surville-Arthuys, Conrs élémentaire de droit international privé, 6e éd., p. 13.

十七、でばにゑー。私法ノ衝突ヲ解決スル規則ナリ。Despagnet, précis de droit international privé p. 18–19.

十八、びーる。法ノ場所的適用ニ關スル法律ナリ。Beale, A treatise on the conflict of laws, 1. p. 1.

十九、山口博士。國際私法(渉外私法)トハ内容ヲ異ニスル内外私法ニ關係アル事實(渉外的私法關係)ニ對シ内外私法中何レヲ適用スヘキカヲ定ムル私法ヲ謂フ。同氏日本國際私法論分冊第一、八頁

此等諸家ノ定義ノ區々タルヲ見ルモ如何ニ斯法ノ性質ニ關シ異ナレル見解ノ行ハルルカヲ知ルニ足ルヘシ。

第二款　國際法主義ノ論據

第一項　國際私法ノ主體

國際私法ハ國家間ノ關係ヲ律スル法則ナリ

國際私法カ國際法ノ性質ヲ有スルヤ否ヤヲ斷セントセハ元ヨリ國際法卽チ今日一般ニ國際法トシテ認メラルルトコロノ所謂國際公法ノ意義ヲ定メサル可ラス、然レトモ之レカ爲メニハ國際公法ノ性質ヲ詳論スルノ要ナク、單ニ其ノ特質ヲ擧クレハ足ル、國際公法ハ國家ト國家トノ關係ヲ律スルヲ以テ其ノ特質ト爲スハ何人モ爭ハサルトコロナリ。然ラハ國際私法ハ國家間ノ關係ヲ定ムル規則ナリヤ否ヤト問ハンニ余ハ敢テ然リト答フル者ナリ。何カ故ニ然ルカ、曰ク他ナシ、國際私法ハ既ニ述ヘタルカ如ク各國私法ノ適用範圍(又ハ管轄區域)ヲ定ムルコトヲ以テ其ノ中心內容ト爲ス、而シテ各國私法ハ元ヨリ各國主權ノ發動ニ由ルモノナルカ故ニ各國私法ノ適用範圍ヲ定ムルコトハ卽チ各國主權ノ行動範圍ヲ定ムルモノナリ。卽チ國際私法ハ私法關係ニ就キテ各國主權ノ行動範圍ヲ定

ぴーゑノ國際法說

ムルモノナリ、換言スレハ此ノ點ニ就キテ各國家間ノ關係ヲ律スルモノナリト。夙ニ此ノ關係ヲ明瞭ニ指摘シタル者ハぴーゑナリ。氏曰ク凡ソ二個ノ法律中孰レノ法律ヲ適用スヘキカト云フ問題ハ畢竟孰レノ法制カ係爭事件ヲ支配スヘキ權利アリヤト云フ問題ニ外ナラス。而シテ法律ハ立法者ノ意思ノ表示ニ過キサルカ故ニ此ノ問題ハ猶ホ一層正確ニ之レヲ言ヘハ孰レノ立法者即チ主權者カ問題トナレル法律關係ヲ自己ノ法律ニ服從セシムヘキ權利ヲ有スルヤト云フ問題トナルナリ。故ニ總テノ法律衝突問題ヨリ生スルトコロノ管轄問題ハ結局立法者間即チ主權者間ノ管轄問題ニ歸ス。法律衝突問題ハ總テ主權衝突問題ナリト Pillet p. 66. 猶ホ此ノ點ハ氏ノ Le droit international privé considéré dans ses rapports avec le droit international public, 1892, p. 17. ニ既ニ論證セリ。氏ニ次イテ余ク同様ノ議論ヲ爲ス者ニめりにやつく、ばとうー等アリ。Mérignhac, Traité de droit public international, I. p. 8; Potu,o p. 282. 猶ホ最近ニ至リべるん法科大學長ぶるくはると氏ハ國際私法ノ世界的統一ノ不能ナルコトヲ主張スルニ拘ラス國際私法ノ本質ハ超國家的 überstaatlich ナルコトヲ高調セリ。此ノ點ニ於ケル氏ノ議論ハ頗ル正確且詳細ヲ極メ大ニ參考ニ資スヘキモノアルヲ以テ其ノ所論ヲ要約シ

ぶるくはるとノ國際法說

テ左ニ之レヲ掲クヘシ。

〔内外法ノ適用問題ハ單ニ法律關係ノ當事者タル個人ノ私益ニノミ關スルモノニ非スシテ同時ニ適用ヲ限定セラルヘキ法律所屬國ノ國家ノ利益ニ關スルモノナリ。從來ノ學說及ヒ實際ハ此ノ個人ノ利益ヲ過重視シテ國家ノ利益ヲ輕視シタルノ傾アリ。抑モ私法ハ一般公益ヲ保護スヘキ社會法ノ一部ナルカ故ニ或ル私法規定カ適用セラルルカ否カノ問題ハ單ニ偶然當事者トナリタル個人ノ利害問題タルニ非スシテ同時ニ國家ノ利害問題タリ。内國法ヲ適用スヘキカ外國法ヲ適用スヘキカノ問題ハ立法者ニ於テ廣ク内外公私ノ利益ヲ商量シテ初メテ之ヲ決スルコトヲ得ルモノナリ、此ノ問題ハ根本ニ於テ一ノ國際問題ニシテ總テノ關係國家ノ利害ヲ考慮シテ初メテ正當ニ解決スルコトヲ得ルモノナリ。而シテ其ノ之レヲ爲スハ單ニ國際禮讓ニ依ルニ非スシテ問題解決ノ法律的性質カ之レヲ要求スルカ爲メナリ。故ニ此ノ問題ハ正サニ國際法ノ性質ヲ有ス、而シテ其ノ然ル所以ハ單ニ總テノ關係國ニ依リテ一般ニ承認セラレタル衝突

同一國内ノ法律衝突

規則カ問題ヲ解決スルコトヲ得ルカ爲メノミニ非スシテ猶ホ共同ノ解決換言スレハ總テノ關係者ノ利益ヲ考慮シタル解決カ獨リ正當ナル解決タリ得レハナリ、故ニ此ノ點ニ就テ共通ノ原則ヲ設定スルコトハ單ニ私法ノ正當ナル適用ヲ爲スニ於テ必要ナルノミナラス、又立法者及裁判官ニ對スル正義及ヒ論理ノ要求タルノミナラス、實ニ他諸國ノ利益ノ爲メニ一國ニ對スル法律上ノ要求タリ、卽チ他國ノ爲メニ各國家ニ課セラルヘキ國際法上ノ義務ナリ。尤モ法律衝突ハ同一國内ニ於テモ生スルコトアリ、然レトモ此ノ場合ニハ國家ノ國際法上ノ自主獨立ノ問題ニ觸レス、此等一國内ノ數法ノ管轄範圍ヲ限定スルハ全ク單純ナル國内私法立法ノ問題ナリ。然ルニ各國法律ノ問題ハ全ク之レト趣ヲ異ニス、勿論此ノ場合ト雖モ先第一ニ各國家ニ於テハ一ノ私法的立法政策ノ問題タリ、然レトモ同時ニ此ノ問題ハ之レヲ正當ニ解決セサル可ラスト云フコトカ國家間ノ正當ナル行動ノ命令タルナリ。猶ホ一國内ノ各法域間ノ關係ニ於テハ若シ各法域ノ私法規定ノ内容カ全ク符合シタル場合ハ問題ハ消滅ス、

各國法ノ衝突ハ其ノ規定ノ內容ヲ同フスルトキト雖モ猶ホ存在ス

何者最早法規ノ衝突ナルモノ存在セサレハナリ。然ルニ國家間ノ問題ハ假令各國ノ私法カ其ノ內容規定ヲ一ニスル場合ト雖モ猶ホ或ル範圍ニ於テ存在スルモノナリ。何トナレハ此ノ國家間ノ問題ハ一國カ義務トシテ他國ノ國權及ヒ其ノ發動ヲ承認シ且ツ其ノ相互承認スヘキ國權ノ限界ヲ定ムルコトニ在レハナリ。一國カ他國ノ存在ヲ承認スル義務アリトセハ又同時ニ其ノ國法ヲ承認スルノ義務アリ。二國ノ私法規定カ全ク符合スルトキト雖モ此ノ義務ハ依然存在ス。此ノ場合ニ私法的立脚點ヨリスレハ問題ハ解決セラレタルノ觀アリ、何トナレハ相等シキ二ケノ實質法間ニ衝突ノ起ルヘキ理由ナク二國ハ私法上ハ單ニ一法域ヲ爲スニ過キサレハナリ。然レトモ國家ニ對シテハ問題ハ單ニ私法上ノ爭訟ノ解決ニ非スシテ外國國家ノ意思表示ノ承認問題タリ。共通ノ衝突規則ヲ承認スルコトハ即チ外國法律承認義務ノ一態樣ニ過キス、此ノ義務ハ二國ノ私法カ全ク同一規定ヲ有スルカ爲メニ其ノ存在ノ理由ヲ喪ハス、何トナレハ此ノ如キ場合ト雖モ此ノ私法ハ猶ホ依然トシテ互ニ外國ノ國權ノ發動ニ外

衝突規則ニ依ル外國法適用ノ意義

ナラサレハナリ。　二國ノ法律カ符合スルトキハ其ノ孰レノ國ニ於テ取得セラレタル權利タルヲ問ハス二國ニ於テ同樣ニ承認セラルヘキコトニ就テ疑ナシ、而シテ何カ故ニ然ルカト云フニ之レ全ク根本ニ於テ各國ハ原則トシテ他國ノ立法ヲ承認セサル可ラスト云フ原則ノ確立セルモノアルカ爲メナリ。　然リ而シテ一國カ他國ノ私法ヲ原則トシテ承認スルト云フコトカ國際法上ノ義務ナリトセハ如何ナル範圍ニ於テ外國法ヲ適用スヘキカト云フ問題ハ元ヨリ國際法上ノ問題ナリト云ハサル可ラス」Burckhardt, Uber die Allgemeingültigkeit des internationalen Privatrechts. (Festgabe für Eugen Huber, 1919.)。

國際私法ハ私法關係ニ就テ――更ラニ詳言スレハ私法ノ適用ニ就テ――國家間ノ關係ヲ定ムル規則ナリ。　一國カ國際私法ノ原則ニ依リ或ル法律關係ニ外國法ヲ適用スルハ其ノ外國法ノ規定ノ內容カ該法律關係ヲ服從セシムルニ適當ナリトシテ之レヲ爲スニ非スシテ該法律關係ハ正サニ其ノ外國法ノ支配管轄ニ屬スヘキモノナルカ故ニ之レヲ適用スルナリ。卽チ外國法ノ規定ノ內容ヲ審査シテ而シテ後ニ之レヲ適用スルニ非ス。

國際私法ノ一般原則ニ依リ外國法ノ管轄ニ屬スヘキトキハ外國法ハ內容如何ニ拘ラス——尤モ內國ノ公ノ秩序、善良ノ風俗ニ反スルノ故ヲ以テ特ニ例外トシテ外國法ノ適用ヲ排斥スル場合ハ之ヲ除ク——之レヲ適用スルモノナリ。故ニ外國法ヲ適用スルハ外國法ノ規定ヲ採リテ內國法ト爲スト云フ意義ニ非ス。是レ衝突規則ニ依リテ外國法ヲ適用スル場合ト實質法的指定規定ニ依リテ外國法ヲ適用スル場合ト其ノ意義ヲ異ニスル所以ナリ。前節參照【註】要スルニ國際私法ハ各國私法ノ適用範圍ヲ定ムルモノナルカ故ニ各國ノ私法ニ關スル立法權ノ行動範圍ヲ限定スルモノナリ。從ヒテ此ノ範圍ニ於テ國家間ノ關係ヲ定ムルモノナリ。

【註】反對論者或ハ曰ク理論上ト又實際上トヲ問ハス凡ソ衝突問題ヲ解決セント欲セハ實質的法規ヲ以テ根據トセサル可ラス、適用スヘキ法律ノ內容ハ常ニ之ヲ知ラサル可ラス、單ニ國際私法ノ原則ニ依リテ適用スヘキカ爲メニ其ノ內容ヲ知ラサル可ラサルノミニ非ス、抑モ適用ナル前提問題ヲ判斷スルニ當リテ之レヲ知ラサル可ラス、實ニ實質法ハ私國際的研究ノ出發點ニシテ又歸結點ナリ、此ノ實質的基礎ナクシテ國際私法ヲ構成セントスルハ空中ニ樓閣ヲ築クカ如シト Kahn, Jahrbücher für die Dogmatik, 40, S. 55-56。然レトモ此ノ議論ハ國際私法ヲ以テ各國私法ノ一部ナリトスル前提ノ下ニ生シタルモノナリ而シテ此ノ前提論ノ當否ハ後ニ之レヲ研究スヘシト雖モ

余輩ハ此ノ前提論ヲ以テ謬ナリト爲ス者ナリ、從ヒテ此反對論モ當然消滅スヘキモノナリ。Marcusen, Z. f. Intern. Privat-u. Strafr. X, S. 265. モ亦 Kahn ト同論。

國際私法ハ國家間ノ關係ヲ定ムル法則ナリ。故ニ廣ク國家間ノ關係ヲ定ムル國際公法ト同一ノ特質ヲ有ス、然ラハ當然國際公法ノ一部トシテ之レニ附屬セシムヘキモノナルカ此ノ研究ハ之レヲ後節ニ讓リ、本節ニ於テハ單ニ斯法カ國家ト國家トノ關係ヲ定ムルトコロノ一ノ法則ナルコトヲ明カニスルニ止メントス。而シテ國際私法ノ解決セントスル問題ハ國家間ノ一關係ナルコトハ既ニ說明シタルトコロニ依リテ明カナルヘシ。次ニ證明スヘキ問題ハ此ノ國家間ノ一關係ヲ解決セントスル規則ハ果シテ法ノ性質ヲ有スルヤ否ヤ、猶ホ適切ニ言ヘハ國際私法ハ國際公法ト同シク法ノ性質ヲ有スルヤ否ヤニ在リ。余輩ハ此ノ問ニ對シテモ亦敢テ肯定的ノ答ヲ爲サントスル者ナリ。而シテ此ノ答ヲシテ確實ナラシムル爲メニハ次ノ二問ニ對シテ答解ヲ與フルコトヲ要ス、國際私法ハ國際公法ト同シク國家ヲ拘束スルノ力アリヤ、換言スレハ各國ハ國際私法ノ原則ニ從フハ義務アリヤト云フコト其ノ一ニシテ、現實ニ國家ヲ拘束スル國際私法ハ原則ナルモノハ存在スルカト云フコト其ノ二ナリ。而シテ此ノ第一問ハ理論ヲ以テ究明スヘキ問題ニシテ第二問ハ事實ヲ以テ證明スヘキ問題ナリ。此ノ二問ニ對シテ十分ナル肯定的答案ヲ得タルトキハ爰ニ國際私法ハ國際公法ト同性質ノ法律ナルコトヲ證明シ得タルモノナリ。以下順次此ノ二問ニ答ヘントス。

第二項　國際私法ノ拘束力ノ淵源

國際私法ノ拘束力ノ根據

國際私法ハ各國家ニ對シテ拘束力ヲ有スルヤ、之レヲ裏面ヨリ言ヘハ各國ハ國際私法ノ原則ニ服從スルノ義務アリヤ、然リ此ノ拘束力アリ、此ノ義務存ス。然ラハ此ノ拘束力、義務ノ根據如何、此ノ問題ニ對シテハ既ニ説明シタル國際私法ノ發生理由並ニ其ノ存在ハ必要カ十分ナル答辯ヲ與ヘ得ルモノナリ。卽チ國際私法ハ各國私法ノ相互適用ニ關スル一ノ準則ヲ定メ、同一ノ法律關係ハ如何ナル國ニ於テモ同一ノ國法ニ從ハシメ、以テ國際生活ニ於ケル私法關係ヲ國際的ニ確保セントスルモノニシテ要スルニ國際私法ハ私法的國際交通ノ安全ヲ圖ランカ爲メニ發生シタル法則ナリ。第一節參照且ツ國際私法ハ私法的國際交通ノ安全ヲ圖ル爲メニ必要缺ク可ラサル手段ナリ。第二節參照而シテ元來國際交通ナルモノハ國際法共同團體又ハ國際社會 Völkerrechtsgemeinschaft ; Société des nations ; Community of Nations ; Family of Nations. ノ起因ニシテ又一般ニ國際法ノ發生シタル原因ナリ、從ヒテ國際交通ハ各國家ノ權利ニシテ又義務ナルコトカ國際公法ノ根本原則ノ一トシテ認メラルルニ至レリ。既ニ此ノ國際交通ヲ爲スコトカ各國家ノ權利ニシテ又義務ナル以上ハ此ノ國際交通ヲ保護シテ其ノ安全ヲ圖ルコトモ亦同シク各國家ノ權利タルト同時ニ又其ノ義務タラサル可ラス、蓋シ國際交通ノ安全ハ之レヲ保障セスト云フハ抑モ國際交通ヲ保障セスト云フニ外ナラサレハナリ。然リ而シテ國際交通ハ一ナル私法的國際交通ノ安全ヲ圖ルカ爲メニ國際私法ノ存在カ必要缺ク可ラサルモノハトセハ各國ハ又必要上此ノ國際私法ノ原則ニ服從セサル可ラス、卽チ余輩ハ國際私法ノ拘束力ノ根據ハ一切ノ國際公法ノ發生原因タル國際交通ニ在リト爲ス者ナリ。一切ノ國際公法上ノ原則ハ國家ノ公法的國際交通換言スレハ國家トシテノ相互交通關係ヨリ生シ、一切ノ國際私法上ノ原則ハ私法的國際交通換言スレハ專ラ國民ノ國際交通——國家カ私法的法律關係ノ主體タル場合ヲ論外トス——ヨリ生スルモノハナリ。

國家平等權及ヒ相互尊重權

學者或ハ國際交通權ノ外猶ホ國家平等權及ヒ相互尊重權ヲ併セテ國際私法ノ根據ヲ說明セントスル者アリ。例ヘハぴーるハ「平等權ノ原則ニ依リ一國ハ一切ノ外國人ヲ平等ニ待遇セサル可ラス、又一國ハ其ノ內國裁判所ニ生スル一切ノ國際的事件ニ國際私法ノ同一原則ヲ適用スルノ義務アリ。殊ニ一國ハ其ノ自己ノ國法ニ與フルト同樣ナル領土外適用ノ範圍ヲ外國法律ニモ認メサル可ラス。自己ノ法律ニ超領土的效果ヲ認メテ外國法律ニ之レヲ拒ムハ是レ卽チ主權ノ平等ヲ拒ムモノナリ」ト爲セリ。又相互尊重權ノ原則ニ就テハ次ノ如ク說明セリ一國ハ其ノ臣民カ外國ニ於テ虐待セラレタルトキハ右外國政府ニ對シテ報償ヲ請求スルコトヲ得ルハ何人モ之レヲ疑ハス、然ラハ一國ハ他國ノ苛酷ナル法律ニ對シテ同樣ナル權利ヲ主張スルコトヲ得サルカ、若シ此ノ法律ニ依リテ自國ノ臣民カ窮狀ニ陷リタルトキハ之レ卽チ國家ヲ侮辱シタルモノニ非サルカ。又外國裁判所ノ判決ハ或ル範圍ニ於テ之ヲ尊重スルノ要ナキカ、之レヲ無視シ之レヲ覆ヘスハ相互尊重權ノ原則ト衝突セサルカト。Pillet, Le droit international privé, considéré dans ses rapports avec le droit international public, p. 29-31. 然レトモ此ノ議論ハ一方ニ於テハ無用ノ論タリ、何トナレハ國際私法ノ基礎ハ前述ノ如ク國際交通權ヲ以テ十分ニ說明スルコトヲ得レハナリ、又此ノ議論ハ他方ニ於テハ妥當ナラス、何トナレハ、所謂平等權、所謂相互尊重權ハ私法的國際交通ト直接ノ關係ヲ有セス、從ヒテ此等ヲ以テ强テ國際私法ノ根據ト爲サントスルハ聊カ牽强附會ノ嫌アレハナリ。

第三項　國際私法ノ實在

國際私法ノ實在

現實ニ國家ヲ拘束スル國際私法ノ原則ナルモノ存在スルカ。然リ、國

「際私法ハ實在ス。國際私法ハ國際公法ト同シク、各國ハ承認ニ依リテ行ハル。承認ニ明示及ヒ默示ノ二アリ。

條約國際私法

明示ノ承認卽チ多數國家ノ協同行爲タル聯合條約ニ依リ法律衝突ニ關スル規則ヲ設定シタルモノアリ。例ヘハ後ニ詳序スヘシト雖モ海牙ニ於テ殆ト一切ノ歐大陸諸國間ニ締結セラレタル婚姻、離婚及ヒ別居、未成年者後見、婚姻ノ效力、禁治產及ヒ類似處分等ニ關スル國際私法上ノ規則ヲ設定シタルモノノ如キ卽チ是レナリ。

慣習國際私法

次ニ默示ノ承認卽チ各國ノ慣行ニ依リテ成立シタリト認メラルルトコロノ規則アリ、例ヘハ法律行爲ハ其ノ行爲地ノ方式ニ從ヒタルトキハ方式ニ關シテハ何レノ國ニ於テモ之レヲ有效ト認ムル規則ノ如キ卽チ然リ。此ノ點ニ就キテハ古來有名ナル「場所ハ行爲ヲ支配ス」Locus regit actum トノ原則行ハル、然レトモ此ノ原則ノ意義ハ後ニ說明スルカ如ク必シモ一定セス、從ヒテ此ノ原則カ古來一定シタル意義ニ於テ各國各時代ニ實行セラレタリト云フコト能ハスト雖モ余輩ハ少ナクトモ茲ニ掲クルカ如キ意義ニ於テ方式ニ關スル原則ハ一般ニ慣行セラレタリト云フヲ憚ラサルナリ。Bar, I, § 118; Valery, § 387. 參照。次ニ物權ハ其ノ目的物ノ所在地法ニ從フ、殊ニ不動產物權ハ不動產所在地ノ法律ニ從フト云フ原則ノ如キ亦然リ。此ノ原則ニ就キテハ國內法論者ノ先鋒かーんト雖モ其ノ超國家的國際私法ノ性質ヲ認ム、而シテ氏ハ國際法ノ淵源ハ單ニ習慣法ニ在リト主張スル者ナリ。故ニ氏ハ此ノ原則ヲ以テ習慣法タル超國家的國際私法ナリト爲ス者ナリ。Kahn, Jahrbücher für die Dogmatik, S. 27, 40. 猶ホ氏ハ親族法及ヒ相續法ノ規定ハ之レヲ單ニ一時國內ニ滯在スル者ニ適用スルヲ許サストスル消極的ノ原則モ亦超國家的國際私法ノ原則ナリトセリ。要之今日或ハ各國聯合條約ニ依リ、或ハ國際習慣ニ依リ現實ニ各國ニ行ハルル國際私法ノ規則ノ存在スルコト明カナリ。

條約國ノ範圍

尤モ海牙ノ國際私法諸條約ハ歐大陸諸國ノ加盟セルニ止マリ未タ世界一切ノ國家ヲ拘束スルニ足ラスト雖モ國際公法ニ普通、特別ノ別アルコトAllgemeines und partikulares Völkerrecht; Universal and particular International Law及ヒ特別國際公法ト雖モ大國ヲ含ム多數國家ニ認メラルルトコロノモノハ學者或ハ之レヲ一般國際公法ト名ツク。例ヘハおつぺんはいむノ如シ、Oppenheim, International law, I, p. 2. 終ニハ普通國際公法トナルヘキ傾向

實定國際私法ノ內容ノ不完

ヲ有スルモノナルコトヲ知ラハ國際私法條約カ未タ世界一切ノ國家ヲ拘束セサルノ事實ハ以テ國際私法ノ存在ヲ否認スル理由トナスコト能ハサルハ明カナリ Lisst, Das Völkerrecht, Elste Aufl., S. 8, 9; Oppenheim, p. 1, 2.。猶ホ此等聯合條約又ハ習慣法ヨリ成ル實定國際私法ノ內容カ未タ私法關係ノ全部ニ渉ラサル事實ハ超國家的國際私法ノ實在ヲ否認スルノ理由トナラサルコトモ亦明カナリ。國際私法ハ未成熟ノ法律ナリ、其ノ規則ノ分量ノ少ナキハ元ヨリ其ノ所ナリ。要ハ性質ノ如何ニ在リ、苟クモ國家間ノ關係ヲ律スル國際私法ノ規則ノ實在スルモノアリ、且ツ私法的國際交通ノ必要上漸次其ノ分量ヲ增大シ又其ノ拘束力ノ及フ國家ノ範圍ヲ擴張スヘキ運命ヲ有スルコト明カナルトキハ國際私法ヲ以テ國際公法ト同シク國際法ナリト論斷シテ毫モ誤ルトコロナシト信ス。

以上述フル所ノ理由ニ據リ余輩ハ我カ法學界ノ輿論タル國內法主義ニ反シテ獨リ國際法主義ヲ主張スル者ナリ、卽チ余輩ノ國際法主義ノ論據ハ既ニ證明シタリ、以下反對論ノ論旨ヲ吟味シテ其ノ當否ヲ斷スヘシ。

第三款　國內法主義

第一項　絕對的關係的國內法主義

絕對的國內法主義ト關係的國內法主義

國內法主義ヲ唱フル學者ノ說ク所一樣ナラス、或ハ單純ニ國際私法ヲ以テ國內法ナリトスル者アリ。或ハ國際私法ノ大部分ハ國內法ナリ、然レトモ其ノ一部ハ國際法ナリ。又或ハ國際私法ハ現今ノ狀態ニ於テハ國內法ナリト雖モ將來各國カ同一原則ヲ承認スルニ至ラハ國際法ト爲ルモノナリ、又ハ此ノ場合ニハ國際私法ハ國際法ニシテ且ツ國內法ナリト爲ス者アリ。又或ハ曰ク國際私法ハ國內法ニシテ又世界法ナリト。故ニ從來一般ニ國內法主義ト稱スルモノノ中ニハ詳細ニ其ノ所說ヲ研究スルトキハ自ラ二派ノ別アルヲ發見スルモノナリ。卽チ國內法主義ハ更ラニ分チテ之レヲ絕對的國內法主義、關係的國內法主義ノ二ト爲スコトヲ得ヘシ。（關係的國內法主義ハ之レヲ國際法主義ノ立脚地ヨリ觀察スルトキハ余輩カ嘗テ名ツケタルカ如ク制限的國際法主義ト稱スルコトヲ得ヘシ。京法、四卷、一〇號、拙文國際私法規定缺欠補充論、二四頁參照。）今左ニ國際私法學上主要ナル地位ヲ有スル國內法論者ノ所說ノ綱要ヲ揭ケ其

かーん、

ノ孰レノ主義ニ屬スルカヲ吟味シ、而シテ關係的國內法主義ノ究極的運命ヲトシ、次ニ一般ニ國內法說ノ根據ノ理由ナキコトヲ明カニシ、終リニ國內法論者ノ國際法論ニ加フル非難ヲ辯駁スヘシ。

一、かーん。國內法主義ノ學者中最モ詳細ナル研究ヲ公ニシ且ツ最モ熱心ニ國內法說ヲ唱ヘタル者ヲふらんつ、かーんトス。氏曰ク國際公法カ外國使臣ノ治外法權ヲ要求スルトキハ之レ國家ニ對スル要求ニシテ國家ヲシテ此ノ國際法上擔保セラレタル權利ヲ保護スヘキ樣國家ノ立法權ヲ行使スヘク又ハ制限セントスルモノナリ。此ノ要求及ヒ其ノ內容ハ國際公法ナリ。然レトモ國家カ國家ノ實行行爲ニ依リ國家內部ニ對シテ發スルトコロノ法規ハ國際公法ニ非ス。此ノ法規ハ他ノ一般ノ立法ト同シク個人ニ對スルモノニシテ、唯最初ノ要求ノミカ國家ニ對スルモノナリ。他言ヲ以テ之ヲ云ヘハ爰ニ二種ノ異ナレル法律上ノ命令存在スルモノナリ。卽チ第一種ノ命令ハ外部的ノモノニシテ國際共同團體ヨリ國家ニ對シテ發セラレタル命令ナリ、而シテ其ノ內容ハ「汝ハ汝ノ管轄領域內ニ於テ斯々ノ法律ヲ設ケ且ツ之ヲ實行スヘシ」ト言フニ在リ。反之第二種ノ命令ハ内部的ノモノニシテ國家ヨリ一私人ニ對シテ發セラレタル命令ナリ、而シテ其ノ内容ハ「我管轄領域内ニ於テハ斯々ノ法律ヲ行フ」ト言フニ在リ。而シテ此ノ第二命令ハ假令第一命令ノ實行ニ基ツクモノナリトスルモ國内法ニシテ超國家法ニ非ス。國家ハ國際法上ノ義務ニ基ツキ立法スルトキト雖モ國家自ラ立法スルモノナリ。要求自身ハ國際法ナリ、然レトモ要求セラレタルモノハ國際法ニ非スト Kahn, Jahrbücher für die Dogmatik, S. 30, 31. 此ノ一段ニ於テ氏ハ國際私法ハ法ノ性質上國内法ニシテ國際法ニ非サルコトヲ主張スル者ナリ。即チ國際私法ハ國際共同團體ヨリ國家ニ對シテ與ヘラレタル命令ニ非ス、此ノ法律ハ國家自身カ國内ニ命令シタルモノナリ、假令國家カ此ノ命令ヲ發スルコトカ國際法ノ要求ニ基ツクトキト雖モ此ノ命令ハ國家ノ命令ナルカ故ニ國内法ニシテ國際法ニ非スト爲スモノナリ。此ノ議論ノ當否ハ之レヲ後ニ讓リ、進ンテ氏ノ第二段ノ論旨ヲ見ントス。氏ハ上ノ本質論ニ次テ國際法主義ヲ攻撃シ、或ル特種ノ衝突規則ノ體系ニシテ國際法的效力ヲ有スルモノノ實在セサルコトヲ說キタル後、一轉シテ然ラハ超國家的國際私法ナルモノハ毫モ存在セサルカ、又將來モ成立スルコト能ハサルモノナルカト云フ問ヲ起シ、氏ハ之レニ答ヘテ曰ク大ニ然ラス、超國家的國際私法ハ假令完全ナル組織ヲ有スルモノニ非サルモ或ル範圍ニ於テ將來成立スルコトヲ得ルモノナリ。又現在ト雖モ余ノ觀ル所ニ依レハ一般的要求ノ形ニ於ケル超國家的國際私法ハ既ニ存在ス、唯全體系ヲ確定的ニ組織スルトスルノ衝突規則ナルモノノ存在セサルノミト。S. 37. 而シテ氏ハ現存ノ超國家的國際私法ハ唯二三ノ僅少ナル規則ニ過キストシ曰ク卽チ先第一ニ擧クヘキ原則ハ

如何ナル國家ト雖モ其ノ裁判所ニ於テ外國法ノ適用ヲ一般的ニ又原則的ニ拒絕スルノ權ナシ。

トスルモノナリ。次ニ來ルヘキ規則ハ

各國ハ皆何等カ國際私法ノ規則ヲ有セサル可ラス。

トスルモノナリ。卽チ各國ハ外國法ノ適用ニ就キテハ決シテ全ク隨意ニ

行動ス可ラス、必スヤ自己ノ適當ナリト認メタル法規ニ從ヒテ進退スヘキモノナリ、以上二個ノ一般的原則ノ外ニ猶ホ二三ノ特別規則ニシテ從來實際ニ於テ各國ノ共同承認ヲ經タルモノアリ。即チ

不動產物權ハ內容ハ不動產所在地ノ法律ニ依リテ之レヲ定ム。

ト爲スモノ其ノ一ナリ。次ニ

親族法及ヒ相續法ノ規定ハ之レヲ單ニ一時國內ニ滯在スル者ニ適用スルヲ許サス。

ト爲ストコロノ消極的規則アリ。今日ニ於テハ國際法的國際私法ハ以上ノ諸規則及ヒ之レニ類似ノ二三ノ一般的規則アルニ過キスト云ハサル可ラスト S. 40. 41.。

此ノ第二段ノ論旨ハ要スルニ所謂國際私法ハ其ノ全部ニ於テ國際法的性質ヲ有セスト雖モ其ノ一部ハ現在既ニ國際的承認ヲ經テ超國家的國際私法換言スレハ國際法的國際私法タリ。且ツ又將來ニ於テ假令完全ナル組織ヲ有スル國際私法ノ成立ヲ見ル能ハサルモ、或ル範圍內ニ於テハ國

際法的國際私法ハ成立スヘシト云フニ在リ。故ニ此ノ第二段ノ議論ハ明カニ第一段ノ本質論ニ對シテ一種ノ制限ヲ認メタルモノナリ。氏自ラモ此ノ點ハ普通ノ國內法主義ノ學者ノ意見ニ反スルモノナルコトヲ明言セリ。之レヲ以テ觀レハかーんハ余ノ前ニ掲ケタル分類ニ從ヘハ關係的國內法主義ニ屬スルモノナリ。

此ノかーんノ國內法論ニ比シ他ノ國內法論者ノ所說ハ一般ニ甚タ簡略ニシテ其ノ論據ヲ積極的又確實ニ證明スルモノハ極メテ稀ナリ。今左ニ此ノ種ノ議論中主要ナルモノ二三ヲ掲クヘシ。

にーまるやーノ說

二、にーまるやー、氏ハばーるノ「國際私法ハ單ニ各國ノ國內法ノ一部ニ非ス」Bar, I. S. 5. トノ議論ハ之レヲ排斥スヘキモノナリト爲シ曰ク現在ニ於テハ各國ニ存在スル個々ノ法規ノ外ニ國際私法ナルモノナシ。適用スヘキ法律ヲ定ムル原則ハ國內私法ノ一部ヲ成スモノナリ。裁判官ニ對シテモ亦學者ニ對シテモ國內私法ノ外ニ國際私法ノ淵源ナシ、猶ホ補充的國際私法ノ意義ニ於テモ同樣ナリト。Niemeyer, Zur Methodik des Internaitonalen Privatrechts 1894, S. 31. 氏又曰ク國際私法ノ重要問題ノ多數ハ未タ國際法的ニ解決セラレス、且ツ其ノ一部ニ就テハ各國ハ互ニ相背離セル法律ヲ有シ而カモ何レモ國際法違反ヲ主張スルコト能ハサルノ狀態ニ在ルモノナリ。故ニ此ノ問題ニ關シテ各國立法者ニ對スル國際法上ノ拘束ハ決シテ原則的ノモノニ非ス又全部的ノモノニ非ス、從ヒテ各國ノ立法者ハ國際私法問題ヲ原則上國內私法ノ問題トシテ取扱フコトヲ得ルノミナラス又正サニ斯ク取扱フヘキモノナリト。

Niemeyer, Vorschläge und Matherialien zur Kodifikation des internationalen Privatrechts, 1895, S. 27, 28.

氏又曰ク現在實行セラルル國際法的國際私法ナルモノハ國際條約ニ依リテ認メラレタルモノ以外ニ存在スルコトナシ、故ニ各國及ヒ其ノ機關ハ國際私法ノ形成ニ關シテハ單ニ事物ノ性質ニ基ツク標準換言スレハ國內及國際問題ニ就テ司法行政ニ與ヘラレタル標準ニ拘束セラルルニ過キス、猶ホ又夫ノ補充的超國家的國際私法ノ觀念モ一ノ擬制ニ過キスト。

Niemeyer, Das intern. Pri atrecht des Bürgerlichen Gesetzbuchs, 1901, S. 50.

以上ハにーまゐやーノ三著書ニ表ハレタル所說ヲ摘錄シタルモノナリ、而シテ國際法的國際私法ノ存否若クハ其ノ限度ニ關シ第一及ヒ第二ノ所説ト第三ノ所説トニ逕庭アルハ第一及ヒ第二ノ著述ノ成リタルトキハ未タ海牙ノ國際私法諸條約カ成立セサリシカ爲メナリ。要スルニ氏モかーんと同シク現在ニ於テハ國際法的國際私法ノ一部存在ヲ認ムル者ニシテ其ノ大體ハ國内法ナリト爲ス者ナリ。唯かーんト異ナルハかーんハ國際私法ハ國家間ノ關係ヲ定ムル規則ニ非サルカ故ニ國際法ニ非サルコトヲ論證セントシタルニ反シ、にーまゐやーハ特ニ此ノ性質ニ論及セスシテ單ニ現實ニ國際法的國際私法ハ一般存在ヲ認ムル能ハサルカ故ニ國際私法ハ國際法ニ非スト主張スル點ニ在リ。此ノ論據ノ批判ハ暫ラク之レヲ後ニ讓リ、爰ニハ氏モ亦かーんト同シク關係的國際法主義ニ屬スル者ナルコトヲ知ルニ止メントス。

おつぺんはいむノ説

三、おつぺんはいむ。氏ハ其ノ國際法論ニ説テ曰ク。べんさむ以來國際法ヲ分チテ公、私ノ二ト爲スコト一般ニ認メラルト雖モ所謂國際公法ノミ獨トリ國際法ニシテ所謂國際私法ハ國際法ニ非ス。少クトモ現在ニ於テハ國際法ニ非ス。此ノ國際私法ナルモノハ同時ニ二個若クハ二個以

うるまんノ説

上ノ裁判管轄ニ屬スル事項ニ關スルモノナリ。而シテ各國ノ國法ハ此カル事項ニ就キ屢ハ互ニ衝突スルカ故ニ各國裁判官ハ此ノ衝突ヲ解決スヘキ或ル種ノ原則ヲ發見スルコトニ力ムルモノナリ。然レトモ今日ノ所謂國際私法ハ他日國際法トナルヘシ、即チ各國カ立法的條約 lawmaking treaty ニ依リ斯カル法律衝突ノ解決ニ適用セラルヘキ法則ヲ協同承認シタルトキハ國際法トナルモノナリト Oppenheim, International law, 1920, I, p. 2, 3. 此ノ説モ國際私法ノ性質ヲ深ク研究スルコトナシト雖モ國際私法ハ現在ニ於テハ國内法ナリ、然レトモ將來立法的條約ニ依リ共通ノ法律衝突規則ヲ承認シタルトキハ國際法ト爲ルト主張スルモノナリ。故ニ之レ亦一ノ關係的國内法主義ニ屬スト云ヘヲ得ヘシ。

四、うるまん。氏モ亦其著國際法ニ於テ述ヘテ曰ク國際私法ハ國際法カ自ラ私法事項ヲ各國協同規定ノ目的物ト爲ササル間ハ又爲ササル範圍ニ於テハ之レヲ國際法ヨリ分離スヘキモノナリ。然レトモ國際私法ノ原則ハ國際法ト或ル關係ヲ有スルコトヲ注意セサル可ラス、國際私法上問題トナル法律關係ハ私法關係ナリ、然レトモ其ノ特質ハ法律關係ノ發生原因タル事實又其ノ變更、消滅ニ影響ヲ及ホス事實、並ニ該法律關係ニ關係ヲ有スル人及ヒ物カ各異ナリタル國家ニ屬スルコトニ在リ、從ヒテ又其等ノモノカ一法律關係ノ各元素ヲ構成シ而シテ此各元素自體ハ各國ノ法律ニ服從スルコトニ在リ、一國ノ國權ハ或ハ此ノ私法關係ノ特性ヲ無視シテ裁判所ヲシテ此ノ如キ關係ヲ偏ヘニ内國法ニ從ヒテ判定セシムルコトヲ得ヘシ。然レトモ此ノ如キ主義ハ實際ニ於テ發達シタル國際交通ノ立場ヨリ見ルモ又國際共同團體ノ立場ヨリ見ルモ到底維持ス可ラサルモノナリ。否ナ寧ロ今日各國ハ國際共同團體内ニ於テ自己ノ國法ト他國ノ國法トカ並立存在スル狀態ヲ承認セサル可ラス。而シテ今日一國カ各國共同團體ノ一員トシテ自己ノ裁判所ニ於テ外國私法ヲ適用スルハ夫ノ一般ニ認メラレタル各國平等ノ原則ノ必然ノ結果ナリ、從ヒテ又外國私法ノ適用ハ決シテ單純ナル國際禮讓又ハ國家ノ相互許容ニ非スシテ國家ノ義務ノ履行ナリ。要之國際私法ハ各國ノ司法權行使ニ關スル法規ナリ而シテ此ハ法規ノ目的物ハ上記ノ私法關係ニシテ國際關係ニ非ス、此ノ法規ハ裁判官ノ判決ノ基準タルヘキ國法ヲ決定スルモノナリ。而シテ一方ニ於テ此ノ如キ法規ノ存在及ヒ必要ハ國際法ノ原則ト密接ノ關係ヲ有シ、他方ニ於テ此ノ法規ハ一國ノ私法及ヒ之レト國際法上並立セル他國ノ私法トノ關係ヲ律スルモノナルヲ以テ此ノ法規ニ國際的ノ名稱ヲ與フルハ理由ナキニ非ス。然リト雖モ未タ此ノ點ニツキ眞ノ國際法ノ成立セサル時ニ當リテ衝突規則ニ國際私法ナル名稱ヲ與ヘタルハ確カニ誤ナリ、衝突規則ハ一國ノ國內法ナリ、此ノ國內法ニ基ツキ近時構成セラレタル理論ハ勿論國際法ヲ構成スルコトナシ。然レトモ文明國民間ノ法律交通ノ發展ト共ニ各國法規ノ衝突ハ同一原則卽チ同一ノ衝突規則ヲ各國カ義務的ニ適用シテ解決セサル可ラサル必要ヲ感スルコト益大ナルニ至リ終ニ婚姻、離婚、未成年者後見等ニ關シ海牙ノ國際私法條約ノ成立ヲ見ルニ至レリ。此ノ方法ニ依リテ初メテ眞ノ國際私法 echtes internationales Privatrecht ハ設定セラルルモノナリ、何トナレハ各國ノ聯合條約ニ依リ上記各事項ニ關シ設ケラレタル衝突規則ハ立法的條約ノ國際的淵源ニ基ツケハナリト Ullmann, Völkerrecht, 1908, S. 13-16. 此ノ說モ亦國際私法ハ外國ニ關係ヲ有スル私法關係ヲ律スル國內法ナリト雖モ一般ニ各國聯合條約ニ依リ統一的衝突規則カ認メラルルトキハ眞ノ國際私法卽チ國際法ト爲ルト主張スルモノナルカ故ニ之レ亦關係的國內法說ニ屬スルモノナリ。

りすとノ說

五、りすと。氏ハ國際私法ハ私法ノ場所的施行區域ニ關スル國內法ナルヲ以テ其レ自體ニ於テハ國際公法ト何等同シキトコロナシ。Lisst, Völkerrecht, Elfte Aufl., S. 1. ト爲スト雖モ其ノ國權ノ內部獨立ヲ說クニ當リテ氏ハ此ノ二法ノ關係ニ就キ下ノ如ク言ヘリ。國家ハ其ノ自治權ヲ行使スルニ當リテヤ其ノ自ラ決シテ孤存スルモノニ非スシテ平等ノ權利ヲ有スル團體員ヨリ成ル一大共同團體ノ一員タルコトヲ忘ル可ラス、從ヒテ國家ハ外國ノ自治權トノ衝突ヲ避ケサル可ラス。於是カ所謂國際私法ハ國際公法ト關聯スルモノナリ。私法、刑法ノミナラス其他ノ法律衝突問題ヲ解決スルハ疑モナク先ツ以テ各國ノ爲スヘキ問題ナリ。卽チ一國ハ其ノ國法ヲ以テ各場合ニ内國法又ハ外國法(及ヒ孰レノ外國法)ヲ適用スヘキカヲ定ムヘキモノナリ。然レトモ内國官吏ノ解決スヘキ問題ニハ總テ内國法ヲ適用スヘシト爲スコト、即チ屬地主義ハ絶對實行ハ國際公法ノ根本觀念ニ違反スルモノナリ。是レ實ニ國際法共同團體員ノ平等權及ヒ權力範圍ノ限界ヲ破ルモノナリ、又此ノ如キハ國際交通ノ必要ト牴觸スルモノナリ。既ニ海牙ノ國際私法條約ニ依リ私法ノ重要部分ニ就キ所謂衝突規則ヲ統一的ニ規定スヘキコトヲ確保シタリ。然レトモ假令此等ノ條約ナシトスルモ夫ノ所謂屬地主義ナルモノハ今日ハ既ニ滅亡ニ歸シタルコトハ各文明國ノ國法ニ確認セラレタル事實ナリト S. 66. 67. 氏猶ホ國際法的法律關係ヲ説明スルニ當リ下ノ如ク言ヘリ。國際法的法律關係ハ國家間ノ法律關係ナリ、即チ權利者タル國家ト義務者タル國家トカ相對立スル法律關係ナリ。各國人民間ノ法律關係ハ決シテ國際法的法律關係ニ非ス、所謂國際私法ハ規則ハ國際公法ノ規則ニ非スシテ國内法ノ規則ナリ、獨逸民法施行法第七條第一項ニ「人ノ行爲能力ハ其ノ屬スル國ノ法律ニ依リテ之レヲ定ム」トアルハ獨逸法ニシテ國際公法ニ非ス。然ルニ或ハ特殊ノ各國共同行爲ニ依リ、或ハ一般原則ニ依リ各國カ其ノ自己ノ衝突規則ヲ設クルニ當リテ準據セサル可ラサル義務ヲ有スル法規ハ國際法的性質ヲ有ス。（氏ハ此ノ如キ法規ノ一例トシテ海牙ノ國際私法條約ヲ揭ク、§. 31, I, 2,）從ヒテ此ノ法規カ權利ヲ與ヘ又義務ヲ負擔セシムルモノハ單ニ國家ニシテ國民ニ非サルナリ。然シナカラ此ノ共同行爲モ一朝内國法律ノ形體ヲ採ルニ至リタルトキハ此内國法ヨリシテ國民カ單ニ自己ノ國家ニ對スル權利ト義務トカ發生スルモノナリト。S. 151.

此ノ設モ亦國際私法ハ國内法ナリト雖モ各國共同行爲ニ依リ各國ノ衝突規則ノ基準タルヘキ統一法規カ協定セラレタルトキハ此ノ法規ハ國際法ナリト爲スモノニシテうるまんト同シク關係的國内法主義ニ屬スルモノナリ。

山口博士ノ説

六、山口博士。氏モ亦國際私法ハ個人ノ地位ヲ定メタル一國ノ私法ナリト爲ス。（同氏日本國際私法論分册第一、八頁以下）然ルニ氏又曰ク國際私法ノ統一ハ今日既ニ或ル程度マテ實行セラレタリ、即チ各國ハ條約ヲ以テ國際私法ニ關スル原則ヲ定メタル例鮮カラス、此ハ場合ニハ國際私法ハ國際法ニシテ且ツ國內法ナリト同著一〇一頁。此ニ依リテ觀レハ氏モ亦衝突規則カ多數國家ノ聯合條約ニ依リ統一的規則ト爲リタルトキハ國際法ノ性質ヲ有スルコトヲ認ムルモノナルヲ以テ同シク關係的國內法主義ニ屬スト言フコトヲ得ヘシ。

まるくーぜんノ說

猶ホまるくーぜんノ如キモ國際私法ヲ以テ國內法ナリト爲スト雖モ夫ノ補充的適用法規ハ一國私法ニシテ同時ニ國際法ナリト爲スカ故ニ同シク關係的國內法主義ニ屬スヘキモノナリ。Marcusen, Zeitschrift f. Intern. Privat-u. Strafrecht, X. S. 266-268.

以上ハ實ニ主要ナル國內法論者ノ說タリ、然ルニ何レモ關係的國內法主義ニ屬スルモノナリ、而シテ所謂絕對的國內法論ハ單純ナル獨斷論ナルヲ以テ特ニ擧クルノ要ヲ見サルナリ。

第二項　關係的國內法主義ノ運命

關係的國內法論ハ或ハ矛盾論タリ

關係的國內法主義ノ學者ハ皆其ノ根本ニ於テ國際私法ヲ以テ各國ノ國內法ナリ(殊ニ國內私法)ト爲スモノナリト雖モ又同時ニ或ハ國際私法ノ或

ル種ノ原則ハ現在既ニ國際法ナリト爲シ或ハ現在ハ國內法ナリト雖モ多數國家ノ聯合條約ニ依リテ統一的規則カ認メラレタルトキハ其ノ規則ハ國際法ノ規則ナリト爲スモノナリ。此ノ議論ハ明カニ一ノ矛盾ヲ包藏セサルカ、殊ニ山口博士及ヒまるくーぜんノ明言スルカ如ク一ノ規則カ同時ニ國內法ニシテ且ツ國際法ナリトスルハ矛盾ニ非サルカ、抑モ一ノ規則カ國際法ナリヤ否ヤハ該規則カ國家間ノ關係ヲ律スルモノナルヤ否ヤニ依リテ斷定セラルヘキモノナルコトハ此等學者モ認ムル所ナリ。國家間ノ關係ヲ律セサル國內法ノ規則カ各國ノ聯合條約ニ由ルト又習慣ニ由ルトヲ問ハス、世界的ニ統一セラルルニ至リタレハトテ其ノ性質ヲ變更スヘキ理由ナシ。卽チ單ニ國內關係ヲ律シタル規則カ國家間ノ關係ヲ律スル規則ニ變化スヘキ理ナシ。例ヘハ手形法ノ規則カ手形條約ニ依リテ世界的ニ統一セラルルニ至ルモ手形法ハ決シテ國際法トハ爲ラサルナリ。或ル一國ノ法規又ハ單ニ學者ノ立案ニ懸カル規則カ多數國家ノ承認ヲ經テ實行セラレ國際法上ノ規則ト爲ルコトナシトセス。然レトモ此カル結果ヲ生スル爲メニハ初メヨリ該法規又ハ規則ニ國際法ト爲リ得ヘキ要素ヲ有セサル可ラス、卽チ初メヨリ國家間ノ關係ヲ定メ若クハ定メントシタルモノナラサル可ラス。此ノ要素ヲ缺ケル規則カ如何ニ各國ニ一樣ニ認メラルルニ至ルモ國際法ノ規則トナルコト能ハサルナリ。國際法ト世界統一法トハ同一物ニアラス、民法、商法等私法ノ規定カ世界的ニ統一セラレタルトキハ所謂世界私法 Weltprivatrecht ト爲ルコトヲ得ヘシ、然レトモ國際法ト爲ルコトヲ得サルナリ。反對ニ若シ或ル規則カ各國ノ承認實行ニ依リ國際法ト爲リタリトセハ其ノ規則ハ初ヨリ國際法ト爲ルヘキ要素ヲ固有シタルモノナリ、換言スレハ其ノ規則ハ國家間ノ關係ヲ定メントシタルモノナラサル可ラス。故ニ國際私法ハ現在ハ國內法ナリト雖モ將來廣ク各國ニ同一規則カ承認セラルルニ至ルトキハ國際法ト爲ルト主張スルハ抑モ該規則カ國家間ノ關係ヲ定ムルモノナルコトヲ認ムルモノナリ。從ヒテ關係的國內法主義ノ學者カ國際私法ハ本質上私人間ノ關係ヲ規定スル國內法ナリトスルニ拘ラス將來或ハ國際法ト爲ルト主張ス

關係的國內法論ハ或ハ形式論タリ

ルハ一ハ矛盾ナリト言ハサル可ラサルナリ。之レニ反シテ若シ彼等ニシテ國際私法ノ本質ヲ究メスシテ單ニ現下ノ狀態ニ於テ國際私法ハ各國ノ國內法ニ依リテ定メラルルカ故ニ國內法ナリ、然レトモ將來國際條約ニ依リテ統一的國際私法ノ規則カ認メラルルニ至ラハ國際法的國際私法ノ成立スヘキコトヲ主張スル者ナリトセンカ、是レ初ヨリ國際私法ノ本質ハ國家間ノ關係ヲ定ムルモノナルコトヲ認ムルモノナリ。彼等カ國內法ナリト主張スルハ單ニ法ノ形式ノミヨリ觀察シタル皮相論ニ過キサルナリ。例ヘハ大正三年ニ制定施行セラレタル我海戰法規ハ我軍令ナルヲ以テ此ノ軍令ノ內容タル各種ノ戰時國際法ノ原則ヲ以テ國內法ナリト云フニ同シ、國際法ノ原則ヲ認メタル國內法ハ形式ニ於テハ元ヨリ國內法ナリト雖モ其ノ法規ノ內容タル原則ハ國際法上ノ原則ナリ。勿論日本軍令ナルヲ以テ單ニ國家自身ノ爲スヘキ行爲ニ付テハ規定セス。

依此觀之關係的國內法主義ノ議論ハ或ハ國際私法ハ個人間ノ關係ヲ定ムル法則ニシテ同時ニ國家間ノ關係ヲ定ムル法則ナリト云フ矛盾ニ陷ル

国內法主義ハ終ニ國際法主義ニ歸ス

カ、或ハ國際私法ハ單ニ形式上內國法ナルモ其ノ本質ハ國際法ナリトノ結論ニ達セサル可ラサルナリ。果シテ然ラハ此ノ主義ノ運命ヲトスルコト難キニ非サルナリ、卽チ先以テ形式論ハ單ニ外見的ニ國內法主義ニ屬スルモノナルカ故ニ實質論トシテハ當然國際法主義ニ併合セラルヘキモノナリ。次キニ矛盾論ハ理論上存在ヲ保ツ能ハスシテ終ニ滅亡スヘキハ明カナリ。而シテ牙城ヲ失ヘル矛盾論者ハ更ラニ國內法主義ニ馳スヘキカ或ハ國際法主義ニ入ルヘキカト云ハンニ余輩ハ其ノ多クハ後者ノ經路ヲ採ルヘキコトヲ信シテ疑ハサルナリ。何トナレハ彼等ノ多クハ將來ニ於テハ眞ノ國際私法卽チ國際法的國際私法ノ成立ヲ認ムル者ナレハナリ。而シテ此ノ間ノ消息ハ關係的國內法論ノ驍將かーんノ言論中ニ既ニ之レヲ窺フコトヲ得ヘシ、かーんハ前ニ揭ケタル國際私法本質論ノ後ニ公ニシタル「國際私法トノ關係ニ於ケル比較法ノ意義」ナル一論文ニ於テ次ノ如ク言ヘリ、現今國際私法ニ於テ國內法主義、國際法主義ノ二主義相對立スト雖モ吾人ノ正當ナル見解ニ從ヘハ既ニ此ノ二主義ハ俱ニ其ノ根據ニ

比較法主義

於テ動搖ヲ感スルモノナリ、而シテ今ヤ此ノ二主義ノ長ヲ採リ短ヲ捨テ以テ此ノ二主義ヲ合一スヘキ第三主義ノ必要ヲ見ルニ至レリ、比較法主義ナルモノ即チ是ナリ、此ノ主義ハ一方ニ於テハ國內法主義ヨリ其ノ長所タル研究ノ確實性、即チ何カアルカト云フコトト如何ニアルヘキモノナルカ又ハ如何ニアリ得ルカト云フコトヲ嚴格ニ區別スルトコロノ實定性ト、一定ノ法ノ淵源ニ依リ承認セラレタルモノニ非スンハ法ニ非スシテ所謂國際私法ハ今日ニ至ルマテ國際的强制意思ヲ以テ國際的法源ヨリ此ノ如キ承認ヲ得タルモノ未タ甚タ鮮ナキコトノ認識トヲ採取シ、又他方ニ於テハ國際法主義ヨリ其ノ長所タル國際私法ハ之レヲ單純ナル一國ノ實質法規ノ排他的原則ノ上ニ構成スルコトノ不可能ナル確信又國際間ノ法律交通ヨリ生シタル事項及ヒ其ノ規則ハ先以テ國際的需要ヲ先タスモノナラサル可ラス又常ニ國際共同ノ事業ニ待タサル可ラサル確信ヲ採收スルモノナリト Kahn, Bedeutung der Rechtsvergleichung mit Bezug auf das internationales Privatrecht. (Z. f. Intern. Privat-u. Strafr. X. S. 97, 98.) 氏ノ此ノ辯明ハ自ラ國內法主義ノ滅亡ヲ談ルモノハナリ、而シテ氏ノ所謂比較法主義ナルモノハ各國法律ノ比較研究ニ依リテ數國法間ニ存在スル同種關係ヲ究メ、而シテ此ノ同種法系間ニ於テ一ノ部分國際法 Partiell internationale Normen ヲ作リ、又同樣ニ一法系ト他ノ法系トノ間ニ同樣ノ國際法ヲ作リ、以テ一般國際法制定ノ道標タラシムルコトヲ目的トスルモノ S. 104, 105 ナルカ故ニ根本ニ於テ從來ノ國際法主義ノ主張ト少シクモ矛盾セス、唯一般國際私法ノ確立セサル間ハ又一般國際私法ノ成立スルコト能ハサル範圍ニ於テハ此ノ部分國際私法ヲ以テ滿足セントスルモノナリ。故ニ本論ニ於ケル氏ノ言明ハ關係的國內法主義ハ勿論、單純ナル國內法主義モ終ニ國際法主義ニ歸スヘキコトヲ自認シタルニ外ナラサルナリ。

猶ホえんねくちえれすノ如キモ國際私法ハ一部ハ國內法ニシテ一部ハ國際法ナリトスル學者ニシテ國際法主義、國內法主義ノ關係ニ就キ述ヘテ曰ク抑モ此ノ二主義ノ間ニハ其ノ名稱ノ示スカ如キ深キ差別ハ實ハ從來トテモ存在セサリシモノナルカ、現今ニ於テハ確カニ此ノ二主義ノ對立關係ハ其意義ヲ減少シタリ。何トナレハ一方ニ於テ國內法タル衝突規則ノ存在スルコト且ツ現今ニ於テハ此ノ規則カ主タルモノナルコトハ國際法主義ノ學者（少クトモばーる）ノ否マサル所ニシテ、他方ニ於テ國際法上ノ條約以外ニ於テモ猶ホ或ル種ノ國際法上ノ普通原則ノ存在スルコトハ有力ナル國內法主義ノ學者（例之かーん）ノ認ムル所ナレハナリ。學問及ヒ實際ノ力ニ依リ漸次成立スルトコロノ法律ノ不確定ナルコトハ元ヨリ之レヲ認メサル可ラス、本書ニ於テハ衝突法ノ國內的及ヒ國際的元素ヲ明カニシ以テ二者ノ調停ヲ圖ラントスEnneccerus, Lehrbuch des bürgerl. R. I. 1. S. 140, Anm. 6. 此ノ說ハ二主義ノ差異ヲ其ノ根源ヨリ否認セントスルモノナリト雖モ二主義ノ對立關係ハ國際私法學ノ過去及ヒ現在ノ事實トシテ之レヲ拒ム能ハサルナリ、然ルニエ氏カ猶ホ此ノ如キ說明ヲ爲ス所以ノモノハ恐ラク此ノ二主義ノ將來ノ運命ヲ豫測シ此ノ二主義ノ爭ハ終ニ消滅スヘキモノナルコトヲ悟リタルカ爲メナルヘシ。

第三項　一般國內法論ノ根據

國內法論ノ二根據

次キニ一般ニ國內法論ノ根據ヲ吟味シ其ノ當否ヲ斷セントス、國內法論ノ根據ニ二アリ、一ハ法ノ形式ニ關シ一ハ法ノ實質ニ關ス、國際私法ハ各國ノ國內法ニ依リテ認メラルルモノナルカ故ニ國內法ナリト爲スコト卽チ法ノ形式上ノ根據ナリ、次キニ國際私法ハ私人間ノ關係ヲ定ムルモノナルカ故ニ各國私法ナリト爲スコト卽チ法ノ實質上ノ根據ナリ。

第一目　形式上ノ根據

此ノ法ノ形式上ノ根據ハ又種々ナル樣式ニ於テ發表セラルル、卽チ或ハ一般ニ又單純ニ國際私法ハ一國主權者ノ命令ニシテ其ノ裁判所ニ於テ適用セラルルト主張スル者アリ例之うゑすとれーき、だいしー等特ニ此ノ理由ヲ掲ク Westlake, A treatise on private international law, 5th ed. pp. 2-4.; Dicey, Conflict of laws, 2nd. ed. p. 14. 然レトモ此カル形式論ノ採ルニ足ラサルハ既ニ説明シタルカ如シ、國法ヲ以テ陸戰條規、海戰條規又ハ中立規則ヲ定ムルモ爲メニ此等法規ニ包含セラルル國際法ノ原則ハ國内法ト爲ラサルナリ、故ニ國際私法ハ國内法ニ依リテ認メラルルカ故ニ國内法ナリト斷スルコト能ハサルハ明ナリ。或ハ此ノ根據ヲ他ノ意義ニ解シ國際私法ハ各國主權者ニ於テ隨意ニ之レヲ制定スルコトヲ得ルモノナルカ故ニ國内法ナリトノ意義ニ解センカ、之レ亦誤ナリ、若シ一國ノ立法權カ此ノ問題ニ就テ全然不羈獨立ノモノナリトセハ各國ハ「内國裁判所ハ常ニ内國法ヲ適用スヘク外國法ハ一切之ヲ適用ス可ラス」ト謂フカ如キ法律ヲモ制定スルコトヲ得サル可ラス。然レトモ今日國際交通團體ノ一員トシテ如何ナル國ト雖モ此ノ如キ絶對排他的ノ立法ヲ爲スコト能ハサルハ既ニ關係的國内法論者ノ認ムルモノナルコト前ニ説明シタルカ如シ。 Bar, I. S. 4ff; List, § 8. II, 1; Ullmann, S. 13, 14; Heffter, Europäisches Völkerrecht, S. 90; Rivier, Principes du droit des gens I p. 327; Kahn, Über Inhalt, S. 39,

或ハ曰ク國際私法ノ規則ハ一國カ國際法上ノ義務ニ基ツキ之レヲ制定

シタルトキト雖モ國内法ナリ、例之一國カ或ル條約ニ依リ或ル國際私法上ノ規則ヲ設クヘキコトヲ約束シタルトキハ一國ハ元ヨリ此ノ條約ニ從ヒ立法スルノ國際法上ノ義務ヲ負擔スト雖モ此ノ義務ノ履行ニ由リテ成立シタル法律ハ國内法ニシテ國際法ニ非スト、例之前ニ掲ケタルかーん六二、六三頁參照及ヒりすと七三、七四頁參照ノ說明ノ如キ是ナリ。是亦單ニ形式論タリ、國際私法上ノ原則ヲ定メタル一國國際私法ノ規定自身ハ其ノ國際條約ニ基ツクト否トヲ問ハス國内法タルハ更ラニ言フヲ須キス。然レトモ此ノ國内法ハ他ノ本質上ハ國内法ノ如ク一國立法者カ全ク隨意ニ制定、變更シ得ヘキモノナルカ否カト云フコトカ重要ナル問題ナリ。其ノ現ニ條約ニ基ツクモノニ在リテハ之レヲ隨意ニ變更スルコト能ハサルハ明カナリ。其ノ條約ニ基カサルモノニ在リテモ一國カ隨意ニ之レヲ變更シテ一般國際團體ノ利益ヲ害スルコト能ハサルナリ反對說山口博士日本國際私法論分冊第一、一一頁。

要之國内法論ノ形式上ノ根據ハ理由ナキモノト言ハサル可ラス、次キニ實質上ノ根據ヲ檢スヘシ。

第二目　實質上ノ根據

國際私法ハ實質上國內私法ナルコトヲ最モ詳細ニ論述シタル者ヲ和蘭ノじつたトス、今左ニ氏ノ議論ノ要旨ヲ揭ケ其ノ當否ヲ辯セントス。

國際私法、國內私法混同論

氏曰ク國際私法カ國際法ナリヤ、國內法ナリヤヲ確メントセハ國際私法カ適用セラルヘキ法律關係ノ性質ヲ究メサル可ラス。而シテ法律關係ノ性質ハ其ノ主體ニ依リテ定ムヘキモノナリ。今國際私法上ノ法律關係ノ主體ヲ見ルニ常ニ一私人ナリ、例之佛蘭西人ト西班牙人ト賣買契約ヲ爲シタリトス、此ノ契約ハ西國ニ對スル佛國ノ權利、佛國ニ對スル西國ノ權利ニ何等關係ナシ、此ノ契約ヨリ生シ得ヘキ訴訟モ亦一私人ニ依リテ爲サルルノミ。元ヨリ此ノ法律關係ハ佛蘭西及ヒ西班牙ノ國內法ノ尋常ノ範圍以外ニ出ツルモノナルコトハ明カナリ、故ニ吾人ハ之レヲ渉外的法律關係 extra-national ト稱スルコトヲ得ヘシ。

渉外的法律關係

然レトモ此ノ法律關係ハ其ノ本質上二佛人間又ハ二西人間ノ關係ト毫モ異ナル所ナシ、從ヒテ決シテ私法ノ範圍ヲ脱セサルナリ。此ノ如ク國際私法上ノ法律關係カ國内私法上ノ法律關係ト全ク其ノ性質ヲ同フストセハ此ノ法律關係ノ性質ノ表題タル法律其ノモノカ両者ニ於テ其ノ性質ヲ異ニスヘキ理ナシ、故ニ國際私法ハ國内私法ナリト（Jitta, Méthode, p. 36, 37.）。議論一見正確ナルカ如クニシテ實ハ誤解ナリ、氏ハ明カニ國際私法ノ目的ト國内私法ノ目的トヲ混同セリ、國際私法ノ目的ハ或ル私法關係ニ就テ競合セル數國法中何レノ國法ヲ適用スヘキカヲ決定スルニ在リテ決シテ私法關係ニ直接ニ適用セラルヘキ一種特別ノ法規ヲ制定スルモノニ非ス。從ヒテ氏カ國際私法ニ於ケル法律關係ハ國内私法ニ於ケル法律關係ト同シク一私人ヲ主體トスルモノナルカ故ニ國内私法ナリト斷定シタルハ是レ明カニ二法ノ目的ヲ混同シ實ハ同列ニ於テ比較ス可ラサルモノヲ比較シ、終ニ二法ハ同性質ヲ有ストノ誤リタル結論ニ陷リタルモノナリ。正確ニ言ヘハ國際私法ノ適用セラルヘキ法律關係ナルモノナシ、換言スレハ國際私法ハ或ル私法關係ヲ規定セサルナリ。之レヲ規定スルモノハ各國ノ國内私法ナリ、而テ其ノ私法ノ一ヲ選擇シテ其ノ私法關係ニ適用セシムル規則カ國際私法ナリ二法全ク其ノ目的ヲ異ニス、混同スルヲ容ルサヽルナリ。

【註】國際私法ト國內私法トハ之レヲ同列ニ於テ比較ス可キモノニ非サルハ猶ホ行司ト力士トヲ同列ニ於テ比較混同ス可カラサルカ如シ。

行司、力士共ニ土俵ニ上ホルハ國際私法、國內私法ノ共ニ問題トスルトコロノ法律關係(例ヘハ本文ノ賣買)ニ關係ヲ有スルカ如シ。然レトモ行司ト力士トハ職務ヲ異ニシ行司ハ力士ノ列ニ入リテ角力セサルハ猶ホ國際私法カ實質法タル國內私法ト目的ヲ異ニシ自ラ法律關係ヲ規律セサルカ如シ。若シ「力士ハ土俵ニ上ホル、行司モ亦土俵ニ上ホル、故ニ行司ハ力士ナリ。」ト結論スル者アラハ何人モ直チニ其ノ誤レルヲ知ルヘシ。然ルニ木文じつたカ國際私法ハ國內私法ト同シク私法關係ニ適用セラルル法律ナルカ故ニ此ノ二法ハ其ノ性質ヲ同フセサル可ラスト推論シタルハ全ク行司ヲ以テ力士ナリト斷シタルモノナリ。

衝突規定、實質法的指定規定混同說

次キニ實質上ノ論據トシテ揭ケ得ヘキモノヲ山口博士ノ說トス、氏曰ク個人ノ地位ヲ定メタル法律ヲ私法ト謂フ國際私法ナルモノハ一定ノ事實ニ民法商法等ノ私法ヲ適用シ以テ間接ニ個人ノ地位ヲ定メタル者ナルカ故ニ其私法タルヤ明ナリ例ヘハ法例第三條ニ人ノ能力ハ其本國法ニ依リテ之ヲ定ムトアリ是レ日本人ハ二十歲ヲ以テ成年トス獨逸人ハ二十一歲、墺地利人ハ二十四歲ヲ以テ成年トス云々ト規定スルト毫モ異ナル所ナシ立法者ハ各國ノ成年ニ關スル規定ヲ一々列擧スルコト能ハサルカ故ニ本國法ナル文字ヲ用ヒタルノミ卽チ實質上ニ於テハ國際私法モ亦個人ノ地位ヲ定メタル者ニシテ民法商法ト毫モ擇フ所ナシ故ニ國際私法ハ私法ナリト 日本國際私法論一二、一三頁 又曰ク此規定ハ本國法ナル語ハ非常ニ多クノ規定ヲ包含ス卽チ日本人ハ滿二十歳ヲ以テ成年トヌ獨逸人ハ滿二十一歳ヲ以テ成年トス云々ト能力ニ關スル內外國ノ法律ヲ一々列擧スル代リニ概括的ニ本國法ナル文字ヲ用ヒタルノミト 同上五〇八頁 余輩ハ曩キニ此ノ說ニ對シ次ノ如ク評論セリ、法例第三條ハ決シテ此ノ如キ列記的ノ實質法的規定ト同一ニ非ス、若シ同一ナリトセハ外國法ニ變更ヲ生シタルトキハ如何、例之獨逸カ法律ヲ改正シテ二十歳ヲ以テ成年ト爲シ、墺地利カ法律ヲ改正シテ二十一歳ヲ以テ成年ト爲シタリトセハ、我法律ニ定メタル獨墺人ノ成年ノ時期ハ其ノ本國法ノ定ムル成年ノ時期ト異ナルニ至ルニ非スヤ。猶又法例制定當時ノ現存國家ノ外ニ新タニ國ヲ興シタルモノアルトキハ、其ノ國民ノ成年ノ時期ニ就テハ我法律ニハ規定スル所ナシト云ハサル可ラス。或ハ言ハン此ノ如キ場合ニ我國ニ於テモ外國法ニ應シテ法ノ修正增補ヲ爲セハ可ナリト、然レトモ外國法ノ變更ト同一瞬間ニ之ニ應シテ内國法ヲ變更スルノ到底不能ノ業タルハ更ラニ辯明ヲ俟タサルヘシ。此ヲ以テ觀レハ我法例第三條ハ決シテ列記的ニ内外人民ノ成年ノ時期ヲ定メタル規定ト同一視スルコト能ハサルヤ明カナリ。殊ニ博士ノ言ハルル如ク此ノ規定中ニ包含セラレタル規定ノ一トシテ、日本人ハ滿二十歳ヲ以テ成年トストノ規定アリトセハ、立法者ハ民法第三條ト重複シテ日本人ノ成年ノ時期ヲ定メタルモノト云ハサル可ラス。然レトモ此ノ如キ沒理ノ立法ハ想像スルコト能ハスト京論第五卷第三號拙文外國法律、一一八頁。此ノ評論ニ對シ博士ハ更ラニ近刊ノ日本國際私法分冊第一ニ於テ次ノ如ク辯駁セラレタリ、曰ク是レ予カ法例制定當時ニ於ケル外國法ヲ標準トシテ立論セルモノト前提スル批評ナリ予ハ本書第二編第一章一般的行爲能力ノ學說中本國法主義ナル題目ノ下ニ「此本國法タルヤ人カ法律行爲タルヘキ行爲ヲ爲ス時ニ於ケル其本國法ニシテ此後ニ於ケル國籍ノ變更ハ其效力ヲ既往ニ及ホサス」

ト記シ置ケリ而シテ本國法ノ變更ハ法例ノ修正ヲ要セスシテ法例條文ノ內容ヲ當然變更スルコトハ猶ホ民法商法等ニ引用セル他法ノ條項カ他法ノ改正ニ依リ當然變更セラルルカ如シ例ヘハ民法第三十五條ハ民法制定ノ當時ト商法改正後ノ今日ト其外形同一ナルニ拘ラス其內容ハ異ナレリ、又民法ハ內國的私法關係ヲ定メタルモノニシテ法例ハ涉外的私法關係ヲ定メタルモノナリ両者其目的ヲ異ニス能力ノ規定ハ重複スルニ非サルナリト五九、六〇頁於是余輩ハ更ラニ言ハントス、眞トニ此ノ辯駁ノ如クナリトセンカ夫ノ法例第三條第一項ノ人ノ能力ハ其本國法ニ依リテ之ヲ定ムト云フ規定カ各國ノ成年規定ノ列記規定ト同一ナリト云フ意義ハ那邊ニ之ヲ求ムルコトヲ得ルカ、卽チ此ノ規定ヲ設クルニ當リ立法者ハ現在ノ各國ノ成年規定ノ內容ハ更ラニ之ヲ問ハスシテ偏ヘニ實際問題發生ノ時ノ各國法律ノ內容ニ從フ精神ナリシトセハ、又國家ハ現在成立セルモノト將來生スヘキ國家トヲ問ハサル精神ナリシトセハ(此點ハ氏ノ辯駁ニ漏レタル所ナリト雖モ)如何ニシテ此ノ規定ヲ以テ具體的ニ各國ノ成年規定ヲ列擧シタル多數ハ規定ト同一ナリト言フコトヲ得ルカ、國家ハ現存セルモノト如何ヲ問ハス、又其ノ法律規定ノ內容モ現在、將來ノ如何ヲ問ハス、人ノ能力ハ其本國法ニ從フト言フ立法ノ精神ハ正サニ能力問題ハ當事者ノ本國法ノ管轄ニ屬スヘキモノナリトスルニ非サルカ、從ヒテ此ノ法例第三條ノ規定ハ決シテ各國人民ノ成年ノ時期ヲ自ラ具體的ニ定メタルモノニ非スト爲スヲ正當トセサルカ。若シ此ノ法例ノ規定カちーてるまんノ所謂實質法的指定規定ニシテ衝突規定ニ非ストセハ實ニ博士ノ説ノ如ク此ノ規定ニ依リ外國實質法ハ內國實質法ノ一部トナリタルモノナリト言フヲ得ヘシ。然レトモ余輩ハ此ノ如キ空漠ナル內容、範圍ヲ有スル實質法的指定規定ノ存在ヲ信スルコト能ハサルナリ。次キニ又博士ノ例證セラレタル民法第三五條ノ規定カ商法ノ修正ニ依リテ自然ニ內容ヲ改ムルニ至ルハ元ヨリ言フヲ俟タス、此ノ規定ハ明カニ商法規定ヲ反覆スルノ煩ヲ避ケンカ爲メニ一括的ニ商法ノ規定ヲ指定シタルモノナリ。然レトモ是レ內國私法間ノ問題ニシテ商法ノ修正ハ我立法者ニ於テ隨意ニ之レヲ爲スコトヲ得、其ノ修正ニ當リテヤ此ノ民法ノ規定ヲモ考慮スルモノナリ。然ルニ本問ハ內外法間ノ問題ナリ、外國法ノ修正ニハ我立法者ハ元ヨリ干涉スルコト能ハス、而シテ外國法ノ修正ニ從ヒ自然ニ我法律モ內容ヲ改メラルルモノトセハ之レ此問題ニ就テハ全ク外國法律ニ決定管轄權ノ存在スルコトヲ認メタルモノト解スルヲ妥當ナリト信ス。終リニ博士ハ法例第三條中ニ日本人ハ滿二十歲ヲ以テ成年トスト云フ規定ヲ包含スルト爲スモ法例ハ涉外的私法關係ヲ定メタルモノナルカ故ニ民法第三條ト重複セストセラルト雖モ涉外的私法關係ニ於テハ內國的私法關係ニ於ケルトハ異ナリタル成年ノ規定例之二十一歲ヲ以テ成年トスト云フカ如キ規定ヲ必要トセハ更ラニ之レヲ規定スヘシ、然ルニ涉外的私法關係ニ於テモ內國的私法關係ニ於ケルト同シク二十歲ヲ以テ成年トスヘキモノトセハ重ネテ之ヲ規定スルノ要ナシト言ハサル可ラサルナリ。其他此第三條第一項ト同シク我法例ニ於テ同時ニ內外法ノ適用範圍ヲ定メタル規定中ニハ博士ノ說ニ從ヘハ總テ我民法各條ノ規定ヲ其儘包含スル

法律衝突否認論

モノト言ハサル可ラス、而シテ其ノ理由トシテハ是レ渉外的私法關係ナルヲ以テ民法ト同一内容ノ規定ナレトモ更ラニ規定ノ必要アリ、又之ヲ規定スルモ重複ニ非スト云ハサル可ラス。於是益々此ノ理由ノ當ヲ得サルモノナルコトヲ知ルヲ得ヘシ。猶ホ此ノ點ニ付テハちーてるまん、ろーす等ノ所說 Zitelmann, I, S. 255, 267, Rohs, Zur Revisibilität des internationalen Privatrechts (Zeitschrift für intern. Privat-u. Öffentl. R., XIV S. 61.) 並ニ本書二三五頁以下ヲ參照スヘシ

以上一般ニ國内法論ノ論據トスル所ノ形式論並ニ實質論ハ何レモ理由ナキモノナルコトヲ明カニシタリ。終リニ反對論者ノ國際法論ニ加フル非難ノ當否ヲ驗スヘシ。

第四款　國際法主義ニ對スル非難

反對論者曰ク國際法主義ヲ奉スル者ハ國際私法ヲ以テ各國法律ノ衝突ヲ解決スルモノナリト爲スト雖モ是レ主權ノ法理ヲ辨セサルノ論ナリ、主權ハ元來國境ヲ超エス、故ニ主權ノ作用タル法律カ國境外ニ效力ヲ及ホスヘキ理ナク、又隨ヒテ法律ノ衝突アルノ理ナシ、故ニ國際私法ハ國

權關係ヲ規定スルモノニ非スト（例之山口博士國際私法提要七、八頁參照）、然リ一國主權カ其ノ全部トシテ國境ヲ出テスト云フハ正シ、何トナレハ主權ノ一面タル所謂領土高權ハ領土ニ依リテ局限セラルレハナリ。然レトモ主權ハ全ク國境ヲ超ユル能ハス、從ヒテ主權ノ作用タル法律カ外國ニ效力ヲ及ホスヘキ理由ナシト言フハ正シカラス、何トナレハ主權ノ他ノ一面タル對人高權ハ領土ヲ超エ、又之レニ基ツク法令ハ外國ニ在ル國民ニ及フモノナルコト今日國際交通團體ニ於テ實際ニ認メラルル所ナレハナリ。外國ニ在ル國民ニ對スル本國ノ對人高權ハ元ヨリ居住國ノ領土高權ニ依テ或ル制限ヲ受ク、然レトモ主權ハ絕對ニ外國ニ及ハスト言フハ誤ナリ。故ニ一國法律ト他國法律トノ競合又ハ衝突アリト言フモ決シテ誤レルニ非サルナリ。

Ullmann, 1908, § 113; Lisst, 11 Aufl. § 8, 1.

國際私法不統一、制裁缺如論

かーん曰ク從來如何ナル國家ト雖モ其ノ衝突規則ヲ制定スルニ當リテ假令其ノ規則カ如何ニ誤レルモノナリトスルモ各國ノ非難ヲ受クヘキコトアルカヲ虞レタルコトナシ。例之我カ獨逸及ヒ羅馬系ノ學理並ニ我カ近時ノ立法ニ於テハ法律行爲能力ハ本國法ニ從ハシム、然ルニ英國及ヒすかんでぃなゞいや諸國ハ住所地法ニ依ラシム、又北米ハ之レヲ行爲地法ニ從ハシム。此ノ三個ノ法域中ノ一ハ他ノ二者ニ對シ國際法違反ノ行爲アリト爲ス可キモノナルカ。英國カ不動産相續ヲ不動産所在地法ニ從ハシムルヲ見テ吾人ハ英國ヲ以テ國際法ノ限界ヲ守ラサルモノト認ムヘキカ。否ナ此カル場合ニ毫モ國際法違反ノ存セサルハ現在ノ明瞭ナル國際法ノ觀念ニ照シテ明カナリト Kahn, Inhalt, S. 36, 37. 又全ク此ノ議論ト同一ノ立脚點ヨリ論シテ曰ク國際私法カ果シテ國際法ナルニ於テハ其ノ規定ハ必ス統一的ニシテ各國ハ其ノ管轄ヲ受ケサル可ラス隨テ國家カ國際私法ニ違反スル行爲ヲ爲スニ於テハ國際法違反ノ罪ニ問ハルヘキハ固ヨリ其ノ所ナリトス之ヲ例セハ我國ニ於テハ舊法例ヲ制定シタル後幾何モナクシテ之ヲ改正セリ若シ國際私法カ國際法ニシテ各國ノ立法ヲ拘束スル者ナラハ反對ノ規定ヲ立テタル新舊法例ノ中孰レカ國際法ニ違反セサル可ラス然ルニ國際法團體カ國際法違反ノ罪ヲ問ハサルハ抑モ何ソヤ英米ノ如キハ能力ニ關スル原則トシテ住所地法主義ヲ採リ以テ歐洲大陸ニ行ハルル本國法主義ニ對峙セリ其ノ他各國カ國際私法ノ原則トシテ立テタル所ノモノハ互ニ衝突スル點甚タ多シ然レトモ未タ曾テ國際法違反ノ爲メニ國際紛議ヲ釀シタル例ヲ聞カスト山口博士國際私法提要、八、九頁。此ノ反對論ハ要スルニ二點ニ歸ス所謂各國ノ國際私法規定ハ互ニ相異ナル故ニ國際法ニ非ストスルコト其ノ一ニシテ、假令眞ノ國際私法ノ原則アリトシテ之レニ違反スルモ他國ヨリ問罪セラルルコトナシトスルコト其ノ二ナリ。余輩ハ言ハントス、國際私法上ノ原則カ未タ統一セラレサルハ斯法カ猶ホ其ノ發達ノ道程ニ在リテ成熟セサルカ爲ナリ、卽チ一般行爲能力ニ付テハ人ノ屬人法ニ依ルヘシトスル原則ハ殆ト一般ニ認メラレタリト雖モ屬人法ヲ定ムル基礎ニ於テ未タ本國法主義住所地法主義ノ統一セラレサルモノアルナリ。然レトモ同樣ノ例ハ今日ノ國際公法ニ於テモ觀ルコトヲ得ヘシ、卽チ海上捕獲ニ關シ物ノ敵性ハ其ノ所有者ノ敵性ニ依リテ之レヲ決スヘシトスル原則ハ一般ニ認メラルル所ナリト雖モ所有者タル人ノ敵性ヲ定ムル基礎ニ於テ未タ本國主義(歐大陸主義)ト住所主義(英米主義)トノ對峙スルモノアルカ如シト。猶ホ第二點ニ付テモ余輩ハ直チニ反問セントス、交戰國ノ一方カ戰時國際法ノ規則ニ違反シタル行爲アリタルトキニ方リ第三國カ直チニ立チテ其ノ罪ヲ問ヒタルコトアルカ、殊ニ多數ノ大ナル違反行爲ノ行ハレタル今回ノ世界大戰ニ於テ如何、抑モ國際法ノ拘束力ハ實際ニ於テ國內法ノ其レノ如ク强固確實ナルモノニ非ス、而カモ國際法カ法タルニ妨ケナシトセハ國際私法違反ニ對シ必シモ問罪事件ノ生スル必要ナシト言ハサル可ラヌ（拙文國際私法欠缺補充論京法、四卷、十號參照。）

上ニ揭クルモノノ外、國際法論ニ對スル非難ハ總テ本節ノ初ニ揭ケタル余輩ノ本質論ニ依リテ辯明シ得ルモノナルヲ以テ特ニ爰ニ之レヲ擧ケス。

以上ヲ以テ余輩ハ國際法主義ノ確實ナル根據ヲ明カニシ、國內法主義ハ漸次國際法主義ニ化成スヘキ傾向アルヲ示シ、國內法論者ノ主張スル各種ノ理由ノ總テ採ル可ラサルコト及ヒ國內法論者カ國際法主義ニ加フル非難モ總テ當ラサルコトヲ說明シ得タリト信ス。要スルニ國際私法ハ國家間ノ關係ヲ定ムルコトヲ以テ本質ト爲スモノニシテ私人相互ノ關係ヲ定ムル各國實質私法ト全ク性質ヲ異ニスルモノナルコトヲ論證シ得タリト信スル者ナリ。

第二章　國際私法ト國內衝突規則トノ關係

國際私法ハ私法的國際交通ノ發達ト俱ニ發生シタルモノナルカ故ニ未タ完全ナル發達ヲ遂ケス。卽チ未タ私法關係一般ニ涉リ國際法的效力ヲ有スル國際私法ノ成立セサル狀態ニ在リト雖モ既ニ或ル範圍ニ於テハ或ハ各國ノ聯合條約ニ由リ或ハ諸國ノ實際ノ慣行ニ因リ國際法的效力ヲ有スル國際私法ノ實在スルコト前節第二欵ニ於テ說明シタルカ如シ。猶ホ斯法ハ將來ニ就キテハ或ハ到底完全ナル統一的國際私法ノ成立ヲ見ルコト能ハスト主張スル學者ナキニ非スト雖モ余ノ觀ル所ニ依レハ後ニ述フルカ如ク斯法ハ漸次統一ハ希望アルモノナリ。而シテ國際私法ハ國際法ナリト雖モ國家間ノ關係ノ全部ヲ律スルモノニ非スシテ單ニ吾人ノ國際生活ニ於テ生スル私法關係ニ適用セラルヘキ各國私法ノ管轄ヲ定ムルモノナリ、卽チ國際私法ハ自ラ私法關係ヲ規定スルモノニ非スト雖モ私法關係ニ密接ノ關係ヲ有スル法則ナリ。之レヲ一般ニ言ヘハ國際私法ハ內

國際私法ノ各國立法ノ必要

外私法ハ適用問題ニ關スル國際法ナリ。此ノ如ク國際私法カ既ニ各國私法ノ適用範圍ヲ定ムル法則ナリトスルトキハ此ノ法則ハ各國ニ於テ其ノ國內法――成文法ト不文法トヲ問ハス――ヲ以テ之レヲ認ムルノ必要ヲ見ルモノナリ。即チ內外私法カ共ニ關係ヲ有スル(法律關係ノ何等カノ關聯點ニ依リ)法律關係ノ當事者タル個人ニ準據スヘキ國法(內國私法又ハ外國私法、外國私法ハ何レノ外國私法)ヲ示スノ必要アリ、又同法律關係ノ成立效力ヲ判斷スヘキ任務ヲ有スル裁判官又ハ法律關係ノ成立ニ干與スヘキ職務ヲ有スル者ニ適用法ヲ指示スルノ必要アリ。實ニ我法例明治三十一年法律第一〇號第三條乃至第三〇條ノ規定、又獨逸ノ民法施行法第七條乃至第三一條ノ規定ノ如キハ即チ此ノ必要ニ應シテ生シタルモノナリ。此ノ種ノ規定ハ國ニ依リ元ヨリ精疎ノ別アリト雖モ國トシテ全ク之レヲ缺クコトヲ得サルモノナリ。而シテ此ノ必要ハ單ニ右ノ如キ實際上ノ必要ニ止マラスシテ又法律上ノ必要タルナリ。何トナレハ國際法ハ單ニ國家間ノ法則ニシテ國家ヲ拘束スルニ止マリ、國家ノ機關及ヒ人民ヲ直接ニ拘束スルノ

衝突規則ノ基礎原則

力ナシ。此等ノ者ヲ拘束スル爲メニハ國法カ之レニ法律ノ效力ヲ附與セサル可ラス。是レ各國ニ——成文法ト慣習法トヲ問ハス——法律衝突解決ニ關スル法規ノ存在スル所以ニシテ又同時ニ此ノ事實ハ夫ノ國內法主義ノ形式論ヲ生セシメタル原因ナリ。實ニ形式上ノ國內法論ハ此ノ法規カ各國ニ國內法トシテ現存スル事實ニ眩惑セラレテ國際私法ハ國內法ナリト速斷シタルモノナリ。

此ノ各國ニ存在スル內外私法ノ適用ニ關スル法規ヲ一般ニ各國ノ衝突規則 Kollisionsnorm ト稱ス、各國カ衝突規則ヲ制定スルニ當リテヤ既ニ國際法的國際私法ノ原則ハ實在セル範圍ニ於テハ元ヨリ此ノ原則ニ從ハサル可ラス。故ニ國內法論者タルかーんト雖モ既ニ認ムルカ如ク Kahn, Inhalt S. 38. 夫ノ國際私法ニハ何等國際的法源アルナク、國際的見地ノ決定ニ就キ各國立法ハ全然自由ニシテ立法者ノ自由裁量ハ何等國際法上ノ規範ニ拘束セラルルコトナシトシタルげーぶはるど等ノ意見ノ誤ナルコトハ今日ニ於テハ殊ニ明瞭ナリ。然ラハ此ノ如キ國際法的原則ノ未タ確立セサル範

各國衝突規則ノ不一致ハ過渡的現象ナリ

圍ニ於テハ如何ト云フニ是レ亦各國ハ國際交通團體ノ一員トシテ一般私法的國際交通ハ需要ニ適應スルコトヲ以テ眼目ト爲サヽル可ラス。然レトモ何カ私法的國際交通ノ需要ニ適フカト云フコトハ各國立法者ノ判斷ニ依ルノ外ナシ。而シテ此ノ各國立法者ノ判斷ハ必シモ一致スルコト能ハサルノミナラス、或ハ立法者ノ偏狹ナル公平ニ國際交通ノ需要ヲ考慮セサルノ結果、其ノ設クル所ノ各國ノ衝突規則ナルモノハ往々ニシテ互ニ相乖離スルノ現象ヲ呈スルモノナリ。然レトモ余輩ハ之レヲ以テ過渡的現象ト爲ス、卽チ將來一方ニ於テハ國際法的國際私法ノ原則ノ範圍ハ漸次擴張セラレ、又他方ニ於テハ各國立法者カ國際的私法生活ノ安全ヲ圖ルノ益急ナルヲ悟ルト共ニ各國ノ衝突規則ハ終ニ統一ニ歸スヘキコトヲ信シテ疑ハサルナリ。卽チ各國ハ衝突規則ト國際私法トハ全ク其ノ內容ヲ一ニスルニ至ルヘキモノナリ。然ルニ現在ハ各國ノ衝突規則ハ互ニ相異ナル點多クシテ或ハ學者ヲシテ國際私法ノ數ハ各國法制ノ數ニ同シト云フカ如キ誇張セラレタル歎聲ヲ發セシムルノ狀況ニ在ルモノナリ。

國內國際私法、國上國際私法ノ別

各國ノ衝突規則ハ上述ノ如ク各國ノ立法權ニ依リテ認メラレタルモノナルカ故ニ學者或ハ之レヲ國內國際私法 Innerstaatliches International-Privatrecht ト名ツク、例之ちーてるまんノ如キ是レナリ。氏ハ國際私法ニ二種アリト爲シ、一ハ私法ニ關スル各國立法權ノ相互限界ヲ定ムル國際公法ノ原則ニシテ之レヲ國際公法的又ハ超國家的國際私法(又ハ國上國際私法) Völkerrechtliches oder Überstaatliches International-Privatrecht ト呼フヘク、他ノ一ハ一國カ其ノ裁判官及ヒ總テ法律問題決定ノ任務ヲ課シタル者ニ或ル國法ノ適用ヲ命スル國內法規ニシテ之レヲ國內國際私法ト稱スルコトヲ得ヘシトセリ Zitelmann, I. S. 73, 74.。然ルニ氏ノ所謂國際法的又ハ超國家的國際法ナルモノハ國際公法上認メラレタル國權行動ノ限界ニ關スル根本原則ヨリ理論上演繹セラレタル一切ノ法則ヲ指稱スルモノニシテ其ノ現實ニ各國ニ承認實行セラレヲルト否トヲ問ハサルナリ。否寧ロ氏ハ現在ニ於テハ其ノ實在ヲ否認スル者ナリ、然レトモ氏ハ既ニ各國ノ國權(對人高權、對土高權)行動ノ限界ニ關スル原則カ今日國際公法上一般原則トシテ認メラルル以上ハ此ノ根本原則ヨリ必然的ニ演繹セラレタル國際私法上ノ法則ハ此ノ根本原則ト同樣ニ既ニ實在セル國際法トシテ取リ扱ハルヘキ性格ヲ有スト爲ス者ナリ(S. 72. 73.)。超國家的國際私法存在ノ根本論ニ於テハ余ハ元ヨリ氏ノ說ニ贊同スル者ナリ、然レトモ氏カ國際私法上ノ一切ノ原則ヲ總テ國權行動ノ限界ニ關スル原則ヨリ演繹セントスル意見ニハ從フコト能ハス、殊ニ單ニ論理上演繹セラレタル法則ニ現實國際法ノ性格ヲ與フルハ當ヲ得サルコト明カナリ。猶ホ又此ノ區別ハ或ハ所謂國內國際私法中ニハ超國家的國際私法ノ原則ヲ含マサルカ如ク誤解セラルルノ虞ナシトセス、國內國際私法ハ單ニ一國ノ法源ニ依リテ認メラレタル法律衝突解決ニ關スル規則ト云フ意義ニシテ其ノ內容ハ必シモ各國固有ノ特別規則ニ限ラサルナリ。否寧ロ國內國際私法ハ超國家的國際私法カ實在スル範圍ニ於テハ當然之レヲ包含セサル可ラサルナリ。

【註】まいりー氏ハ國際私法ハ世界一般ニ一致ノ規定ヲ見ルマテハ國內法ノ一部ナリト爲シ、而シテ國際私法ヘ一般國際私法ト特別國際私法ニ區別スルコトヲ得。一般國際私法ハ各國共同ノ意見ニ基ツクモノニシテ、特別國際私法ハ各國ノ自ラ適當ナリト認メタル規則ナリトセリ。(國際民商法論上卷八四頁)此ノ說ハ甚タ曖昧ナリ。國際私

法ハ世界一般ニ一致ノ規定ヲ見ルマテハ國內法ノ一部ナリト云フトキハ氏ノ所謂一般國際私法ハ卽チ國際法ニ非サルカ、然ルニ氏ハ之レヲ國內法ノ區別トシテ認ムルハ如何、要スルニ氏ノ意見ハ明瞭ヲ缺クモノナリ。

國際私法學ト衝突規則ノ研究

國際私法ト各國ノ衝突規則トノ關係ハ上來說明シタル所ニ依リ略ホ明カナルヘシ、國際私法ハ私法ノ適用ニ關シ各國法律ノ管轄範圍ヲ限定セル國家間ノ法則ナリ。各國ノ衝突規則ハ形式ハ各國ノ國內法ニシテ其ノ實質ハ國際私法ノ原則及ヒ此ノ原則ノ未タ確立セサル範圍內ニ於テハ各國カ適當ト認メタル私法衝突解決規則卽チ適用私法選擇ノ規則ナリ。從來普通ニ此ノ各國ノ衝突規則ヲ國際私法ト呼フハ其ノ內容カ國際私法ノ原則及ヒ之レト終局ノ目的ヲ同フスル國內法ノ規則ノ集合ナレハナリ。然レトモ理論上正確ナル名稱ニ非サルハ明カナリ。又特ニ之レヲ國內國際私法ト名ツケテ國際法的國際私法ニ對立セシムルコトモ前述ノ理由ニ依リテ妥當ナラス、故ニ余輩ハ特ニ此等ノ名稱ヲ用ヒスシテ單ニ各國ノ衝突規則ト呼ハントス。然ラハ國際私法學ハ單ニ現實國際法タル國際私法ノミヲ研究スルモノニシテ各國ノ衝突規則ハ研究ノ範圍外ニ排斥スヘキモノナルカト云フニ然ラス。未タ國際法的國際私法ノ原則ノ確立セサル範圍內ニ於テ各國立法者カ各自己ノ信スル所ニ從ヒ個々ニ認メタル衝突規則ハ元ヨリ直チニ國際法ノ效力ヲ有セサルヤ明カナリ。然レトモ此ノ規則ハ內容ハ各國ノ承認ヲ得ルトキハ國際法ト爲リ得ル素質ヲ有スルモノナリ。即チ此ノ種ノ國內法ハ世界各國ノ承認ヲ經ルトキハ國際法ノ原則ト爲リ得ルモノナリ。是レ他ノ國內實質法ト異ナル所ナリ、一國ノ手形法ノ規則カ世界各國ニ採用セラルルニ至ルモ手形法ノ規則ハ國際法ト爲ルコト能ハサルナリ、衝突規則ハ元來內外法律ノ選擇適用ニ關スル規則ナルカ故ニ國際的承認ヲ經ルトキハ各國私法ノ管轄範圍ヲ定ムル國際間ノ法則ト爲ルモノナリ。故ニ既ニ國際法ノ效力ヲ有スル現實國際私法ト或ハ將來國際法ノ原則ト爲ルコトヲ得ヘキ衝突規則トハ俱ニ之レヲ研究スヘキモノナリ。殊ニ各國ノ衝突規則ノ比較的研究ヲ爲スコト最モ必要ナリ、此ノ事ハ國際公法學ニ於テモ同樣ニシテ未タ國際公法上ノ原則トシテ認メラレサル範圍ニ就テモ事苟クモ國際法關係ニ屬スヘキモノナルトキハ各國ノ當該問題ニ對シテ採用セル個々ノ主義ヲ研究スルコトハ勿論國際公法學ノ範圍ニ屬ス。

猶ホ一國內ニ於テ國際法タル國際私法ト其ノ國ノ衝突規則トハ如何ナル關係ニ在ルカ、卽チ孰レカ優勝ノ地位ヲ占ムルカ、又二者ハ如何ニ融合スルモノナルカト云フ問題ハ後ノ說明ニ依リテ明カナルヘシ。

第三章　國際私法ト國際公法トノ關係

國際私法ノ獨立存在

國際私法ハ國際公法ト同シク國家間ノ關係ヲ定ムルモノナリトセハ國際私法ハ國際公法ノ一部トシテ學理上國際公法ニ編入スヘキモノニ非サルカ。然リ私法關係ニツキ各國立法權行動範圍ヲ限定スト云フ斯法ノ性質ヨリ考フルトキハ之レヲ一般ニ各國相互ノ國權關係ヲ律スル所ノ國際公法中ニ編入スルモ純理上不可ナルコトナシ。又從來ノ學者中實際此ノ主義ヲ採用シタル者ナキニ非ス。然レトモ國際私法ハ私法的國際生活ノ安全ヲ保障センカ爲メニ發生シタル法則ニシテ國家カ國家トシテノ相互交通關係ヲ律セントスルモノニ非ス。從ヒテ此ノ二法ハ共ニ國家間ノ關係ヲ律スルモノナリト雖モ其ノ根本ノ目的範圍ヲ異ニス、國際公法ノ律スル國際關係ハ國家カ國家トシテ直接ニ交通接觸スル關係ニシテ國際私法ノ律スル國際關係ハ各國私人ノ交通關係ヨリ延ヒテ間接ニ生スル國家間ノ關係ナリ。國際私法ノ根本目的ハ私法的國際生活ノ需要ニ應スルニ在リ、而シテ此ノ目的ヲ達スル手段トシテ各國私法ノ管轄範圍ヲ此ノ目的ニ應スルカ如ク決定セントスルモノナリ。國際公法ノ目的ハ國家相互ノ交通關係ノ平和ヲ保障シ且ツ平和ノ敗レタル際ニ於テ各國ノ採ルヘキ自助手段ニ一定ノ規律ヲ附シテ其ノ害毒ヲ制限セントスルニ在リ。此ノ如ク二法ノ間ニハ自ラ重要ナル差異アルカ故ニ之レヲ併合シテ研究スルハ妥當ナラス。故ニ余輩ハ夫ノばーるカ夙トニ主張シタルカ如ク總テ國家間ノ關係ヲ律スル法則ヲ國際法ト名ツケ其ノ分類トシテ國際公法、國際私法、國際民事訴訟法、國際破產法、國際刑法、國際刑事訴訟法等ヲ認ムルヲ妥當ナリト信ス。

ばーるハ國際公法 Völkerrecht ト國際私法 Internationales Privatrecht ヲ合シテ國際法 Internationales Recht ト爲シ、而シテ之レヲ分チテ一、國家ノ國際法 Internationales Recht der Staaten (Völkerrecht) 二、私人ノ國際法 Internationales Recht der Privatpersonen 三、國際刑法 Internationales Strafrecht 四、國際訴訟法 Internationales Processrecht (Civilprocess und Strafprocess.) 等ト爲スヘシトセリ。Bar. I. S. 10. 余ハ氏ノ根本ノ考ニ贊同ス、唯、國家ノ國際法、私人ノ國際法等ノ名稱ハ妥當ナラス、寧ロ從來慣用セラレタル國際公法、國際私法ノ名稱ニ從フヲ可トス。

國際私法カ國際公法ヨリ分離シテ其ノ獨立存在ヲ保ツヘキ理由ハ上述ノ點ニ盡キタリ。然ルニ從來國際法主義ヲ奉スル學者ニシテ猶ホ他ノ理由ヲ以テ國際公、私法ノ區別スヘキヲ說ク者アリ、即チ二法ノ救正方法ハ差異ヲ指摘スル者アリ。曰ク國際公法上ノ衝突問題ハ仲裁々判ニ依ル場合ノ外ハ外交手段若クハ戰爭ニ依リテ解決セラル、反之國際私法上ノ衝突問題ハ國內裁判所ニ依リテ解決セラルト。（例之 Surville-Arthuys 5e éd. p. 15; Despagnet, 5e éd. p. 43.）此ノ說ハ當ヲ得ス。國際私法問題カ內國裁判所ニ依リテ決セラルルハ私法衝突問題ナルカ爲メニ非スシテ、私法衝突問題ヲ解決セル國內法タル衝突規則アルカ爲メナリ。國際公法上ノ問題ト雖モ亦同シ、即チ一國ノ捕獲審檢所カ其ノ國ノ捕獲審檢法ニ依リテ海上捕獲ナル國際公法上ノ問題ヲ決スルカ如シ。故ニ此ノ區別ハ國際私法ヲ國際公法ヨリ分離セシムヘキ理由タラサルハ勿論、或ハ此ノ區別ヲ以テ國際私法ハ國際法ニ非スト爲ス說ノ採ルニ足ラサルハ明カナリ。

第四章　國際私法ノ名稱

歐文原名ノ淵源

邦語ノ「國際私法」ハ現今世界ニ普通ニ用ヒラルル所ノ英ノ Private international law 佛ノ Droit international prive 伊ノ Diritto internazionale privato 獨ノ Internationales Privatrecht 等ノ語ノ飜譯ナリ。而シテ此等歐文原名ノ淵源如何ト云フニ抑モ國際法 International law ナル文字ハべんさむノ初メテ用ヒタルモノニシテ爾後各國語ニ傳播シタルコトハ人ノ一般ニ認ムル所ナリ。而シテ佛國ニ於テふゑりっくすカ初メテ國際法ヲ分チテ國際公法、國際私法 Droit international public, droit international privé ト爲シタル事實モ廣ク人ノ知ル所タリ（Foelix, Traité du droit international privé, 1843.）故ニ佛語ノ國際私法ナル文字ハふ氏ノ創造ニ係カルト言フコトヲ得ヘシ（Martiz, Internationale Rechtshilfe in Strafsachen, S. 400 註參照）尤モ之レト殆ト同時ニ國際民法 Droit civil international ナル名稱ヲ提案シタル者アリ。即チろーらんノ言ニ依レハ此ノ國際民法ナル名稱ハ一八四三年佛ノぽるたりすカ初メテ之レヲ唱ヘ、次テ同年ニふゑりっくすノ著國際私法 Traité du droit

「國際私法」ト「私國際法」

international privé 出テタリト（Laurent, Droit civil international. p. 9.）然レトモ兎ニ角佛語ノ國際私法ナル名稱ハふ氏ノ初メテ用ヒタルモノナルコトハ明カナリ。然ラハ此ノ名稱ハ全クふ氏ノ考案ニ基ツキタルモノナルカ如何ト云フニ恐ラクハちーてるまんノ言フカ如クふ氏ハ米國すとーりーノ法律衝突論中ニ表ハレタル Private international law（Story, Conflict of laws. 1834. §9.）ナル名稱ヲ佛語ニ譯出シタルモノナルヘシ（Zitelmann, Der Name "internationales Privatrechts" (Niemeyers Zeitschrift 1917. S. 179)）而シテ此ノ名稱ハ爾來歐洲各國ニ傳播シテ終ニ世界ノ通稱ト爲ルニ至レリ。唯獨逸ニ於テハ此ノ名稱中ノ二形容詞ヲ轉置シタリ。即チ Privates Internationalrecht ト言ハスシテ Internationales Privatrecht ト爲シタリ、而シテ斯ク變更セラレタルハ何等カ特別ノ理由ニ基ツキタルモノナルカ聊カ注意ヲ要ス。抑モ此ノ獨語名稱ヲ初メテ用ヒタル者ハしゑふなーナルカ如シ氏ハ其著「國際私法沿革」(一八四一年)ニ言テ曰ク Internationales Privatrecht ナル語ニ就テハ別ニ辯明ヲ要セス、英米ノ法律學ニ於テハ Private international law ナル名稱ヲ用ユルコト既ニ久シ、我獨逸ニ於テハ從來之レニ該當スル語ヲ缺ケリト（Schaeffner, Entwicklung des intern.

Privatrechts, S. 3, Anm. 1. 而シテ氏カ特ニすとーりー Story, Commentaries on the conflict of laws, §9. ヲ引用セルヲ以テ見レハ氏ノ獨文名稱ハ英文ニ基ツキタルモノニシテ佛文ニ非サルカ如シ。然レトモ今爰ニ研究セントスル問題ニ就テハ其ノ孰レナルカヲ問フノ要ナシ、何トナレハ英文ノ形容詞ノ配置ハ全ク佛文ト同樣ナレハナリ。而シテ氏ノ説明ニ依リテ見レハ此ノ形容詞ノ轉置ハ全ク無意義ニ爲サレタルモノナルコト明カナリ。何トナレハ氏ハ此ノ點ニ付テ何等辯明スル所ナクシテ單ニ此ノ名稱ハ英米ニ久シク行ハルルモノナリト言明シタルニ過キサレハナリ。卽チ氏ハ全ク同一名稱ヲ採用シタルモノナルカ故ニ別ニ辯明ヲ要セスト爲スモノナリ。從ヒテ獨逸ニ此ノ名稱ノ行ハルルハ獨逸學者カ國際私法ハ國際法ニ非スシテ國內私法タルコトヲ示サンカ爲メナルカ如ク考フル者アラハ誤ナリ。又若シ此ノ名稱ノ文言ノミヲ見テ此クノ如ク説ク者アラハ之レ眞トニ牽强附會ノ説ナリ。獨逸ニ於テハ國際法主義ノ學者ト雖モ Privates Internationalrecht ナル語ヲ用ヒタル者未タ之レアラサルナリ。却テ國內法論者タルかーんハ往々私國際的 Privatinternational ナル形容詞ヲ使用セリ。(Kahn, Inhalt, S. 14.) 然ルニ反對ニ英、佛ニ於テハ近時國內法主義ノ學者カ此ノ法律カ國內私法タルコトヲ表ハサンカ為メニ此ノ形容詞ヲ轉置セントスル者生スルニ至レリ。例之佛ノゔぁれりーノ如キ Droit privé international ト呼フヲ以テ寧ロ正確ナリトセリ (Valery, Manuel, p. 3.) 尤モ此ノ佛文名稱自身ハ前例ナキニ非ス。即チ既ニ白耳義ノろーらんノ國際民法 (Laurent, Droit civil international, 1880.) 中ニ之レヲ見ルナリ、然レトモ氏ハ斯法ヲ以テ國際法ノ一部ナリト為ス學者ナルヲ以テゔぁれりーノ如キ意義ヲ以テ此ノ名稱ヲ用ヒタルニ非サルハ明カナリ。加之氏ハ同時ニ Droit international privé ナル名稱ヲモ併用セリ、即第一卷ノ九頁ニハ此ノ名稱ヲ用ヒ次ノ十頁ニ於テハ Droit privé international ナル名稱ヲ用フ、故ニ氏ハ二者ヲ全然同意義ニ用ヒタルモノナリ。次ニ英ノだいしー曰ク從來ノ私國際法 private international law ナル名稱ハ法ノ性質ニ適ハス、何トナレハ此ノ法律ハ私法ニシテ國際法ニ非サレハナリ。故ニ寧ロ國際私法 International private law ト呼フコト正サニ一段ノ改良ナリト言フヲ得ヘシ、然レトモ猶ホ此ノ國際 International ナル文字ハ普通、正當ニ用ヒラルル意義トハ異ナレル意義ニ用ヒラルルト云フ缺點ハ到底之レヲ避クルコト能ハスト Dicey, Conflict, of laws. p. 14。 15. 又英ノひっぱーとノ如キモ International private law ト言ヘリ Hibbert, International private law, 1918, 尤モ氏カ獨ノばーるカ此ノ名稱ヲ用ヒタルコトヲ特ニ指摘シタル點ヨリ見レハ或ハ氏ハ單ニ獨文ヲ英譯シタルニ止マルカ如シ XXVIII。然ラハ飜テ我カ「國際私法」ナル譯語ハ何人ニ依リテ創メテ用ヒラレ又孰レノ歐語ニ基ツキタルカト云フニ余輩ハ此ノ語ノ創作者ノ何人ナルカヲ審カニセスト雖モ此ノ語ハ恰モ獨逸ニ於テしるふなーカ英、佛等ニ行ハルル名稱ヲ飜譯シタルト同樣ナル事情ニ由リテ生シタルモノト信ス、即チ英、佛ノ「私國際法」ナル名稱ハ此ノ法律ノ性質ニ反スト云フカ如キ特別ノ理由ニ依リテ「國際私法」ナル語ヲ選ヒタルニ非スシテ單ニ語調ノ優劣等ノ理由ニ基ツキ此ノ譯語カ生シタルモノト信ス。

　以上ノ説明ニ依リテ明カナルカ如ク國際私法ナル現今ノ普通名稱ハ十九世紀ノ半ハ前後ヨリ行ハルルニ至リタルモノナリ。而シテ古クハ法律

古名

衝突(又ハ法律牴觸) Conflict of Statutes, Conflict of laws; Conflit des lois; Konflikt der Gesetze, Statutenkollision. ナル名稱一般ニ行ハレタリ。猶ホ獨逸ニ於テハざういにーノ命シタル「法規ノ場所的限界」Örtliche Grenze der Rechtsregeln 又ハ「法律ノ場所的管轄」Räumliche Herrschaft der Gesetze ナル名稱及ヒてーる、あいひほるん等ノ用ヒタル「並立法源ノ關係」Verhältniss Koordinierter Rechtsquellen 等種々ナル名稱行ハレタルカ終ニ今日ノ通稱ニ歸シタルモノナリ。然ルニ此ノ通稱ニ對スル非難ノ聲モ亦殆ト一般ナリト云ハサル可ラス。此ノ國際私法ナル名稱ニ對シテハ國內法主義ノ學者モ國際法主義ノ學者モ擧ッテ之レニ非難ヲ加フ、卽チ或ハ曰ク國際私法ト云フトキハ國際法ニシテ且ツ私法ナリト云フコトニ歸シ甚シキ矛盾ナリ、又私國際法ト云フトキハ國際法ニ私ノ國際法アリト解セラルル虞アリ。其他各種ノ非難ハ煩シキヲ以テ爰ニ掲ケス。而シテ之レニ代フヘキ新名ヲ提案セル者ナキニ非スト雖モ現在ノ名稱ニ比シ甚シキ優劣ナク且ツ新名ハ通シ難キヲ以テ寧ロ既ニ廣ク用ヒラレタル名稱ヲ維持スルニ若カスト云フ理由ノ下ニ此ノ

新名

通稱ハ非難ヲ受ケツヽ存續スルノ狀況ニ在ルモノナリ。例ヘハばーるノ如キモ國際私法ナル名稱ハ國家ト國家トノ私法關係ヲ定ムルモノノ如ク誤解セラルルヲ以テ寧ロ「私法關係ノ國際的法律取扱」Internationale Rechtsbehandlung der privatrechtlichen Verhältnisse ト稱スルコト妥當ナルヘシト主張セルニ拘ラス氏ハ又此ノ新名モ稍難解ノ嫌アルカ故ニ寧ロ多少不正確ナリト雖モ周知ノ現名ヲ維持スヘシトセリ（Bar, I. S. 11.）蓋シ穩當ノ論タリ。凡ソ或ル分科ノ法律ニ完全ナル定義ヲ與フルコト既ニ困難ナリ、何トナレハ複雜ナル觀念ヲ簡單ナル數語ニ要約セントスルカ爲メナリ。然ルニ名稱ハ猶ホ定義ヲ要約セントスルモノナルカ故ニ完全無缺ノ名稱ヲ得ルコトハ殆ト不能ナリト云ハサル可ラス。名ハ實ノ賓ナリ、實ニ全ク適ハサル名ハ元ヨリ排斥スヘシ。然レトモ大體ニ於テ實ノ何タルカヲ示シ、且ツ既ニ一般ニ用ヒラルルモノアランカ強テ之レヲ變更スルノ要ナシ。國際私法ナル名稱モ固ヨリ完全ナル名稱ト云フヲ得サレトモ如上ノ意味ニ於テ猶ホ之レヲ維持スヘキモノナリ。

【註】 ちんばりーハ「外國人ノ世界私法」Diritto privato universale dello straniero ナル名稱ヲ用ユヘキモノナリト爲シ而シテ從來ノ國際私法 Diritto internazionale privato ナル名稱ハ國家間ノ私法關係卽チ國家間ノ土地ノ賣買、貸借又ハ商行爲等ヲ律スル法規ニ與フヘキモノナリ、是レ卽チ眞ノ國際私法ナリトセリ（まいりー國際民商法上巻九頁參照）。此ノ「外國人ノ世界私法」ナル名稱カ斯法ノ本質ニ適ハサルハ明瞭ナリ。又氏カ國際私法ナル名稱ヲ與ヘントスル法規ナルモノハ特ニ存在セサルナリ、何トナレハ國家間ノ賣買、貸借等ハ私人間ノ關係ト少シモ異ナルナク、普通ノ私法關係ニシテ普通ノ私法ニ從フヘキモノニシテ此點ニ關シ何等特別ノ法規ヲ認ムル必要ナケレハナリ（まいりー同上、かーん Ihering's. Jahrb. 40, S. 4—6.）。又ゔあれーゆ、そんみゑーるハ外國人法 Droit des étrangers ou Droit pérégrinal ナル名稱ヲ推奬ス。此ノ名稱ハちんばりーノ外國人ノ世界私法ニ比シテ一層不完全ナリト云ハサル可ラス（まいりー同上）。

山口博士ハ涉外私法ナル名稱ヲ適當トセラル（日本國際私法論第一分册一八頁）。和蘭ノじつたモ殆ド同樣ノ語ヲ用フ、卽チ國際私法ハ私法 droit privé ニシテ涉外法 droit extra-national ナリト (Jitta, Methode p. 45, 49.)

猶ホちーてるまんハ其ノ國際私法名稱論ニ於テ、從來與ヘヲレタル諸種ノ名稱ハ不完全ナルカ故ニ寧ロ私間法 Zwischenprivatrecht ナル名稱ヲ採用スヘシトセリ (Niemeyers Zeitschrift, 1917 S. 177—196.)。氏ハ猶ホ此ノ名稱ヲ他ニ應用シテ刑間法 Zwischenstrafrecht. 破産間法 Zwischenkonkursrecht 手形間法 Zwischenwechselrecht 等ノ名稱ヲ用フルヲ得ヘシ、而シテ此ノ文言ハ簡單、便利、獨逸式 (international ハ獨逸ノ固有語ニ非サルカ故ニ斯ク言ヘルナリ）ナルノミナラス法ノ實質ニモ適ス。卽チ從來ノ如ク國際私法又ハ國家間私法 internationales oder Zwischenstaatliches Privatrecht ト呼フトキハ必然此ノ法律ハ私法ナリト解セラルルノ外ナシ。卽チ或ル關係ニ由リ國際的性質ヲ有スル私法ナリト解セラルルヲ免ルルコト能ハス。之レニ反シテ私間法 Zwischenprivatrecht

ナル單一語ヲ用ユルトキハ此ノ語ハ此ノ法律ヲ以テ私法ナリトスルニ非ス、卽チ私間 Zwischenprivat ニシテ私privat ニ非ス。此ノ新語ノ私ハ或ル關係ニ於テ私人ニ關スルコトヲ意味シ、又間ハ從來ノ國際私法ナル名稱ノ缺點ヲ除キテ其意ヲ汲ミタルモノニシテ甲國法ノ適用ト乙國法ノ適用トノ間ニ於ケル選擇問題ニ關スル法ナルコトヲ明カニセルモノナリ。猶ホ此ノ語ハ容易ニ外國語ニ飜譯スルコトヲ得ヘシ、卽チ佛ニハ Droit interprivé、英ニハ interprivate law、伊ニハ diritto interprivato ト爲スコトヲ得ヘシトセリ。然レトモ此ノ新名稱モ元ヨリ難解ノ嫌アリト云ハサル可ラサルナリ。

第五章　國際私法學ノ沿革

國際私法學ノ沿革ヲ述フルニ當リ豫メ一二注意ヲ要スルコトアリ。先ツ第一ニ國際私法學ト云フト雖モ爰ニ述フル所ノモノハ其ノ中心問題タル法律衝突ニ關スル學問ノ義ナルコトヲ注意セサル可ラス。次ニ注意スヘキハ此ノ國際私法學又ハ法律衝突學ノ沿革ハ同時ニ又其ノ學問ノ目的物タル法ノ沿革ヲ示スモノナルコト是ナリ。唯爰ニ特ニ國際私法學ノ沿革ト題シタルハ斯法ノ原則ハ主トシテ學者ノ研究ニ依リ漸次發達シタルモノナルカ爲メナリ。猶ホ終リニ最モ注意ヲ要スルハ國際私法ノ原則ハ其ノ初メハ一國內ノ地方特別法例ヘハ各州ノ法律又ハ各地方ノ特別慣習法ノ衝突解決ノ規則トシテ發生シ而シテ此ノ規則カ內外法律ノ衝突解決ニモ適用セラルルニ至リタルコト是レナリ。即チ內外法衝突規則ハ國內各地方ノ特別法規衝突規則ヨリ出テタルモノナリ Lainé, I. p. 74-92.。

第一節　古代

羅馬市民ト羅馬市外人トノ關係

一般ニ外國人ニ權利能力ヲ認メサリシ古代ニ於テ國際私法ノ存在ヲ見ルコト能ハサルハ言フヲ俟タス、猶ホ多少外國人ニ法律上ノ保護ヲ認ムルニ至リタル後ト雖モ國際私法ノ觀念ハ直チニ發生セサリキ、即チ羅馬帝國時代ニ於テモ然リ、羅馬帝國ハ所謂世界統一國家ナリシヲ以テ眞ノ國際私法ノ存在スル餘地ナカリシハ勿論ナリ(註一)。然ルニ羅馬ハ其征服シタル各市 Civitates ニ其ノ固有ノ法律ヲ認メタルカ故ニ此ノ各市ノ特別法律ト羅馬市民法 Jus civile トノ間ニ生シ得ヘカリシ衝突問題ハ如何ニ解決シタルカト云フ問題ヲ攻究スルノ餘地アリ即チ羅馬ニ於テ此ソ衝突ヲ或ハ今日ノ衝突規則ノ如キ原則ニ依リテ解決セサリシカ如何ト云フ問題是レナリ。然ルニ羅馬ニ於テハ全ク此ノ解決方法ヲ採ラスシテ之レカ爲メニハ一ノ特別ノ實質法ヲ認メテ之レヲ適用シタリ、所謂萬民法 Jus gentium 是レナリ。即チ一方ニ於テ市民法ハ羅馬市

(註一) Savigny, System, § 347, 351; Surville-Arthuys p. 24; Despagnet p. 256. 參照

羅馬市外人相互ノ關係

民間ノ關係ニノミ適用セラレ、他方ニ於テ萬民法ハ羅馬市民ト市民權ヲ有セサル羅馬以外ノ各市ノ人民(或ハ市外人peregrinus)トノ關係ニ適用セラレタリ、二法倶ニ羅馬ノ實質私法ナリ、故ニ此ノ萬民法ハ衝突規則ニ非サルナリ。猶ホ此ノ羅馬市外人相互ノ關係ニ就テハ如何ト云フニ、まいりーノ説ニ從ヘハ此ノ關係ニ就テハ羅馬裁判所ハ其ノ所屬市ノ法律ヲ適用シタルカ如シ、然ルニ其ノ果シテ如何ナル範圍ニ於テ所屬市ノ法律ヲ適用シタルヤハ不明ナリト雖モ恐ラク單ニ親族、相續法ノ範圍ニ於テ然リシナラント まいりー國際民、商法論。上卷一〇二、一〇三頁 而シテ若シ當事者カ所屬市法ヲ異ニスルトキハ孰レノ所屬市法ヲ適用シタルヤ明カナラス。要スルニ國際私法ノ淵源ハ羅馬法ニ之ヲ求ムルコトヲ得ス、從ヒテ中世ノ學者カ羅馬法典ニ基ツキ法律選擇ノ原則ヲ發見セントシタルハ研究方法ノ誤ナリシコト近世學者ノ一般ニ認ムル所ナリ。(註二)

【註一】うるりくす・ふーべる Ulricus Huber, De jure civitates liber III sectio LV cap. 1, No. 12, 日ク羅馬法學者ハ決シテ國際私法學ノ祖先ニ非ス、卽チ彼等ハ決シテ種々ナル法律規則ノ抵觸ヲ研究セル者ニ非ス。其ノ理由如何ト云フニ元來羅馬主權ハ當時ノ世界ノ全土ニ及ヒ又羅馬ト野蠻國トノ交通極メテ稀ナリシヤ夫ノ多數ノ主權ヨリ多數ノ法律成立シテ爲メニ難問ヲ生スルカ如キコト決シテ無カリシカ故ナリ。然ルニ今日歐洲ニ數多ノ獨立國分立スルヤ或ル法律行爲カ甲國ニ於テ行ハレ、乙國ニ於テ履行セラレ又ハ之レニ付テ訴ノ起ルコト日常吾人ノ視ルトコロノ事實タリ。於是初メテ此ノ行爲ニ付テハ其ノ行爲ヲ爲シタル地ノ法律ニ據ルヘキカ、將又履行地若クハ訴訟地ノ法律ニ依ルヘキカノ問題ヲ生スルニ至リタルモノナリト（まいりー上巻一〇三、一〇四頁）。

【註二】しゅるゔぃーゆ、あるちゆいー日ク全帝國ニ政權ヲ有シタル羅馬人ハ羅馬市ノ法律ト羅馬市以外ノ市 Civitates peregrinae ノ法律トノ間ノ關係ヲ定ムル爲メニモ又各市ノ法律相互間ノ關係ヨリ生スル問題ヲ解決スル爲メニモ何等特殊ノ原則ヲ設定セスシテ甚タ簡單ナル手段ヲ採リタリ、萬民法ノ適用即チ是レナリト（Surville—Arthuys, p. 25.)。

第二節　中世

第一款　野蠻時代

種族法主義

五世紀ニ至リ蠻民即チ主トシテ日耳曼民族カ羅馬帝國ニ侵入シテ各地ヲ征略シタリト雖モ日耳曼民族ハ被征服者ヲシテ猶ホ其ノ固有ノ法律ニ服從セシメタリ。即チ各種ノ種族ハ皆其ノ種族固有ノ法律ニ服從シタリ換言スレハ各人其血統ニ依リテ屬スル法律ニ從フ、即チ最モ廣義ニ於ケル屬人法主義又ハ種族法主義ナルモノ行ハレタリ。古書ニ「爰ニ五人ノ者集合スルトキハ五人各異ナレル法律ニ依リテ生活スルコト稀ナラス」トハ此ノ時代ノ實狀ヲ表ハセルモノナリ（まいりー上卷、一一二頁參照。）而テ何カ故ニ此ノ如キ主義カ行ハレタルカト云フニ歴史家ノ觀ル所固ヨリ區々タリ、或ハ日耳曼人種ハ個人主義ノ思想ニ基ツクト言ヒ、或ハ被征服者ヲ自己ノ法律ニ服從セシムルコトヲ欲セサル征服者ノ自尊心ニ由ルト言ヒ、或ハ人情風俗ヲ全ク異ニセル被征服者ニ對シテ征服者ノ採ラサル可ラサル必然ノ政策ナリト言ヒ、或ハ日耳曼民族ニ强固統一ノ國際的組織ノ欠缺シタルニ因ルト爲ス者アリ（Despagnet, 560 (cf. p. 291.)）今此等理由ノ當否ハ深ク之ヲ究ムルノ要ナシト信ス。

法律宣言ノ俗

猶ホ此時代ニ法律宣言 Professio juris ナル習慣行ハレタリ、即チ當事者カ或ハ裁判所ニ於テ或ハ法律行爲ヲ爲スニ際シテ自ラ何レノ種族ニ屬シ從ヒテ何レノ種族法ニ從フヤヲ宣言スルモノナリ、例之下ノ如シ。

羅馬(らんごばるど)種族ニ屬スル余ハ ego ex gente Romanorum (Langobardorum)
羅馬(らんごばるど)法ノ下ニ生活スルコトヲ爰ニ宣言シタリ professus sum,
ex jure romano (Langobardico) vivere.

次ニ此ノ種族法ハ如何ナル範圍ニ於テ適用セラレタルカト云フニ學者ノ所説一ナラス即チまいりーノ説ニ依レハ私法關係ハ父ノ系統ニ依リ、妻ハ夫ノ法律ニ從ヒ。寡婦ハ再ヒ自己ノ出生法ニ歸復ス（一説ニ依レハ妻ハ夫ノ法律ニ從ハスシテ自己ノ法律ヲ保留スルコトヲ得タリト Despagnet. 5e éd p. 291.）契約當事者ハ各其ノ出生法又ハ宣言シタル法ニ依リテ義務ヲ負フ、相續ハ被相續人ノ血統法ニ依ル、猶ホ不法行為ニ付テモ此ノ屬人法主義行ハル、生命賠償額ハ被害者ノ出生法ニ依ルト上巻一一四、一一五頁。

然ルニでぱにゑーノ如キ曰ク種族ヲ異ニスル當事者間ノ關係ニ付キテハ如何ニ此ノ屬人主義ヲ適用シタルカ、此カル場合ニ或ハ被告ノ種族法ヲ適用シタルカ、或ハ各當事者ニ各其ノ種族法ヲ適用シタルカ、猶ホ各其ノ種族法ニ依リタリトシテ其ノ種族カ互ニ牴觸シタルトキハ如何ニ決シタルカト云フニ總テ此等ノ點ニ付テハ確實ナル考證ヲ缺クカ如シト Despagnet, p. 292。

種族法主義

終リニ此ノ種族法主義ト後ニ説明スル所ノ近世ノ所謂屬人法主義トハ

ト屬人法主義

全ク性質ヲ異ニスルモノナルコトヲ注意セサル可ラス。近世ノ屬人法主義ハ人種ノ如何ヲ以テ根據トスルモノニ非スシテ一定ノ領土ニ行ハルル法律カ或ル種ノ法律關係ニ就テハ其ノ領土ニ屬スル人民（人種ノ如何ヲ問ハス）ニ追隨シテ其ノ外國ニ在ルトキト雖モ之レヲ支配スルコトヲ言フモノナリ。種族法ハ或ル一定ノ領土ニ行ハルル法律ニ非スシテ或ル人種ヲ支配スル法律ナリ。此ノ二主義ハ全ク其ノ根據ヲ異ニス、隨ヒテ此ノ種族法主義ヲ以テ近世ノ屬人主義ノ淵源ト看做スコトヲ得サルナリ（Lainé, I, p. 56 et S.; 66 et S. まいりー上卷一一五、一一六頁參照。）

要スルニ此ノ種族法時代ニ於テハ或ル領土法ト領土法トノ對立關係無カリシヲ以テ所謂法律衝突規則ノ發生ヲ見サリシナリ。而シテ此種族法主義ハ各種族ノ混淆ト共ニ自然消滅スルニ至レリ。

第二款　封建時代

ちゃーるす大帝ニ依リテ再與セラレタル西羅馬帝國モ帝ノ没後漸ク分

裂シ所謂封建時代ヲ現出シタリ。各諸侯ハ國王ト同シク自己領內ノ人民ニ所謂忠順誓約ヲ爲サシメ、自己ノ裁判所ヲ有シ、自己ノ法律ヲ有シ、凡ソ領內ニ存在スルモノハ人タルト物タルトヲ問ハス其領土ニ從屬シ其ノ領土ノ法律ニ絕對ニ服從セサル可ラサルニ至レリ。所謂種族主義ノ觀念ハ全ク消滅シテ所謂屬地主義ノ成立ヲ見ルニ至レリ。夫ノ「凡ソ慣習ハ物的ナリ」omnes consuetudines sunt reales 又ハ「財產ハ人ニ從屬スルニ非スシテ却テ人ヲ自己ニ牽引ス bona personam non sequuntur sed personas ipsas ad se trahunt ト云フカ如キ語ハ良ク封建主義ヲ說明スルモノナリ。又此ノ主義ハ左記二大法典中ニ明カニ之レヲ認メタリ。

一、Sachsenspiegel (1215—1235)

イ、1. Buch Art. 30. ——各外來人ハ其ノばいやー人タルトすわーぶ人タルトふらんけ人タルトヲ問ハスざくせん國ニ在ル遺產ハ此ノ國法ニ從ヒテ之レヲ取得シ決シテ其者ノ國法ニ從ハス。

ロ、3. Buch Art. 33 § 2.——各人ハ各國ニ於テ其ノ國ノ法律ニ從ヒ國王ニ答辯スヘシ、決シテ原告ノ法律ニ從ハス。

二、Schwabenspiegel (1273—1276.) 1 Teil c. XXXII

一國ヨリ他國ニ來リ其ノ國ニ在ル財產ニ就キ訴ヲ爲サントスル者ハ其ノ國法ニ從ヒ之レヲ爲スヘク、決シテ自己ノ國法ニ從ハサルナリ。

此ノ如クニシテ各領土カ他領土ノ法律ノ效力ヲ一切認メサル結果各領土間ノ交通關係ニ大ナル不安ト支障トヲ生シタリ。於是各法域ノ法律ノ適用範用ヲ定ムヘキ何等カノ原則ヲ發見シテ此ノ絶對的排他主義ノ不便ヲ救濟セントスルニ至リタリ、即チ今日ノ法律衝突解決規則ハ封建主義ニ其ノ萌芽ヲ發シタルモノナリ。

第三款　伊太利學說（法規分類主義 Theorie des statuts; Statutentheorie）

Lainé, 1. p. 93 et s. 參照、

伊太利ノ北部ろんばるでぃーノ各市ハ元來豐饒ナル土地ト海トヲ有シ甚タ富裕ナリシカ十一世紀十二世紀頃ニ至リ漸次政治上ニ於テモ獨立ノ

各市ノ特別法

地位ヲ取得シテ王權ヨリ分離スルニ至レリ、猶ホ彼等ノ地位ハ益隆盛トナリ皇帝ニモ對抗シテ其自由ヲ確認セシムルニ至レリ。而シテ十二世紀ノ末ニ(一一八三年こんすたんす條約)ニ及ヒ終ニ各市ハ眞ノ共和國ノ如キ自治權ヲ認メラレ獨逸皇帝ハ彼等ニ對シ殆ト單ニ名義上ノ宗主權ヲ保留スルニ止マルニ至リタリ。猶ホ此等各市ハ政治上自治權ヲ有シタルノミナラス、立法上ニ於テモ亦同樣ノ地位ヲ認メラレタリ。卽チ各市ハろんばるでぃーノ普通法換言スレハろんばるど法或ハ羅馬法ニ依リテ支配セラレタリト雖モ彼等ハ又自己ノ地方特別法ヲ有シタリ、此ノ特別法ヲStatuta ト稱シタリ、而シテ此ノ特別法ナルモノハ一部ハ古キろんばるど法、一部ハ新習慣ニシテ十三世紀ニ於テハ法典ノ體裁ニ編纂セラレタルモノナリ。猶ホ亦伊太利ノ各市ハ單ニ自由市トシテ自己領域內ニ固有ノ法制ヲ有シタルノミナラス、商工業又甚タ盛ナリシ為メ當時ニ於テハ實ニ驚クヘキ富ヲ有シ又強大ナル權力ヲ有シタリ。加之彼等ハ法律學ノ研究ニ於テモ當時ノ文明ノ先驅タル榮譽ヲ擔ヒタルモノナリ。卽チ各地ニ

各市ノ特別法ト羅馬法トノ衝突、各市ノ特別法間ノ衝突

著名ナル學校存在シタルカ殊ニぼろぐな大學最モ著ハレ爰ニゆすちにあん法典ノ研究盛ニ行ハレ伊太利各地方ハ勿論歐洲各地ヨリ學生相率ヒテ此ノ地ニ集マレリ。之ヨリシテ羅馬法ノ研究ハ各所ニ傳播シ終ニ伊太利北部ハ盛ナル學校地ト爲リタリ。此等ノ人口ニ富ミ、相隣接セル各自由市ハ互ニ盛ニ交通往來シタリ。彼等各自ノ法律卽チ Statuta ハ普通法タル羅馬法ト異ナレルハ勿論、相互ニ規定ヲ異ニシタリ。隨ヒテ其相互人民ノ移住ニ因リ又ハ其ノ本市以外ニ於テ爲シタル財產ノ取得、移轉、遺言又ハ其他ノ行爲ニ由リ此等各市ノ Statuta ト羅馬法トノ間ニ於テ又此等 Statuta 相互間ニ於テ法ノ衝突ヲ生スルニ至レリ。此ノ難問解決ノ任ニ當リタル者ハ當時恰モ勃興シタル諸大學ノ學者タリ、卽チ所謂註釋學派(ぽすとぐろつさとぅーる)ノ學者タリ、而シテ彼等ハ此ノ點ニ付テ次ノ三問題ヲ揭ケテ研究シタリ。

一、普通法ニ反シタル Statuta ハ有效ナリヤ、

二、若シ有效ナリトセハ普通法タル羅馬法トノ關係ニ於テ如何ナル適

用範圍ヲ有スヘキカ、
三、各Statuta相互間ノ衝突ハ如何ニ解決スヘキカ、
此ノ第一問ニ對シテハ學者ノ見解一樣ナラサリシト雖モ大體ニ於テ普通法ハ一般的又根本的原則ニ反シタルStatutaハ無效ト爲シタリ。次ニ第二問題ニ付キテハ少クトモ原則トシテハ學者ノ意見一致シタリ、即チ普通法トノ關係ニ於テ有效ト認メラレタルStatutaハ普通法ニ對スル例外ナルヲ以テ其ノ適用範圍ハ縮少制限セラルヘキモノトシタリ、故ニ一方ニ於テ此ノ法律ハ屬地的ノモノニシテ毫モ其ノ領域外ニ於テ效力ヲ有セス。又他方ニ於テ此ノ法律ハ其ノ領域內ニ於テモ外市人ニ適用セラルルコトナシトセリ。然ルニ此ノ點ニ付テモ學者ノ意見全ク一致シタリト云フヲ得サリキ。終リニ第三問ニ付テハ各市間ノ交通、通商ノ需要ニ應センカ爲メニ此ノ衝突ハ各市ノ共同利益ヲ眼目トシテ解決スヘキモノト爲シ裁判所ハ或ル場合ニハ必ス他領土ノ法律ヲ適用スヘキモノトセリ。斯クノ如クニシテ今日ノ國際私法ノ源泉タル所謂法規分類主義ナルモノ發生ス

法規分類主義ノ發生

國際私法學始祖ばるとーるす

ルニ至リタリ。而シテ此ノ伊太利學派ノ學說ハ其後歐洲各國ニ傳播シ十九世紀ノ前半迄一般ニ國際私法學界ヲ支配シタリ。

伊太利羅馬法註釋學派ハ元ヨリ此ノ法律衝突問題モ猶ホ其ノ羅馬法典ニ基キ解決セントシタリ。然レトモ該法典中ニ此ノ問題解決ノ原則ヲ包含セサリシハ明カニシテ、彼等カ自己ノ說ヲ確メンカ爲メニ援用シタル羅馬法典ノ規定ハ實ハ此ノ問題ニ全ク無關係ノモノタリシコト後世學者ノ一般ニ認ムル所ナリ。此ノ伊太利ノ註釋學派ノ學者中最モ著ハレタル者ヲばるとーるす(一三一四年生、一三五五年若クハ一三五七年沒)ト爲ス、氏以前ニ於テ既ニ法律衝突問題ヲ研究シタル學者數多アリト雖モ氏ハ其ノ理論的ノ攻究ニ於テ特ニ優レタルヲ以テ終ニ國際私法學ノ始祖トシテ後世學者ノ推ス所トナレリ、氏ハ羅馬法典コーデックス第一部ノ註釋ニ於テ左ノ二問ヲ掲ケテ研究シタリ以下ニ掲ケルばるとーるすノ說ハまいりー國際民商法論上卷一二二頁以下載スルトコロニ從フ。

第一、一領域ノ法規 Statuta ハ其ノ領域ニ屬セサル人ニ及フヤ。

第二、一領域ノ法規 Statuta ノ效力ハ其ノ領域外ニ及フヤ。

一領域ノ法規ハ他領域ノ人ニ及フカ

此ノ第二問ニ對スル答案トシテ氏ハ左ノ數原則ヲ掲ク。

一、權利能力及ヒ行爲能力ニ關シテハ契約地法ヲ適用ス可ラス。

二、契約ノ本質ニ基ツク效力ハ契約地法ニ從フ。但シ左ノ場合ハ例外トス。

イ、婚資及夫婦財產契約ニ就キテハ夫ノ住所地法ニ從フ。

ロ、遲滯及過失ノ效力ハ法廷地法ニ依ル。

【自註】 一說ニ依レハ此ノ場合ニハ若シ履行地カ初メヨリ定マレルトキハ其ノ地ノ法律ニ從ヒ、然ラサルトキハ法廷地法ニ從フ。Lainé, I. p. 136.

三、法律行爲ノ方式ハ行爲地法ニ依ル。

四、消滅時效ニ關シテハ法廷地法ニ依ル、又特ニ一定ノ債務履行地アルトキハ其ノ履行地法ニ依ル。

五、相續法ニ關シテハ左ノ如ク區別ス。

イ、無遺言相續ニ就テハ其ノ目的物ノ所在地法ニ依ル。

ロ、遺言能力ハ實質的範圍ハ外人ニ之レヲ適用セス。

六、遺言ノ方式ハ行爲地法ニ依ルヲ以テ足レリトス。

六、物權ニ就テハ其ノ物ノ所在地法 statutum loci ubi res est ニ依ル。

七、訴訟手續 litis ordinatio ハ訴訟地法ニ從フ。Lainé, I. p. 135. ニ依ル

次ニ前掲第二問ニ對シば氏ノ與ヘタル説明左ノ如シ。

一領域ノ法規ハ其ノ領域外ニ及フカ

利益規定ト不利益規定

一、人ノ行爲ヲ制限スル規定ニシテ若シ其ノ人ニ對スル保護規定ナルトキハ其ノ規定ハ外國ニ於テモ猶ホ其ノ人ヲ支配ス、利益規定 statutum favorabile 卽チ是レナリ。例之未成年者又ハ浪費者ニ關スル規定ノ如キ之レニ屬ス。而シテ之レニ反スルモノヲ不利益規定 statutum odiosum トス。例之女子ハ相續權ナシト云フカ如キ規定之レニ屬ス、而シテ此ノ如キ規定ハ外國ニ在ル財産ニ適用セラルルコトナシ。

二、相續問題ニ關シテハ上述ノ如クば氏ハ財産所在地法ニ依ルノ原則ヲ採用シタルニ拘ラス眞ノ國際的法律衝突問題ニ就テハ次ノ如ク説明セリ。

【自註】此ノ點ニ關スルまいりーノば氏説明ノ紹介ハ稍不完全ナルカ故ニ以下ハれいねノ紹介セルば氏説明ノ全

文ニ據リ之レヲ要約シテ揭ク Lainé, I. p. 154 et s.°

物ノ爲メニ作ラレタル法規

人ノ爲メニ作ラレタル法規

英國習慣法ハ長子ニ全財產ノ相續權ヲ認ム、於是或ル人カ英國並ニ伊國ニ財產ヲ遺コシテ死亡シタルトキハ相續ハ何レノ法律ニ從ハシムヘキカノ問題ヲ生ス、此ノ點ニ付テハ從來種々ノ意見アリト雖モ余ノ觀ル所ニ依レハ此ノ場合ニハ習慣又ハ法規ノ文言ヲ精細ニ檢査スルコト必要ナリ、卽チ或ル場合ニハ此ノ習慣又ハ法規カ物ノ爲メニ規定ヲ爲スコトアリ、例之「死者ノ財產ハ長子ニ歸スヘシ」ト云フカ如シ。此カル場合ニハ余ハ全財產カ其ノ財產所在地ノ習慣又ハ法律ニ從フヘキモノナリト信ス、何トナレハ此ノ法律ハ物自身ニ關スルモノニシテ物ノ所有者カ內國人タルト外國人タルトヲ問ハサレハナリ。又或ル場合ニハ習慣又ハ法規カ人ハ爲メニ規定ヲ爲スコトアリ、例之「長子獨リ相續ス」ト云フカ如シ。此ノ場合ニハ次ノ區別ヲ爲スコト必要ナリ、若シ死者カ假令英國ニ財產ヲ遺コシタリトスルモ英國人ナラサリシトキハ英國法律ハ此者及其ノ子孫ニ適用セラルルコトナシ、何トナレハ人ニ關スル規定ハ外國人ニ及ハサレハナリ。若シ又死者カ英國人ナリシトキハ其ノ長子ハ英國ニ存在スル財産ハ總テ之レヲ取得スルコトヲ得ヘシ、然レトモ英國以外ニ存在スル財産著者自註、暗ニ伊太利ニ存在スル財産ヲ指スモノナリニ就テハ普通法同上、暗ニ伊太利普通法ヲ指スニ依リ其ノ一部ヲ取得スルニ止マル。其故如何ト云フニ次子以下ニ相續權ヲ認メサル點ヨリ觀察シタル英法ハ不利益規定ナリ、從ヒテ英國外ニ存在スル財産ニ其ノ效力ヲ及ホスコト能ハス。又長子ニ獨トリ利益ヲ認ムル點ヨリ觀察シタル英法ハ利益規定ナリ、隨ヒテ此ノ英法ハ長子ノ爲メニ伊太利ニ於テ他ノ兄弟ト競合スヘキ普通法ノ支障ヲ排斥スヘシト雖モ猶ホ此ノ領土ノ制限ニ服從セシメサル可ラス。要之法律規定カ物ノ爲メニ作ラレタルカ、人ノ爲メニ作ラレタルカヲ知ルコト肝要ナリ。

以上ハバ氏法律衝突解決論ノ要旨ナリ、氏ノ議論元ヨリ完全ナリト云フコトヲ得ス。殊ニ最後ニ掲ケタル相續問題ニ關スル說明ノ如キ、理論上ノ根據ヲ缺クモノトシテ徒ラニ後世學者ノ嘲笑ヲ買ヒタリト雖モ（註二）氏カ法律衝突問題ヲ理論的ニ攻究シ以テ國際私法學ノ基礎ヲ建設シタル

人法、物法ノ別

功勞ハ之レヲ偉ナリトセサル可ラス。故ニ氏ヲ以テ國際私法學ノ第一開拓者ト爲スモ決シテ不當ナリト云フヲ得サルナリ。猶ホ法規ヲ人法 Statuta personalia 及ヒ物法 Statuta realia (註二) ニ區別スルコトモ決シテ氏ノ創造ニ係カルモノニ非スシテ後世ノ學者ニ依リテ初メテ案出セラレタルモノナリトナスコト今日ノ有力ナル説ナリト雖モ法規カ物ニ關スルカ人ニ關スルカニ從ヒ其ノ適用範圍ノ如何ヲ定メントシタル根本ノ觀念ハ既ニ氏ノ議論ニ表ハレタルコトハ前掲ノ氏ノ説明ニ就テ之ヲ觀ルコトヲ得ヘシト信ス。(註三)

【註一】後世學者此ノ議論ヲ評シテ曰ク之レ法文ノ區別ニシテ法ノ區別ニ非スト。然レトモ此レ失當ノ批評ニシテ氏ト雖モ決シテ單ニ法文ノ主客ニ依リテ法規ノ適用範圍ヲ定メントシタルモノニ非スシテ唯之レヲ以テ法カ性質上物ヲ主トシテ作ラレタルカ人ヲ主トシテ作ラレタルカヲ區別スルノ標準ノ一ト爲サントシタルモノナルコト今日ノ學者ノ認ムル所ナリ Despagnet, p. 296; Surville Arthuys p. 31. 參照。

【註二】人法ハ人ニ關スル法律ニシテ物法ハ物ニ關スル法律ナリ、猶ホ詳細ハ後ノ説明ニ依リ明カナルヘシ。

【註三】しゆるゔいゆ、あるちゆい曰クば氏以前ノ學者及ヒ氏ト同代ノ學者ハ元ヨリ法規分類主義ノ總テヲ構成シタルモノニアラス、然レトモ彼等ハ既ニ單ニ國内ニ於テノミ適用セラルル法規ト外國ニ於テモ適用セラルヘキ法規ヲ區別スルコトノ基礎ヲ作リタルモノナリ。而シテば氏ニ至リテヤ此等學者ニ猶ホ一歩ヲ進メタルモノニシテ氏ハ法律衝突ノ總テノ問題ニ就テ或ル法規カ外人ニモ適用セラルヘキカ、又或ル法規ノ效力ハ其ノ領外ニモ及フカト云フ二點ヲ詳細ニ研究シタリ、要スルニ氏ハ法規ニ領土法 Statuts terrtioriaux 領外法 Statuts extraterritoriaux ノ區別ヲ建設シタル者ナリト。Surville-Arthuys, p. 31, 32.

第三節 近世

第一款 十六世紀ニ於ケル佛蘭西學派

ヴあれりーノ言フ所ニ依レハ伊太利ノ法規分類主義ノ學說ハ殆ト同時代ニ佛國ノ南部(卽チ成文法地方)ニ輸入セラレタルカ如シ、反之習慣法地方(卽チ佛國ノ北部地方)ニ於テハ封建ノ屬地法主義カ永ク存續シ凡ソ習慣ハ物的ナリ Toutes contumes sont réelles トノ原則行ハレタリ。然ルニ此等地方モ亦漸次伊太利學說ノ影響ヲ受ケ、習慣ノ屬地的效力ヲ高調シタル學者モ終ニ伊太利主義ニ讓歩セサル可ラサルニ至レリト(Valery, p. 26.)。然レトモ法規分類主義ノ學問カ最モ盛行シタルハ十六世紀ニ於テ地方分權ノ制衰ヘ王權ノ擴張セラレタル時ニ在リ。而シテ此ノ時代ノ法律衝突ニ關スル佛國ノ學說ハ一方ニ於テハでゅむーらん他方ニ於テハだるぢやんとれノ二氏ニ依リテ代表セラルト云フヲ得ヘシ、故ニ以下二氏ノ學說ノ要旨ヲ揭クヘシ。

第一項　でゅむーらん

Dumoulin (Morinaeus) 一五〇〇年――一五六六年

でゅむーらんノ學說ノ詳細ハ Lainé, I, 233 et s. ニ揭ケラル、猶ホまいりー上卷、一三七頁參照

氏ハ伊太利ニ遊學シ直接ニ伊太利學說ヲ佛國ニ輸入シタル者ナリト雖モ又大ニ之レニ改良ヲ加ヘタリ、氏ノ議論ノ要旨ヲ擧クレハ左ノ如シ。

第一、法律行爲及ヒ訴訟行爲ノ方式ハ行爲地法ニ依ルヘシ、即チ契約、判決、遺言其ノ他ノ行爲ノ方式ハ皆其ノ行爲地法ニ從フヘキモノナリ。

意思自治ノ原則ノ創設

第二、契約ノ實質ハ當事者ノ意思ニ依リテ其ノ從フヘキ法律ヲ定ム。氏ノ此ノ原則ハ最モ注意スヘキモノナリ。氏以前ニ於テハ契約ノ實質ハ契約地ノ法律ニ從フトスル原則一般ニ認メラレタリ。然ルニ氏ハ此ノ從

來ノ通說ハ排斥スヘキモノナリト爲シ、契約ニ關シテハ當事者ノ意思カ總テノ決定權ヲ有ス。若シ其意思カ明カニ表示セラレサルトキハ契約當時ノ總テノ狀況ヨリ此ノ意思ヲ檢索スヘキモノナリ。行爲地ハ單ニ其ノ狀況ノ一タルニ過キストセリ。卽チ今日國際債權法ニ一般ニ認メラルル所ノ意思自治ノ原則 Principe de l'autonomie de la volonté ハ氏ニ依リテ創設セラレタルモノナリ。

人法、物法ノ別

第三、當事者ノ意思ニ拘ラス專ラ法律ニ服從スヘキ法律關係ニ就キ氏ハ人法、物法ノ區別ヲ認メタリ。然レトモ氏ハばるとーるすノ人法、物法ノ區別ヲ法文ノ言語ノ末ニ置キタルヲ非難シ、此ノ區別ハ專ラ法ノ實質ニ依リテ爲スヘキモノナリト爲シ、左ノ如ク說明セリ。

或ハ法規ハ物ニ關シ常ニ物ノ所在地ヲ主眼トスルコトアリ、或ハ法規ハ人ニ關シ而カモ外人ヲ包含セサルモノアリ。

猶ホ氏ハ法規ニシテ同時ニ人及ヒ物ニ關スルモノアルヲ慮リ說明シテ曰ク

人法ハ主トシテ人ニ關シテ規定シ、從トシテ物ニ關スルモノナリ。又物法ハ主トシテ物ニ關スル規定ナリト。

而シテ此ノ二法ノ效力ニ就テハ人法ハ人ニ從ヒテ領土外ニ及ヒ、物法ハ領土内ニ在ル一切ノ物ヲ支配シ其ノ所有者ノ内國人タルト外國人タルトヲ問ハストセリ。

此ニ依リテ觀レハ氏ハ大體ニ於テ伊太利學說ヲ繼承シテ法規ノ性質ニ從ヒ其適用範圍ヲ公平ニ定メントスル者ナリ。而シテ契約ニ關スル原則ハ設定ハ伊太利學派ヲ超越シタルモノハナリ。

第二項　だるぢやんされ

D' Argentré (Argentraeus)　一五一九年――一五九〇年

Lainé, I. p. 310 et s. まいりー上卷一三一頁以下參照

封建主義　だるぢやんとれハ佛國ぶるたーにゆノ貴族出身ノ法學者ニシテ封建制度擁護者トシテ王權尊重、法律統一主義論者タルでゅむーらんノ伊太利

學說ニ對シテ法ノ屬地主義ヲ高調セリ。卽チ此ノ二人者ハ全然反對ノ地位ニ立チテ互ニ降ラサリキ、然レトモだるぢやんとれモ時代ノ必要ニ反シテ絕對ニ屬地主義ヲ固守スルコト能ハスシテ屬人主義ニ幾分ノ讓步ヲ爲スノ止ムヲ得サルモノアリキ。氏ハ法ハ總テ之レヲ三大別スルコトヲ得トセリ、是レ有名ナル法ノ三分主義ナリ。左ニ其ノ要領ヲ揭クヘシ。

法ノ三分主義

物法ハ原則

第一、法ハ原則トシテ嚴格ニ且ツ絕對ニ屬地的ノモノナリ、總テ習慣ハ唯其ノ領土內ニ於テ效力ヲ有ス、然レトモ其ノ領土內ニ於テハ絕對ノ拘束力ヲ有ス。卽チ法ハ原則トシテ物法 Statuta realia ナリ。

人法ハ例外

第二、然ルニ法ハ例外トシテ唯或ル人ニノミ關スルコトアリ。此ノ種ノ法規ハ領土外ニ於テモ猶ホ其ノ人ニ適用セラル(其ノ理由ハ斯クスルコトカ事物自然ノ性質ニ適ヒ又正義ニ合ストスルモノナリ)是レ所謂人法 Statuta personalia ナリ。例之人カ二十五歲ニ達シタルトキハ成年者タリトスル規定、妻ハ契約スルコトヲ得ストスル規定、子ハ親權ノ下ニ立ツヘシ、又浪費者ハ自己ノ財產ヲ管理スルコトヲ得ストスル規定ノ如キ卽チ

混合法ハ物法ニ屬ス

特別行爲能力ニ關スル規定ハ物法ナリ

是レナリ。

物トハ土地ニ附着シタル物ノ謂ニシテ不動産ヲ意味ス、故ニ人自身並ニ其ノ所有ノ動産ハ其ノ人ノ住所地法ニ服從スヘキモノナリ。蓋シ動産ハ不動産ニ附着セラレタル場合ノ外ハ常ニ移動シ得ヘクシテ一定ノ場所ヲ有スト認ムルコト能ハサルヲ以テナリ。

第三、法ニハ同時ニ人及ヒ不動産ニ關スルモノアリ。之レヲ混合法 Statuta mixta トス。例之農夫ハ(貴族ト異ナリ)不動産ヲ平分相續スト云フカ如キ規定ハ人ノ身分ト不動産トニ關係ヲ有ス。而シテ此ノ種ノ法律ハ物法ニ屬スヘキモノナリ。而シテ其ノ理由ハ元來法ハ總テ物法タルコトカ原則ニシテ人法タルハ例外ニ屬スルモノナルカ故ニ苟クモ不動産ニ關係ヲ有スル法ハ假令同時ニ人ニ關スト雖モ物法タラサル可ラストスルニ在リ。

猶ホ氏ハ人ノ身分能力ニ關スル法律ト雖モ人ノ一般的身分能力ニ關スルモノニ非サレハ人法ニ非ス、從ヒテ或ル特別ノ行爲能力ヲ定ムル規定」ハ如キハ皆物法ナリトセリ。

要之だ氏ハ屬人法主義ヲ排斥シテ、極力屬地法主義ヲ維持シ唯僅カニ人ノ一般身分能力ニ關スル法規ノミニ國外的效力ヲ認メタル者ナリ。氏ノ混合法ハ全ク物法ノ範圍ヲ擴張センカ爲メニ强テ設ケタルモノト看做ササル可ラサルナリ。而シテ此ノ説ハ當時ニ於テハ佛國ニ成功スルコト能ハスシテ却テ和蘭、白耳義等ニ迎ヘラレ、十七世紀ニ於ケル此等ノ國ノ學界ヲ支配シタリシカ、十八世紀ニ至リ、再ヒ佛國ニ反響ヲ生スルニ至レリ。以下順次其ノ概況ヲ擧ケントス。

第二款　十七世紀ニ於ケル白耳義、和蘭學派

だ氏ノ議論ハ佛國ニ成立スルコト能ハサリシカ白耳義、和蘭ニ知己ヲ得タリ。即チ十七世紀ノ此等ノ國ニ於ケル地方自治體ハ各特別ノ習慣ヲ有シ、互ニ相反目視シタリ、之レだ氏ノ學説ノ歡迎セラレタル所以ナリ。否ナだ氏ノ説ハ此等ノ國ニ入リテ一層其ノ封建主義ノ本質ヲ發揮シタリ。

白、和、學派ノ根本原則

今白耳義、和蘭學派ノ根本原則トスル所ノモノヲ擧クレハ下ノ如シ。

一、各地方自治體ハ法律上主權者タリ、故ニ自己以外ノ法律ヲ顧慮スルノ義務ナシ、自己領內ニ於テ外國法ヲ適用スルハ自己ノ主權ヲ侵害スルモノナリ。

二、然レトモ領土法ノ絶對適用ハ人ノ身分、能力ニ關シテハ甚シキ不便ヲ生ス。故ニ國際禮讓 Comitas gentium トシテ此ノ問題ニ付テハ外國人ノ屬人法ヲ適用スヘシ。

ふーべるノ説

此レ白耳義和蘭學說ノ一般ニ通スル原則タリ、猶ホ此ノ學說建設者ノ一人タル和蘭ノ大法律學者うゐりくす、ふーべる（一六三六年——一六九四年）カ其ノ著羅馬及ヒ現時ノ法律 Praelectiones juris romani et hodierni ナル書ノ第二部ヲ各國法律ノ衝突 de conflictu legum diversarum in diversis imperiis ト題シ、其ノ冒頭ニ左ノ如ク論セリ。以下まいりーノ引用シタルふ氏原文ニ據ル（まいりー、上、一四四、一四五頁）

一、甲地ニ於テ締結セラレタル契約カ乙地ニ於テ效力ヲ生シ、又ハ判決セラルヘキコト敢テ稀ナリトセス。羅馬帝國分裂シテ耶蘇教世界ハ數多ノ獨立國家トナリ、而シテ此等國家ハ多クノ場合ニ於テ各異ナレル法律規則ヲ有スルコト今日人ノ皆知ル所ナリ。夫ノ世界全土ヲ版圖ト爲シ、之レヲ支配スルニ統一ノ法律ヲ以テシ、從ヒテ法律衝突ノ憂ナカリシ羅馬帝國ニ於テ之レニ關スル規定ナカリシハ敢テ怪ムニ足ラサルナリ。然レトモ此ノ事項ヲ解決スヘキ根本原則ハ猶ホ羅馬法ヨリ之ヲ導クコトヲ得ヘシ。而シテ此問題ハ其ノ市民法ヨリハ寧ロ萬民法ニ關スルモノナリ、何トナレハ各種ノ國民間ニ行ハルル法律ナルカ故ニ疑モナク萬民法ノ原則ニ關スルモノナレハナリ。吾人ハ今此ノ困難ナル問題ニ明答ヲ與ヘンカ爲メ爰ニ三大公理ヲ設定スヘシ。此ノ公理ハ既ニ世ノ認ムル所、又恐ラク認メサル可ラサル所ノモノニシテ之レニ依リテ吾人ハ總テノ問題ヲ容易ニ解決スルコトヲ得ヘシ。

ふ氏ノ三大公理

二、三大公理トハ卽チ下ノ如シ、

イ、一國ノ法律ハ其ノ國境內ニ於テ效力ヲ有シ一切ノ臣民ヲ拘束ス、

但シ國境外ニ出ツルコトヲ得ス。

ロ、臣民トハ其ノ永久タルト一時タルトヲ問ハス、總テ國內ニ在ル者ヲ謂フ。

ハ、各國統治者ハ禮讓ノ爲メ互ニ一國ノ法規カ他國君主ノ權力又ハ其ノ人民ノ權利ヲ害セサル限リハ其ノ效力ヲ保有セシムルコトニ力ムヘシ。

此ノふ氏三大公理ノ第一則及ヒ第二則ハ純然タル屬地主義ノ原則タルハ論ヲ俟タス。而シテ第三則ヲ認ムル理由ニ就テ氏ハ說明シテ曰ク一國ノ法律カ絕對ニ其ノ國境ヲ超エテ他國ニ效力ヲ及ホスコト能ハストセンカ、甲地ニ於テ有效ニ成立シタル法律關係モ乙地ニ於テハ法律ノ異ナル爲メ直チニ其ノ效力ヲ喪フニ至リ不便之レヨリ大ナルハナシ、是レ卽チ第三公理ノ存在スル所以ナリト。

要之白耳義、和蘭學說ハ絕對的屬地主義ニシテ唯時ニ外國法ノ效力ヲ認ムルコトアルハ全ク禮讓ノ爲メニシテ決シテ此ク爲スヘキ義務アルニ非ストスルモノナリ。だるぢやんとれハ假令例外規則タリトモ一ノ規則トシテ屬人法適用ノ場合ヲ認メタルナリ、然ルニ此白、和學說ハ之ヲ排斥シテ外國法適用ヲ以テ各國ノ隨意問題ト爲シタリ。まいりー曰クふーべるノ公理ハ論理上ノ誤ナシト雖モ法律上何等稗益スル所ナシ。然ルニ近代學者ノ猶ホ氏ノ原則ヲ根據トスル者アルヲ憾トス、英米學說ハ殊ニ然リトス。猶ホ世人久シク和蘭人カ國際私法開道ノ師タリシカ如ク信セリ、例之ふゑりつくすカ其著國際私法論一卷一五頁ニ和蘭法學者道ヲ拓クト說キタルカ如キ卽チ是ナリ。然ルニ事實ハ全ク之レニ反シ彼等ハ國際私法ヲ根本ヨリ、解裂シテ殘ト滅亡ノ淵ニ沈淪セシメントセリ、實ニ和蘭學者ハ國際私法發展ノ道ヲ杜絕シタルモノニシテ、此學派ヨリ生マルルモノハ進步ニ非スシテ退步ナリ。吾人ハ今猶ホ常ニ此ノ妄說ノ反響ヲ聞ク、和蘭學者ハ禮讓ヲ以テ國際私法ニ死巷ヲ與ヘタル者ナリ、尤モ和蘭學派ハ其ノ根據ヲだるぢやんされノ議論ニ置ケルハ事實ナリ、故ニ此學說ノ責任ハ結局之レヲ氏ニ歸スヘキモノナリトまいりー上卷一四三、一四四頁。

第三款　十六、七世紀ノ獨逸ニ於ケル法規分類主義

本節ハまいりー上、一四八、九頁ニ從フ。

法規ヲ三分シテ人法、物法、混合法トナスノ主義ハ獨逸ニ於テモ二三學者ノ反對アリタルニ拘ラス一般ニ採用セラレタリ、而シテ十六世紀ニ於テハ學説及ヒ判例共ニ左ノ原則ヲ認メタリ。

第一、人ニ關シテハ法規ノ土地的制限カ適用セラル、故ニ物ヲ處分スル人ノ能力ハ處分者ノ住所地法ニ依ラスシテ物ノ所在地法ニ依リテ之レヲ決ス。

第二、物ニ關スル權利ハ偏ヘニ物ノ所在地法ニ依ル、此ノ規則ハ夫ノ「物ニ關スル法規ハ其領域外ニ在ル物ニ及ハス」Statuta de rebus non extenduntur ad res extra territorium sitas ト云フ原則ニ基ツク、而シテ本規則ニ謂フトコロノ物トハ人ノ財産全部ヲ構成スル總テノ物及ヒ個々ノ物件ヲ意味ス。

故ニ無遺言若クハ遺言相續ハ被相續人ノ住所地法ニ依ラスシテ物ノ存在

スル各地ノ法律ニ依リテ之レヲ定ム。尤モ二三學者ハ動産ヲ除外シテ動産ハ人ニ從フノ原則(Mobilia ossibus inhaerent)ニ依ルヘシトセリ。

第三、行爲地法ノ規定セル方式ニ從ヒテ爲シタル法律行爲ハ外國ニ於テモ猶ホ有效タリ。是レ「方式ヲ定ムル法規ハ領域外ニ及フ」Statutum disponens circa solemnitatem extendit se extra territorium ノ原則ナリ。

以上ノ三原則ハ十七世紀ニ至ルモ猶ホ行ハレタリ。即チ獨逸ニ於テモ亦人法、物法、混合法ノ主義カ行ハレタルモノナリ、但シだるぢやんとれノ三分法トハ稍形式ヲ異ニス。猶ホ此學說ハ立法ニモ影響ヲ及ホセリ、即チ Codex Maximilianus Bavaricus ノ如キ是レナリ。

第四款　英、米ニ於ケル和蘭學說

すとーりー曰ク國際私法問題ハ從來英國普通法ノ著書ニ於テ研究セラレタルモノアルヲ見ス、實ニ此ノ問題ハ英國ニ於テハ最近ノ發生ニ係カルカ如シ、從ヒテ未タ一科ノ學問トシテ研究セラレ又精確ナル原則ヲ以テ規律セラルルノ地位ニ至ラスト Story, § 10. 猶ホれいねノ説ニ依レハ歐羅巴殊ニ伊、佛、獨及ヒ和蘭ニ於テ數多地方特別法及ヒ習慣成立シ、爲メニ法律ノ衝突ヲ惹起シ、之レヲ決定スル爲メニ所謂法規分類主義ノ種々ノ原則生シタル時ニ方リテ英國ニ於テハ全ク事情ヲ異ニシあんぐろさくそんノ習慣ハのるまんノ習慣ト混和シ統一ノ法律行ハレタリ、斯クシテ英國ニハ十八世紀ニ至ル迄法律衝突問題ハ發生セサリキ。

英國ニ於ケル法律衝突問題ノ起源

卽チ英國裁判所ニ初メテ外國法適用問題ノ起リタルハ一七五三年ニシテ佛國ニ於テ結婚セル二英國人ノ年齡ニ關シテハ何レノ法律ヲ適用スヘキカノ問題ニ付キ英國裁判所ハ佛法ヲ適用スヘシト決定シタリ。* Lainé, De l'application des lois etrangères en France et en Belgique (Clunet, Journal XXIII. P. 484. 486.)

和蘭學説ノ輸入

卽チ法律衝突學カ英國ニ入リタルハ近世ノコトニ屬シ而カモ和蘭ノ學説ヲ輸入シタルモノニシテ伊太利學説トハ直接ノ關係ヲ有セサルナリ。而シテ和蘭學説カ英國ニ入リタルハ一ニハ當時英國學者カ多ク和蘭ニ遊學シタル事實且ツ二國カ政治上密接ノ關係ヲ有シタル事實ト、一ニハ英國從來ノ屬地法ヲ重ンスルノ主義カ和蘭ノ學説ヲ入ルルニ適合シタルカ為メナリ。此ノ事ハうゑすとれーきノ言ヲ見ルモ明カナリ、氏曰ク英ノ法律衝突ニ關スル原則ハ元ヨリ大陸ヨリ入リタルモノナレトモ大陸ノ學說ノ全部カ一時ニ輸入セラレタルニ非ス、英ノ國情又ハ英法ノ特性ニ合シタルモノカ先ツ採用セラレタルナリ。即チ物ハ所在地ニ從フノ原則ハ英國ノ土地所有權ヲ尊重スルノ主義ニ適合シタルモノナルカ故ニ直チニ採用セラレタリ。反之身分能力ハ屬人法ノ採用ノ如キハ英國裁判所ノ甚タシク難ンシタル所ナリ。猶ホ行為ノ方式ハ行為地法ニ從フノ原則ノ如キハ英國ノ不動產尊重ノ原則ニ反スルノミナラス、英國ニ於テハ夙トニ公證制ヲ廢シタルカ故ニ之レニ反スルカ如キ結果ヲ生スヘキ行為地法適用ノ原則ハ英國ニハ到底採用セラルヘキ餘地ナカリキ。然ルニ一八六一年ニ至リ Lord Kingtons Act 初メテ遺言ノ方式ニ關シテ此ノ原則ヲ認ムルニ至リタリト Westlake, p. 8, 10. 此ノ如クニシテ英法ハ全ク屬地主義ニ據ルモノナリ、而シテ偶々例外トシテ外國法ヲ適用スルハ和蘭學派ト同シク禮讓 Comity ニ依ルト為スモノナリ。

英國學者ノ唱フル禮讓

【註】尤モうゑすとれーきハ下ノ如ク辯明セリ「英國學者ノ禮讓ハ必シモ大陸學者ノ所謂禮讓ト同シカラス、大陸ニ於テハ禮讓ナル文字ハ正義ニ對スル文字トシテ認メラルト雖モ英國ニ於テ總テノ問題ヲ法廷地法ニ依ラシムル原則ニ對シテ例外ヲ認メ外國法ニ讓與シタルトキハ之レ單ニ便宜ニ出ツルニ非スシテ之レ英法カ其ノ法律ノ解釋、適用ニ關シテ採用シタリト認メラルル所ノ正義ノ原則ヲ含メル法律學ノ尊重ニ依ルモノナリ」Westlake, p. 22, 23.

米國ノ學說

猶ホ米國モ元ヨリ英國ト同樣ニシテ殊ニ同國すとーりーノ原則ノ如キハ全ク和蘭學派ノ學說ヲ採用シタルモノナリ。氏ノ原則ハ左ノ如シ Story § 18—23.

第一、各國ハ其領土ニ於テ專一ノ主權及ヒ裁判權ヲ有ス、其ノ結果トシテ各國法律ハ其領域內ニ在ル一切ノ財產、一切ノ人——內國人ト外國人トヲ問ハス——及ヒ其ノ領域內ニ於テ爲サレタル一切ノ契約其他ノ行爲ヲ支配ス。

第二、一國ハ其ノ法律ヲ以テ自己ノ領域外ニ在ル財產及ヒ人——內外人ヲ問ハス——ヲ拘束スルコトヲ得ス。

第三、一國法カ他國ニ於テ如何ナル拘束力ヲ有スルカハ專ラ其ノ他國法ニ依リテ之レヲ定ム。若シ其ノ國法カ外國法ノ認容、拒否又ハ制限ニ付キ明示ニモ默示ニモ何等定ムル所ナキトキハ其國ノ政策及ヒ利益ニ反

セサル限リハ國家ハ國際禮讓ニ依リ外國法ヲ採用セルモノト推定スヘシト。殊ニすとーりー三八節參照

要スルニ氏ハ全然和蘭ふーべるノ說ヲ採用シタル者ナリ。

第五款　十八世紀ニ於ケル佛國學說

だるぢやんとれーノ反響

だるぢやんとれーノ學說ハ和蘭ニ入リテ益其ノ屬地主義ヲ發揮シタルカ十八世紀ニ及ヒ更ラニ佛國ニ其ノ反響ヲ表ハスニ至レリ。此ノ時代ノ佛學說ヲ代表セル者ヲふろーらん、ぶーるのあ（一六八二年――一七六二年）ぶいゑー（一六七三年――一七四六年）ノ三氏トス。此等ノ學者皆原則トシテハ法ノ屬地主義ヲ認メタリ。然レトモ此等學者ハ皆大ニ物法ノ勢力範圍ヲ減縮シテ人法ノ範圍ヲ擴張スルニ力メタリ。之レ此學派ノ重要視スヘキ特徵タリ。即チぶいゑーノ如キ或ル法規カ人法ニ屬スルカ物法ニ屬スルカニツキ疑アルトキハ人法ニ屬スヘキモノトセリ。又ぶーるのあモでゅむーらんト同シク混合法ニ付テハ主トシテ人ニ關スルモノハ假令

從トシテ物ニ關スルモ人法ナリ、物法ハ唯單ニ物ニノミ關スルカ又ハ主トシテ物ニ關シ、從トシテ人ニ關スル法律ナリトセリ。ふろーらんモ亦人法ハ其領域外ニ在ル物ニモ及フトシテ曰ク人法カ人法タルニハ唯、規定カ人ノ身分ヲ定ムルノ一事ヲ以テ足レリトス、此ノ人法ハ如何ナル場合ト雖モ其ノ性質ヲ變シテ物的規定ト爲ルコトナシ、人ハ物ヨリ貴シ、物ハ人ノ爲メニ存ス、故ニ人ハ物ヲ制セサル可ラスト。Weiss, Mannel de droit international privé, 1920, p. 355 et. s.; Surville-Arthuys, p. 36. 參照 又れーねハ此佛學派ノ學説ノ三特質トシテ左ノモノヲ掲ク Lainé, II. p. 24-77。

一、總テノ法律ヲ二大別シテ物法、人法ト爲シタルコト。

二、法カ物法タルコトハ原則トシテ認メラレ、法カ人法タルコトハ單ニ例外トシテ認メラレタリ。

三、法ノ物法タルコトハ習慣ノ封建主權ニ基ツキ、法ノ人法タルコトハ正義ノ觀念ニ基ツクモノトシタリ。

要スルニ此ノ學派ノ根本原則トシテ法ノ屬地主義ヲ維持シタリト雖モ、

正義ハ名目ノ下ニ大ニ人法ノ範圍ヲ擴張シ以テ時代ノ要求ニ應シタルモノハナリ。

第六款　十九世紀ニ於ケル學説

法規分類主義ノ滅亡

十八世紀ノ末ニ至ルマテ廣ク各國ノ法律衝突學ヲ支配シタル法規分類主義モ十九世紀ニ至リ所謂獨逸學派又ハ新伊太利學派等ノ興ルト共ニ全ク滅亡シタリ。蓋シ人法、物法ノ區別ノ標準ハ甚曖昧、不正確ナルモノニシテ各人ノ見ル所ニ依リテ決定ヲ異ニセサル可ラス、又此ノ如キ空漠ナル二三ノ原則ニ依リテ一切ノ法規衝突問題ヲ決定セントスルハ到底不能ノ事ニ屬ス、是レ此ノ主義カ終ニ排斥セラルルニ至リタル所以ナリ。尤モ今日ト雖モ猶ホ此ノ主義ノ不朽ノ眞理ナルヲ唱フル學者ナキニ非ス例之ゔぁれーゆ、そんみゑーるノ如キ即チ是ナリ、氏ハれいねノ批評ニ對シ、自ラ舊説ヲ擁護シテ敢テ新奇ノ説ヲ爲スニ非スト主張スト雖モ氏カ物的又ハ屬地的ナル文字ニ與フル意義ハ決シテ法規分類主義ノ學者ノ附與シタル本來ノ意義ト同一ニ非ス、故ニ氏ハ自ラ法規分類論者ナリト稱スト雖モ其ノ實ハ然ラスシテ氏ハ全ク法規分類主義ナル商號ノ下ニ自己ノ私見ヲ鬻カントスル者ナリ。氏ノ説ノ綱要ハ後ニ掲クヘシ。

十九世紀ノ初ニ於テハ猶ホ各國殊ニ獨逸ニ於テモ法規分類主義ノ學説行ハレタリ。例ヘハ下ニ掲クルてぃばうと及ヒきあーうるふノ説ノ如シ。

以下まいりー上卷、一六五頁以下ニ據ル

てぃばうと Thibaut, Pandekten-recht, I, § 38. ハ判例ニ基ツキ左ノ原則ヲ決定セリ。

一、總テノ法律關係ニ於テ人自身ニ就テハ其人カ原則トシテ訴ヘラルル裁判所ノ法律(人法)ニ服從ス。而シテ若シ其ノ人法カ其ノ人ニ與フルニ外國人ニ不利益トナルカ如キ特權ヲ以テセサル限リハ外國ニ於テモ猶ホ此ノ人法ニ從ヒテ取扱ハルヘシ。

二、訴訟ノ方式、行爲ノ方式及ヒ成立、又ハ之レヨリ生スル效果、又或ハ犯罪行爲ニ關シテハ混合法適用セラル、換言スレハ訴訟地ノ法律、行爲地ノ法律又ハ犯罪ノ行ハレタル土地ノ法律カ適用セラルルモノナリ。

但シ氏ハ爰ニ説明シテ曰ク內國法ノ規定ハ適用ヲ免レント欲シテ爲シタル行爲ハ假令混合法ニ依リテ有效タリト雖モ住所地ノ裁判所ハ之レヲ無效ト認ムルコトヲ得ヘシト。

三、不動產若クハ之ニ類似ノ財產ノ所在地ノ法律カ物ニ關シテ或ル規定ヲ爲ストキハ此ノ物法ハ前二法ニ先チテ適用セラル。動產ニ關シテハ其ノ所在地法カ特ニ之レニ付テ規定セサル限リハ人法ニ依ルヘシ。

次ニきあーうるふ Kierulff Theorie des gemeinen Civilrechts, 1. S. 73—82. モ亦實際ニ基ツキ左ノ如ク論セリ。

根源ニ於テハ種々異ナリタル學者ノ意見ヨリ發生シタル獨逸ノ判例アリ、而シテ此ノ判例ハ裁判官ニ確實ナル根據ヲ授クルモノナリ。卽チ實際ニ於テ裁判官ハ各個ノ場合ニ付キ其ノ人ニ關スルヤ、又ハ行爲ニ關スルヤ、將タ又物ニ關スルヤヲ區別シ而シテ後此ノ三種ノ標準ニ從ヒ各實際適用スヘキ法律ヲ探求セサル可ラス、卽チ左ノ如シ。

一、若シ或ル事件ニシテ人ニ關スルトキハ其ノ人ノ一般裁判管轄ヲ有スル土地ノ法律卽チ原則トシテ住所地法(人法)ヲ適用スヘシ。

二、若シ又物ニ關スルトキハ其ノ物ノ所在地法(物法)ニ依ル。

三、若シ又行爲若クハ意思表示カ事件ノ主ナル要素ナルトキハ其ノ爲サレタル行爲地(一方行爲、双方行爲、犯罪等)ニ行ハルル法律(混合法)ニ依ル。

第一項　獨逸學派

獨逸學派ハ十九世紀ノ中葉ニ出テタルモノナリ、其ノ代表的學者ヲしゑふなー、うゑひたー、ざゔゐにーノ三氏トス。此等ノ學者ハ皆從來ノ法規分類主義ノ到底維持スヘカラサルヲ説キ、新原則ヲ樹立セントカメタル者ナリ。以下三氏所論ノ綱要ヲ掲クヘシ。

しゑふなー

第一、しゑふなー、氏ハ一八四一年國際私法ノ沿革ナル一小冊子ヲ公ニシ、從來ノ諸説ヲ排斥シ左ノ原則ニ依ルヘキモノトセリ。

ノ法律關係成立地法主義

法ノ適用ニ關シテ制法ニ規定アリタルトキハ元ヨリ之レニ從ハサル可ラス。而シテ若シ此ノ點ニ關シ制法ニ何等規定ナキトキハ事物ノ性質 Natur der Sache ニ基ツキ決定スヘキモノナリ。而シテ次ノ原則ニ從フコト最モ事物ノ性質ニ適フヘシ。卽チ各法律關係ハ其ノ法律關係ノ成立シタル土地ノ法律ニ依リテ之ヲ定ムヘシト Schäffner, §§ 31, 32.。而シテ氏ハ個々ノ場合ニ於ケル本原則ノ適用ヲ示シテ曰ク人ノ權利能力及ヒ行爲能力ハ人ノ繼續居所ノ法律ニ依リテ之ヲ定ムヘシ、何トナレハ法律ノ精神ハ單ニ一時的ノ居所ニ依リテ權利能力又ハ行爲能力ヲ成立セシムルモノナリト認ムルヲ得サレハナリ。又物ニ關スル法律關係ニ付キテハ或ル一體ノ財產全部ニ關スル場合ト個々ノ財產ニ關スル場合トヲ區別セサル可ラス、前者ノ場合ニ於テハ其ノ財產所有者ノ繼續居所ノ法律ニ從ヒ、後者ノ場合ニ於テ動產ニ付テハ一般原則ハ合理的適用ニ依ルヘシ（而シテ氏ハ各論ニ於テ§ 65. 此ノ場合ハ動產所在地法ニ依ルトセリ）不動產ハ其ノ存在セル土地ニ附屬スルモノナルカ故ニ之レヲ直接ニ目的トスル所ノ權利ハ此ノ所在地法ニ從ハサル可ラス。次ニ行爲ノ方式ハ行爲地法ニ從フ、何トナレハ此處ニ行爲カ實現セラレタレハナリ。次ニ行爲ノ實質ニ付テハ一般原則ヲ立ツルコトヲ得ス、各場合ニ依リテ決定ヲ異ニセサル可ラスト(而シテ氏ハ各論ニ於テ§86. 純然タル債務關係ニ付テハ契約ノ成立シタル地ノ法律ニ從フヘシトセリ)。

此ノ說ハ如何ナル時ニ法律關係カ成立シタルモノト認ム可キカヲ明カニセス、從ヒテ所謂法律關係成立地ヲ確定スルコト能ハサルノ缺點アリトシテ多數學者ノ排斥スル所タリ。

Savigny, VIII. S. 131; Bar, S. 67, 68; Surville-Arthuys, p. 41. 山口博士日本國際私法論、一、四二頁。

然リ氏ノ原則ヲ新原則トシテ認ムルニハ不十分ナリ。然レトモ氏カ從來學者ノ唱ヘタル法ハ領域外ニ其ノ效力ヲ及ホサスト云フ原則ヲ絕對的ニ解釋シタルノ誤レルヲ說キ、又同シク從來唱ヘラレタル禮讓說ノ排斥スヘキヲ說キ以テ法律衝突學ニ新生面ヲ開クノ先鋒ト爲リタルノ功ハ沒ス可ラス。

第二 うゑひたー、氏ハ從來獨逸ニ行ハレタル法規分類主義ノ不完全

うゑひたーノ三原則

ニシテ到底維持ス可ラサルヲ説キ新タニ下ノ如キ原則ヲ設定セリ Wächter, Archiv für civ. Praxis XXIV, XXV, 1841, 1842。

一、裁判官ハ先以テ内國法ニ此ノ問題ニ關スル規定アルヤ否ヤヲ驗セサル可ラス而シテ若シ有ラハ之レニ依ルヘシ。

二、若シ此ノ如キ規定ナキトキハ裁判官ハ現ニ問題トナレル法律關係其ノモノヲ規定セル内國法律ノ意義、精神ヲ研究シテ以テ内國法ヲ適用スヘキカ、外國法ヲ適用スヘキカヲ定ムヘシ。

三、若シ該規定ノ意義、精神ヨリ確タル解決ヲ發見スルコト能ハスシテ疑ハシキトキハ裁判官ハ内國法律ヲ適用スヘシ。

此ノう氏第一原則ハ一國裁判官ノ地位ヨリ生スル當然ノ結果ニシテ特ニ言フヲ須キス、次ニ第二原則ハ單ニ或ル場合ニ内國法カ絶對ニ適用セラルヘキカ否カヲ定ムルカ爲メニハ之レヲ用フルコトヲ得ヘシ例之一國ノ公序、良俗ニ關スル法律ハ其ノ立法ノ意義、精神ニ依リテ内國ニ於テ絶對ニ行ハルヘキモノナルヲ知リ得ヘシト雖モ此ノ原則ニ依リテ一般ニ內外法律ノ適用範圍ヲ定メントスルハ到底不能タリ。卽チ私法ノ各規定ノ意義、精神ヨリシテ內國法ヲ適用スヘキカ、外國法ヲ適用スヘキカ、外國法ハ何レノ外國法ヲ適用スヘキカヲ知ルコトハ到底不能ナリ、何トナレハ立法者カ一國私法ヲ制定スルニ當リテヤ普通ハ國際關係ヲ考慮セサレハナリ。各國ノ私法ハ各國ノ社會ノ需要ニ應スヘク設定セラルルモノナルヲ以テ內外關係ハ更ラニ立法者ノ考慮ニ入ラサルヲ原則トス、從ヒテ此等ノ私法規定ノ精神ヨリシテ內外法ノ適用關係ヲ知ラントスルハ不能ノ業ナリ。若シ强テ之レヲ爲ス者アランカ、換言スレハ若シ一國ノ實質私法規定ヨリ內外法適用問題ニ關シ或ル決定ヲ得タリト主張スル者アランカ、是レ決シテ私法規定ニ包含セラレタル內外法ノ適用ニ關スル立法ノ意義、精神ニ非スシテ、解釋者ノ意見ニ過キサルナリ。從ヒテ又第三原則ノ誤ナルコトモ勿論ナリ、立法者カ更ラニ國際關係ヲ考慮セスシテ制定シタル內國法ノ規定ヲ國際關係ニ適用セシカ立法者モ豫想セサル結果ヲ生スルニ至ルヘシ、例之我人事訴訟手續法第一條ニ日本ニ於ケル單純ナル居所モ亦婚姻ノ無效、取消又ハ離婚事件ノ管轄ヲ有スト規定セルヲ見テ、外國人ノ同一事件ニ付キテモ亦本條ヲ適用シテ我國ニ單ニ居所ヲ有スル外國人ニ付キテモ我ニ管轄權アリトセハ是レ誤ナリ。此ノ規定ハ單ニ日本人間ノ訴訟事件ニ付キテノ規定ニシテ外國人間ノ事件ヲモ豫想シタルモノニ非ス。卽チ此ノ規定ハ日本人間ノ婚姻ノ無效、取消又ハ離婚事件ニ付キテハ日本裁判所カ專屬管轄ヲ有スヘキ旨ヲ規定シタルモノナリ。故ニ此ノ規定ヲ外國人事件ニモ適用スルトキハ全ク立法者ノ豫想セサル結果ヲ生スヘシ。故ニへるだーカらゑひたーノ說ヲ以テ正シト爲シ、內國法ハ他ニ特別ノ規定ナキ限リハ一般ニ補充的ニ適用セラルルモノナリト爲スハ誤ナリ。

まいりーモ亦う氏ノ第二、第三原則ノ誤レルヲ指摘シテ曰ク第二、第三原則ハ明カニ誤レリ、裁判官ハ國際私法問題ニ關シテハ之レニ關スル內國ノ適用規則ヲ遵奉スヘキハ勿論ナリト雖モ涉外法律關係ニ內國實質私法ノ規定ヲ適用スヘシト云フハ斷シテ誤ナリ。裁判官カ國際爭訟ニ關シテ何レノ國法ヲ適用スヘキカト云フ問題ハ內國私法ノ意義、精神ニ依

in dubio lex fori ト封建主義

ざゔゐにーノ國際法共同團體說

リテ決スルニ非スシテ、內國ノ衝突規則及ヒ學說ニ依リテ決スヘキモノナリト まいりー、上卷、一七〇、一七一頁 蓋シ正當ナル批評タリ。元來此ノ說ハ根本ニ於テ猶ホ從前ノ封建主義ノ觀念ヲ含ムモノナルコト明カナリ、卽チ疑ハシキトキハ內國法ニ依ル in dubio lex fori ト云フ原則ノ根據ヲ爲スモノハ全ク「一國內ニ於テハ其ノ國法ノ適用セラルコトカ原則ニシテ外國法ヲ適用スルハ例外ナリ、故ニ明カニ國法カ外國法ノ適用ヲ認ムル場合ノ外ハ原則ニ從ヒ內國法ヲ適用スヘキモノナリ」トスル屬地主義ノ觀念タリ。故ニう氏ノ所謂新原則ハ更ラニ新原則ニ非スシテ封建制ノ舊原則ナリト云ハサル可ラス。從ヒテ今日此ノ說ヲ唱フル者甚稀ナリ、近時へるだーカ此ノ說ヲ尊重シタルハ甚奇ナリ 山口博士日本國際私法論一、四二頁以下。拙文、國際私法欠缺補充論、京法四卷十號參照。

第三、ざゔゐにー氏ハ前ニ說明シタルカ如ク今日各國ハ國際法共同團體ヲ構成シ、其共同團體ノ一般利益ノ爲メニ內外人ヲ平等視シ、又法律衝突問題モ互ニ同一ニ決定セサル可ラス、卽チ國際間ノ法律衝突問題ハ全ク一國內ノ各地方間ノ特別法ノ衝突問題ト同一原則ニ依リテ決定ス

法律關係ノ本據

可キモノハナリトスル者ナリ。而シテ此ノ根本觀念ヨリ出發シテ氏ハ法律衝突ニ就テハ各法律關係ハ特別ノ性質ニ基ツキ其ノ從屬スヘキ一ノ法域ヲ探求セサル可ラス、此ノ法律關係ハ其ノ法域ニ自己ノ本據 Sitz ヲ有スルモノナリ。猶ホ此ノ如ク內外法ヲ平等ニ待遇スルコトハ單ニ一國ノ外國ニ對スル恩惠又ハ隨意ニ出ツルニ非スシテ是レ寧ロ國內ノ地方特別法ノ衝突解決ト同一步調ヲ以テ進ム所ノ特殊ノ法律進化ト認ムヘキモノナリトセリ Savigny, VIII S. 28, 108.。而シテ此ノ根本原則ヲ各種ノ法律關係ニ適用シテ氏ハ人ハ住所ヲ以テ身分關係ノ本據ナリト爲シ、物ハ所在地ヲ以テ物權關係ノ本據ナリト爲シ、債務履行地ヲ以テ債務關係ノ本據ナリトセリ。

然レトモ氏ハ此ノ原則ニ對シテ左ノ二ノ例外ノ場合ヲ認メ、此等ノ場合ハ外國法ヲ適用セスシテ絕對ニ內國法ニ依ルヘキモノナリトセリ S. 33ff.。

第一、嚴格ナル强制的性質ヲ有スル法律、卽チ社會ノ道德ニ基ツク法律。

例ヘハ重婚ノ禁制ノ如キ、又公ノ安寧ニ基ツク法律卽チ政治、警察、

法律關係ノ本據ノ眞義

國家經濟ニ關スル法律、例ヘハ猶太人ニ土地ノ所有ヲ禁スル法律ノ如キ是レナリ。

第二、獨逸ハ全ク存在ヲ認メサル外國制度ニシテ獨逸ニ於テハ之レニ基ツキ何等ノ權利ヲ主張スルコト能ハサルモノ、例ヘハ奴隷ノ制、準死ノ制ノ如キ是レナリ。

此ノ例外規則ニ付キテハ後ニ再ヒ詳說スヘシト雖モ要スルニ氏ハ原則トシテ法律關係ノ性質ニ基ツキ各法律關係ノ從フヘキ國法ヲ定メントスル者ナリ、而シテ此ノ根本原則ノ各場合ニ於ケル適用ニ付キ氏ノ說ク所必シモ常ニ正當ナリト言フヲ得スト雖モ根本原則自身ハ敢テ誤レリト言フヲ得ス。氏ノ所謂法律關係ノ本據トハ法律關係カ其ノ性質上最モ密接ナル關係ヲ以テ聯着スル土地ト言フ義ニシテ固ヨリ形容シタル詞ナリ。故ニ法律關係ハ人ト人トノ無形ノ關係ナルカ故ニ法律關係カ本據ヲ有スト云フハ誤ナリト爲スカ如キ批評ハ甚タ淺薄ナル議論ニシテ採ルニ足ラサルナリ山口博士同論、日本國際私法論一、四六頁。猶ホばーるハ國際私法研究ノ出發點ハ事實關係

法律關係説ノ眞義

ナラサル可ラスト爲シ、ざゔゐにーヲ評シテ曰クざゔゐにーノ法律關係説ハ一ノ循環論ナリ、何トナレハ或ル事實カ法律關係ヲ構成スルヤ否ヤヲ知ルカ爲メニハ或ル法律ヲ準據法トシテ之レニ依リテ判定セサル可ラス、卽チ先以テ法律關係ニ適用セラルヘキ法律ヲ知ラサル可ラス、然ルニ此ノ法律ハ未タ吾人ノ知ラサル所ナリ、故ニ氏ノ法律關係本據説ハ恰モ氏カ排斥シタル既得權説【註二】ト同シク誤ナリト Bar, S. 107. 然レトモ此ノ批評ハ酷評ト云ハンヨリハ寧ロ中傷論ナリ、ざゔゐにーカ法律關係ハ總テ其ノ性質ニ從ヒ從屬スヘキ法域ノ法律ニ從フヘシト言ヘルハ元ヨリ各法律關係ヲ構成セル事實關係ヲ前提ト爲シタルハ氏ノ全體ノ説明ヲ見テ明カナリ、唯特ニ精確ナル文字ヲ用ヒサリシニ止ラル。元來ばーるハ根本ニ於テざゔゐにーノ學説ヲ採用シ之レヲ祖述スル者ナルニ拘ラス、往々ニシテ强テざゔゐにーノ説ヲ曲解シテ之レヲ攻擊スルカ如キ態度ニ出ツルハ余輩ノ甚タ解セサル所ナリ。ばーるノ學説ノ基礎ハ既ニざゔゐにーニ成レルモノナリ、ばーるハ唯其ノ足ラサルヲ補ヒ之レヲ成熟セシメタルニ止マルナリ。兎ニ角ざゔぃにーノ説ハ其ノ後獨逸學界ニ廣ク認メラレタルノミナラス、瑞、佛、白等ノ大陸諸國ハ勿論、英、米ノ學説ニモ重大ナル影響ヲ與ヘタリ。【註二】猶ホまいりーハ此ノ説カ立法例ニ及ホセル影響トシテ崇民一〇、一一、一九條。ちゆーりつひ私法一乃至七條。りーゔ、にすと、くーあらんど、私法（一八六四年）總則二八乃至三六條及ヒ三五條等ヲ揭ク（まいりー上卷、一七三、四頁）。

【註一】 從來獨ノあいひほるん等ノ唱ヘタル既得權尊重説 (Bar, I. 67. 參照) ニ對シざゔぃにーハ評シテ曰ク此ノ説ハ一ノ循環論タリ、何トナレハ何カ抑モ既得權ナルカト云フコトハ吾人カ如何ナル國法ニ依リテ權利カ取得セラレタルカヲ知リテ而シテ後ニ之レヲ知ルコトヲ得ルモノナレバナリト Savigny, VIII. S. 132.

【註二】 本文ニ述フルカ如クざゔぃにーノ説ハ其ノ後ノ學界ニ大勢力ヲ有スルニ至リタリト雖モ猶氏ト同時代ノ學者中ニハ氏ニ反對シテ絶對屬地主義ヲ主張シタル者ナキニ非ス、即チぴゆつたーノ如キ裁判官ハ絶對ニ其ノ國法ヲ適用スルノ義務アルモノナリ。若シ裁判官カ自己國法以外ノ法律ニ依リテ裁判ヲ爲ストキハ是レ自己ノ義務ニ負キ又國家ノ權利ニ反シテ行動スルモノナリト爲シ、外國人ノ行爲能力ニ付キテモ氏ハ通説ニ反シ、身分ニ關スル內國法ハ我國權ノ下ニ在リテ行動スル總テノ人ニ對シテ適用セラレサル可ラス、各國ハ其ノ主權ヲ擁護シテ毫モ讓ラサルヲ要スト。又同シクぶあいふあーノ如キモざゔぃにーノ説ヲ擧ケタル後特ニ主張シテ曰ク爰ニ最モ適當ナル唯一ノ根本觀念アリ、即チ裁判官ハ其ノ審理スヘキ總テノ法律關係ニ付キテ單ニ自己ノ國法ヲ適用スヘシ、法律關係ハ主體、客體、其ノ他場所的關係等一切考慮スルノ要ナシトセリ。まいりー上、一七四、一七五頁 Bar, I. S. 69ff

第二項　新伊太利學派

まんちにーノ本國法主義

國際公法ニ於ケル民族主義

獨逸學派ニ次テ興リタル最近ノ學派ヲ新伊太利學派ト稱ス。此ノ學說ハ夫ノ和蘭學派ノ唱ヘタル法ノ屬地主義ニ全然反對シテ法ノ屬人主義殊ニ本國法主義ヲ以テ根本原則ト爲シ、國際私法上ノ問題ハ總テ人ノ本國法ニ依リテ決スヘシト主張スルモノナリ。而シテ此ノ本國法說ハ一八五一年伊太利ノ學者兼政治家トシテ有名ナルまんちにーカちゆりん大學ニ於ケル開講演說ニ於テ初メテ發表シタルモノナリ。氏ハ國際公法ニ於テモ夫ノ所謂民族主義 Principe des nationalités ナルモノヲ以テ國際法ノ基礎ト爲スヘシト主張シ、國家ハ一民族ヲ以テ基礎トセサル可ラス、一民族カ分レテ數多ノ國家ヲ構成スルハ單ニ偶然ニ出ツルカ若クハ外交家ノ專斷ノ結果ナリ、民族主義ニ依リテ國家ヲ構成シテ初メテ世界ノ平和ヲ保ツコトヲ得ヘシトセリ。然レトモ此ノ如キ說ハ一國一時ノ政策論ニ利用セラルルノ外學理ノ根據トナルコト能ハサルハ明カナリ。從ヒテ此ノ說ハ伊太利統一政策ノ爲メ同國多數學者ノ唱フル所トナリシモ一般國際法學ニ何等ノ影響ヲ及ホスコト能ハサリシハ勿論、同國學者中ニモ既ニ其ノ誤ヲ指摘シタル者アリタリ。然ルニ國際私法ニ於ケル氏ノ本國法主義ハ伊太利ノ學界ヲ支配シタルハ勿論、佛、白等ニ多數ノ賛同者ヲ出タシタリ。殊ニ一八六五年ノ伊太利民法(六條乃至一二條)、西班民法(九條乃至一一條)等ニ採用スル所トナレリ。

此ノ學派モ根本ニ於テハざゔゐにート同シク外國法ノ適用ヲ以テ國家間ノ禮讓、隨意ニ出ツト爲ス説ニ反對シテ之レヲ以テ國際上ノ純然タル義務ナリトスルモノナリ。即チ此ノ派ノ論者説明シテ曰ク恰モ一個人カ單純ニ生存スルコト能ハサルカ如ク今日各國家ハ決シテ孤立獨存スルコトヲ得ス。即チ個人間ニ必要缺ク可ラサル關係成立スルト同シク國家間ニモ亦必要ナル關係ヲ生ス。一國ハ自由獨立ノ權ヲ有ス然レトモ其ノ自由獨立ハ他國ノ自由獨立ニ依リテ適當ノ制限ヲ受ケサル可ラス。元ヨリ各國家ハ組織セラレタル一社會ヲ成スモノニアラス、然レトモ一ノ調和

各國ノ調和的共同生存

的共同生存 Coexistence harmonique ヲ爲スモノナリ。而シテ此ノ共同團體ノ存在ニシテ必要ナランカ自ラ此ノ團體ニ行ハルル法ナカル可ラス、吾人ノ目的ハ卽チ此ノ共同團體ニ行ハルル法ヲ探究スルニ在リト Rolin, I. p. 109, 110.

次ニ此ノ學派ノ本國法主義ノ理由ニ曰ク法律ハ人ノ爲メニ作ラレ物ノ爲メニ作ラルルコトナシ。卽チ法律ハ人民ノ風俗、習慣、需要、又其國ノ氣候風土等ヲ參酌シテ人民ノ爲メニ作ラレタルモノナリ、故ニ此ノ法律カ人民ノ至ル所ニ隨伴スルハ自然ノ道ナリ。而シテ外國人ノ滯在スル國家ハ外國法ノ適用カ內國ノ公ノ秩序ニ反セサル限リハ之レヲ拒否スルコト能ハスト。猶ホ此ノ本國法主義ヲ熱心ニ主張シタル者ハ白耳義ノろーらんナリ、而シテ氏ノ自ラ言フ所ニ依レハ氏ハ伊太利學者ノ說ニ贊同シタルニ非スシテ氏ノ意見カ偶然伊太利學說ニ符合シタルモノナリト。兎ニ角氏ハ本國法主義ノ最モ著シキ代表的學者タリ、氏ハ一八八〇年國際民法八卷ヲ著ハシ其ノ第一部、第六章ニ本國法主義ト題シ其ノ根據ヲ說クコト甚タ詳カナリ。其ノ要旨ヲ擧クレハ左ノ如シ。

ろーらんノ本國法論

法ノ屬人性

人法ノ根據ハ國民性ニ在リ、人法ハ單ニ身分、能力ニ關スル法律ノミニ非ス、凡ソ法律ハ一般ニ屬人的ナリ、即チ人ノ本國法ハ人ノ關係スル一切ノ法律事實ヲ支配ス、但シ關係當事者ノ單純ナル意思ニ從フヘキ法律事實ニ關スル場合及ヒ公法タル屬地法ニ反スル場合ハ例外トス。而シテ元來人ノ身分ニ關スル法律カ國民的ニシテ又隨ヒテ屬人的ナリト認メラルル各種ノ理由ハ總テ之レヲ一切ノ私法ニ適用スルコトヲ得。羅馬市民法カ羅馬人ヲ常ニ支配シタルカ如ク、今日英、米ノ普通法ハ英、米人ヲ支配ス。英人曰ク吾人ハ吾人ノ普通法ノ中ニ生活シ、普通法ハ常時吾人ヲ去ラス、吾人ノ到ル處ニ隨伴スト。何カ為メニ然ルカ、曰ク他ナシ、英國國民性ハ深ク英法ニ浸潤スルモノアレハナリ、換言スレハ法律ハ國民性ノ發現ナレハナリ。此ノ事ハ英國ニ限ラス一切ノ國ニ付キ之レヲ言フコトヲ得、各國國法ハ國民生活ノ表示ナリ、而シテ人ハ一國ヨリ他國ニ移ルモ其ノ國民性ヲ脱セス、又新國民生活ヲモ開始セサルナリ、故ニ私法ハ總テ人ニ附着スルモノナリ。而シテ人ハ到ル處人格ヲ認メラレ、

人格ト國民性トノ關係

內外人ノ平等ノ認メラルル以上ハ當然ノ結果トシテ人ハ其ノ本國法ニ依リテ支配セラレサル可ラス、是レ十九世紀ノ伊太利學說ノ限本原則タルト同時ニ又余輩ノ採ルトコロノ限本原則タリト Laurent. I. 624. 625. 氏猶ホ人格ト國民性トノ關係ニ付キ說テ曰ク此ノ關係ハ人ノ身分、能力ニ關スル法律ニ付キテハ極メテ明瞭ナリ。人カ此ノ國ニ於テハ二十歲ヲ以テ成年ト爲リ、彼ノ國ニ於テハ二十五歲ヲ以テ成年ト爲ルハ何ノ爲メソヤ。人カ此ノ國ニ於テハ十二歲ヲ以テ婚姻ヲ爲シ得ルニ拘ラス彼ノ國ニ於テハ十四歲ニ達セサレハ之レヲ爲スコト能ハサルカ。まんちにー此ノ問ニ答ヘテ曰ク「自然力ノ不活潑ニシテ人ノ體力、智力ノ發育ノ稚鈍ナル寒帶地方ノ人民カ南方太陽ノ恩惠ニ浴スル活潑ナル熱帶地方ノ法律ニ從フ人民ニ比シ、其ノ本國法ニ從ヒ永ク未成年、無能力ノ狀態ニ止マルヘキハ當然ナリ。寒帶地方ノ人民カ旅行中南方諸國ニ到着シテ爰ニ居住スルモ彼等ハ單ニ此ノ事實ニ由リテ直チニ彼等カ元來成年者タリ又能力者タルニ欠缺セル有形、無形ノ資格ヲ取得スヘキ理アランヤ」ト眞トニ然リ。之レニ依リテ觀レハ身分ニ關スル法律カ屬人法タルハ元來此ノ法律ハ國民性ヲ構成セル千萬ノ有形、無形ノ狀態ノ生產物ニ外ナラサレハナリ、卽チ此ノ法律ハ國民性ヲ有スルカ故ニ屬人法タルナリ、隨ヒテ此ノ法律ハ人ノ到ル處之レニ追隨セサル可ラス、何トナレハ人ハ常ニ其ノ國民性ヲ伴ヘハナリ。昔時ノ學者カ人法 status personnels ニ就テ論シタル所ノモノハ一切移シテ以テ本國法ニ就テ之レヲ言フコトヲ得ヘシ、實ニ本國法ハ吾人ノ骨ニ附着スルノミナラス、吾人ノ血液ト共ニ吾人ノ血管ヲ循環ス、何トナレハ吾人ハ父母ヨリ享クル血液ト共ニ吾人ノ國民性ヲ取得スレハナリ。而シテ此ノ如キハ單ニ身分、能力ニ關スル法律ニ就テノミ眞ナルニ非スシテ一切ノ法律ニ就テ之レヲ言フコトヲ得ルナリ。まんちにー既ニ言ヘリ「氣候、溫度、山國又ハ海國タル地理的地位、土地ノ性質及ヒ膏腴、人ノ需要及ヒ風俗等ハ各國ニ於テ殆ト完全ナル優越權ヲ以テ一切ノ法律關係ノ制度ヲ決定スルモノナリ」ト。凡ソ法トシテ人格ニ關セサルモノハナシ、而シテ人格ハ國民性ト分離スルコト能ハス、故ニ一切ハ法律ハ國民的ナリト p.632, 633。

要之新伊太利主義ナルモノハ國際私法上ノ問題ハ總テ人ノ本國法ニ依ルヲ以テ原則ト爲シ而シテ例外トシア一國ノ公ノ秩序ニ反スルトキハ本國法ノ適用ヲ排斥シ、又契約ニ關シテハ當事者ノ意思ニ依リテ從フヘキ法律ヲ定メ、猶ホ方式ニ就テハ行爲地法ニ從フヲ妨ケストスモノナリ。

第七款　現代

ざゔゐにーノ說ヲ基礎トセル獨逸學派及ヒまんちにー又ハろーらんノ說ヲ基礎トセル新伊太利學派ノ外今日ニ至ルマテ未タ新學派ト稱スヘキモノナシ。尤モ前世紀ノ末以來國際私法ノ研究モ漸次精密ニ赴キ、從來ノ學說ニ對シテ新主義ヲ設定セント力ムル學者ナキニ非ス。然レトモ未タ一流一派ヲ開キタル學說ナルモノ存在セス、唯說明方法ノ漸次改良セラルルモノアルヲ觀ルニ過キス。以下著名ナル學者ノ意見ノ綱要ヲ掲ケテ參考ニ資スヘシ。

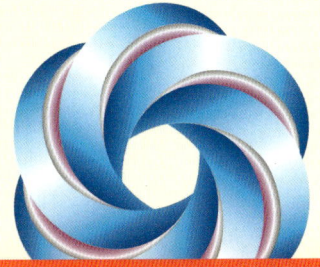

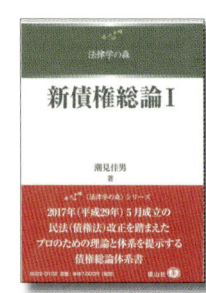

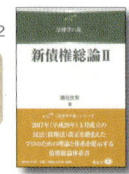

びーるノ法律目的説

第一、びーる、氏ハ一八九四年乃至一八九六年くりゆね國際私法雜誌ニ氏ノ所謂新主義ヲ發表シ、一九〇三年 Principes de droit interuational privé ヲ著ハシ其主義ヲ敷延シタリ。

屬人法ト屬地法

先以テ氏ハ從來ノ慣用語タル屬地法 lois territoriales 及ヒ涉外法(又ハ屬人法) lois extraterritoriales (又ハ lois personnelles) ノ意義ヲ明カニスルヲ要スト爲シ、從來或ル法律カ涉外法ナリト言フハ此ノ法律ニ與フルニ之レニ服從スル人ニ常ニ隨伴スヘキ性質ヲ以テセントスルモノナリ、卽チ此ノ法律ニ其ノ永續性ヲ擔保セントスルモノナリ、法ニ涉外性ヲ與ヘントスルハ實ハ法ノ效果ノ連續性ヲ擔保セントスルニ外ナラス、故ニ涉外法又ハ屬人法ト云フハ永續法 loi permanente ト云フニ異ナラス。反之或ル法律カ屬地法ナリト言フハ一方ニ於テハ此ノ法律カ支配スル領土ニ在ル一切ノ人ヲ之レニ服從セシメ、地方ニ於テハ領土外ニ其ノ效力ヲ擴張セサラシメントスルモノナリ。卽チ法ノ一般適用性ヲ維持シテ其ノ永續性ヲ拋棄スルモノナリ。

法ノ永續性ト一般性

國內關係ニ於テハ總テ法ハ平等ニ此ノ永續性ト一般性トヲ有ス、然ルニ國際關係ニ於テハ法ハ此ノ二性質ヲ俱ニ保有スルコト能ハスシテ孰レカ一方ヲ保有セシメ他方ヲ拋棄セシムルノ必要アリ、卽チ法律ノ衝突セル各場合ニ於テハ各法律ニ其ノ最モ適合セル性質(屬地性又ハ渉外性)ヲ與ヘサル可ラス。然ラハ何ニ依リテ此ノ取捨ヲ決定スヘキカト云フニ法ノ社會的目的ヲ尊重スルコト respect de l'effect social de la loi ニ依リテ之レヲ決スヘシトナシ、左ノ如ク論セリ Pillet, Principes, Chap. VIII。

法ノ社會的效果ノ確保

國際私法ノ目的ハ國際關係ニ於テ各國法律ノ效果ヲ確保スルニ在リ、故ニ國際私法ノ各問題ヲ解決スルノ最良方法ハ各國法律ノ效果ヲ最モ良ク發揮セシムルニ在リ。若シ或ル法律カ其ノ性質上之レヲ一般ニ適用スルノ必要無キニ拘ラス、換言スレハ外國人ヲシテ内國人同様之レニ服從セシムル必要無キニ拘ラス、却リテ内國人ハ外國ニ在ルトキト雖モ之レニ服從セシムル必要アルニモ拘ラス、此ノ法律ヲ以テ屬地法ト爲スハ全ク無意義ノ事ニ屬ス。故ニ吾人ハ各場合ニ於テ問題トナレル法律ノ社會的效果ヲ最モ良ク尊重スヘキ決定ヲ採ルヲ以テ根本原則ト爲ササル可ラス。然ラハ或ル法律ノ社會的效果ハ抑モ何ニ依リテ之レヲ定ムルヤ、換言スレハ或ル法律ノ社會的價値ハ何處ニ存スルヤノ問題ヲ決セサル可ラ

社會保護法
個人保護法

ス。而シテ此ノ問題ヲ解決スルモノハ法ノ社會的性質 la nature sociale de la loi ナリ、人若シ法律ノ生シタル理由ヲ度外視シテ單純ニ法律ナルモノヲ觀察センカ法律ハ何等ノ意義ヲ有セス。即チ法ハ憲法ノ定メタル形式ニ從ヒ爲サレタル主權者ノ命令ナリト言ハンカ、此ノ定義ハ主權者ノ命令カ法律ト爲ル條件ヲ示スニ足ルヘシト雖モ未タ之レニ依リテ法ノ社會ニ存在スル理由ヲ知ルコト能ハサルナリ、法律ハ一定ノ目的ヲ達スル手段ニ外ナラス此ノ目的ナクンハ法律ナシ。故ニ此ノ法ノ目的ニ最モ適フトコロノ解決ヲ爲スコトカ法ノ社會的效果ヲ最モ確保スル所以ニシテ同時ニ我カ國際私法ノ力ムヘキ所タリ Chapitre IX,。

此ノ法ノ社會的目的ニ依リテ法ヲ觀察スルトキハ法ニ自ラ二ノ分類アルコトヲ知ルヘシ。法ニハ社會一般ノ利益ヲ保護スルヲ以テ其ノ直接ノ目的ト爲スモノト、法ノ適用ヲ受クル一私人ノ利益ヲ保護スルヲ以テ其ノ直接ノ目的ト爲ストモノアリ。此ノ法律ノ區別ニ依リテ國際私法上ノ問題ヲ解決スルコトヲ得ヘシ、即チ個人ノ利益ヲ保護スル爲メニ作ラレ

個人保護法ハ屬人法ナリ

社會保護法ハ屬地法ナリ

タル法律ハ永續法(渉外法又ハ屬人法)ニシテ社會ノ利益ヲ保護スル爲メニ設ケラレタル法律ハ一般法(屬地法)ナリ。詳言スレハ一私人ヲ特ニ保護スル法律ハ常ニ其ノ人ヲ保護セサル可ラス、保護ハ連續セサレハ其ノ目的ヲ達スルコト能ハス、保護ノ必要ヲ生セシメタル原因即チ危險ノ存在スル間ハ保護ハ一日モ之レヲ廢ス可ラス、然ラスンハ保護ハ其ノ效用ヲ喪フヘシ、雨中ニ行ク者屢々其傘ヲ開閉スルトキハ身ノ濕潤ハ初メヨリ傘ナキニ同シカルヘシ、個人保護法ハ實ニ此ノ有用ナル同伴者タリ、故ニ個人保護法ハ有ラユル時、有ラユル處ニ個人ニ隨伴スヘキモノナリ、然ラスンハ法ノ目的ヲ喪失スヘシ。社會保護法ハ之レニ反シ社會ノ平和的存在ニ必要缺クヘカラサル規則ニシテ社會ヲ構成セル各人ノ共同ノ需要ヲ充タスヲ以テ目的トス、故ニ此ノ規則違反ニ由リテ損害ヲ受クル者ハ一私人ニ非スシテ社會全體ナリ、又同時ニ此ノ規則ノ違反ハ外國人ニ依リテ爲サレタルノ故ヲ以テ之レヲ寛恕スヘキ理由ナシ、故ニ此ノ法律ハ内外人ヲ問ハス一般ニ適用セラルヘキモノナリ、是レ社會保護法ノ屬地

渉外法ト屬地法トノ衝突

二渉外法間ノ衝突

二屬地法間ノ衝突

法タル所以ナリ Chap. X。

以上ハぴ氏ノ永續法(渉外法)ト一般法(屬地法)トノ區別ノ根本論タリ。而シテ氏ハ渉外法ト屬地法ト衝突スルトキハ屬地法ニ從ハサル可ラス、即チ客分タル外人ハ主人タル國家社會ノ公安ニ必要ナリトセラルル規則ニ從ハサル可ラス。次ニ渉外法相互間ノ衝突ニ就テハ若シ二法間ニ共通セル點アルトキハ此ノ部分ノ規定ノミヲ適用ス、反之若シ二法間ニ更ラニ共通點ヲ發見スルコト能ハサルトキハ合理的ノ解決方法ナシ。次ニ又屬地法間ノ衝突ハ如何ト云フニ此ノ衝突ハ關係國相互間ニ於テハ生スルコト能ハス、何トナレハ裁判官ハ勿論自己ノ屬地法ヲ一切ノ人ニ適用スヘキモノナレハナリ。併シナカラ此ノ衝突ハ第三國カ問題ヲ決定スヘキ場合ニ生ス、即チ二個ノ屬地法ノ衝突ヲ第三國ニ於テ決定スヘキ場合是レナリ。此ノ種ノ衝突ハ主トシテ管轄權問題ニ於テ產ス、即チ二國ノ官廳ノ爲シタル相衝突セル行爲ニ就キ第三國ハ如何ニ決定スヘキカ、此カル場合ニハ合理的解決ナシト云ハサル可ラス。而シテ此等ノ缺點ハ制法ノ任意讓歩ニ依リテ之レヲ匡正スルノ外ナシトセリ。P. 296-300。

ぴ氏ノ說トざ氏ノ說トノ對照

要之ぴ氏ハざゔゐにーノ法律關係性質論ハ其ノ根本觀念ハ正シト雖モ一學說ノ根本原則トシテハ未タ十分精確ナリト言フヲ得スト爲シ（Pillet, Journal du dr. int, pr., 1894, p. 422, Note 1.）法ノ目的ヲ以テ法律衝突解決ノ標準ト爲サントスル者ナリ。然レトモ法ノ社會目的ナル標準モ元ヨリ精確ナル標準ナリト云フヲ得ス、實際ノ各場合ニ於テ具體的ニ個人保護法、社會保護法ヲ判別スルコト往々困難ヲ感スルハ明カナリ。此ノ考察ハざ氏ノ考案ト唯觀察方面ヲ異ニシタルノミニシテ決シテざ氏ノ上ニ出テタリト云フコトヲ得ス、即チざ氏カ法律關係ノ性質ヲ以テ法律衝突解決ノ標準ト爲シタルヲぴ氏ハ法律關係ヲ規定セル法律ノ目的、性質ヲ以テ之レカ標準ト爲サントスル者ナリ。然レトモ法ノ目的、性質ハ其ノ規定セル法律關係ノ性質ニ依リテ自ラ定マルモノナルヲ以テ此ノ二標準ハ唯觀察方面ヲ異ニスルモノナルハ明カナリ、而カモぴ氏ノ標準モ上述ノ如ク精確ナリト云フコトヲ得サルハナリ。佛ノわいす曰クぴ氏ハ國際私法ノ問題ノ形ヲ變更シタルノミニシ

ヴあれいゆ、そんみゑーるノ法規分類説

テ氏ノ原則ナルモノハ決シテ氏自ラ稱フルカ如キ重大ナル價値ヲ有スルモノニ非スト Weiss, III, p. 94, Note 2.

第二、ヴあれいゆ、そんみゑーる。 La synthèse du droit international privé, 1897; La Quintessence du droit international privé, 1900.

氏ハ昔時ノ法規分類説ヲ以テ猶ホ正當ナルモノナリト爲シ、近世ノ學者カ之レヲ非難スルハ皆法規分類説ノ眞ノ意義ヲ解セサルカ爲メナリトセリ。先以テ近世ノ學者ハ法ノ目的物ニ依ル人法、物法 statuts personnels, statuts reels ノ區別ヲ以テ今日ノ一般法律 lois ノ區別ナリト誤解シタリ、然ルニ夫ノ statut ナルモノハ實ハ各州ノ特別法規ニシテ普通法ニ非ス、而シテ各州ハ唯或ル制限セラレタル範圍ノ特別法規ヲ有シタルニ過キス、即チ此ノ特別法規ナルモノハ總テ或ハ財産ニ關スルカ或ハ人ノ身分能力ニ關シタルモノニシテ其他ニハ唯僅カニ行爲ノ方式ニ關スル規則アリタルニ過キサルナリ、而カモ此ノ第三種ノ規則ニ就テハ法規分類主義ノ學者ハ既ニ特別ノ地位ヲ與フルコトヲ怠ラサリシナリ。然ルニ近時ノ學者ハ一般ニ法律ニハ物ニ關セス又人ニ關セサル多クノ法律アルヲ見テ以テ法規分類主義ヲ非難スルハ誤ナリ。

次ニ法ハ物的性 realité des statuts 法ハ屬地性 territorialité des statuts ノ原則ハ法規分類主義ノ根本原則ナリ。而シテ近時ノ學者ハ此ノ原則ノ意味ハ一國ハ其ノ領土ニ於テ爲サレタル行爲ノミナラス、其ノ領土以外ニ於テ爲サレタル行爲ト雖モ猶ホ自己ノ法律ニ服從セシムヘシトスルモノナリト解シタリ。若シ此ノ如ク解釋スルトキハ法ハ物的又ハ屬地的ナリトスル原則ノ誤ナルコトハ明カナリ。然ルニ此ノ如キハ眞ノ意義ニ非ス、昔時ノ學者ノ唱ヘタル法ハ原則トシテ物的ナリト云フハ「一國ノ法律ハ其ノ領土內ニ於テ爲サレタル行爲ハ外國人カ之レヲ爲シタルトキト雖モ之レヲ支配ス、反之其ノ領土外ニ於テ爲サレタル行爲ハ內國人カ之レヲ爲シタルトキト雖モ之レヲ支配セス、而シテ各行爲ハ其ノ爲サレタル領土ノ法律ニ依リテ絕對的ノ效力ヲ取得シ、其ノ效力ハ他國モ亦之レヲ承認スヘキモノナリトスルノ義ナリ」。

以上ハ氏ノ法規分類說ヲ維持セントスル根本論タリ、而シテ此ノ根本論ニ基キ氏ハ一般法律衝突解決規則トシテ左ノ六原則ヲ設定セリ。

第一、原則トシテ一國法ハ其ノ領土内ニ於テ爲サレタル一切ノ行爲ヲ支配ス、外國人カ爲シタルトキト雖モ亦同シ。

第二、原則トシテ一國法ハ其ノ領土外ニ於テ爲サレタル一切ノ行爲ヲ支配セス、内國人カ爲シタルトキト雖モ亦同シ。

第三、例外トシテ身分及ヒ能力ニ關スル一國法ハ其ノ領土内ニ於テ外國人カ爲シタル行爲ヲ支配セス、然レトモ其ノ領土外ニ於テ内國人カ爲シタル行爲ヲ支配ス。

第四、或ル觀察點ニ於テハ動產ハ其ノ所有者ノ住所ニ集合セルモノト看做サヽル可ラス、故ニ實際他ノ領土内ニ存在スルトキト雖モ此ノ住所ノ法律ニ從フ。

第五、當事者ノ意思ヲ解釋シ若クハ補充スル法律ハ若シ當事者カ明示又ハ默示ノ意思ニ依リテ他國ノ解釋法若クハ補充法ノ規定ヲ其ノ行爲ニ適用セントシタルトキハ、其ノ領土内ニ於テ爲サレタル行爲ニ就テモ之レヲ適用セス。

第六、法律行爲ノ方式ハ常ニ其ノ行爲ノ爲サレタル土地ノ法律ニ從フ。

以上六則中第一則及ヒ第二則ハ眞ノ一般原則ニシテ第三則以下ハ一般原則ニ對スル例外若クハ例外ノ例外ニ屬ス。然レトモ此等例外規則ハ其ノ意義頗ル重要ニシテ又其ノ範圍モ廣汎ナルカ故ニ各一原則トシテ成立スルコトヲ得ルモノナリ。

以上ハ氏ノ所謂法規分類論タリ。然レトモ前ニモ述ヘタルカ如ク之レ氏ノ一個ノ議論ニシテ昔時ノ法規分類主義ニ非ス。而シテ氏カ原則ノ適用トシテ説ク所ハ從來ノ學説ト多ク異ナラス、而カモ氏ノ屬地的原則ヨリ出發スルカ故ニ却テ説明ヲ困難ナラシムルノ弊ヲ認ム。

【註】氏ノ説ノ評論トシテハ Lainé, Considérations sur le droit international privé à propos d'un livre recent. 1900; Pillet, Principes p. 137. まらりー上、一八六頁參照。

第三、ちーてるまん Zitelmann, Internationales Privatrecht. 2Bde. 1912. 此ノ書ノ第一卷ハ既ニ前世紀ノ終即チ一八九七年ニ公ニセラレタルモノナリ。而シテ翌一八九八年第二卷第一部成リ、猶ホ數年ノ後即チ一九〇三年ニ於テ第二部ノ出テタルマヽ約十年ヲ過キ一九一二年ニ至リ初メテ完成シタルモノナリ。

ちーてるまんノ國上國際私法、國內國際私法論

ぼん大學教授トシテ著名ナルちーてるまんハ國際私法ノ一般原則ヲ定メントシテ一大理論的著述ヲ公ニシ、國際私法學界ニ大ナル刺戟ヲ與ヘタリ。氏ハ現在ノ制法規定ノ欠缺ヲ補充スル爲メ、又將來ノ立法ニ資スル爲メ、猶ホ又當事者ニ依ル法律適用ノ爲メニ國際私法ハ一般原則ヲ發見セントスル者ナリト爲シ、而シテ此ノ一般原則ハ國際法ヲ根據トシテ設定スルコトヲ得ル旨ヲ論證シ、從ヒテ國際私法ヲ分チテ超國家的國際私法(又ハ國上國際私法) Überstaatlich geltendes internationales Privatrecht ト國內國際私法 Innerstaatlich geltendes internationales Privatrecht. ト爲スコトヲ得、而シテ前者ハ後者ノ補充法タルヘキモノナリトセリ。今左ニ氏ノ一般原則即チ超國家的國際私法構成ニ關スル議論ノ要旨ヲ揭クヘシ。

權利ノ國際的承認

國際私法ノ問題ハ或ル法律關係ニ就キ何レノ法律ヲ適用スヘキカニ在リ、而シテ此ノ問題ハ實際ニ於テハ常ニ人ノ權利問題ニ付テ生スルモノナリ、即チ當事者ノ一方ハ果シテ其ノ相手方ニ對シテ主張スル權利ヲ有スルカノ問題トナリテ生スルモノナリ。抑モ權利ハ國法ニ依リテ與ヘラ

「レタル法律上ノ力ナリ、而シテ國家カ此ノ法律上ノ力ヲ附與シ又ハ之レヲ剝奪スル爲メニハ國家自身カ此ノ法律上ノ力ノ支配ヲ受クル者ノ上ニ法律上ノ力ヲ有スルコト必要ナリ。而シテ此ノ國家ノ法律上ノ力カ國際上猶ホ有效ナルカ爲メニハ其ノ力ハ國際法上承認セラレタルモノナラサル可ラス、故ニ國際法上有效ニ人ニ權利ヲ授奪シ得ル者ハ唯國際法上承認セラレタル法律上ノ力ヲ有スル國家ノミナリト云ハサル可ラス。

對人高權ノ作用

右ノ如ク氏ハ國際私法ノ根據ハ之レヲ國際法ニ置クヘキモノナルコトヲ説キタル後更ラニ進ンテ説テ曰ク國家主權ハ人民ト領土トニ依リテ定マル、隨ヒテ國際私法上一國カ私法事項ニ付テ有スル立法權モ亦此ノ二者ニ依リテ限定セラル。即チ一國ハ其ノ對人高權 Personalhoheit ニ依リテ其ノ國ニ屬スル人民ハ其ノ內國ニ在ルト外國ニ在ルトヲ問ハス之レヲ支配ス。而シテ此支配權ハ人的、物的ノ二方面ヲ有ス、即チ國家ハ其ノ國民ニ對シテ積極的、消極的行爲ノ命令ヲ發スルコトヲ得、是レ人的ナリ。國家ハ人ヲ支配スル內容ヲ有スル一切ノ行爲ヲ許容又ハ禁止スルコトヲ

對土高權ノ作用

得、是レ物的ナリ。又一國ハ其ノ對土高權 Gebietshoheit ニ依リ其ノ領土上ニ一切ノ支配權ヲ有ス、即チ(一)先以テ國家ハ其ノ領土内ニ於テ總テノ行爲ヲ禁止若クハ許容スルコトヲ得、但シ之レニ由リテ他國カ其ノ國民及ヒ領土上(其領土ニ存在スル動産ヲ含ム)ニ有スル支配權ヲ侵害スルコトヲ得ス。(二)次キニ猶ホ國内ニ在ル一切ノ人(外國人ト雖)ニ對シ積極的、消極的行爲ノ命令ヲ發スルコトヲ得、然レトモ此ノ命令權ハ本國ノ命令權ニ依リテ制限セラル、即チ國家カ一定ノ外國人ニ對シ一定ノ行爲ヲ命令シ得ルハ單ニ不法行爲ヨリ生スル損害賠償ノ給付ニ關スル場合ニ限ラルルモノナリ。(三)終リニ一國ハ其ノ領土主權ニ依リ領土ヲ一ノ物的目的 sachliches Object トシテ支配ス、隨ヒテ其ノ領土内ニ存在スル動産ヲモ支配ス、即チ領土及ヒ領土内ノ動産ヲ支配スル一切ノ行爲ヲ許容若クハ禁止スルコトヲ得ト。

氏ハ如上ノ根本原則ヨリ演繹シテ各種ノ權利ニ就キ從フヘキ法律ヲ定メタリ、即チ左ノ如シ。

第一、人ニ關シテ或ル行爲ヲ爲スコトヲ得ル權利、詳言スレハ人ヲ直接支配スル權利(自己自身ニ對スルト、他人ニ對スルトヲ問ハス)及ヒ或ル一定ノ人ニ或ル給付ヲ命スル權利ハ此等權利ノ支配ヲ受クル人カ從屬スル國卽チ其ノ本國ノ法律ニ依リテ之レヲ定ム。何トナレハ人ニ付テハ其ノ人ノ上ニ對人高權ヲ有スル國卽チ其ノ人ノ本國カ支配權ヲ行使スレハナリ。此ノ法律ヲ本國法 Heimatrecht 又ハ人法 Personalstatut ト稱ス。

一債權、債權ハ債務者ニ或ル給付ヲ命スルモノニシテ此ノ命令ハ債務者ノ屬スル國ノ法律獨リ有效ニ之レヲ發スルコトヲ得。尤モ給付カ外國ニ於テ爲サルヘキ場合ニ於テハ若シ其ノ外國カ該給付ノ內容タル行爲ヲ禁スルトキハ該給付ハ不能ト爲ルヘシ。而シテ此ノ如キ場合ニ債權ハ無效トナルカ又ハ他ノ內容ヲ有スル債權ニ變更スルカノ問題モ同本國法ニ依リテ之レヲ定ム。

不法行爲ヨリ生スル損害賠償ノ債務ハ不法行爲ノ爲サレタル土地ノ

人法

法律ニ依ル、何トナレハ不法行爲者ノ居住國ハ國際法上其ノ領土主權ニ依リ外國人ニ對シテモ有效ナル私法上ノ命令ヲ發スルコトヲ得レハナリ。實ニ此ノ點ニ於テ本國ノ對人高權ハ讓步セサル可ラサルナリ。卽チ假令本國法カ不法行爲ト認ムルモ行爲地法カ不法行爲ト認メサルトキハ何等義務ヲ生セサルナリ。

二、他人ノ身體ニ就テノ權利 Rechte an fremden Personen 此ノ權利ハ今日ノ文明國ニ於テハ單ニ親族法ノ範圍ニ於テノミ存在ス、卽チ夫ノ妻ニ對スル權利、親權、後見ノ權ノ如キ是レナリ。此ノ權利モ亦義務者ニ對スル國家ノ支配權ヨリ生ス、故ニ此ノ權利ノ成立、效力ハ義務者ノ本國法ニ依リテ之レヲ定ム。而シテ義務者ノ內國ニ在ル場合ト外國ニ在ル場合トヲ問ハサルナリ。

三、所謂自己ノ身體ニ就テノ權利 Sogenannte Rechte an der eigenen Person 卽チ身體、生命、自由ニ關スル權利、又恐ラクハ名譽ニ關スル權利(人自體ヲ支配スル人格權)。

此ノ種ノ權利ハ自己ノ身體ニ及フ權利ニシテ、權利ノ主體カ同時ニ權利ノ客體タルモノナリ。故ニ此ノ權利モ亦此ノ人ノ本國法ニ依リテ之レヲ定メサル可ラス、何トナレハ此ノ人ニ對シテ對人高權ヲ有スル本國ノミカ此ノ如キ權利ヲ與フルコトヲ得レハナリ。

右ハ根本原則ヨリ生スル當然ノ決定タリ然レトモ此ノ種ノ權利ハ實際ニ於テハ價値ナシ、何トナレハ今日何レノ國ノ法律ニ於テモ人ノ人格ハ之レヲ認ムト雖モ如上ノ權利ヲ實行セシムヘキ訴訟上ノ保護ヲ認ムルモノナケレハナリ。卽チ身體又ハ自由ハ直接ノ保護ヲ以テ目的トスル訴權ナルモノハ存在セス、例ヘハ自由ヲ拘束セラレタル場合ニ自由回復ヲ請求スル訴權ナルモノナシ。又身體ヲ損傷セラレタル場合ニ將來ノ加害行爲禁止ヲ以テ目的トセル訴權ナルモノナシ。又名譽ヲ毀損ス可ラスト云フコトヲ以テ目的トスル訴權モ殆ト之レヲ想像スルコトヲ得サルナリ。故ニ生命、身體、自由ノ保護ハ專ラ公法上殊ニ刑法上ノ保護ナリ、從ヒテ國際私法ノ問題ニ非ス、唯此等ノモノカ損傷セラ

物法

領土法

レタル場合ニ不法行爲ニ基ツキ行爲者ニ對スル損害賠償債權ノ形ニ於テ私法上ハ保護カ存在スルノミナリ、然ルニ此ノ賠償債權ハ行爲地ノ法律ニ從フモノナリ。

第二、有形ノ動產、不動產ニ關シテ或ル行爲ヲ爲スコトヲ得ル權利、約言スレハ此等ノ有形物ヲ直接ニ支配スル權利ハ其ノ物ノ存在スル領土ノ屬スル國ノ法律ニ依リテ之レヲ定ム、何トナレハ物ニ就テハ其ノ物ノ存在スル領土ノ上ニ對土高權ヲ有スル國カ其ノ支配權ヲ行使スレハナリ。此ノ法律ヲ物ノ場所法 Ortsrecht 又ハ物法 Sachstatut ト稱ス。

第三、以上第一、第二ニ屬セサル權利、卽チ或ル人又ハ或ル有形物ヲ以テ中心點トセサル行爲ヲ爲スコトヲ得ル權利ハ其ノ權利ノ實行ヲ主張スル領土ノ屬スル國ノ法律、換言スレハ表見的權利者カ自ラ一定ノ行爲ヲ爲シ又他人ヲシテ之レヲ爲ササラシメントスル其ノ領土ノ屬スル國ノ法律ニ依リテ之レヲ定ム、何トナレハ此ノ如キ行爲ニ就テハ其ノ行爲ノ主張セラルル領土ノ上ニ對土高權ヲ有スル國カ其ノ支配權ヲ行使スレハナリ。此ノ法律ヲ領土法 Gebietsstatut ト稱ス。

此ノ部類ニ屬スル權利ハ第一ニ無形財產權。第二ニ前ニ掲ケタル自己ノ身體ヲ支配スル人格權ヲ除キ其ノ他ノ總テノ人格權ナリ。故ニ人ノ存在ニ當然伴フトコロノ一般人格權例ヘハ自己ノ意思ニ由ラスシテ撮影セラレタル自己ノ寫眞ノ陳列、販賣ヲ中止セシムル權利ノ有無ハ自己ノ本國法ニ依ルニ非スシテ陳列、販賣ノ行ハルル國ノ法律ニ從フ。又或ル特別ノ事實ニ基ツキ人ニ屬スル特別人格權、例ヘハ姓名權、紋所權、貴號權等カ私權トシテ成立スルヤ否ヤハ偏ヘニ領土法ニ依リテ之レヲ定ム。

第四、各種ノ根源的私權ノ從フヘキ法律ハ以上既ニ述ヘタル如シ、然ルニ此等私權ノ觀念ヲ基礎トシテ構成セラルヘキ從タル觀念ニ就キ猶ホ二三ノ說明スヘキモノアリ。

一、人ハ種々ナル權利關係ヲ一體トシテ考ヘ得ル場合アリ、卽チ人ノ財產全部ハ其ノ所有者ト一體ヲ爲シ、之レト分離シテ考フルコトヲ得ス。從ヒテ人ノ資産ハ其ノ所有者ト同一ノ法律ニ服從ス。人ノ資産ハ法律上常ニ其ノ所有者ト同一場所ニ存在ス。故ニ相續財産ハ遺産者カ死亡ノ時ニ在リタル場所ニ存在スルモノナリ。從ヒテ該財産ハ財産所有者ト同一ノ法律換言スレハ其ノ本國法ニ從フ。

二、可能權ハ一定ノ法律上ノ效果ヲ發生セシムヘキ法律上ノ力ナリ。卽チ此ノ權利ハ此ノ力ノ客體如何ニ係カル。若シ他人ノ權利ニ於ケル法律上ノ力ナルトキハ(例ヘハ債權上ノ質權)權利上ノ權利ノ力カ支配スル所ノ私權ニ適用セラルヘキ法律ニ從フ。

三、以上述ヘタル所ニ依レハ各場合ニ適用セラルヘキ法律ハ人法 Personalstatut 行爲地法(不法行爲ノ)Statut des Orts der Handlung (bei Delikten)、物法 Sachstatut 領土法 Gebietsstatut ノ四法タリ。今此ノ四法ヲ比較研究スルニ行爲法 Handlungsstatut ハ實ハ領土法ニ等シ、唯異ナル所ハ行爲法ハ單ニ各人ノ各行爲ノ許容及ヒ其ノ效果ニ關スルニ反シ領土法ハ絕對ニ保護セラルル行爲內容 Handlungsinhalt ニ關スルモノナリ。猶ホ又物法ト領

超國家的國際私法ノ實在性

土法モ或ル點ニ於テ相等シ、即チ物法ハ物ノ存在スル領土ノ法律ナリ唯二法ノ異ナルハ外國ニ對スル二法ノ效力如何ニ在リ、即チ領土法ノ支配スル行爲內容ハ其ノ效果ノ及フ場所如何ニ拘ラス內國ニ於テ爲サレタル行爲內容ニ限ラル、反之物法ノ支配スル行爲內容ハ其ノ爲サレタル場所ノ如何ヲ問ハス內國ニ效果ヲ及ホス(內國ニ存在スル物ニ效果ヲ及ホス)ヘキ行爲內容タリ。故ニ物法ハ外國ニ對シテ擴張セラレタル效力ヲ有スル領土法ナリ。依此觀之吾人カ根本ニ於テ述ヘタルカ如ク國家ノ支配權ハ偏ヘニ對人高權、對土高權ノ二者ニ基ツクモノナルカ故ニ、適用セラルヘキ法律モ亦人法、領土法ノ二者ニ過キサルナリ、(領土法ハ或ハ不法行爲法 Deliktsstatut ト爲リ、或ハ物法ト爲リ、或ハ狹義ノ領土法ト爲ルモノナリ)。

以上ハ氏ノ國際法上ノ原則ヲ根據トシテ構成シタル所謂超國家的國際私法論ノ要旨ナリ (Zitelmann, I. S. 35—71; 119—141.)、而シテ此ノ超國家的國際私法ノ實在ニ關シテ氏ハ述ヘテ曰ク此ノ國際私法ノ原則ハ法律生活ノ實際ニ於テ實行セラルヘキ法則ノ意義ニ於テハ國際法ニ非ス。未タ世人ハ一般國際法ノ根據ヨリ此ノ結論ヲ演繹セサルナリ、而シテ世人ハ國際私法問題ト一般國際法上ノ支配權限定トノ關係ヲ認メサルカ爲メニ一般國際法上ノ原則ハ必然避ク可ラサル結論タル國際私法ノ原則ヲ認メサルナリ。然レトモ凡ソ一ノ法規ノ結果ハ反對ノ法規ニ依リテ其ノ效力ヲ奪取セラレサル限リハ同シク法ノ效力ヲ有スヘキモノナルヲ以テ國際法ノ原則ニ基ツキ定メラレタル規則ハ既ニ實在セル國際法トシテ取扱ハルヘキ十分ナル理由ヲ有スト云ハサル可ラス。 I. S. 72. 73.

超國家的國際私法ト國內國際私法トノ關係

猶ホ超國家的國際私法ト國內國際私法トノ關係ニ就テハ氏ハ下ノ如ク論ス、內國ノ成文法又ハ習慣法トシテ所謂衝突規則ノ存在スルモノアルトキハ內國裁判官ハ勿論之レニ依ラサル可ラス、而シテ裁判官ハ其ノ規定カ一般國際法ノ原則ニ適合スルト否トヲ問ハス之レニ從ハサル可ラス。然レトモ若シ一國ニ此ノ如キ衝突規則存在セサルトキハ裁判官ハ先ツ內國法ヲ適用スヘキカ否カト云フ問題ヲ決セサル可ラス。一國ノ立法權ハ

補充的適用規則

一般國家支配權ノ發動ニ外ナラサルヲ以テ國家カ其ノ支配權ノ範圍ニ就キ何等定ムル所ナキトキハ國家ハ一般國際法ノ原則ニ從ヒ自己支配權ノ限界ヲ定メントスルモノト認ムヘキモノニシテ決シテ國際法ニ違反シテ行動セントスルモノト解ス可ラサルナリ。故ニ裁判官ハ此ノ國家ノ暗默ノ意思ニ基ツキ超國家的國際私法ヲ國內制法トシテ適用スヘキモノナリ。卽チ國際法上ノ原則ニ從ヒ自國法ニ管轄權アル場合ハ裁判官ハ內國法ヲ適用スヘシ。然ルニ若シ自國法ニ此ノ管轄權ナキトキハ裁判官ハ外國法中何レノ外國法ヲ適用スヘキカトノ第二ノ問題ニ到着ス、而シテ此ノ場合ニ於テモ裁判官ハ國際法ニ基ツク一般國際私法ノ原則ヲ適用スヘキモノナリ。要スルニ各國制法ニ明示又ハ暗默ニ一般補充的適用規則 Subsidiäre Anwendungsnorm トシテ「特別ノ規定ナキトキハ國際法ノ原則ニ從ヒテ適用セラルヘキ法律ヲ適用スヘシ」ト云フ原則ヲ包含スルモノナリト（r. S. 74 ff.）

ちー氏ノ說ノ

以上掲クルちーてるまんノ所說ノ全體ヲ觀ルトキハ氏ノ各種ノ權利ニ就テ說クトコロノモノハ其ノ根本ニ於テざゔゐにーノ法律關係性質說、

又ぴーるノ法律目的性質説等ト異ナラス。要スルニ氏ハ權利ノ性質ニ基ツキ之レヲ支配スヘキ法律ヲ探究セントスル者ナリ、即チ法律關係性質又ハ法律性質ナル客觀的ノ標準ニ代フルニ權利ナル主觀的標準ヲ採用シタルニ過キス。然レトモ此等ノ説又從來ノ一般ノ學説ト大ニ異ナル所ハ權利カ國際的ニ承認セラルル爲メニハ權利ノ原動力タル國家ノ支配權カ國際的ニ承認セラレサル可ラスト云フ理由ニ基ツキ國際法上ハ國家支配權ハ限界ニ關スル原則ヨリ一切ノ國際私法上ノ原則ヲ演繹シタル點ニ在リ。而シテ一國ノ衝突規則ハ國內法トシテ勿論國內ニ效力ヲ有スルモノナルカ故ニ國際私法ニ國際的國際私法ト國內的國際私法ノ二種ヲ認ムルニ至リタル者ナリ。故ニ此ノ説ハ余輩カ法律ハ國權ノ發動ナルカ故ニ法律ノ管轄範圍ヲ限定スルハ軈テ法律適用問題ニ關シテ國權相互ノ關係ヲ定ムルモノナリト主張セルト根本ノ觀念ヲ同フス。然ルニ此ノ法律適用ニ關スル國權相互ノ關係ヲ定ムルハ如何ナル標準ヲ基礎トスルカノ問題ニ至リテヤ余輩ハ必シモち氏ト意見ヲ同フセサルナリ、即チ氏ハ此ノ標準ヲ偏ヘニ國家ノ支配權卽チ對人高權及ヒ對土高權ニ置カントスル者ナリ、余輩ノ觀ル所ニ依レハ國家ノ支配權關係モ固ヨリ該標準ノ一タリト雖モ猶ホ他ノ標準ヲ採用スルノ必要アリト信ス、此點ニ關スル說明ハ後ニ之レヲ讓リ、今ハ唯氏ノ說ノ一般ノ價値ヲ觀ルニ止メントス。右ノ如ク氏ノ國家支配權ノ限界論ハ一方ニ於テ多少偏狹ノ嫌アリト雖モ亦氏ノ說ノ一般價値ハ爰ニ存ス、氏ハ此ノ限界論ニ依リテ國際私法ニ國際法ノ性質ヲ確保シタル者ナリ、又氏ハ之レニ依リテ統一的國際私法ノ成立ノ可能ヲ證シ、又同時ニ其ノ拘束力ノ根據ヲ示シタルモノナリ。然ルニ學者ハ氏ノ說ヲ以テ單純ナル理論ナリ、空論ナリ、實用ニ適セストシテ一蹴シ去ルヲ常トス。然レトモ之レ思ハサルノ甚シキモノナリ、理論ハ必シモ空論ニ非ス、實際ニ基ツケル理論ハ實在ナリ。又理論ノ用ハ必シモ實際ノ說明ノミニ止マラス、理論ハ實際ヲ指導ス、理論ノ進化ニ貢献スル所多キハ言フヲ俟タス、ちーてるまんノ說カ國際法上現ニ認メラレタル國家支配權ニ基礎ヲ有ストセハ其ノ空論ニ非サルハ明カナリ。又氏ノ所説カ將來益國際私法ノ統一ニ資スルコトアリトセハ、決シテ無用ノ理論ニ非サルナリ。現ニちーてるまんヲ非難セルまるくーぜんト雖モ其ノ評論ノ最後ニ述ヘテ曰ク、國際法ハ原則ヨリ發生シタル眞理並ニ正義ニ適ヘル適用規則ト牴觸セル各國ノ衝突規則カ漸次排斥セラルルコトハ一般ニ希望スヘキコトタリ。今日ニ至ルマテ國際私法ハ單ニ其ノ各規則ニ牴觸セサル範圍ニ於テノミ其ノ發展ニ資スヘキ材料ヲ國際法ニ待チタルニ過キスト雖モ今後ノ目的ハ此ノ牴觸自身ヲ撲滅シテ制法タル國際私法ハ規定全部カ悉ク國際法ノ要求ト合致セシコトヲ力ムルニ在リト Marcusen, Innerstaatliches und Überstaatliches Internationales Privatrecht (Z. f. Intern. Privat-u. Strafr. X, S. 269.) 是レちーてるまんノ理論ハ將來ニ於ケル效用ニ關スル僞ハラサル告白ナリ。又一般ニちーてるまんノ說カ現今ノ國際私法學ニ大ナル影響ヲ及ホシタルハ其後ニ表ハレタル學者ノ議論中ニ明カニ之ヲ認メ得ルナリ。故ニ氏ヲ以テ空論ヲ弄ヒ無用ノ言說ヲ爲ス者ナリトノ批評ハ或ハ氏ノ理論ヲ會得スル能ハサル者ノ妄評ニ非サレハ唯ニ他人ノ說ヲ攻撃シテ自ラ喜フ者ノ故意ノ惡評タリ

【註】氏ノ説ニ對スル評論ニ付テハ前掲まるくーぜんノ外　Bar, Neue Prinzipien und Methoden des internationalen Privatrechts (Archiv für Öffentliches Recht. XV. S. 1 ff.) ; Reuterskiöld (Journal de dr. i. pr. XXVI p. 462, 654 ; Kahn, Inhalt. S. 34 ff. ; Pillet, p. 138 Note 1.　まらりー上、一八八、一八九頁。山口博士日本國際私法論、一、四八、四九頁、參照。

英米ニ於ケル國際私法ノ學理的研究ハ大ニ大陸諸國ニ後クル、學者トシテハすとーりー、うゑすとれーき、だいしー等ヲ推スコトヲ得ト雖モ其ノ學説ハ學理上特ニ掲クヘキ價値ナシ。

山口博士ノ説

我國ニ於テハ唯山口博士ノ學説ヲ見ルノミ氏ハ其著日本國際私法論ニ於テ從來ノ各學説ヲ評論シタル後左ノ如ク述ヘラル。

今日ノ學説ハ外國人ノ保護ヲ過重セリ、涉外私法ハ一定ノ國民ノ爲メニ存在スルモノニシテ外國人ノ爲メニ存在セサルハ他ノ國内法ト異ナラス。隨テ涉外私法ハ自國臣民ノ保護ヲ主眼トセサル可ラス、故ニ日本人ニ關スル涉外的私法關係ニ付テハ假令外國人カ同時ニ之レニ關係スル場合ト雖モ日本ノ法律ヲ適用スルヲ妨ケス、是レ外國ニ在ル日本人ノ爲メニ便利ナレハナリ。然レトモ外國人ノミニ關スル涉外的私法關係ニ付テハ其ノ性質ニ適合スル法律ヲ適用スルヲ當レリトス此ノ範圍ニ於テ予ハ法律關係性質説ヲ認ム云々ト。日本國際私法論第一分册五一頁

此ノ説ハ國際私法ヲ以テ國内私法ナリトスル氏ノ根本觀念ニ基ツクモノナルコトハ勿論ナリ。而シテ國内法主義、國際法主義ノ正邪優劣ハ既ニ本質論ニ盡セルヲ以テ爰ニ再ヒスルノ要ナシ。然レトモ今假リニ國際私法ヲ以テ國内私法ナリト認ムルモ果シテ氏ノ説ノ如ク決スヘキモノナルヤ否ヤ。余輩疑ナキヲ得サルナリ。先ツ第一ニ日本人ト外國人トノ關係セル渉外私法關係ニ日本法律ヲ適用スルコトカ果シテ日本人ノ爲メニ便利ナルヤ。否、必スシモ然リト言フコトヲ得サルナリ、而シテ此ノ事ハ氏自身モ既ニ認メラルル所ナリ。卽チ氏ハ法律關係性質説ニ就テ述ヘテ曰ク渉外的私法關係ノ性質ニ適合スル法律ヲ適用スルコトハ内國人保護ノ爲メニモ必要ナリ、例之米國ニ於テ日本人カ他ノ日本人ト取引セシ後日本ニ歸來シ右取引ニ付キ訴訟カ起リタリト假定センニ此ノ取引ニ取引地タル米國法ヲ適用スルハ法律關係ノ性質ニ照ラシ當然ナリ、然ルニ

此ノ法律關係ニ日本法律又ハ第三國ノ法律ヲ適用スルトキハ日本人タル當事者ノ利益ハ正當ニ保護セラレサルニ至ルヘシ、何トナレハ此ノ法律ノ適用ハ當事者ノ豫期セサル所ナレハナリト、同上四七頁氏ノ説ハ此ノ點ニ於テ矛盾セサルカ。此レニ依リテ觀レハ日本法律ノ適用ハ日本人ノ爲メニ或ハ便利ナルコトアリ、又或ハ然ラサルコトアリト云フカ妥當ナリト認メサル可ラス。果シテ然ラハ氏ノ「日本人ノ關係セル涉外法律關係ニハ日本法律ヲ適用スルヲ妨ケス」ト云フ原則ハ「日本人ノ關係セル涉外法律關係ニハ若シ日本人ノ爲メニ利益ナルトキハ日本法律ヲ適用スヘシ」ト云フ意義ニ解セサル可ラス。然レトモ此ノ如キ原則ハ實際ニ於テ如何ニ適用スヘキカ、何ヲ標準トシテ當事者ノ便、不便ヲ辨セントスルカ。猶ホ假リニ此ノ便、不便ヲ知リ得タリトスルモ單ニ日本人ノ便利ノ爲メニ日本法律ヲ適用スルコトカ果シテ結局日本人ノ利益ト爲リ得ルカ否カヲ攻究セサル可ラス。單ニ日本人ノ便利ノ爲メニ日本人ト外國人トノ法律關係ニ日本法律ヲ適用ストセハ關係當事者タル外國人ニ不利、不便ヲ與フルハ明カナリ、其ノ結果トシテ外國人ハ成ルヘク日本人トノ交通ヲ避クルニ至ルヘシ、而シテ更ラニ其ノ結果ハ再ヒ日本人ノ不利、不便トナルニ非スヤ、故ニ此ノ如キ主義ノ實行ハ決シテ日本人ノ利益ト爲ルト言フコト能ハスト信ス。

第八款　結　論

以上ヲ以テ國際私法學カ如何ニシテ發生シ、漸次如何ナル變遷ヲ經テ以テ今日ニ至リタルカ。又現今ニ於テ如何ナル學者カ如何ニ新原則若クハ新説明方法ヲ案出セント力メ居ルカヲ説明シタリ。

凡ソ人類社會ノ或ル現象ニ付テハ一般的通則ノ存在スルト同時ニ又之レニ對スル例外ノ規則ヲ認ムル必要アルハ明カナリ。然レトモ原則ハ所謂原則ニシテ大多數ノ場合ニ適用セラルルモノニシテ例外規則ハ唯僅少ノ場合ニノミ認メラルルモノナラサル可ラス。若シ例外規則カ原則ノ行ハルル場合ト殆ト同樣ニ多數ノ場合ニ行ハルルモノナルトキハ原則ト例

國權關係ト

外規則トハ共ニ其ノ意義ヲ失フニ至ルヘシ。今之レヲ從來ノ國際私法ノ學說ニ付テ見ルニ屬地法主義ヲ以テ原則ト爲スヘシトスル說又ハ本國法主義ヲ以テ原則ト爲スヘシト主張スルモノノ如キ直チニ翻テ多數ノ例外規則若クハ廣キ範圍ニ於テ行ハルル例外規則ヲ認ムルノ止ムヲ得サルモノアリ。此ノ如クンハ所謂原則ハ原則ニ非スト言ハサル可ラス、鳥ニ偶々白羽ヲ交ユルモノアルモ鳥ハ黑ロシト言フヲ過タス。然レトモ鷄ハ黑ロシト言フヲ得ス、白ロシト言フヲ得ス、又赤シト言フヲ得サルナリ。卽チ鳥ノ白ロキハ例外タリ、然レトモ鷄ノ白キハ例外ニアラス、鷄ノ黑、白、赤ハ何レモ原則ニ非ス、又例外ニ非ス、皆ナ對立セル現象タリ。故ニ余ハ國際私法ノ一切ノ問題ヲ或ル一定ノ國法ニ從ハシムルヲ以テ原則ト爲サントスル主義ハ結局無意義ナリト信ス、寧ロ法律衝突問題ハ各場合ニ就テ從フヘキ法律ヲ定ムヘキモノナリ。然ラハ此ノ法律衝突解決ニ一貫スル理法莫キカト言フニ固ヨリ然ラス、抑モ法律衝突ハ國家間ノ關係ナルカ故ニ國權關係ヲ省慮スルコトモ元ヨリ解決ノ一標準タリト雖モ

私法的國際交通ノ需要

此ノ衝突解決ノ目的ハ私法的國際生活ノ需要ニ應シテ之レカ安全ヲ圖ルニ在ルヲ以テ私法的國際生活ノ需要ト云フコトカ主要ナル解決ノ標準ナリト云ハサル可ラサルナリ。即チ國際私法上ノ原則ハ主トシテ各國人民ノ國際生活ノ需要ニ適應スルカ如ク設定セラルルコトヲ要ス。私法的國際生活ノ需要ナル語ハ固ヨリ廣汎ナル意義ヲ有スト雖モ複雑ナル法律衝突解決規則ニ通スル抽象的標準トシテハ又已ムヲ得サルナリ。即チ余輩ハ國際私法ノ根本原理ニ付テハ全クざゔゐにー、ばーる等ノ説ニ賛同スルモノナリ。ばーる曰ク國際私法ハ從來學者ノ主張シタルカ如ク之レヲ各國ノ國内法ノ一部ナリトスルハ誤ナリ、抽象的ニハ各國ハ自己ノ國法ヲ隨意ニ定ムルコトヲ得ヘシ、然レトモ外國ニ關係ヲ有スル法律關係ニ對スル國法ノ效力ハ事物ノ性質Natur der Sacheニ基ツキ之レヲ定メサル可ラス、換言スレハ秩序的法律交通ノ需要及ヒ外國主權ノ尊重ヲ基礎トシテ之レヲ定メサル可ラスト Bar I. S. 5. 然レトモ此ノ國際法主義ノ根本觀念ハ既ニざゔゐにーノ國際法共同團體ヲ基礎トセル法律關係性質説ニ存在セルモノナルヲ以テ吾人ハざゔゐにーノ觀念ヲ敷延說明スルニ過キサルナリ。

第六章　國際私法ノ淵源

各國一致ノ法的確信ノ表示

慣習法

一般ニ法ノ淵源ナル語ハ種々ノ意義ニ用ヒラルルト雖モ最モ普通ニ法源ト言フトキハ法カ法トシテ成立スル爲メニ必要ナル外部條件ヲ意味ス。換言スレハ法ノ成立ノ態樣ヲ法源ト言フ。而シテ今吾人ノ研究目的タル國際法ニ就テ之レヲ言ヘハ國際法ノ淵源トハ國際法カ國際法トシテ成立スル態樣ヲ言フ、國際法ノ國際的拘束力ノ基礎(此ノ基礎ヲ淵源ト稱スル學者ナキニ非ス)ハ各國家ノ承認、換言スレハ各國一致ノ法的確信タリ、此ノ法的確信ノ外部ニ表示セラルル態樣卽チ國際法ノ淵源タリ、此ノ意義ニ於テ國際私法ノ淵源ハ國際公法ニ於ケルト同シク、明示ノ法律設定ト默示ノ法律實行トノ二ナリ。卽チ前者ハ多數國家ノ協同行爲 Vereinbarung タル聯合條約ニ依リ法規ヲ設定スルモノニシテ後者ハ多數國家ノ一致ノ實行ニ依リ慣習法ヲ成立セシムルモノナリ。而シテ如何ナル規則カ現ニ國際私法上ノ習慣法トシテ一般ニ認メラルルカハ前既ニ述ヘタルカ如シ（第一章第四節、第二款第三項）猶ホばーるハ國內法論者タルかーんカ其ノ自ラ明カニ認メタル原則ノ外之レニ類似ノ二三ノ一般的規則アルコトヲモ自認シタルニ（六七頁參照）對シテ次ノ如ク言ヘリ。かーんノ揭ケタル規則ノ外猶ホ次ノ原則ヲ擧クルコト正當ナルヘシ、（一）、或ル權利ノ取得ニ關スル一國ノ法規ハ其ノ國ノ領土又ハ法律ニ何等ノ關係ナクシテ外國ニ於テ生シタル權利ノ取得ヲ無效タラシムル爲メニ適用スルコトヲ得スト爲ス原則、（二）、かーんノ認ムル不動產物權ニ關スル原則ハ或ル例外ヲ除キ動產物權ニ付テモ之レヲ認ムルコトヲ得ヘシト（Bar, Archiv. f. Öffentl. R. XV. S. 41, 42.）。要スルニ現ニ存在スル國際私法上ノ習慣法ハ以上ノ二三ノ原則ニ止マルナリ。

聯合條約

次ニ聯合條約ニ依リテ成立セル國際私法ニ付テモ既ニ一言シタルカ如シト雖モ猶ホ爰ニ諸種條約ノ成立シタル狀況ノ一般ヲ示スヘシ。

りま條約

國際私法ニ關スル列國會議ノ先驅ヲ爲シタルハ南米諸國ナリ、卽チぺるー政府ノ發議ニ由リ一八七八年其ノ首府りまニぺるーノ外あるぜんちん、ちりー、ぼりゔぃや、ゑくあどる、ゔゑねぜら、こすたりかノ諸國

もんてゔゐもを條約

ノ代表會合シ、數回ノ會議ヲ重ネタル後八章六十條ヨリ成ル條約案ヲ議決シタリ。卽チ第一章　人ノ身分、能力、國內ニ存在スル財產及ヒ外國ニ於テ爲サレタル行爲ノ從フヘキ法律、第二章　外國ニ於テ擧行セラレタル婚姻及ヒ國內ニ於テ擧行セラレタル外國人ノ婚姻、第三章　相續、第四章　國外ニ於テ爲サレタル法律行爲及ヒ國內ニ居住セサル外國人ノ爲シタル法律行爲ニ關スル內國裁判所ノ管轄、第五章　外國ニ於テ爲サレタル犯罪及ヒ外國ニ對スル僞造犯、第六章　判決ノ執行、第七章　確認、第八章　前各章ノ通則、是レナリ。此ノ條約案ハ一八七八年一一月九日會同諸國ノ代表者ニ依リ調印セラレタリ、而シテ同年一二月うるげー、ぐあてまらノ二國モ之レニ加盟調印シタリ、然ルニ此ノりま條約ナルモノハ調印國ニ於テ之レヲ實施スルコトナクシテ終リタリ。

然ルニ之レヨリ十一年ヲ經過シタル後再ヒ南米諸國ノ列國會議ヲ見ルニ至レリ、卽チ一八八八年あるぜんちん、及ヒうるげーノ發議ニ由リ諸國ノ代表者ハうるげーノ首府もんてゔゐでをニ會同シ第一民法、第二商法、第三刑法、第四訴訟法、文事所有權、發明及ヒ商標ノ四科委員會ヲ設ケテ審議ヲ重ネ終ニ會議ハ一八八九年二月十八日ヲ以テ終結シタリ。然ルニぶらじる、ちりーノ二國ハ國際民法及ヒ國法刑法ノ二條約ニハ調印セサリキ、其他ハ各國概ネ全條約ヲ批准シタルカ如シ（Rodrigo Octavio, Le droit international privé dans la legislation brésilienne, 1915, p. 231-243; Valery, p. 46. まいりー上卷二九乃至三二頁參照。）

歐洲列國會議

此ノ如ク國際私法列國會議ハ南米ニ於テ初メテ成立シタリト雖モ抑モ此ノ列國會議開催ノ考案ハ夫ノ伊ノまんちにーニ出テタルモノニシテ氏ノ考案カ歐洲ニ先タチテ南米ニ實行セラレタルモノナリ（Rodrigo, p. 232.233.）尤モ氏ニ先タチ既ニ國際條約ニ依ルノ必要ヲ説キタル者ナキニ非ス、即チ夫ノ絶對屬地主義ノ和蘭學者ノ一人タルふをえつとハ各國ノ絶對排他的主權ヨリ生スル不都合ナル結果ヲ避クルカ爲メニ國際條約ヲ以テ之レヲ調和スヘキモノナリトセリ（Renault, Conventions de la Haye, p. 13; Surville, p. 51）然レトモ國際團體ノ見地ヨリシテ一般ニ國般私法ノ原則ヲ一定センカ爲メニ國際會議ノ開催ヲ熱心ニ提唱シタル者ハまんちにーナリト云ハサル可ラス。氏ハ一八七四年じゆねーゔニ開カレタル國際法協會ニ於テ其ノ會長トシテ民法、商法ノ衝突ヲ統一的ニ解決セシムル爲メニ國際條約ヲ以テ國際私法ノ一般原則ヲ各國ニ承認セシムルノ必要ヲ力說シタリ。是レヨリ先キ一八六七年伊太利政府ハまんちにーヲシテ佛、獨、白ノ政府ニ對シテ國際條約締結ノ公ノ交涉ヲ爲サシメタルカ普佛戰爭開始ノ爲メニ此ノ計畫ハ蹉跌シタリ。一八八一年外務大臣トシテ氏ハ更ラニ前ノ交涉ヲ開キタルカ是レ亦不成功ニ終リタリ。一八七四年和蘭政府ハ外國判決ノ執行ヲ相互ニ確保スルニ必要ナル原則ヲ協定センカ爲メニ列國會議ヲ開催センコトヲ各國政府ニ提案シ、或ル國ハ之レヲ受諾シタルモ或ル國ハ之レニ反對シ終ニ會議ノ成立ヲ見ルコト能ハサリキ。然ルニまんちにーノ意見ハ其ノ死後數年ヲ出テスシテ愈實行ヲ見ルニ至レリ、卽チ一八九二年和蘭政府ハ其ノ國ノ大法學者あつせるノ提案ニ從ヒ國際私法ノ一部卽チ人事法、親族法、相續法及ヒ民事訴訟法ノ或ル部分ニ關スル法律衝突問題ヲ決定センカ爲メニ全歐洲各國ニ列國會議ノ開催ヲ提議シ且ツ同時ニ主要ナル問題ヲ列學シタル議案ヲ各國ニ送附シタリ。此ノ計畫ハ功ヲ奏シ各國政府ハ之レニ同意ヲ表シ一八九三年九月一二日ヲ以テ海牙ニ第一回列國會議ノ成立ヲ見ルニ至レリ、之レニ參加シタル國ハ獨、墺、白、丁、西、佛、洪、伊、りゆくさんぶーる、和、葡、るーまにー、露、瑞西、ナリ。而シテ第二回會議ハ一八九四年ニ開カレ前記第一回會議參加國ノ外猶ホ瑞典、諾威ノ二國參加シタリ。而シテ第三回會議ハ一九〇〇年、第四回會議ハ一九〇四年ニシテ我國モ亦此ノ最後ノ會議ニ委員ヲ派シテ參列セシメタリ。

海牙會議ト日本

【註】日本委員ノ參列ニ付テハ各國委員中ニ反對ノ意見ヲ有スル者アリタルカあつせるノ熱心ナル盡力ニ依リテ此等妨害ヲ排除スルヲ得タリ、然レトモ我國ハ此ノ海牙會議ニ於テ成立シタル諸條約ノ加盟國ニ非サルコトヲ注意セサル可ラス。元來本會議ハ初メヨリ歐洲諸國間ノ問題ヲ解決スルヲ以テ目的ト爲シタルモノナリ、故ニ最モ早ク成立シタル一八九六年ニ調印セラレタル民事訴訟條約ニハ何等條約ノ適用ニ付キ規定ナカリシカ一九〇二年ニ調印セラレタル三條約ニハ條約ハ單ニ締盟國ノ歐羅巴領土ニ於テノミ適用セラルヘキ旨ヲ規定シタリ。然ルニ第四會議ノ成果トシテ一九〇五年ニ調印セラレタル修正民事訴訟條約及ヒ其他ノ二條約ニハ條約ハ締盟國ノ歐羅巴領土ニハ當然適用セラルト雖モ若シ締盟國カ其ノ歐羅巴以外ノ領土、占領地、殖民地又ハ領事裁判管轄區域內ニ之レラ適用セントスルトキハ和蘭政府ノ仲介ニ依リ各條約國ノ確認ヲ經ヘキモノナリトセリ。從ヒテ日本ハ此等規定カ修正セ

ラルルニ非サレハ加入スルコト能ハサルナリ、然レトモ我國ニシテ眞ニ加盟セント欲セハ此ノ修正ヲ爲スコトハ決シテ困難ニ非スト信ス。

此ノ前後四回ノ會議ノ結果成立シタル條約左ノ如シ。

一、民事訴訟ニ關スル條約

二、婚姻ニ關スル法律ノ衝突ヲ規定セル條約

三、離婚並ニ別居ニ關スル法律及裁判管轄ノ衝突ヲ規定セル條約

四、未成年者ノ後見ニ關スル條約

五、夫婦ノ身分上並ニ財産上ニ及ホス婚姻ノ效果ニ關スル法律ノ衝突ヲ規定セル條約

六、禁治産並ニ之レニ類似ノ保護手段ニ關スル條約

以上六條約中第一ノ民事訴訟條約ハ最初一八九六年一一月一四日調印セラレ、一八九九年以來獨、墺洪、白、丁、西、佛、伊、りゆくさんぶーる、諾、和、葡、るーまにー、露、瑞典、瑞西ニ實行セラレタルカ一九〇四年ノ會議ニ於テ修正セラレ、一九〇五年七月一七日調印ヲ經テ一

九〇九年以來新約條行ハル。

次ニ第二乃至第四ノ三第約ハ一九〇二年六月一二日調印セラレ、一九〇四年七月三一日以來調印國ノ多數卽チ獨、白、佛、りゆくさんぶーる、和、るーまにー、瑞典ニ行ハレ次テ順次批准書ヲ寄托シタル西、伊、瑞西、葡、洪等ニ行ハルルニ至リタリ。尤モ佛國ハ此等條約ノ性質ニ關シ他ノ條約國殊ニ獨逸ト意見ヲ異ニストノ理由ノ下ニ此等三條約ヨリ脫退シ一九一四年六月一日以來同國ニ對シテハ此等三條約ハ效力ヲ喪ヒタリ。拙文佛國ト海牙國際私法條約、京法、九卷七號。參照。猶ホ最近白耳義モ亦婚姻條約ノ解釋ニ關シ獨逸ト意見ヲ異ニスルノ故ヲ以テ婚姻並ニ離婚ニ關スル二條約ヨリ脫退シ一九一九年六月一日以來同國ニ對シテハ此等二條約ハ其ノ效力ヲ喪フニ至リタリ。Revue de droit intern. privé XV. p. 340, 624–630。

佛國ノ三條約脫退

白耳義ノ二條約脫退

次ニ第五及ヒ第六ノ二條約ハ一九〇五年七月一七日調印ヲ經、一九一二年以來第五條約ハ獨、佛、伊、和、葡、るーまにー、瑞典等(白ニハ一九一三年ヨリ)ニ又第六條約ハ獨、洪、佛、伊、和、葡、るーまにー等ニ

佛國ノ二條約脱退

相續、遺言及ヒ破産ニ關スル條約案

海牙會議ト英國

行ハル。但シ佛國ハ又此等條約ヨリ脱退シ一九一七年六月二四日以來同國ニ對シ條約ハ效力ヲ喪ヘリ Pillet, Manuel p. 403.

猶ホ第四會議ニ於テ相續並ニ遺言ニ關スル法律衝突ヲ規定セル條約案ヲ議決シタリト雖モ公ノ秩序及ヒ裁判管轄問題ニ付テ熟考ヲ要スヘキモノアリトシテ之レヲ更ラニ將來開カルヘキ會議ニ附議スヘキモノトセリ。且又此ノ會議ニ於テ破産ニ關スル條約案ヲ決定シタリ、然レトモ此レハ直チニ聯合條約タラシムル目的ニ非スシテ各國ノ個別條約ノ基準規定ヲ定メタルモノナリ。

【註】本文海牙條約ノ各國實施ノ時期ハ佛國外國法制調査所らーだんノ報告ニ依ル Clunet, 1914. p. 876 et S.

此ノ海牙列國會議ニ英國カ參同セサリシハ特ニ注意スヘキ事實タリ、蓋シ英法ハ大陸諸國ノ法律ニ對シ特殊ノ地位ヲ有シ到底此等諸國ト協調スルコト能ハストノ理由ニ依リテ會議ニ加ハラサリシモノゝ如シ。まいりー曰ク此ノ事實ハ吾人ノ甚タ遺憾トスル所ナリ、何トナレハ若シ英米法系ノ代表者ニシテ此ノ會議ニ參加シタランニハ本國法主義ノ專横ヲ制シテ能ク其ノ宜シキヲ得タルヘケレハナリト まいりー、上三四頁。此ノ會議ニ於テ成立シタル諸條約ノ規定ハ果シテ氏ノ言フカ如ク本國法ヲ過重シタルヤ否ヤ、英米ノ住所地法主義ヲ以テ之レヲ抑制スルノ必要アリタルヤ否ヤ余輩直チニ氏ノ意見ニ賛同スルコト能ハストモ此ノ英國不参加ノ事實ハ國際私法ノ發展上元ヨリ遺憾ナリトセサル可ラス。特ニ私法的國際交通ニ於テ重要ナル地位ヲ占ムル英國カ此ノ世界的事業ニ參加セサルハ此ノ事業ノ完成ニ對スル一大障害タルハ明カナリ。

此ノ海牙會議ニ於テ認メラレタル國際私法上ノ原則ハ理論上總テ完全ナリト云フヲ得ストモ此ノ會議ハ正サニ國際私法ノ發展ニ一ノ正シキ道ヲ開キタルモノニシテ吾人ハ此ノ種ノ國際機關ニ依リテ益國際私法ノ發達ヲ圖リ終ニ私法全部ニ渉リテ世界ニ統一セル法律衝突解決規則ノ成立センコトヲ希望スル者ナリ。

國際私法的規定ヲ含ム其ノ他ノ條約

上記海牙諸條約ハ專ラ國際私法ノ原則ヲ定メタルモノナレトモ猶ホ世界統一法ヲ設定セントシタル夫ノ船舶ノ衝突規定統一條約、海難救助規定統一條約及ヒ手形法統一規則中ニモ一二ノ法律衝突解決規則ヲ包含ス。

要之國際私法ハ或ハ各國ノ慣行ニ由リ、或ハ各國ノ協同立法行爲ニ由リ國際法トシテ成立スルモノナリ、各國ノ衝突規則カ漸次自然ニ一致スルニ至リタルトキハ其ノ內容タル法則ハ一般國際私法ノ原則ヲ構成スルニ至ルヘシ、然レトモ之レ卽チ各國ノ慣行ニ由リテ國際私法ノ原則カ成立スルモノニシテ各國ノ國法カ直チニ國際法ノ淵源タルニ非サルナリ。

第七章　衝突規則

第一節　一般

國際私法ハ私法ノ適用ニ關スル國際法ナルカ故ニ實際上並ニ法律上ノ必要ニ基ツキ各國ニ或ハ成文法トシテ或ハ不文法トシテ內外私法ノ適用關係ヲ定ムル所謂衝突規則ナルモノノ存在スルコト。並ニ各國カ此ノ衝突規則ヲ認ムルニ當リテヤ國際法的國際私法ノ一般原則ノ存在セサル範圍內ニ於テハ私法的國際交通ノ需要ニ適應スルコトヲ以テ眼目ト爲スヘキモノナリト雖モ各國立法者ノ之レニ關スル判斷ノ如何ニ依リ、又或ハ其ノ偏狹ナル自我ニ依リ更ラニ國際交通ノ需要ヲ省ミサルノ結果、各國衝突規則ノ統一セサルコトハ既ニ述ヘタルカ如シ。第二章參照　而シテ海牙ノ國際私法諸條約ノ成立前ニ在リテハ國際的國際私法ナルモノハ單ニ二三ノ習慣法ノ原則ノ存在シタルノミナルヲ以テ各國ハ國際交通ノ需要ヲ無視

國際私法ノ設定カ各國立法ニ委セラレタル理由ニ關スル一說

シテ殆ト自由ニ其ノ衝突規則ヲ認メ得ルノ狀態ニ在リタリ、且ツ實際ニ於テモ各國ハ自己ノ信スル所、自己ノ利益ナリト考フル所——但シ誤リタル利益ノ判斷ニ基ツキ——ニ從ヒ各自ノ衝突規則ヲ認メタリ、從ヒテ國際私法ハ國內法ナリトノ速斷ヲ生スルニ至リタルモノナリ。(註)猶ホ今日ト雖モ海牙國際私法條約ハ未タ全般ノ私法衝突問題ヲ解決セス、且又條約加盟國モ未タ世界全國家ヲ網羅スルニ至ラス、從ヒテ各國ノ衝突規則ハ未タ全ク一致スルコト能ハサル狀態ニ存スルモノナリ。然レトモ前ニモ一言シタルカ如ク之レ全ク過渡的狀態ニシテ國際私法ノ一般原則カ漸次完成シ又各國カ國際交通ノ需要ヲ自覺スルコト益大ナルニ至リ各國衝突規則モ漸次統一セラルヘキモノナリト信ス。

【註】ぽとうーハ國際法タル國際私法ハ規則設定カ國上權力 Authorite supra-etatique ニ依ラスシテ各國家ニ留保セラルルノ事實ハ全ク國際私法發達ノ沿革ニ基ツクモノナリトシテ左ノ如ク說明セリ。Potu, La question du Renvoi, p. 296, 297.

此ノ表見的變態ハ國際私法ノ沿革事實ニ基ツキ容易ニ之レヲ理解スルコトヲ得ヘシ。一市、一州、又ハ一區ノ對外關係ハ其ノ國際關係ト爲ル以前ニ於テハ他市、他州又ハ他區トノ關係ニ始マレリ。國際私法殊ニ伊、佛、瑞西ハ國際私法ハ其ノ根源ニ於テハ實ハ市間法 droit interurbun、州間法 droit interprovincial 又ハ區間法 droit intercatonal タル一ノ地方間法 droit interlocal タリシナリ。而シテ假令各地方ノ權力ニ對シ一ノ優越權力ノ存在スルモノアリシト雖モ、殊ニ佛國ノ如キハ夙トニ王權カ各地方ノ權力ニ對シテ超上權ヲ獲得シタリト雖モ猶ホ國際私法（地方間法）ハ絶對ニ、斷片的ニ、又全ク中央權力ヨリ獨立シテ制定セラレ各地方卽チ各州、各區又ハ各市ハ各自己ノ欲スル所ニ從ヒ各地方特別法ノ適用關係ヲ定メタリ。

佛國ニ於テハ王權ハ決シテ各地方特別法ノ衝突ヲ解決スヘキ規則ヲ編纂セサリキ、然レトモ地方權力ニ對シ超越シタル權力ノ存在シタルコト、各地方ニ對シ統一的規則ヲ制定シ得ヘキ中央權力ノ存在シタル事實ハ決シテ之レヲ否認スルコトヲ得サルナリ。各地方ハ中央權力ノ無爲ヲ補ヒ、各獨立シテ不完全ナカラモ地方特別法ノ衝突ヲ解決スヘキ規則ヲ制定スルノ已ムヲ得サルモノアリタルナリ。

從來ノ一國內ノ各地方間ノ關係ノ外ニ猶ホ國家ト國家トノ關係カ重要ナル地位ヲ占ムルニ至ルヤ、自然從來地方間規則トシテ認メラレタルモノヲ國際私法ノ規則ニ變形セントスルノ傾向アリタル爲メ（殊ニ瑞西ニ於テ之レヲ認ムルカ如ク）從來ノ慣行手段ハ依然存續セサルヲ得サリキ。猶ホ此ノ舊來ノ慣行手段ノ永續ハ國際法共同團體ニ於テハ昔日ノ佛國ニ於ケル王權ノ如キ中央權力ノ存在セサル事實ニ依リテ一層容易ニ之レヲ了解スルコトヲ得ヘシ。

上述ノ如クナルヲ以テ各國カ全ク孤立獨歩シテ各國法律ノ衝突ヲ決定シタルハ蓋シ最モ自然ノ勢ニシテ又歷史的慣行ニ從フモノト云フヲ得ヘシ。國內地方特別法ノ衝突ヲ決定スルコトカ元來ハ中央權力ノ管轄ニ屬スルニ拘ラス實際ニ於テハ各地方權力ニ依リテ行ハレタルカ如ク、各國法律ノ衝突ハ元來國際法共同團體ノ管轄ニ屬スヘキモノナルニ拘ラス、各國孤立シテ之レヲ決定シタリ。

内國法適用限定主義

第二節　衝突規則ノ指定スヘキ國法

衝突規則ハ一國内ニ於ケル各國法律衝突ヲ解決スル規則ナルヲ以テ單ニ内國法ノ適用セラルヘキ場合ヲ定ムルノミナラス、内國法ノ適用セラレサル場合ニハ如何ナル外國法ヲ適用スヘキカヲ定ムヘキモノナリ、即チ廣ク内外私法ノ適用範圍ヲ定ムヘキモノナリ。然ルニ反對ノ説ヲ爲ス者アリテ曰ク一國國際私法ハ單ニ内國法ノ適用區域ヲ定ムルモノニシテ外國法ノ適用區域ハ外國法之レヲ定ムヘキモノナリ、内國法ヲ以テ各外國法ノ管轄ヲ定ムルハ明カニ外國主權ヲ侵犯スルモノニシテ此ノ如キハ國際私法上ノ問題ヲ一切内國實質法ニ服從セシメントスルモノト毫モ選フナク倶ニ專擅ノ誹ヲ免レスト Schnell, Z. f. intern. Pr. Bd. V, S. 337 ff.（註一）。然レトモ此ノ議論ハ誤ナリ。一國ハ原則トシテ專斷的ニ外國法ノ適用範圍ヲ定ムルコト能ハサルハ既ニ述ヘタルカ如シ、故ニ外國法ノ適用範圍ヲ定ムルモ決シテ内國法絶對適用主義ト同シク外國主權ヲ侵害スルモノト言フヲ得サルナリ。

管轄審査主義

又或ハ曰ク一國カ總テノ法律關係ノ從フヘキ法律ヲ決定スルハ甚タ理由ナシ、何トナレハ裁判管轄ハ全ク偶然ノ事實ニ依リテ定マルモノナルカ故ニ總テノ法律關係ヲ法廷地ノ國際私法ニ依リテ指定セラレタル法律ニ服從セシムルハ全ク問題ノ解決ヲ偶然ノ事實ニ繫ラシムルモノナレハナリ、故ニ國際私法ノ立法事業ハ、

一、或ル法律衝突ノ國際私法的判定ニ付キ事物ノ性質上管轄ヲ有スヘキ立法如何

二、若シ自國ニ此ノ管轄權アルトキハ自己ノ立法ニ依リ適當ナリト認メラルル法律衝突ノ解決方法如何

ノ二問題ニ答フルニ在リト（Neumann, Intern. Privatrecht in Form eines Gesetzentwurfs, S. 27 ff.）此ノ說ハ事物ノ性質上法律衝突解決ノ管轄權ヲ有スヘキ國カ獨トリ法律關係ノ從フヘキ法律ヲ定メ得ルモノナリト爲スモノナリ、隨セテ學者或ハ之レヲ管轄審査主義 Prinzip der Kompetenzetörterung ト稱ス（Niemeyer, Nach welchem örtlichen Rechte sind auf Grund intern. Privatr. die Vertragsobligationen zu beurteilen?, Deutsche Juristen-Zeitung III° Jahrg. S. 372 ff.）此ノ說ハ其ノ根本ニ於テ各國ノ衝突規則

ハ當然一致セサルモノナルコトヲ前提トスルモノナリ、卽チ此ノ關係ニ於テハ此ノ説モ前ノ説ト同シク各國ハ各自隨意ニ衝突規則ヲ設ケ得ルモノナリトスル根本觀念ニ基ツクモノト云ハサル可ラス、隨ヒテ衝突規則ハ立法管轄――換言スレハ實質私法ノ管轄ヲ定ムル管轄――ヲ決定スルノ必要アリト爲スモノナリ。然レトモ吾人ノ信スルカ如ク各國ノ衝突規則ハ各國ニ共通ナル需要卽チ私法的國際交通ノ需要ニ基ツキ設定セラルヘキモノナリトスルトキハ此ノ衝突規則ヲ定ムル管轄權ヲ審査スルノ必要ヲ見サルナリ。元ヨリ吾人ノ主張スル如ク私法的國際交通ノ需要ニ應スルコトヲ以テ立法ノ根本標準ト爲スモ各國立法者ノ之レニ關スル見解如何ニ依リテ決定ヲ異ニスルコト有リ得ヘキヲ以テ絶對ニ各國衝突規則ノ一致ヲ期待スルコト能ハスト雖モ反對ニ各國衝突規則ハ不一致ヲ以テ當然ノ事實ト前提スヘキ必要ナシ、隨ヒテ衝突規則ノ立法管轄ヲ審査決定スルノ必要ヲ見サルナリ。且又假令此ノ管轄審査主義ニ從ヒ事物ノ性質上衝突規則ノ立法管轄ヲ定ムトスルモ此ノ所謂事物ノ性質モ同シク各國立法者ノ見解ニ依リ判斷ヲ異ニスルコト有リ得ヘキモノナルヲ以テ偶然ナル事實ニ依リテ定マル裁判管轄ノ如何ニ依リテ法律關係ノ從フヘキ法律ヲ異ニスルノ缺點ハ到底之レヲ除去スルヲ得サルナリ。猶ホ此ノ説ハ後ニ研究スヘキ反致主義ノ根據ト爲ルモノナルカ故ニ詳細ナル説明ハ該主義ヲ論スル章下ニ於テ之レヲ爲スヘシ。(註二)

【註一】ばーるモ殆ト同樣ナル意見ヲ有ス、即チ氏ハ其ノ反致論ニ言テ曰ク國際私法ノ規定ハ各國立法ノ管轄決定ノ規則タリ、甲國カ其ノ法律ヲ以テ問題トナレル事項ハ乙國法ニ依リテ之レヲ決定スヘシト爲ストキト雖モ亦然リ。元ヨリ甲國ハ積極的ニ乙國ニ對シテ其ノ管轄權ヲ附與スルコト能ハス、正確ニ觀察スルトキハ一國ハ自國法律カ如何ナル場合ニ適用セラルヘキカヲ決定スルトキハ既ニ其ノ立法的職分ヲ盡シタルモノナリ、恰モ一國ノ民事訴訟法カ其ノ國ノ裁判所ノ管轄ヲ定メ、其ノ無管轄ノ場合ニ何レノ外國ノ裁判所カ管轄スヘキカヲ定メサルカ如シ。然ルニ從來諸國ノ法律ハ往々ニシテ其ノ自國法ニ管轄ナシトスル場合ニ同時ニ某外國法カ適用セラルヘキ旨ヲ定ム。國際私法カ唯ニ管轄規定 Zuständigkeitnormen ナリトセハ何カ故ニ斯ク外國法ノ適用ヲ定ムルヤ、他ナシ、各國立法者ハ此ノ如キ場合ニ外國法ノ管轄ヲ定ムル規定ハ皆事物ノ性質ニ基ツクモノナリト思考スルカ爲メナリ。此ノ如キ規定ハ一方ニ於テハ裁判官ニ對シテ適用スヘキ法律ヲ選擇スヘキ勞ヲ省キ又他方ニ於テハ一般人民ニ對シテ訴訟ニ於テ如何ナル判決ヲ期待シ得ヘキカヲ示メスモノナリ。而シテ斯ク事物ノ性質ニ從ヒ定メラレタル管轄ハ決シテ當該外國ニ於テ之レヲ否認スルコトナシ、否却テ各國ハ何等カノ理由ヲ附シテ自己ノ管轄ヲ事物ノ性質以上ニ擴張セントスル傾向ヲ有スルヲ常トス。然レトモ用意周到ナル立法者ハ單ニ自己國法ノ適用ノミヲ定ムルコトヲ得

衝突規則ノ區別

ルナリ、現ニ獨逸民法施行法中ノ國際私法ハ主トシテ獨逸法適用ノ場合ノミヲ規定シ外國法適用ノ場合ヲ規定セルハ單ニ二三特別ノ場合ニ限レリト Bar, Die Rückverweisung im internationalen Privatrecht. (Böhms Z. f. i. Pr. Bd. VIII S. 178)

猶ホ氏ハしゆねるト同シク積極的ニ外國法ノ管轄ヲ定ムルハ一國立法權ノ限界ヲ超越スルモノナリトセリ（同上一七九頁）、然レトモ一國ノ衝突規則ハ外國ニ對スル命令ニ非サルカ故ニ外國法ノ適用ヲ定ムルモ爲メニ立法權ノ限界ヲ破ルモノト云フヲ得サルハ明カナリ。

にーどなーモ亦根本ニ於テ此ノ說ニ贊同スト雖モ同時ニ又此ノ說ノ弱點ヲ認メテ曰ク一國ノ國際私法カ單ニ內國法ノ管轄ヲ定ムルモノト爲スモ外國法ノ管轄ヲ犯スコトアルハ之レヲ認メサル可ラス、何トナレハ積極的ニ內國法ノ適用範圍ヲ規定スルハ消極的ニ外國法ノ適用ヲ排斥スルモノナレハナリ、然レトモ斯カル衝突規則ノ國際法的統一ヲ缺クノ結果トシテ発ルルコト能ハサル所ナリト Niedner, Das Einführungsgesetz zum B. G. B., S. 14.

【設二】にーまゐやーハばーるヲ以テ同シク管轄審査主義ヲ認ムルモノト爲ス Niemeyer, Juristen Ztg. III Jahrg. S. 372. 然レトモ上述ノ如クば氏ハ寧ロ猶ホ一歩ヲ進メタルしゆねるノ說ニ同スル者ナリ。

上述ノ如ク衝突規則ハ元來廣ク內外私法ノ適用範圍ヲ定ムヘキモノナリト雖モ未タ國際私法及ヒ衝突規則ニ關スル一般觀念ノ明瞭トナラサルカ爲メニ各國ノ衝突規則ハ必シモ常ニ內外私法ノ適用範圍ヲ完全ニ限定セサルナリ。於是衝突規則中或ハ左ノ如キ區別ヲ爲スコトヲ得。

一、一方的衝突規則 Einseitige Kollisionsnormen.

此ノ種ノ規則ハしゆねる等ノ唱フル主義ニ基ツキ單ニ內國私法ハ適用セラルヘキ場合ノミヲ規定シ、進ンテ內國法ノ適用ナキ場合ニ如何ナル外國法カ適用セラルヘキカヲ定メサルモノナリ。例之獨逸民法施行法第一四條ハ夫婦ノ身分上ノ法律關係ハ夫婦共ニ獨逸人ナルトキ又ハ嘗テ夫婦ハ獨逸人ナリシモ夫カ獨逸國籍ヲ喪ヒ妻ハ猶ホ獨逸國籍ヲ有スルトキハ獨逸法ニ從フヘキ旨ヲ規定セルカ如シ。即チ此ノ規定ハ夫婦ノ身分關係ニ付キ單ニ獨逸法ノ適用セラルヘキ場合ノミヲ定メタルモノニシテ夫婦共ニ外國人ナル場合又ハ妻カ獨逸國籍ヲ喪ヒ夫カ之レヲ保有セル場合等ニ於テハ如何ナル外國法ヲ適用スヘキカヲ定メサルナリ。猶ホ同法第一八條ハ子ノ嫡出ナルヤ否ヤハ其ノ出生ノ時ニ於ケル母ノ夫カ獨逸人ナルトキハ獨逸法ニ依リテ之レヲ定ムヘキ旨ヲ規定スト雖モ若シ母ノ夫カ外國人ナルトキハ如何ナル外國法ヲ適用スヘキカヲ定メサルナリ。猶ホ佛ノ衝突規則ノ一タル佛民法第三條第二項ハ不動產ハ外國人カ所有スルトキト雖モ佛法ニ從フヘキ旨ヲ定ムト雖モ外國ニ在ル不動產ニハ如何ナル法律ヲ適用スヘキカヲ定メス。又同第三項ハ人ノ身分、能力ニ關スル佛國法律ハ佛國人カ外國ニ住スルトキト雖モ適用セラルヘキ旨ヲ定ムト雖モ外國人ハ身分、能力ニハ如何ナル外國法ヲ適用スヘキカヲ定メス、此等皆所謂一方的衝突規則ナリ。

二、完全衝突規則 Vollkommene Kollisionsnormen

此ノ種ノ規則ハ單ニ內國法ノ適用ニ付テノミ規定スルニ非スシテ一般ニ內外法ノ適用關係ヲ定ムルモノナリ。故ニ又一般衝突規則 Generelle Kollisionsnormen ト稱スルコトヲ得ヘシ Zitelmann, I. S. 214. 例之獨逸民法施行法第七條第一項ニ人ノ法律行爲能力ハ其者ノ屬スル國ノ法律ニ從ヒテ之レヲ定ムト規定シ獨逸人ニハ獨逸法ヲ適用シ、外國人ニハ其ノ本國法ヲ適用スヘキ旨ヲ明言セルカ如シ、我法例第三條第一項ノ規定モ亦同シ。抑モ衝突規則ハ前ニ述ヘタルカ如ク原則トシテ總テ完全衝突規則タルヘキモノナリ、我法例カ此ノ主義ヲ採用シタルハ當ヲ得タルモノナリ。即チ我法例ニ主タル原則トシテ認メラレタル衝突規則ハ總テ完全衝突規則ナリ、唯特別

法例中ノ一方的衝突規則

ニ例外トシテ日本法律ニ依ルヘキ場合ヲ定メタル一方的衝突規則ノ存在スルノミ。例之第三條第二項ニ外國人カ日本ニ於テ法律行爲ヲ爲シタル場合ニ假令其ノ者カ原則トシテ從フヘキ本國法ニ依レハ無能力者タルトキト雖モ日本法律ニ依レハ能力者タルヘキトキハ日本法律ヲ適用スヘキ旨ヲ定メタルカ如シ。猶ホ第六條ニ例外トシテ我裁判所カ外國人ニ對シテ失踪ノ宣告ヲ爲シ得ル場合ニ日本法律ニ依ルヘキ旨ヲ定メタルモ同樣ナリ。

三、不完全雙方的衝突規則 Unvollständigzweiseitige Kollisionsnormen.

此ノ種ノ規則ハ以上第一種、第二種ノ規則ノ中間ニ位スルモノニシテ內國法及ヒ外國法ノ適用關係ヲ定ムト雖モ其ノ外國法ノ適用ヲ定ムルハ單ニ內國ニ或ル關係ヲ有スル場合卽チ外國人カ內國ニ住所ヲ有スルカ、其ノ相手方カ內國人ナルカ等ノ場合ニ限ルモノナリ。例之獨逸民法施行法第一三條第一項ハ婚姻ノ締結ハ當事者ノ一方カ獨逸人タルトキト雖モ各當事者ニ付キ其ノ本國法ニ依リテ之レヲ定ム又外國人カ內國ニ於テ爲

法例中ニハ不完全双方的規則ナシ

ス婚姻ニ付キテモ亦同シト規定シ、外國法ハ適用セラルル場合ヲモ定ムト雖モ其ノ全部ノ場合ヲ定メス。即チ外國人カ外國ニ於テ爲ストコロノ婚姻ニ付テハ如何ナル外國法ニ依ルヘキモノナルヤヲ定メサルナリ。此ノ種ノ規定ハ内外法ノ適用ヲ双方的ニ定ムト雖モ外國法ノ適用セラルル總テノ場合ヲ定メサルカ故ニ不完全ノ名アルナリ。獨逸民法施行法中ニハ猶ホ此ノ種ノ規定二三アリト雖モ我法例ニハ此ノ種ノ規定ナシ。

【註】以上掲ケタル各種ノ衝突規則ノ名稱ハにーまいやーノ提案セル所ナリ Niemeyer, Das internationale Privatrecht 1901, S. 13 ff. 次テかーんハ一方的衝突規則ヲ適用規則 Anwendungsnorm 又ハ擴張規則 Ausdehnungsnorm ト稱シ、完全衝突規則ヲ限界規則 Abgrenzungsnorm oder Grenznorm ト稱セリ。蓋シ一方的衝突規則ハ單ニ内國法ノ適用範圍ヲ擴張スル規則ニシテ完全衝突規則ハ一般ニ内外法ノ適用限界ヲ定ムル規則ナレハナリ、Kahn, Iherings Jahrbücher 39. S. 2 而シテ氏ハ此ノ二規則ノ關係ヲ説明シテ曰ク擴張規則ハ根源ノ規則ニシテ總テノ限界規則ハ擴張規則ヨリ發生シタルモノナリ、然レトモ限界規則ト並ンテ猶ホ一歩ヲ進メタル擴張規則ノ存在スルコトアリ、而シテ此ノ擴張規則ハ最早限界規則ト爲ルノ運命ヲ有セサルモノナリ、(例之獨逸民法施行法第七條第三項ノ規定ノ如シ、――我法例第三條第二項ト同一趣旨ノ規定――)此ノ如ク限界規則ト爲ルコト能ハサル擴張規則ハ之レヲ嚴正擴張規則 Strikte Ausdehnungsnorm ト稱スヘシト(かーん同上)。

第三節　法ノ分類中ニ於ケル衝突規則ノ地位

衝突規則ハ法ノ一般分類中如何ナル地位ヲ占ムルモノナルヤ、此ノ問題ハ國際私法ノ本質ニ關シ國際法主義ヲ採ルト國内法主義ヲ採ルトニ拘ラス共ニ研究スヘキ問題タリ。卽チ國内法主義ヲ採ルトキハ勿論、國際法主義ヲ採ルトキト雖各國ノ衝突規則ハ既ニ其ノ形式ニ於テ各國ノ國法タルハ言フヲ俟タサル所ナルヲ以テ國内法トシテ如何ナル種類ノ法律ニ屬スヘキカヲ研究スルノ要アリ。然レトモ又反對説ナキニ非ス卽チ此ノ問題ニ就テハ從來下ノ如キ諸種ノ意見行ハル。

第一、私法説

此ノ説ハ國際私法ノ本質ニ關シ國内法主義ヲ奉スル者ノ唱フル所ニシテ國際法主義ヲ採ル者ニ此ノ説ヲ爲ス者ハ絶テナシ、然ルニ私法説ニモ自ラ左ノ二種アリ。

評論

一、實質私法說

此ノ說ハ余輩既ニ國內法主義ノ實質上ノ根據トシテ說明シタル所ニシテ或ハ各國ノ國際私法ノ規則ハ各國實質私法ノ規定ト同シク個人相互間ノ私法關係ヲ定ムルモノナルヲ以テ實質私法ニ外ナラスト爲スモノじつたノ說或ハ各國ノ國際私法ノ規定ハ各國ノ實質私法規定ヲ列擧シタルト全ク同一ナルヲ以テ實質私法ナリト爲スモノ山口博士ノ說ナリ。而シテ此等ノ說ノ不當ナルコトモ前既ニ論證シタリ、八七頁乃至九五頁參照唯前ニハ一般ニ國際私法ノ本質論トシテ此等ノ說ヲ評論シタルモノナリト雖モ形式上國內法タル各國衝突規則ノ性質論トシテモ此等ノ說ニ對シテハ全ク同樣ナル評論ヲ加ヘサル可ラサルナリ。即チ衝突規則ハ決シテ或ル私法關係例ヘハ賣買、婚姻等ニ適用セラルヘキ實質私法ニ非スシテ此ノ如キ實質私法ヲ內外ニ涉リテ指定スル所ノ規則タリ。又或ル私法關係ニ付キ適用セラルヘキ各國實質私法ヲ指定スルハ各國實質私法ノ個々ノ規定自身ヲ採リテ自己ノ實質私法ノ一部ニ編成スルノ意義ニ非スシテ該私法關係ニ付キテハ隨時ノ各國實質私法ノ支配管轄ニ屬セシムルノ義ナリ、而シテ此ノ管轄規則ハ人ノ國籍、住所、物ノ所在地、及ヒ行爲地等ノ一般的標準ニ依リテ國法ヲ指定スルモノナルヲ以テ此ノ規則ハ單ニ規則設定當時ノ現存國家ニ付キテノミ適用セラルルモノニ非スシテ將來成立スヘキ國家ニモ當然適用セラルルモノナリ。若シ衝突規則ヲ以テ各國私法ノ個々ノ規定ヲ採取列擧シタルト同一ノモノナリトスルトキハ事實上採取スルコトヲ得サル未存ノ國家ノ法律ハ問題外トナラサル可ラス、猶ホ民法法典中或ル事項ニ或ル他ノ事項ノ規定ノ準用ヲ命シタル規定例ヘハ賣買ニ關スル規定ヲ賣買以外ノ有償契約ニ準用ヲ命シタル我民法第五五九條ノ規定ノ如キ又同シク商法法典ノ或ル規定ノ適用又ハ準用ヲ命シタル民法法典ノ規定例ヘハ營利的社團法人ニ商事會社ノ規定ノ準用ヲ命シタル我民法第三五條ノ規定ノ如キハ皆實質法的指定規定ナリ。卽チ或ル事項ニ之レニ類似セル他ノ事項ノ規定ヲ相當ノ變更ヲ加ヘテ適用スヘキコトヲ命シタルモノナリ、此ノ二事項ハ類似ストハ雖モ決シテ同一事項ニ非サルナリ、別個ノ事項ナルカ故ニ本來ハ各別個ニ規定スヘキモノナレトモ類似ノ規定ヲ反復シテ掲クルノ煩ヲ避ケテ簡單ニ一方ノ規定ヲ指示シテ他方ニ其ノ準用ヲ命シタルモノナリ。衝突規則カ內國法ノ適用ヲ指定シ又ハ外國法ノ適用ヲ指定スルハ全ク之レト異ナル、即チ內外法ハ共ニ同一事項ヲ規定セル私法規定ナリ、全ク同一事項ヲ規定セル二個若クハ數個ノ私法對立セルカ故ニ孰レノ私法ニ管轄セシムヘキカヲ定ムルノ要アリ、衝突規則ハ此ノ管轄ヲ指定スルモノナリ、故ニ衝突規則ト實質法指定規定トハ全ク性質ヲ異ニス。

【註】衝突規則ト實質法指定規定トノ差異ニ關スル研究ハちーてるまん及ビぎーすかー、つぇらー二氏ノ著ニ審カナリ Zitelmann I. S. 250 ff.; Heinrich Giesker-Zeller, Die Rechtsanwendbarkeitsnormen, S. 17 ff. うぁるたー、えりねつくカ國際私法上或ル外國法ヲ適用スルハ其ノ外國法カ內國法ノ一部ヲ構成スルカ故ナリト爲シ、ちーてるまんノ一巻二五八頁以下(實質法指定規定ノ本質論)ヲ引用セルハ全クち氏ノ說ヲ誤解セルモノナリ。W. Jellinek. Gesetz, Gesetesanwendung und Zweckmässigkeitserwägung, S. 94.

二、附屬私法說

衝突規則ハ實質私法ニ非スト雖モ之レニ附屬セル法律ナルヲ以テ私法

評論

タリトスル説アリ例ヘハかーんノ唱フル所ノ如シ。氏曰ク衝突規則ハ實質私法ニ非サルハ眞ナリ、然レトモ衝突規則ノ實質法ニ於ケルハ猶ホ額縁ノ額畫ニ於ケルカ如シ、額縁ハ元ヨリ自ラ繪畫ニ非ス、然レトモ額縁ハ猶ホ其ノ包容スル所ノ額畫ニ屬ス、此レニ依リテ觀レハ私法衝突規則ハ同シク私法ノ附屬物 Pertinenz des Privatrechts タルコトヲ得サル理由ナシト（Kahn, Iherings Jahrbücher 40, S. 52-54.）はびひとモ亦此ノ説ニ贊同シテ曰ク衝突規則ハ周圍ノ境界ヲ定メ實質私法規定ハ其ノ内容ヲ成ス、二者合シテ私法ヲ構成スルモノナリト（Habicht, S. 7. にーまるやー亦同論 Niemeyer, Das internationale Privatrecht, S. 179.）此ノ説ノ論據ノ薄弱ナルハ明カナリ、額縁ハ額畫ニ附着スト雖モ額畫ニ屬シテ其ノ一部ヲ構成セス。周圍ノ境界ハ内容ヲ包藏スト雖モ内容ニ屬シテ其ノ一部ヲ構成セス。額縁ハ額畫ニ同化セス、境界ハ内容ニ同化セス。加之衝突規則ナル額縁ハ單ニ内國私法ナル一額畫ノ額縁ニ非スシテ内外國私法ナル數額畫ノ限界ヲ劃スルモノナリ、從ヒテ衝突規則ナル額縁ハ單ニ内國私法ナル額畫ノ額縁ナリトモ言フコトヲ得サルナリ。故ニ此ノ點ニ就テハちーてるまん等【註一】ノ唱フルカ如ク適用セラルヘキ法律ヲ決定スル規則ハ自ラ適用セラルヘキ法律タルコトヲ得ス、換言スレハ衝突規則ハ各國私法ノ管轄ヲ決定スルモノナルカ故ニ自ラ各國私法ノ一タルヲ得ストスルヲ以テ正當ナリト言ハサル可ラス、喧嘩ノ仲裁者ハ自ラ喧嘩ノ當事者タルコトヲ得サルナリ。【註二】

【註一】ちーてるまん曰ク適用規則（衝突規則ノ義）ヲ以テ實質私法ノ一部ト爲ス説ハ排斥セサル可ラス、何トナレハ適用規則ハ一ノ實質的法制 Materielle Rechtsordnung ノ管轄ヲ他ノ實質的法制ニ對シテ限定シ又ハ多數實質的法制間ノ管轄ヲ限定スルモノナルヲ以テ其ノ目的トシテ既ニ實質的法制ノ存在ヲ前提トスルモノナリ、從ヒテ自ラ實質法タルコト能ハサルハ猶ホ水中ニ溺ルル者自ラ頭髪ヲ引キテ己ヲ救フ能ハサルカ如シト Zitelmann, I S. 199. 猶ホ同論れーゔゑんふえるど參照 Loewenfeid, Staudingers Kommentar zum B. G. B. und EG. 7/8 Aufl. I S. 7.

【註二】くられんべつく曰ク國際私法ヲ以テ私法ノ一部ナリトスル謬斷ハばんでくてんノ講義ニ於テ私法規定ニノミ限ラレサル一般原理及ヒ法律解決ノ根本原則ヲ總論中ニ編入シタル單純ナル習慣ニ起因スルモノナリト Kuhlenbeck, Staudingers Kommentar VI. S. 22.

第二　國際法説

國際法ハ各國家ノ共同團體ニ結合セラレタル生活關係ヲ定ムル規則ヲ

國際法說

リ成立スルモノナルヲ以テ法ノ國際的實施區域ヲ定ムル規則 Internationale Geltungsgebietsnormen ノ一タル各國ノ國際私法ノ規則ハ國際法ニ屬スト爲ス說アリ。（Giesker-Zeller, Die Rechtsanwendbarkeitsnormen, S. 78.）

評論

此ノ說ハ國際法ヲ以テ各國制法ノ性質ヲ有スト爲ス見解ヨリ觀ルトキハ決シテ不當ナリト言フヲ得ス。然レトモ余輩ハ國際法ハ國內法ト全然區別スヘキモノナリト爲スカ故ニ此ノ說ニ贊同スルヲ得ス、衝突規則ハ元ヨリ國際法タル國際私法ノ原則ヲ包含スト雖モ既ニ法ハ形式上各國ノ國內法トシテ成立スルカ故ニ其ノ內容タル原則ノ形式モ亦之レニ應シテ異ナラサルヲ得ス、卽チ衝突規則ハ一般人民並ニ法律適用ノ任務ヲ有スル者ノ爲メニ認メラレタルモノナルヲ以テ單ニ此等ノ者ニ對スル法規ニシテ各國家自身ニ對スル法則ニ非ス、故ニ之レヲ以テ直接ニ各國家ヲ拘束スヘキ國際法ナリトスルヲ得サルナリ。加之一國ノ衝突規則中ニハ既ニ說明シタルカ如ク未タ國際法的效力ヲ有セサル規則ヲ包含スルモノナルカ故ニ直チニ之レヲ以テ國際法ナリトスルコトノ不當ナルハ益明カナリ。

ちーてるまんノ公法說

第三、公法說

此ノ說ノ代表的議論トシテハちーてるまんノ所說ヲ擧クルヲ妥當ナリト信ス、今其ノ要旨ヲ掲クレハ左ノ如シ。

一、適用規則ハ實質私法ノ規則ニ非ス、二三九頁註一參照而シテ適用規則カ實質私法ニ非ストセハ同時ニ私法ノ規則ニ非ス、何トナレハ實質私法ニ非サル私法ハ存在セサレハナリ、右ノ如ク適用規則カ國際法ニ非ス又私法ニ非ストセハ此ノ規則ハ國內公法ナリト當然ノ結論ニ達セサル可ラス。

以上ハ氏ノ議論ノ第一段、一般論ナリ。

二、適用規則ハ裁判官ニ對スル法律適用ノ命令タル點ニ於テ疑モナク公法タリ、其ノ命令ノ形式如何ニ拘ラス(例之此々ノ法律ヲ適用スヘシ、此々ノ法律ニ從フ、此々ノ法律ニ依リテ之レヲ定ム等)尤モ此ノ適用命令ハ決シテ適用規則ノ根源內容ニ非スシテ却リテ其ノ結果ニ過キス、故ニ猶ホ進ンテ此ノ根源內容ニ從ヒ適用規則ノ性質ヲ究明セサル可ラス。同上第二段。

三、本著(氏ノ國際私法論)ノ立脚地ヨリ觀テ適用規則カ公法タルハ疑ナシ、然レトモ果シテ如何ナル種類ノ公法ナルカヲ驗セサル可ラス。

或ル國法ヲ適用スト云フハ此ノ國法從ヒテ此ノ國法ノ主體タル國家カ斯々ノ人及ヒ斯々ノ領域ニ對シテ權力ヲ有スト云フコトヲ宣言スルモノナリ、故ニ各適用規則ハ其ノ特殊ナル根本內容ニ依リテ之レヲ觀レハ自國又ハ他國ニ屬スヘキ私法事項立法權ノ限界ニ關スル國家ノ宣言ナリ。猶ホ此ノ限界ハ各國ノ自由行動範圍ニ對スル關係ニ於ケル限界ニ非スシテ外國ノ立法權ニ對スル關係ニ於ケル限界タリ、故ニ此ノ宣言ハ立法權ノ國際法的範圍ヲ自國又ハ他國ニ承認スル所ノ宣言タリ。此ニ依リテ觀レハ此ノ宣言ノ內容ハ國際法ニ關ス、然レトモ此ノ宣言自身ハ國際法上ノ行爲ニ非ス、卽チ此ノ宣言ハ決シテ外國國家ニ對スルモノニ非スシテ全ク國內法上ノ行爲タリ、故ニ此ノ宣言ニ依リテ生シタル法規ハ單純ナル國法ノ性質ヲ有ス。內國法ノ支配管轄ヲ定ムル國際私法上ノ規則ハ國家カ自己ノ國際法上ノ地位ニ關シテ有スル見解ノ宣言タリ、而シテ此ノ宣言ハ同時ニ此ノ見解カ自己ノ行爲(從ヒテ又自己ノ裁判官ノ行爲)ニ對スル國家ノ將來ノ規則タルヘシト云フ意思表示タリ。猶ホ外國法双互間ノ支配管轄ヲ限定スル所ノ規則モ同シク公法上ノ規則ナリ。即チ此ノ規則ハ國家カ外國國家相互間ノ立法權ニ關シテ自己ヲ拘束スヘキ形式ニ於テ自己ノ國際法上ノ見解ヲ表示スル宣言タリ。國際法ハ各國共同ヲ基礎トスルモノナルカ故ニ二個ノ外國國家間ノ支配ヲ限定スルコトハ同時ニ自己國家ノ利害ニ關スルノミナラス又國家ハ國際法上ハ權利義務ニ關スルモノナリ、即チ一國ハ二個ノ外國國家間ノ國際法上ノ支配限定ニ關シテ自己ヲ拘束スヘキ形式ニ於テ又從ヒテ自己ノ官憲ニ對シテモ效力ヲ有スル形式ニ於テ自己ノ見解ヲ確定シタルトキハ國家ハ同時ニ又自己ハ生活ニ關スル法律上ハ基本原則ヲ設定スルモノナリ。同上第三段

以上ハちーてるまんノ公法説ノ要旨ナリ、同氏前掲一卷一九八乃至二〇二頁而シテ余輩ハ大體ニ於テ本説ニ贊同スル者ナリ。然ルニ此ノ説ニ對シ或ハ左ノ如キ非難

かーんノ非難

アリ。

一、衝突規則カ實質私法ニ非サルハ眞ナリ、然レトモ此ノ前提ヨリシテ其ノ當然ノ結論トシテ衝突規則ハ私法ニ非スシテ公法ナリト主張スルハ殆ト循環論ニ陷ルモノナリ。實ニ公法タル國法ニ就テモ亦衝突規則アリ、而シテ此ノ國法ノ衝突規則モ亦元ヨリ實質國法ニ非ス、然ラハ何ソヤ、實質國法ニ非サルカ故ニ私法ナリト云フカ。 Kahn, Iherings Jahrbücher 40 S. 52 ff.

此ノ非難ハち氏ノ前掲第一段ノ論旨ニ對スルモノナリ。ち氏カ實質私法以外ニ私法ナシト言ヘルコトカ全ク氏ノ獨斷ニ出ツルトセハ此ノ非難ハ當レリ、然レトモ若シ私法ハ實質的ニ個人ノ社會生活關係ヲ律スル法規ナリトスルコトカ今日一般ニ認メラルルモノトセハち氏ノ此ノ議論ハ獨斷ニ非ス、又從ヒテ之レヲ前提トセル氏ノ推論ハ決シテ循環論ニ非ス。而シテ公法、私法ノ區別ノ標準ニ付テハ古來種々雜多ノ意見アリト雖モ私法ハ內容ハ民法、商法等ノ實質法規タルコトヲ前提トシテ論議スルヲ以テ通例ナリト信ス。猶ホ此ノ非難ハ單ニち氏ノ公法說ノ理由構成ノ一

山口博士ノ非難

部ニ前掲第一段ノ論旨ノミ對スルモノナルカ故ニ之レヲ以テち氏ノ公法説ヲ覆ヘスニ足ラサルハ明カナリ。

二、ち氏ハ國内的國際私法ヲ以テ法律適用ノ國家命令ナリト爲シ以テ之レヲ公法ナリト斷定スト雖モ凡ソ一定ノ事實カ渉外的私法關係ナリヤ否ヤハ其ノ發生ノ當時個人ニ對シテ定マルモノニシテ裁判官ハ事後既定ノ事實ヲ宣明スルニ過キス、ち氏ノ説ニ依ルトキハ裁判前ニ於テハ人民ハ渉外的私法關係ノ標準ヲ有セサルナリ。山口博士日本國際私法論一分册一六頁

此ノ非難ハち氏ノ前掲第二段ノ論旨ニ對スルモノナリ。然レトモ此ノ非難ハ稍穩當ヲ缺クニ似タリ、先ツ第一ニ衝突規則カ裁判官ニ對スル法律適用ノ命令ナリト言フモ之レカ爲メニ當然個人カ裁判前ニ於テ渉外的法律關係ノ標準ヲ有セストノ結論スヘキ必要ナシ、何トナレハ裁判官ニ對スル法律適用ノ命令ハ同時ニ個人ヲシテ裁判ニ於テ如何ナル判決ヲ期待シ得ヘキカヲ知ラシメ、又同時ニ何レノ國法ニ從ヒ或ル渉外的法律關係カ法律上ノ效果ヲ生スヘキカヲ知ラシムルモノナレハナリ。次ニ此ノ非

難モ亦單ニち氏ノ公法論ノ理由構成ノ一部殊ニ其ノ一局部卽チ前掲氏ノ第二段ノ論旨ノ一部タル裁判官ニ對スル法律適用ノ命令ナリト云フ言辭ニノミ對スルモノニシテ氏ノ意見自身ニ對スル批評ト認ムルヲ得ス。何トナレハ氏ハ既ニ前掲第二段ニ於テモ此ノ裁判官ニ對スル法律適用命令カ適用規則ノ根源內容ニ非スシテ却リテ其ノ結果的現象ナルコトヲ指摘シ、且ツ第三段ニ於テ此ノ根源內容ニ基ツキ衝突規則ノ公法的性質ヲ論證シタレハナリ。

著者ノ公法說

要スルニ余輩ハ大體ニ於テち氏ノ說ニ賛同スル者ナリ。然レトモ余輩ハ猶ホ左ノ如ク說明セントス。

衝突規則ハ各國私法ノ適用範圍ヲ限定スルモノナルカ故ニ實質私法ニ非ス、此ノ點ハ前掲私法說ニ對スル余ノ評論ニ依リテ明カナリ。猶ホ衝突規則ハ內外私法ノ適用範圍換言スレハ內外私法ノ效力範圍ヲ定ムルモノナルカ故ニ私法ニ關シテ少クトモ內國立法權ノ活動範圍ヲ限定スルモノナリ、卽チ衝突規則ハ國權ノ作用ニ關スル法規タリ、故ニ衝突規則ハ一國ノ公法ナリ。然ラハ如何ナル種類ノ公法ニ屬スカト云フニ余輩ハ前ニ國際私法ト衝突規則トノ關係ニ付キ說明シタル衝突規則ノ内容（一〇六、一〇七頁參照）ニ基ツキ衝突規則ハ二種ノ公法ヲ包含スト言ハントス、卽チ一ハ國際法タル國際私法ニ基ツク公法ニシテ他ノ一ハ各國ノ見解ニ基ツク内外私法適用ニ關スル公法是レナリ。前者ハ現ニ國際法タル原則ヲ認メタル一國ノ公法ニシテ後者ハ或ハ各國一致ノ承認實行ニ因リテ將來國際法ノ原則ト爲リ得ル素質ヲ有スル一國ノ公法タリ。

【註】猶ホ公法說ヲ唱フル學者トシテハにーどなー、れーゔぇんふぇるど、くーれんべっく等ヲ擧クルコトヲ得 Niedner, Das Einführungsgesetz, 2. Aufl. S. 295; Loewenfeld, Staudingers Kommentar, I. S. 7 ff.; Kuhlenbeck, Staudingers Kommentar, VI. S. 22.

第四節　各國法制ニ於ケル衝突規則ノ地位

衝突規則ハ上述ノ如ク特殊ノ性質ヲ有スル法律ナルヲ以テ立法主義トシテモ一國法制中特別ノ地位ヲ占ムヘキモノナリ、卽チ衝突規則ヲ以テ國際法又ハ公法ナリトスルトキハ勿論、之レヲ私法ナリトスルモ實質私法ニ非ストヽ爲ストキハ法制中之レニ特別ノ地位ヲ與フヘキモノナリ。然ルニ從來ノ立法例ハ斯法ニ關スル研究ノ今日ヨリ猶一層不十分ナル時代ニ成立シタルモノ多キニ居ルカ故ニ其ノ立法主義ノ區々タルヤ元ヨリナリ、今其ノ一般ヲ示セハ左ノ如シ。

第一、私法殊ニ民法法典中ニ此ノ規則ヲ置クモノ、

此ノ主義ヲ採ル國ハ佛蘭西、もなこ、りゆくせんぶるぐ、伊太利、西班牙、葡萄牙、墺地利、せるびや、もんてねぐろ、るーめにや、亞爾然丁、智利、等ナリ。

第二、民法施行法中ニ此ノ規則ヲ置クモノ、

此ノ例ハ單ニ獨逸ニ於テ之レヲ見ルモノナリ、尤モ獨逸民法第二草案ニ於テハ民法法典中第六編ニ外國法ノ適用ト題シテ一般的ノ衝突規則ヲ定メタリ、然ルニ議會ノ確定議ニ於テ右草案ノ一般的規定ニ制限ヲ加ヘ主トシテ獨逸民法ノ適用範圍ヲ定ムル規則ト爲シタルヲ以テ寧ロ民法施行法中ニ編入スヘキモノト爲シタルカ如シ。然レトモ假令一方的規定ノ

ミトスルモ衝突規則ノ性質上此ノ立法主義ハ當ヲ得スト云ハサル可ラス。

第三、特別法ヲ以テ此ノ規則ヲ定ムルモノ、

此ノ主義ヲ採ル國ハ和蘭、瑞西等ニシテ我國モ亦法例（明治三一年六月法律第一〇號）ナル特別法ノ第三條以下第三一條ニ一般的衝突規則ヲ掲ク、唯後ニ商法々典ノ修正成ルト共ニ國際商法ニ關シ商法施行法中ニ第一二五條及ヒ第一二六條ノ規定ヲ設ケタリ。其他我衝突規則ニ關スル法律規定トシテハ著作權法第二八條ヲ擧クルコトヲ得ヘシ。

要スルニ此ノ最後ノ主義ヲ以テ衝突規則ノ本質ニ適フモノト言フヲ得ヘシ。

第五節　衝突規則ノ欠缺

一國ニ於テハ其ノ國ノ法源トシテ認メラレタル法規ノ外ニ法規ナキハ勿論ナリ、隨ヒテ一國ノ裁判官ハ成文法【註】ト不文法トヲ問ハス其ノ國ニ認メラレタル衝突規則ニ從ハサル可ラス、而シテ其ノ衝突規則カ明カ

ニ國際法タル國際私法ノ原則ニ反スルトキト雖モ之レニ從ヒ適用スヘキ國法ヲ定メサル可ラス、何トナレハ裁判官ハ國際共同團體ノ機關ニ非スシテ一國ノ司法機關ナルヲ以テ國法カ國際法ノ原則ニ反スルヤ否ヤヲ審査スヘキ職權ヲ有スル者ニ非サレハナリ　Gierke, Deutsches Privatrecht 1895, S. 213.

【註】法律ト同一ノ效力ヲ有スヘキ條約ノ規定ハ元ヨリ成文法タリ、我國ハ主要ナル海牙國際私法條約ニ關係ナキヲ以テ此ノ種ノ規定ハ唯僅カニ船舶衝突規定統一條約、海難救助規定統一條約、萬國著作物保護條約、工業所有權保護同盟條約等ニ包含セラルル二三ノ規定ニ止マル。

然ラハ一國ノ衝突規則ニ欠缺アリタルトキハ如何、抑モ法ニ欠缺アリヤ否ヤノ一般法理論ハ今茲ニ議スヘキ限ニ在ラスト雖モ要スルニ法ノ欠缺ナル語ニ與フル意義如何ニ依リテ欠缺有無ノ結論ヲ異ニスルモノナリ。爰ニハ法ニ直接ノ規範ヲ缺ク場合ヲ指シテ法ノ欠缺ト稱ス、而シテ不文法ハ暫ク之レヲ措キ單ニ成文ノ衝突規則ニ付キ之レヲ言ヘハ衝突規則ノ欠缺ニハ一般的ノモノト一部的ノモノトアリ。

一般的欠缺

即チ一國ノ衝突規則ニ僨權關係又ハ物權關係ニ付キ一切ノ衝突規定ヲ缺ケルモノアリ、例ヘハ獨

一部的欠缺

逸ニ於テハ此ノ兩者ニ付キ更ラハ衝突規定ヲ有セサルカ如シ、之レ一般的欠缺ナリ。之レニ反シテ衝突規則カ同種ノ法律關係中或ルモノニ付キテハ規定ヲ設ケ或ル他ノモノニ付キテハ之レヲ缺クコトアリ、又或ハ衝突規則カ單ニ一方的衝突規則又ハ不完全双方的衝突規則タルコトアリ、（二三九頁以下參照）此等ノ場合ハ一部的欠缺タリ【註】。猶ホ此等一切ノ欠缺ハ立法者ノ有意ニ出ツルモノアリ、又不用意ノ結果タルコトアリ、其ノ如何ナル場合タルトヲ問ハス裁判官ハ何等カノ方法ヲ以テ此等ノ欠缺ヲ補充シテ問題タル法律關係ニ適用セラルヘキ國法ヲ決定セサル可ラス。

【註】 或ハ單ニ一方的衝突規則及ヒ不完全双方的衝突規則ノミ存在スル場合ヲ一部欠缺 Teilweise Lücken ト名ツケ、其ノ他ノ欠缺ヲ全部欠缺 Vollständige Lücken ト呼フ學者アリ Habicht, S. 28 ff. 然レトモ余輩ハ後ニ述フルカ如ク同種ノ法律關係ノ或ルモノニ付キ衝突規定カ存在シ他ノモノニ付キ之レヲ缺ク場合ハ一方的又ハ不完全双方的衝突規定ノミ存在スル場合ト同一補充方法ヲ採用スヘキモノト爲スカ故ニ本文ニ掲クルカ如ク分類スルヲ妥當ナリトスル者ナリ。

上述ノ欠缺補充方法ニ付キテハ從來學者間ニ種々ノ議論行ハル、而シテ議論ノ岐ルルハ主トシテ國際私法又ハ衝突規則ノ本質ニ付テノ意見ノ相異ニ因ルモノナリ、之レ余輩カ既ニ注意シタルカ如ク國際私法ノ本質論カ單ニ學理上ノ議論ニ非スシテ實際上重要ナル價値ヲ有スト爲ス所以ナリ、左ノ説明ニ依リテ之レヲ知ルコトヲ得ヘシ。

屬地主義ノ補充論

第一、國內法主義殊ニ屬地主義ノ學者ノ意見

うゑひたー　へるだー

既ニ述ヘタルカ如くうゑひたーハ疑ハシキトキハ裁判官ハ內國法ヲ適用スヘシト爲シ一六四頁參照又此ノ説ニ賛同セルへるだーハ內國法律ハ他ニ特別ノ規定ナキ限リハ一般ニ補充的ニ適用セラルヘキモノナリト主張ス Hölder, Die subsidiäre Geltung der lex fori (Z. f. intern. Pr.-u. Str. XIX. S. 198 ff.) 然レトモ此ノ説ノ不當ナルコトハ余輩既ニ之レヲ明カニシタリ、猶ホ此ノ如キ屬地主義ノ議論ハ今日ノ國際交通ノ必要ニ應セサルモノトシテ一般ニ排斥セラル、Niemeyer, Das intern. Privatr. des B. G. B. S. 51; Habicht, S. 30.

【註】猶ホ獨逸衝突規則ノ欠缺補充論トシテ屬地主義ノ觀念ヲ基礎トスル一説アリ、卽チ曰ク法ニ規定ナキ場合ニ於テハ裁判官ハ全然自由ナリ、獨逸民法ハ國際私法問題ニ關シ裁判官ニ與フルニ恰モ羅馬ニ於ケル市民法ニ對スルぷれーとるノ地位ヲ以テシタルモノナリ、故ニ獨逸裁判官ハ正義ニ從フト共ニ及フ限リ獨逸ノ利益ニ適フカ如ク法律ヲ發見スヘキモノナリト Edelmann, Der grundsätzl. Standpunkt des deutsch. B. G. B. im intern. Privatr. (Z. f. intern. Priv. u. Strafr. VIII S. 315. 然レトモ此ノ如キ説ハ一般論トシテ排斥スヘキハ勿論ナリ、猶

ホ獨逸衝突規則ノ欠缺補充論トシテモ理由ナキハにーまゐやーノ指摘シタルカ如シ Niemeyer, Das intern. Privatr. des B. G. B., S. 51.

第二、管轄審査主義ノ學者ノ意見

管轄審査主義ノ補充論

此ノ派ノ學者ノ代表的意見トシテ左ニにーどなーノ獨逸衝突規則ノ欠缺補充論ノ要旨ヲ擧クヘシ、

にーどなー

一、不完全双方的衝突法規及ヒ一方的衝突法規ノ存在スル場合

此等ノ規定ニ依リ或ル法律關係カ獨逸法ニ從ハサルモノナルトキハ裁判官ハ先以テ此ノ法律關係ニ關係ヲ有スト認メ得ヘキ外國法ノ何々ナルカヲ考査スヘシ、次ニ此等外國法カ問題タル法律關係ニ付キ明示又ハ默示ノ衝突法規ヲ有スルヤ否ヤヲ驗スヘシ。而シテ此ノ調査ノ結果

イ、若シ此等外國法カ該衝突法規ヲ有シ而カモ此等衝突法規カ適用セラルヘキ實質法ノ決定ニ付キ全部一致シタルトキハ裁判官ハ此等衝突法規ニ從ヒ適用スヘキ法律ヲ適用スヘシ。

ロ、然ラサル場合ニ於テハ裁判官ハ内國衝突法規ヲ類推適用スヘシ。

二、全ク衝突法規ヲ缺ク場合

此ノ場合ニ於テハ裁判官ハ全ク立法者ト同シク獨トリ内國法適用ニ關スル管轄法規ヲ定ムルコトヲ得、而シテ裁判官カ研究ノ結果獨逸法カ管轄スヘキモノニ非スト爲ストキハ裁判官ハ先ツ第一ニ前掲一ニ示セル一方的衝突法規ノ場合ノ欠缺補充ト全ク同一ノ處置ニ出ツヘシ。然レトモ裁判官ハ如何ナル原則ニ依リテ内國法ノ管轄法規ヲ定ムヘキカハ甚タ問題ナリト雖モ恐ラク「法ハ對人支配關係及ヒ對土支配關係ニ依リ法律問題ニ最モ深キ關係ヲ有スル國法ヲ適用スヘシ」トノ根本原則ニ從ヒテ之レヲ決スヘシ。

以上ハにーどなーノ欠缺補充論ノ要旨タリ、【註】Niedner, Einführungsgesetz. S. 15 ff. 而シテ獨逸ニ於テハ之レニ贊同スル學者アリト雖モ Habicht, S. 33 ff. 余輩ハ一般ニ各國衝突規則ノ欠缺補充論トシテ此ノ説ヲ排斥ス、何トナレハ此ノ説ハ既ニ説明シタル誤レル管轄審査主義ニ基礎ヲ置クモノナレハナリ。猶ホ此ノ説ニ從フトキハ一國ハ國ノ國法タル衝突規則ヲ外國法タル外國衝突規則ヲ以テ補充スルハ結果ヲ呈ス、即チ問題ニ關係アル二三ノ外國衝突法規カ偶々一致シタルトキハ其ノ法規ノ命スル所ニ從ハサル可ラス、其ノ理由ナキヤ明カナリ。唯獨逸ノ衝突規則ノ如ク所謂管轄審査主義ニ基ツクモノト認メ得ヘキ法律ノ下ニ於テハ二二八頁（註一）參照、尤モにーまゐやーノ如キハ之レヲ認メス Niemeyer, Das intern. Privatr. z. B. G. B., S. 22. 或ハ必シモ此ノ說ヲ排斥スルコト能ハサルヘシ。然ルニにーまゐやーノ如キハ猶ホ此ノ說ヲ非難シテ曰ク何カ故ニ我衝突法規ハ單ニ補充的ニノミ類推適用スヘキモノト爲スカ、甚タ解ス可ラス、若シ類推ヲ用ユルコト自身カ正當ナリトセハ直チニ無條件ニ之レヲ用ユヘシ、若シ之レニ反シテ類推ヲ用ユルコト理由ナシトセハ單ニ補充的ト雖モ決シテ之レヲ用ユ可ラスト同上四五頁參照 蓋シ適評タリ。

【註】尤モ氏ハ例外規則ノ性質ヲ有スル一方的衝突法規ニ付キテハ類推ヲ容ス可ラサルヲ說クト雖モ此ノ點ハ一般欠缺補充論ニ關係ナキヲ以テ之レヲ省略セリ。

著者ノ意見

以上二種ノ意見ノ外ニ於テモ猶ホ諸種ノ說アリト雖モ所謂一部欠缺ニ付テハ一般ニ――例外的衝突規定ノ場合ハ暫ク論外トシテ――類推ニ依

リテ適用スヘキ法律ヲ定ムヘシト為スヲ以テ多数學者ノ一致ノ意見ナリト云フコトヲ得ヘシ、例ヘハちーてるまん、にーまゐやー、くーれんべつく、えんねくちえれす等皆然リ Zitelmann, I. S. 332; Niemeyer, Das intern. Pr. z. B.G.B., S. 34; Kuhlenbeck, Staudingers Kommentar VI. S. 30; Enneccerus, I. S. 149. 之レ私法ノ適用ニ關スル一般原則ニシテ更ラニ説明ヲ要セスト信ス、而シテ類推適用ニ依ルヘキ場合ハ前述ノ如ク單ニ一方的又ハ不完全双方的衝突法規ノ存スル場合ノミナラス、同種ノ法律關係ノ或ルモノニ付キテノミ衝突法規ノ存スル場合ヲモ包含スルモノナリ。

次ニ或ル種ノ法律關係ニ付キ全然衝突法規ヲ缺キ隨ヒテ類推適用ヲ用ユルコト能ハサル場合如何、此ノ場合ニ於ケル裁判官ノ地位ハ最モ重要ナルモノナリ、而シテ本問ハ國際私法又ハ衝突規則ノ性質ニ基ツキ決定スヘキモノタリ、即チ余輩ハ國際法主義ノ見地ニ基ツキ斯カル場合ニハ裁判官ハ恰モ立法者カ衝突法規ヲ設定スル場合ニ於ケルト同様ナル地位ニ立チテ問題ヲ解決スヘキモノト信ス、故ニ裁判官ハ先第一ニ（一〇三、一〇四頁參照）問題ニ關シテ既ニ國際法タル國際私法ノ原則ノ存在スルモノアルトキハ元ヨリ此ノ原則ニ從ヒ適用スヘキ國法ヲ定ムヘキモノナリ、例ヘハ海牙國際私法條約等ニ依リ多數ノ國家ニ廣ク認メラレタル原則存在スルトキハ之レニ從フヘシ。次ニ若シ此ノ如キ廣ク各國ニ認メラレタル原則存在セサルトキハ裁判官ハ廣ク各國ノ衝突法規、判決例、學說等ヲ參照シテ最モ私法的國際交通ノ需要ニ應スヘキ決定ヲ考査シ之レニ依リテ適用スヘキ法律ヲ定ムヘキモノナリ、二〇九頁參照要スルニ余輩ハ衝突規則ノ最後ノ欠缺補充手段トシテハ裁判官ハ全ク一國立法者ト同樣ノ地位ニ立チテ處決スヘキモノナリト爲スナリ、何カ故ニ然ルカト云フニ裁判官ハ元ヨリ一國ノ機關ナルカ故ニ直接ニ國際法ノ原則ニ拘束セラルルコトナキハ勿論ナリ、然レトモ既ニ國家カ一般ニ國際法ノ原則ニ服從スヘキ義務アリトセハ特ニ國家カ國際法ノ原則ニ違反セントスル意思ヲ表示セサル限リハ國家ハ寧ロ之レニ從ヒテ行動セントスル意思ヲ有スト認メサル可ラス。果シテ然ラハ國家ノ機關タル裁判官ハ此ノ國家ノ暗默ノ意思ニ適應シテ行動スヘキハ勿論ナリ、故ニ國際法的國際私法ノ原則ノ存在スルモノアラハ裁判官ハ之レニ依リテ適用スヘキ法律ヲ定ムルハ國家ノ意思ニ服從スルモノナリ。次ニ未タ此ノ如キ國際法ノ原則ノ確立セサル範圍ニ於テモ一國ハ國際交通共同團體ノ一員トシテ私法的國際交通ノ需要ニ反對シテ行動スルノ意思アリト推定スルコト能ハス、寧ロ之レニ適應シテ行動スルノ意思アリト認ムヘキモノナリ、故ニ裁判官ハ同シク此ノ國家ノ暗默ノ意思ニ服從シテ私法的國際交通ノ需要ニ應シテ適用スヘキ法律ヲ定ムヘキモノナリ。即チ裁判官カ或ハ國際法ノ原則ニ從ヒ或ハ私法的國際交通ノ需要ニ應シテ適用スヘキ法律ヲ定ムルハ之レ國家ノ暗默ノ意思ニ服從スルモノハナリ、即チちーてるまんカ各國制法中ニハ明示又ハ默示ニ一般補充的適用規則トシテ「特別ノ規定ナキトキハ國際法ノ原則ニ從ヒテ適用セラルヘキ法律ヲ適用スヘシ」ト云フ原則ヲ包含スルモノナリト言ヘルト二〇〇頁參照余輩カ爰ニ述フル所トハ全ク根本理由ヲ同フスルモノナリ、唯氏カ氏ノ所謂超國家的國際私法換言スレハ國權行動ノ限界ニ關スル原則ヨリ論理上演繹セラレタル一切ノ法則ヲ以テ補充的ニ法源ヲ為ストスルニ反シテ余輩ハ現實ニ國際的效力ヲ有スル國際私法ノ原則及ヒ余輩ノ所謂國際私法上ノ理法、殊ニ私法的國際交通ノ需要ヲ以テ法源ト爲サントスル者ナリ、然レトモ國際法ノ原則ニ從ヒ衝突規則ノ欠缺ヲ補充スヘシト爲ス點ニ於テハ余輩ハ全ク氏ノ説ニ贊同スル者ナリ。猶ホ此ノ點ハ關係的國內法主義ニ屬スル學者ト雖モ等シク認ムル所ナリ、即チにーまゐやーノ如キ補充的超國家的國際私法ノ觀念ハ一ノ擬制ニ過キストシテちーてるまんノ説ヲ排斥シタルニ拘ラス六九頁參照直チニ飜テ述ヘテ曰ク然リト雖モ余ハ確信ス國際私法問題ニ關シテ國內法規ノ欠缺セル場合ニ於ケル裁判官ハ恰モ立法者ノ有スル自由ト責務トヲ有スル者ニシテ國際主義 Internationalitätsprinzip ニ從ヒテ行動スヘシ換言スレハ國際的法律共同團體ノ使命ニ適應スヘキ決定ヲ採用スヘシト云フ根本原則ニ服從スル者ナリト。猶ホ氏ハ此ノ説明ノ前文ニ於テ衝突規則ノ類推適用ヲ爲スコト能ハサル場合ニ於テハ事物ノ性質ニ從フコトニ依リテ獨トリ正當ナル決定ヲ爲スコトヲ得ヘシト言ヘリ。Niemeyer, Das intern. Pr. z. B.G.B., S. 5.　此レニ依リテ觀レハ氏ハ欠缺補充ノ問題ニ付キテハ全ク國際法主義ノ軍門ニ降ヲ乞ヘル者ナリ、然ルニ氏ハ前記說明ノ後文ニ辯シテ曰ク世人或ハ之レヲ以テ國際法ノ原則ニ從フ決定ナリト稱フルコトヲ得ヘシ、然レトモ此ノ場合ト雖モ法律適用ノ根據ハ猶ホ國內法律秩序ニ在ルモノナリト。然リ裁判官ハ國內法律秩序トシテ國際法ノ原則又ハ此ノ所謂國際的法律共同團體ノ使命ニ適應スヘク行動スルモノニシテ余輩ノ主張スル所ト毫モ異ナラサルナリ。

【註】猶ホにーまゐやーノ欠缺補充論及ヒ之レニ全然贊同セルばらちえってぃーノ意見ニ付キテハ Niemeyer, Zur Methodik des intern. Privatr. S. 28 ff.; Barazetti, Zur Lehre der Auslegung im Gebiete des intern. Privatr. (Z. f. intern. Privatr. u. Strafr. VIII S. 37 ff.) 參照。

猶ホくーれんべっくノ如キハ全ク同意見ニシテ次ノ如ク說明セリ、裁判官ハ先以テ國內國際私法ノ類推適用ヲ爲シ、次ニ國家ノ推定的意思ニ基ツキ國際法的國際私法ヲ實定內國法律トシテ適用スヘシ、換言スレハ反對ノ規定ナキ限リハ國際法上ノ原則ニ適合スヘキ或ル國法ヲ適用スヘシ、卽チ裁判官ハ先以テ獨逸民法施行法中ニ定メラレタル衝突法ノ類推適用ヲ爲シ、次ニ補充的ニ學術法 Recht der Wissenschaft (換言スレハ當時ノ學術ノ見地ニ從フ國際私法ノ精神)ヲ法律發見ノ淵源トシテ適用スヘシト、(所謂事物ノ性質) Kuhlenbeck, Studingers Komm. VI S. 30.

要之衝突規則ノ最後ノ欠缺補充問題ハ國際法主義ニ基ツキテ決定スヘキモノニシテ決シテ國内法主義殊ニ屬地主義ニ從ヒテ解決スヘキモノニ非サルナリ。

【註】 猶ホ本節ノ問題ニ就テハ京法四卷一〇號所載余輩ノ國際私法規定欠缺補充論ヲ參照スヘシ。

第八章　國際私法ノ將來

國際私法統一不能論

國際私法ハ私法的國際生活ノ安全ヲ確保セシカ爲メニ必要上發生シタル法則ナルヲ以テ現在ニ於テハ未タ成熟ノ域ニ達セスト雖モ私法的國際交通ノ愈發達スルト倶ニ國際私法ノ原則モ亦愈其ノ範圍ヲ擴張シ終ニ私法關係一般ニ渉リテ法律衝突解決ノ國際法的原則ノ樹立セラルヘキハ疑フ可ラサルナリ。此豫望ハ單ニ吾人國際法主義ヲ唱フル者ノミナラス、國內法主義ニ屬スル學者ト雖モ一般ニ之レヲ有スルモノナリ。然ルニ之レニ對シテ全ク反對ノ意見ヲ有スル學者ナキニ非ス、卽チばらちえっていーノ如キ曰ク國際私法規定ノ統一ハ宇宙ニ人類ノ棲息スル間、又各國獨立シテ存在スル間ハ決シテ實現スルコト能ハサルモノナリ、一般國際私法ノ成立、是レ實ニ痴人一宵ノ迷夢ノミト Barazetti, Böhms Zeitschrift Bd VIII. S. 38. 此ノ如キ獨斷的暴論ニハ答フル要ナシ、海牙國際私法條約ノ成果ハ斯カル學者ノ妄ヲ辯シテ餘アルヘシ。然ルニ爰ニ注意スヘキ價値ヲ有スル反對論ア

ばるたんノ法律關係性質決定論

リ、此ノ説ハ或ル特殊ノ理由ヲ根據トシテ統一的國際私法ノ成立不能ヲ説クモノナリ。即チ二國カ或ル法律關係ニ適用スヘキ法律ニ付キ如何ニ國際私法上同一原則ヲ採用スルモ其ノ根本タル法律關係自身ニ付キ二國カ法律上ノ觀念ヲ異ニスルトキハ二國ハ決シテ國際私法上同一原則ヲ採用シタリト云フヲ得ス。即チ二國ノ國際私法上ノ原則ハ單ニ表見的ニ一致セルモノニシテ其ノ實ハ決シテ然ラスト爲スモノナリ。之レ佛ノばるたんノ唱ヘタル法律關係ノ性質決定論 Théorie des qualifications タリ、Bartin, Clunet, Journal de dr. i. pr. 1897, pp. 225, 466 et 720; Etudes de dr. i. pr. 1899, p. 1 et s. 尤モ氏以前ニ獨ノかーん既ニ此ノ點ニ注意セリ Iherings Jahrbücher XXX, S. 55 ff; S. 107. Latente Gesetzeskollisionen. 氏ハ抽象的ニ問題ヲ明カニスルコト困難ナリトシテ左ノ如ク二個ノ設例ニ依リテ説明セリ。

甲乙二國カ次ノ二原則ニ付キ一致セリトセン、即チ(一)、動産、不動産ノ相續ハ死者ノ最後ノ本國法ニ從フコト、(二)、夫婦ノ財産制ハ婚姻ノ時ニ於ケル夫ノ本國法ニ從フコト是ナリ。今甲國ノ男女カ特ニ財産契約ヲ爲サスシテ結婚シタリ、二國共ニ此ノ夫婦ノ財産制ハ婚姻ノ時ニ於ケル共通本國法ニ從ハシム。然ルニ夫ノミ國籍ヲ變更シテ乙國籍ヲ取得シタリ、而シテ後此ノ夫ハ死亡シタリ、乃チ寡婦ハ乙國ニ存在セル夫ノ動產、不動產ノ相續問題ニ付キ或ル權利ヲ主張シタリ。死者ノ最後ノ本國法タル乙國ノ相續法ハ此ノ如キ寡婦ノ權利ヲ認メス。然ルニ寡婦ハ自己ノ權利ハ相續ニ關スルモノニ非スシテ夫婦財產制ニ關スルモノナルコト且ツ婚姻ノ時ニ於ケル夫ノ本國法タル甲國ノ夫婦財產法ハ正サニ此ノ權利ヲ認ムルコトヲ主張セリ。

次ニ或ル國ニ於テハ遺言ニ付キ自筆證書ヲ許サス、其ノ國民カ外國ニ於テ遺言ヲ爲ストキト雖モ亦然リトス、例之和蘭民法九九二條ノ如キ然リ。今和蘭人カ佛國ニ於テ自筆證書ヲ以テ遺言ヲ爲シタリトセハ佛國裁判所ハ此ノ遺言ノ方式ヲ以テ有效ト認ムヘキカ。此ノ問題ハ偏ヘニ和蘭民法ノ自筆證書禁止ニ如何ナル法律上ノ性質ヲ與フヘキカニ依リテ決セラル。若シ佛國裁判所カ此ノ禁止ヲ人法ニ屬セシメ之レヲ以テ能力制限ノ規定ナリト認ムルトキハ此ノ遺言ハ無效ナリ、何トナレハ和蘭人カ自筆證書ニ依リ遺言ヲ爲スコトヲ得サル無能力ハ佛國ニ於ケル和蘭人ニ追隨スヘキモノナレハナリ。若シ又之レニ反シテ佛國裁判所カ此ノ禁止ヲ法律行爲ノ方式ノ規定ニ屬セシムルトキハ此ノ遺言ハ有效ナリ。何トナレハ遺言ノ方式ハ遺言書作製地タル佛國ノ法律ニ從フヘク、而シテ佛國ハ此ノ方式ヲ許セハナリ。和蘭ニ於テハ民法九九二條ノ解釋ニ依リ該遺言ハ之レヲ無效トス。佛國判例ハ之レヲ有效ト爲スモノト無效ト爲スモノトアリ。然レトモ旣ニ此ノ議論ノ岐ルルハ和蘭民法九九二條ノ禁止ノ性質ノ決定如何ニ依ルモノナルコト明カナリ。卽チ佛國ト和蘭ハ共ニ國際私法上ノ原則トシテハ能力ハ當事者ノ本國法ニ從フコト、又法律行爲ノ方式ハ行爲地法ニ從フコトヲ一致シテ認ムルニ拘ラス此ノ問題ニ付キテハ二國ニ於テ判定ヲ異ニスルコトアルモノナリ。

氏ハ以上ノ如キ問題ハ各種ノ法律關係ニ付キ生スヘキモノナリト爲シ而シテ一般原則トシテハ法律關係ノ性質ハ法廷地法ニ依リテ定ムヘキモ

ノナリ、唯動産、不動産ハ分類ニ付キテハ例外トシテ物ノ所在地法ニ依ルヘキモノナリトセリ。而シテ法律關係ノ性質ヲ各法廷地法ニ依リテ決定スルノ結果之レニ適用セラルヘキ法律モ亦自ラ各法廷地ニ依リテ異ナラサル可ラスト爲シ終ニ左ノ如ク結論セリ。

國際私法統一案ノ成功スル爲メニハ各國カ單ニ國際私法ノ同一原則ヲ採用スルノミナラス、猶ホ各國法制ニ固有ノ一切ノ法律制度ノ法律上ノ性質ヲ統一的ニ決定セサル可ラス。而シテ此ノ第一條件ノ實行ハ既ニ甚タ困難ナリ。然ルニ第二條件ニ至リテヤ其ノ實行ハ全然不可能ナリ。何トナレハ一國ノ各種制度ノ法律上ノ性質ハ其ノ國家法制ノ全體ニ關スルモノナリ。故ニ各國ノ法律制度ノ性質ヲ統一スルコトハ各國法制ノ精神ノ統一ヲ前提トセサル可ラス、即チ各國法制自身ノ統一ヲ前提トセサル可ラス。然ルニ其ノ不可能ナルヤ何人モ疑ハサル所ナレハナリ、猶ホ國際私法ハ各國法制ノ對立ヲ前提トスルモノナリ、若シ各國法制ニシテ統一セラレンカ、國際私法ノ統一ヲ妨クル所ノ障害

でばねーノ反對論

物ヲ除却スルト同時ニ國際私法ヲ無用ニ歸セシムヘシ、故ニ國際私法ハ必然的ニ統一不能ノモノナリ。

要之ばるたんハ法律關係ノ性質ハ法廷地法ニ依リテ決セラルヘキモノナルカ故ニ各國ノ法律制度ノ差異ニ由リ各國ニ於テ法律關係ハ異ナレル性質ヲ有シ從ヒテ同一國際私法ノ原則ノ適用モ國ニ依リテ異ナラサル可ラス。故ニ國際私法ハ表見的ニ統一セラルルコトアルモ眞ノ統一ヲ見ルコト能ハスト爲スモノナリ。然ルニ此ノ議論ニ對シテハ佛國ニ於テモ反對論ヲ惹起シタリ。卽チでばねーノ如キハ此ノ國際私法統一不能論ハ單ニ一部分ニ付キテノミ眞ナリト云フヲ得ト爲シ、ばるたんカ原則トシテ法廷地法ヲ以テ法律關係ノ性質ヲ定メントシタルニ反對セリ。卽チでばねーノ意見ニ依レハ若シ一國ノ立法者カ或ル法律關係ニ與ヘタル性質ニシテ其ノ國ノ公ノ秩序ニ關スルモノナルトキハ元ヨリ此ノ性質決定ハ外國立法者カ同一法律關係ニ與フル性質決定ヲ排斥セサル可ラス。然レトモ多クノ場合ニ於テ一國ノ立法者カ或ル法律關係ニ與フル性質決定ハ國

しゅるうぃゆ、あるちゆぃーノ反對論

際的公ノ秩序ト何等關係ヲ有セス、從ヒテ必シモ外國立法者ニ對シテ此ノ性質決定ヲ强テ主張セス、否却リテ法律衝突ノ場合ニ適用セラルヘキ法律ノ與フル性質決定ヲ採用スルモノナリ。故ニ一般原則トシテハ法律關係ニ適用セラルヘキ法律カ同時ニ其ノ眞ノ性質ヲ決定スヘキモノナリ、唯公ノ秩序ニ關スル場合ヲ例外トスト Despagnet, Clunet, 1898 p. 253 et s.; Précis, p. 353 et s. しゅるうぃゆ、あるちゆぃーモ亦前ニ揭ケタル和蘭民法九九二條ニ關スル例ヲ擧ケ殆ト同樣ノ見解ヲ採ル、卽チ曰ク一國ノ裁判官ハ決シテ常ニ內國法ノ與ヘタル法律關係ノ性質決定ニ從フノ必要ナシ、否ナ寧ロ反對ニ內外法間ノ問題ナルトキハ裁判官ハ外國法ノ性質決定ニ從フヘシ、唯絕對的公ノ秩序ニ關スル場合ハ此ノ限ニ在ラス。猶ホ二外國法間ノ問題タルトキハ自國ノ國際私法ノ適用ヲ容ルスヘキ孰レカ一方ノ法律ヲ選ヒ之レニ依リテ法律關係ノ性質ヲ決定スヘシ。例之和蘭人カ伊太利ニ於テ自筆證書ノ遺言ヲ爲シタルトキハ佛國裁判官ハ和蘭法ニ依リテ性質決定ヲ爲スヘシ。而シテ和蘭法ニ依レハ此ノ問題ハ能力問題ナルカ故ニ佛民法第三條第三項ニ依リ此ノ遺言ハ和蘭民法ニ從ヒ恰モ無能力者ノ爲シタル遺言ノ如ク之レヲ無效ト爲スヘシ、卽チ此ノ問題ニ就キテハ裁判官ハ恰モ問題カ法廷地法ト外國法トノ間ニ起リタルトキト同様ニ決定スヘキモノナリト
Surville- Arthuys, 6. éd, p. 19 (1.)。

要之此ノ二氏ノ説ハ法律關係ノ性質モ原則トシテ法律關係自身ノ從フヘキ法律ニ依リ法廷地法ニ依ル可ラスト爲スモノナリ余輩ハばるたんノ説ニ反對スルト同時ニ爰ニ掲ケタル二氏ノ反對論ニ贊同スルコトヲ得サルナリ。以下理由ヲ説明セントス、而シテ便宜上先以テ此ノ二氏ノ反對論ニ付キテ述フヘシ。

法律關係ノ性質ハ法廷地法ニ依リテ定ムヘシ

法律關係ノ性質ハ何レノ法律ニ依リテ決スヘキカト云フ問題ハ實際ニ於テハ勿論各國國内ニ於テ生スル問題タリ。何トナレハ元來國際私法ノ原則ハ法律適用ニ關スル原則ナルカ故ニ實際ニ於テハ各國國内ニ於テ適用セラルルモノナレハナリ。而シテ此ノ問題ハ法律適用問題ノ前提問題タルコトモ明カナリ、卽チ先以テ或ル事實カ如何ナル種類ノ法律關係ニ

屬スルカト云フ問題ヲ決スルニ非サレハ各種ノ法律關係ニ付キ適用セラルヘキ法律ヲ定メタル國際私法上ノ規則(各國衝突規則)ヲ適用スルコト能ハサルナリ。要スルニ本問題ハ各國ノ國内ニ於ケル衝突規則ノ適用ニ關スル問題タリ、衝突規則ハ内外法ノ適用ニ關スル法規ナリト雖モ各國ノ國内法規タルコトハ前章ノ説明ニ依リテ明カナリ。而シテ國法解釋ノ一般原則トシテ法文ニ用ヒラレタル同一ノ名稱、文字ハ特ニ反對ノ定メナキ限リ又ハ反對ニ解スヘキ法理上ノ根據ナキ限リハ同一ニ解スヘキモノナルコト勿論ナリ、猶ホ此ノ事ハ國内ノ同一法典内ニ於ケルト別異ノ法典又ハ法律ノ相互間ニ於テモ同樣タリ。果シテ然ラハ一國ノ裁判官ハ當然其ノ國法ニ從ヒ法律關係ノ性質ヲ定メサル可ラス、即チ本問ハ當然法廷地法ニ依リテ定ムヘキモノナリ。故ニ例之我法例第二五條ニ相續ハ被相續人ノ本國法ニ依ルト言ヘル規定ニ示サレタル相續ナル文字ハ民法法典ニ用ヒラレタル相續ナル文字ト同一意義ニ解スヘキモノナリ、換言スレハ相續ナル法律制度ノ性質決定ハ我國法ニ從フヘキモノナリ。反對論

法廷地ニ認メラレサル法律制度ノ性質決定

者或ハ曰ク外國ハ法律制度ニシテ全ク內國――法廷地――ニ於テ認メラレサル法律制度ニ就テハ法廷地法ニ依リテ其ノ性質ヲ決定スルコト不能ナルニ非スヤト Despagnet, p. 356. 然レトモ此ノ說非ナリ、一國ノ衝突規則カ內國ニ全ク認メラレサル法律制度ニ就キ規定ヲ設ケサルハ通常ナリ、然レトモ此ノ如キ場合ト雖モ全ク解決ノ途ナキニ非ス、卽チ假令內國ニ認メラレサル制度ナリトスルモ同シク私法上ノ制度タル以上ハ概念上內國ニ類似ノ私法制度ヲ發見スルコト能ハサルコトナシト信ス、果シテ然ラハ該法律制度ノ性質ハ此ノ類似ノ內國私法制度ノ性質ニ依リテ之レヲ決定スルコトヲ得ヘク、又從ヒテ該法律制度ハ此ノ類似ノ內國私法制度ニ關スル衝突規則ニ從ヒ之レニ適用スヘキ法律ヲ定ムルコトヲ得ルモノナリ。例之我法例ニハ外國ニ認メラルル婚姻ノ豫約ニ關スル規定ナシト雖モ婚姻ノ豫約ハ婚姻ニ類似シタル性質ヲ有スルモノト認メテ大體ニ於テ婚姻ニ關スル法例ノ規定ヲ準用シテ適用スヘキ法律ヲ定ムルコトヲ得ヘシ。又獨逸民法一九四一條ニ定ムル相續契約ノ如キハ其ノ內容ヨリ觀察シテ遺言ニ類似セル性質ヲ有スルモノト認メテ遺言ニ關スル法例ノ規定ヲ準用シテ適用スヘキ法律ヲ定ムルコトヲ得ヘキナリ、故ニ內國ニ認メラレサル制度ニ就テモ必シモ內國法――法廷地法――ニ依リテ法律上ノ性質ヲ決定スルコト能ハサルニ非サルナリ、從ヒテ前掲反對論者ノ非難ハ當ラサルナリ。猶ホ又二氏ノ法律關係ノ性質ハ法律關係自身ノ從フヘキ法律ニ依リテ之レヲ定ムヘシト云フ議論ハ前述ノ理由ニ依リテ一ノ循環論ナリト云ハサル可ラス、即チ先以テ法律關係ノ性質ヲ定ムルニ非サレハ該法律關係カ如何ナル國法ニ從フヘキカヲ知ルコト能ハサルナリ。而シテ爰ニ注意スヘキハ物權ノ目的物タル物ノ動、不動ノ法律上ノ性質カ物權自身ノ從フヘキ法律ニ從フハ既ニばるたんノ指摘シタルカ如ク特別ノ理由ニ基ツク例外的規則ト認ムヘキコトナリ。即チ此ノ規則ハ我法例ニ就キテ之レヲ言ヘハ物權ノ從フヘキ法律ヲ定メタル第一〇條ノ規定ニ直接ニ包含セラルル規則ニ非スシテ余ハ之レヲ以テ國際習慣法上ノ規則トシテ我國ニ於テモ補充的ニ適用セラルヘキモノト爲スナリ。

法廷地法主義ト國際私法ノ統一

各國私法制度ノ概念共通性

特殊私法制度ニ關スル特別統一法規

要之所謂法律關係ノ性質決定ハ原則トシテ法廷地法ニ依ルヘキモノ、ナリ、故ニ此ノ點ニ於テハ余輩ハばるたんノ説ヲ正當ナリト爲ス者ナリ。然ルニばるたんノ國際私法統一不能論ハ正サニ排斥スヘキモノナリ、以下就テ述フヘシ。

法律關係ノ性質ヲ各法廷地法ニ依リテ決定スルトキハ國際私法ノ同一原則ノ適用モ各國ニ於テ結果ヲ異ニスルコトアルハばるたんノ言ノ如シ、然レトモ之レカ爲メニ國際私法ノ統一ハ不可能ナリト云フハ甚タ誇張ノ論ナリト言ハサル可ラス、其ノ理由如何ト云フニ先ツ第一ニ各國ノ私法制度ハ詳細ナル點ニ於テハ元ヨリ各國固有ノ特性ヲ有スト雖元來私人ノ社會生活ノ法規ナルカ故ニ根本ノ概念ニ於テハ共通性ヲ有スルコト亦明カナリ、故ニ此ノ共通性ヲ基礎トシテ各種ノ法律關係ニ就キ國際私法上ノ原則ヲ統一スルコトヲ得ルハ勿論ナリ。次ニ猶ホ各國固有ノ特性ヲ有スル私法制度ニ就テモ全ク國際的統一規則ヲ設定スルコト能ハサルニ非ス、即チ此ノ如キ私法制度ニ就テハ特ニ之レヲ豫見シテ特別ノ統一法規ヲ設定スルコト能ハサルニ非ス、現ニばるたんカ問題ト為シタル和蘭民法九九二條ノ規定ノ如キモ第四回海牙會議ノ相續及ヒ遺言ニ關スル國際私法條約案ハ之レヲ豫見シ、其ノ第三條第二項ハ第一項ノ方式ニ關スル原則ニ對シテ例外ヲ認メ、本國法ノ命令又ハ禁止ニ違反シテ為サレタル遺言ハ其ノ本國ニ於テハ之レヲ無效ト認ムルコトヲ得ヘキ旨ヲ規定セリ。此クノ如クニシテ此ノ問題モ統一的ニ決定スルコトヲ得ルナリ、元ヨリ此ノ決定ノ可否ハ別問題タリ、唯爰ニハ此ノ如キ問題ト雖モ統一的ニ決定シ得ルコトヲ證スルヲ以テ足レリトス。要スルニ所謂法律關係ノ性質決定ノ各國ニ於テ異ナルコトアルヘキ事實ハ國際私法ノ統一ヲ困難ナラシムル理由ノ一タルコトハ之レヲ認メサル可ラスト雖モ為メニ國際私法ハ統一ノ不可能ヲ主張スルコト能ハサルハ明カナリ。

次ニばるたんカ國際私法統一ノ為メニハ各國ノ法律制度ノ法律上ノ性質ヲ統一的ニ決定セサル可ラス、而シテ各國法律制度ノ性質ノ統一ハ各國法制ノ精神ノ統一ナリ、即チ各國法制自身ノ統一ナリ、從ヒテ其ノ不

ばるたん此ニ對スルぴーるノ意見

可能ナルハ勿論ナリ、故ニ國際私法ノ統一ハ不可能ナリト斷シタルモ亦同シク誤ナリ。此ノ推論ハ既ニ其ノ前提ニ於テ誤レルモノナリ。卽チ國際私法統一ハ爲メニ各國ノ法律制度ノ性質ヲ統一的ニ決定スルノ必要ナシ、何トナレハ上述ノ如ク各國ノ特殊ノ法律制度ニ付キテハ又特殊ノ國際私法上ノ法規ヲ統一的ニ設定スルコトヲ得レハナリ。隨ヒテ此ノ前提ニ基ツケル國際私法統一不能論ノ正シカラサルハ當然ナリ。

要之ばるたんノ國際私法統一不能論ハ甚タシキ誇張論ナリ、而シテ此ノ點ハぴーるモ余輩ト同シク之レヲ認メ、所謂法律關係性質決定ノ相違ニ基ツク困難ハ決シテ國際私法ノ統一ヲ妨クルカ如ク多數ノ場合ニ生スルモノニ非スト爲スト雖モ、猶ホ氏ハ或ル種ノ法律制度ノ性質ニ付キテハ救濟ノ途ナキ意見ノ相異アリテ、爲メニ此ノ種ノ法律制度ニ對シテハ各國ニ於テ統一的國際制度ヲ採用スルコト能ハサラシムル場合ノ存スヘキハ之レヲ認メサル可ラスト爲シ、其ノ適例トシテ死因贈與ヲ揭ケ此ノ行爲ハ契約ト相續トノ中間ニ立ツモノナルカ故ニ或ル國法ハ之レヲ以テ契約關係ナリト爲シ或ル他ノ國法ハ之レヲ以テ相續關係ナリト爲シ、爲メニ此ノ二國間ニ於テハ此ノ行爲ニ對シテ異ナレル國際法上ノ原則ヲ適用スルニ至ルヘシ、然レトモ此ノ種ノ場合ハ極メテ稀ナリトセリ Pillet, Principes, p.103.
然レトモ余輩ノ前ニ述ヘタル所ニ從ヘハ此ノ如キ特殊制度ハ特ニ之レヲ豫見シテ國際私法上ノ規則ヲ設定スルコト全ク不能ニ非サルヲ以テ之レカ爲メニ直チニ國際私法統一不能ヲ斷スルノ必要ナシ尤モ此カル場合ニ設定セラルヘキ國際私法上ノ規則ハ原則ニ對スル例外ヲ認ムルモノナリ、然リト雖モ例外ノ行ハルル場合ニシテ僅少ナランカ例外規則トシテ之レヲ認ムルモ爲メニ一般原則ノ存在ヲ害セサルナリ。而シテ所謂法律關係性質決定ノ牴觸ニ由リテ問題解決ノ困難ヲ生スヘキ場合ハ決シテ私法制度ノ全部ニ渉リテ一般的ニ生スルモノニ非スシテ唯僅少ノ場合ニ生スルモノナリ。故ニ此等僅少ノ場合ニ就キ設クル所ノ規則ハ能ク例外的規則トシテ之レヲ認ムルコトヲ得ルナリ。

上述ノ如クナルヲ以テ余輩ハばるたんノ法律關係性質決定ハ原則トシ

ぶるくはるとノ國際私法統一不能論

テ法廷地法ニ依ルヘシト爲ス説ヲ是認シ、而カモ其ノ結論タル國際私法統一不能論ヲ排斥スル者ナリ。然ルニ最近ニ至リばるたんト殆ト同樣ナル議論ヲ爲ス學者出テタリ、卽チ瑞西ノぶるくはると是ナリ、氏ハ實ニ內外法適用問題ハ國際法上ノ問題タルコトヲ力説スル者ニシテ其ノ議論ノ要旨ハ本書第一章本質論中ニ紹介シタルカ如シ五〇頁以下參照然ルニ氏ハ繼テ下ノ如ク論セリ。

然リ然リト雖モ現實國際法ヨリ各種ノ法律衝突ニ關スル解決ヲ抽出スルコトヲ得ルカ否カハ全ク別問題タリ。余輩ハ法ノ確實及ヒ正義ノ要求ヲ滿タス爲メニハ一切ノ關係國ヲ一樣ニ拘束スルカ如ク又超國家的立脚地ヨリシテ解決ヲ發見セサル可ラサルコトヲ主張スル者ナリ。然レトモ余輩ハ既ニ超國家的現實國際法ノ存スルモノアリテ此ノ解決ヲ與フルモノナリト主張セサルナリ。否寧ロ之レヲ否定スル者ナリ、而シテ猶ホ之レヲ否定スルハ單ニかーんノ主張スルカ如ク現行國際法上既ニ構成セラレタル此ノ種ノ法規ヲ發見スルコト能サルカ爲メニ非スシテ、抑モ一般國際法トシテ實行セラルヘキ衝突法規ヲ構成スルコトハ到底不能ナルカ爲メナリ、唯實行可能ナルハ特別的衝突法規ナリ、即チ或ル特定ノ國家間ニ於テ或ル特定ノ私法的立法ニ制限セラレタル衝突法規ノ實行是レナリ、而シテ此ノ如キ特別的衝突法規ハ實行ヨリ一般ニ實行セラルヘキ決定ノ原則ヲ抽出スルコトハ不能ナリ。但シ斯ク論スト雖モ國際私法ハ本質上超國家的法律ナルヲ以テ之レカ滿足ナル解決ハ獨リ國際的基礎即チ國際法上ノ習慣法又ハ國際法上ノ條約ニ於テノミ發見スルコトヲ得ヘシト爲ス余ノ根本論ハ依然眞理トシテ存在スルモノナリ　Burckhardt, Festgabe für Eugen Huber, S. 274 ff.

右ノ如ク氏ハ國際私法ハ本質上國際法ナリト雖モ一般的國際私法ノ構成ハ不能ナリト主張スル者ナリ。今其ノ理由トシテ述フル所ヲ觀ルニ氏ハ各國私法的立法ノ限界ニ關シ一ノ內容ノ確定セル法規ヲ設クルコト換言スレハ各國ニ一般ニ適用セラレ而カモ各國ニ通シテ正當ト認メラルヘキ法規ヲ設クルコトハ不能ナリ、何トナレハ此ノ第一條件タル國際私法

公序良俗ニ關スル例外規則ハ一般原則ノ存在ヲ害セス

ノ一般ニ實行セラルヘキ法規ノ設定ニ對シテハ一ノ論理上ノ障害アリ、而シテ第二條件タル各國ニ一樣ニ正當ナル法規ノ設定ニ對シテハ一ノ實際上即チ法律政策上ノ障害アレハナリト爲シ、而シテ此ノ論理上ノ障害トシテ氏ハ全クばるたんト同シク各國私法ハ各相異ナレル法律的觀念ヲ有スル事實ヲ擧ケ、更ラニ其ノ實際上ノ障害トシテ氏ノ述フル所ハ甚タ多樣ニ渉ルト雖モ要スルニ各國ノ公ノ秩序ノ牴觸及ヒ各國ノ國際交通上ノ利害關係ノ相違ヲ以テ之レニ充ツルモノノ如シ　同上二七六頁乃至二九五頁參照。

余輩ハ固ヨリ此ノ説ニモ首肯スルコト能ハサルナリ、氏ノ所謂論理上ノ障害ハばるたんノ法律關係性質決定論ニ於ケルト全ク同樣ナルヲ以テ此ノ障害ハ障害ト爲スニ足ラサルコト前ノ説明ニ依リテ明カナリ。次ニ所謂實際上ノ障害ニ就テモ亦同シト言ハサル可ラス、即チ各國ノ公ノ秩序ノ牴觸ニ付キテハ後章ノ説明ニ依リテ明カナルヘシト雖モ一國カ其ノ公ノ秩序又ハ善良ノ風俗ニ反スルノ故ヲ以テ場合ニ依リテハ國際私法ノ一般原則ニ依リテ適用スヘキ外國法ノ適用ヲ排斥スルコトアルハ今日一

公序良俗ノ衝突ニ關スル統一解決方法

般ニ例外規則トシテ認メラルル所ナリ。然レトモ爲メニ國際私法ノ一般原則ヲ抹殺シ去ルモノト認ム可ラス、猶ホ此ノ各國ノ公ノ秩序ノ衝突問題ノ解決ハ實際極メテ困難ナルモノタルハ勿論ナリト雖モ此ノ難問モ或ル程度ニ於テハ國際的ニ統一解決方法ヲ講スルコト全ク不能ナルニ非ス、例之海牙ノ國際婚姻條約カ婚姻ノ或立條件ニ就キテ採用シタル各國公序ハ調和策ノ如シ後章ニ明カナルヘシ。終リニ氏カ各國ノ利害關係ニ付キテ説ク所ノモノハ更ラニ解ス可ラサルノ論タリ、即チ曰ク同一ノ利益モ國ニ依リテ其ノ價ヲ異ニス、多數ノ外國人ヲ包容スル瑞西ハ極メテ小數ノ外國人ヲ包容スル他ノ國家ニ比シテ住所地法主義ヲ採用スルコトニ於テ甚タ大ナル利益ヲ有ス、何トナレハ屢ハ適用セラルヘキ本國法主義ノ適用ニ依リテ瑞西ノ被ムル損害ハ幾何級數ヲ以テ増大スルニ拘ラス之レニ依リテ受クル所ノ利益ハ僅カニ算術級數ヲ以テ増加スルニ過キサレハナリ。然ルニ猶ホ瑞西ハ他ノ多數國家カ本國法主義ニ依リ親族法規ノ限界ヲ定ムルコトヲ最善ナリト認ムルノ故ヲ以テ之レニ服從セサル可ラサルカト同上二九四、

外國法律適用ハ國家ノ損害ニ非ス

二九五頁參照。此ノ議論ニ對シテハ余輩ハ言ハントス、假令國內ニ多數ノ外國人ヲ有ストスルモ又從ヒテ本國法主義ヲ採用シテ屢ハ外國法ヲ適用スルニ至ルモ爲メニ國家ハ國家トシテ如何ナル損失ヲ被ムルモノナルカ、外國法適用ニ際シテ生スヘキ裁判所ノ不便ハ固ヨリ之レヲ認ムト雖モ此ノ不便ハ之レヲ特ニ國家ノ損失ナリトシテ高調スヘキ程度ノモノニ非スト信ス。猶ホ此說ハ一般ニ外國法ノ適用ハ不利益ニシテ內國法ノ適用ハ利益ナリトスル觀念ヲ包藏スルモノト認メサルヘカラス、然レトモ此ノ如キハ封建屬地主義ノ觀念ニシテ氏ノ根本ノ國際法主義ト相容レサルニ非スヤト、要スルニ此ノ說モ國際私法統一不能ノ理由ト爲スニ足ラサルナリ。

要之完全ナル統一國際私法ノ樹立ハ國際公法ニ於ケルト同樣元ヨリ困難ナル事業タリト雖モ之レヲ以テ理論上又實際上絕對ニ不能ナリトスル理由ヲ發見スルコト能ハス、而シテ實際上ノ困難ハ寧ロ國際公法ニ多ク、國際私法ニ少ナシト言フヲ得ヘシ。

本論

第一編 總論

第一章 外國人ノ私法上ノ地位

第一節 汎論

從來國際私法ノ著書ニ於テ外國人ノ權利享有問題ヲ説ク學者ハ概ネ外國人ノ法律上ノ地位ナル題目ノ下ニ所謂政權 Droits politiques 公權 Droits publics 及ヒ私權 Droits privés ニ亘リ廣ク外國人ノ一切ノ權利享有問題ヲ攻究スルヲ例トス【註】。然レトモ既ニ述ヘタルカ如ク外國人ノ權利享有問題カ國際私法ノ範圍ニ入ルハ國際私法ノ中心問題タル私法衝突ノ前提タルカ爲メナリ一六頁以下參照。從ヒテ私法衝突問題ニ關係ナキ政權及ヒ公權ニ關スル研究ハ國際私法論ヨリ除外スヘキモノナリ山口博士日本國際私法論分册一、一八二頁同論。乃チ國際私法論ニ編入セラルヘキ問題ハ獨トリ外國人ノ私權享有ノ問題ナリトス。唯公權或ハ所謂自由權 Freiheitsrecht Frisch, Das Fremdenrecht S. 225 ff. 中人ノ私法生活ニ直接ノ關係ヲ有スル商工業及ヒ其ノ他ノ職業ノ自由ニ關スル問題ハ或ハ之レヲ私權享有問題ニ配合スルモ可ナリ。然レトモ元來外國人私權享有問題カ國際私法論中ニ編入セラルル理由ニ鑑ミ 第二三頁參照 余輩ハ本章ニ於テハ主トシテ外國人ノ私權享有ノ一般ヲ述ヘントス。猶ホ同一理由ニ依リ本問ニ關スル歷史的研究ノ如キモ省略ニ附ス。

【註】凡ソ權利ヲ政權、公權及ヒ私權ニ三分スルコトハ從來主トシテ佛國學者ノ爲ス所ニシテ政權トハ人カ國家ノ統治權ノ行使ニ參與スルコトヲ得ル權利ヲ言ヒ、公權トハ人カ社會一般ニ對シテ有スル各種ノ自由權（身體ノ自由。交通往來ノ自由。營業ノ自由。信仰、言論、著作、集會、結社ノ自由等）及ヒ人カ或ル場合ニ國家ニ對シテ保護、救助ヲ請求スルコトヲ得ル權利（請願權、裁判請求權）ヲ言ヒ、私權トハ人カ私法的生活關係ニ於テ有スル一切ノ權利（財產權、親族權、相續權）ヲ謂フ。Despagnet, p. 107 et s.; Valery, p. 349 et s. 此ノ分類ノ當否ハ爰ニ論スル限リニ在ラス。

古代ニ於テハ或ハ各民族相鬪ノ習俗ニ依リ外人ハ總テ之ヲ敵ト看做シタルカ爲メ、或ハ自己民族ノ祭祀ニ與カルコトヲ得サル者ハ總テ權利ヲ享有スルコト能ハストセル宗教上ノ觀念ニ基ツキ、何レノ國ニ於テモ外國人ハ一切ノ權利ヲ享有スルコト能ハサルヲ以テ原則トセリ（Frisch, Fremdenrecht, S. 5; Fustel de Coulanges, La Cité antique, Liv. III, Chap. XII.）然ルニ文化ノ進歩ニ伴ヒ、又内外交通ノ必要ニ迫ラレ次第ニ外國人ノ地位ハ改良セラレ、終ニ今日ニ於テハ少クトモ私權ノ範圍ニ於テハ各國或ハ相互條件ノ下ニ外國人ニ權利ノ享有ヲ認メ、或ハ猶ホ一歩ヲ進メテ外國人ハ原則トシテ内國人ト同等ノ地位ヲ有スヘキモノト爲スニ至レリ。卽チ現今各國ノ立法例ハ普通學者ノ爲スカ如ク左ノ三主義ニ分類スルコトヲ得ヘシ。

第一、外交上(或ハ條約上)ノ相互主義 Réciprocité diplomatique

此ノ主義ハ佛蘭西、白耳義、盧森堡、希臘等ニ行ハルルモノニシテ、内國ト條約ニ依リテ内國人ニ與ヘラレタルト同樣ナル權利ヲ該條約國民ニモ與フルモノナリ。例之佛民法第一一條ハ規定シテ曰ク「外國人ハ佛國ニ於テ其ノ本國ト佛國トノ條約ニ依リ佛國人ニ現ニ與ヘラレ又ハ將來與ヘラルヘキ民權ト同一ノ民權ヲ享有ス」ト。（白耳義民法一一條、盧森堡民法一一條、希臘民法一三條一六條）

第二、法律上（或ハ事實上）ノ相互主義 Réciprocité législative

此ノ主義ハもなこ、墺地利、塞爾比亞等ニ行ハルルモノニシテ、外國人ニ與フルニ其ノ本國カ內國人ニ與フル私權ト同樣ナル私權ヲ以テセントスルモノナリ。例之もなこ民法第一一條ニ曰ク「外國人ハ其ノ本國法カもなこ人ニ現ニ與ヘ又ハ將來與フヘキ私權ト同一ノ稅權ヲ享有ス」ト。墺地利民法三三條、塞爾比亞民法四七條。

第三、平等主義 Egalité du national et de l'étranger

此ノ主義ハ私權享有ニ付キ內外人ヲ平等視スルヲ原則ト爲スモノニシテ、和蘭、伊太利、英吉利、獨逸、西班牙、羅馬尼亞、葡萄牙、北米合衆國、其他中南米諸國ハ概ネ此ノ主義ヲ認ム。我國モ亦此ノ主義ヲ採用シテ民法第二條ニ於テ外國人ハ法令又ハ條約ニ禁止アル場合ヲ除クノ外總テノ私權ヲ享有スル旨ヲ明言セリ。

【註】和蘭民法第九條（一八三八年）ハ夙トニ內外人平等主義ヲ認メタリ、然レトモ外國人ノ相續權ノ制限ハ一八六九年ノ法律ニ依リテ初メテ撤去セラレタリ。伊太利民法第三條ハ何等ノ條件ヲ附セスシテ最モ明白ニ平等主義ヲ

宣言セリ、曰ク外國人ハ伊太利人ニ屬スル私權ヲ享有スト。英國ニ於テハ一八七〇年ノ歸化法以來一般ニ内外人ヲ平等視スルニ至レリ。獨逸ニ於テハ外國人ノ私權享有ヲ認メタル積極的ノ法規ナシト雖モ内外人平等ノ原則ヲ認ム、唯獨逸人ノ私權ノ享有ニ制限ヲ加フル國ノ人民ニ對シテハ或ハ民法施行法第三一條ニ規定セル報復權ノ行使ニ依リ同樣ナル制限ヲ加ヘラルルコトアルヘシ。西班牙民法第二七條（一八八九年）ハ外國人ハ憲法第二條及ヒ條約ニ規定セラレタル場合ヲ除クノ外西班牙人ニ屬スル私權ヲ享有スヘキ旨ヲ規定ス。羅馬尼亞民法第一一條（一八六五年）モ亦外國人ハ法律ニ別段ノ定メアル場合ノ外、一般ニ羅馬尼亞人ト同一ノ私權ヲ享有スヘキ旨ヲ定ム。葡萄牙民法第二五條（一八六七年）

猶ホ一般各國法制ノ比較研究ニ付キテハ Weiss, II, chap. V; Surville-Arthuys, 6e éd. p. 198 et s.; Despagnet, 5e ed. p. 264 et s.; Wharton, I. § 17. 參照。

相互主義ノ缺點

以上ハ現今各國法制ノ大體ヲ示シタルモノナリ。而シテ外交上ノ相互主義及ヒ法律上ノ相互主義ハ孰レモ外國カ内國人ニ與フル程度ニ於テノミ外國人ニ權利ノ享有ヲ認メントスルモノニシテ、未タ其ノ根本ニ於テ往時ノ排外主義ヲ包藏スルモノナリ。猶ホ此ノ主義ハ外國人ノ本國トノ條約ノ有無、其ノ内容ノ差異、又ハ外國人ノ本國法ノ如何ニ依リ、各外國人ノ待遇ヲ異ニセサル可ラス、要スルニ此ノ主義ハ現時ノ私法的國際交通ノ需要ヲ滿足セシムルコト能ハサルヤ明カナリ【註一】。而シテ實際ニ

佛國ハ事實平等主義

於テモ此ノ主義ヲ採ル國ハ平等主義ヲ認ムル國ニ比シ甚ダ尠ナシ。加之佛國ノ如キ前述ノ如ク民法第一一條ノ正文ハ外國人ノ民權享有ヲ條約ノ相互條件ニ係ラシムルニ拘ラス、解釋上實際ニ於テハ內外人平等主義ヲ實行ス、卽チ其ノ解釋ニ曰ク同條ノ民權 Droits civils ハ私權 Droits privés ト同意義ニ非スシテ所謂人類權 Droits des gens ニ對スル語ナリ、卽チ民權ハ單ニ內國人民ニノミ留保セラレタル私權ノ義ナリ。故ニ外國人ハ佛國ニ於テ何等特別ノ條約又ハ法律ノ保障ヲ有セサルモ當然總テノ人類權ヲ享有ス、唯民權ノ享有ハ特ニ條約ノ規定ニ依ラサル可ラスト【註二】。此ノ如キ解釋ノ下ニ普通ノ私權ハ所謂人類權ナリトシテ外國人ニモ當然其ノ享有ヲ認ム。卽チ佛國ハ實際ニ於テハ外國人ノ私權享有ニ付テ、平等主義ヲ採ルモノナリ。佛國民法ヲ採用シタル白耳義、盧森堡ニ於テモ亦同樣ナリ。從ヒテ現今最モ多數ノ國家ハ平等主義ヲ實行スルモノト云フコトヲ得ヘシ。一八八〇年をつくすふをーどニ於ケル國際法協會ノ決議モ亦此ノ主義ヲ認メタリ。而シテ將來ハ如何ト云フニ私法的國際交通ノ需要

平等主義ノ眞義

ニ應センカ爲メ各國ハ終ニ一様ニ平等主義ヲ採用スルニ至ルヘシ。Surville-Arthuys, 6e éd., p. 203. 然レトモ爰ニ注意スヘキハ今日ノ所謂平等主義ハ絶對ニ内外人ヲ平等視スルニ非スシテ外國人ハ何レノ國ニ於テモ私權享有ニ付キ多少ノ制限ヲ受クルコトナリ。其ノ制限ノ程度ハ勿論國ニ依リテ一様ナラスト雖モ或ル種ノ私權ハ外國人ニ享有セシメサル點ニ至テヤ一ナリ。例之外國人ノ權利享有ニ付キ最モ自由主義ヲ認メタル伊太利ノ如キモ猶ホ船舶所有權ニ付テハ内外人ニ差等ヲ認メ、外國人ハ五年以上伊太利ニ住所又ハ居所ヲ有スルニ非サレハ伊太利船舶ノ所有者タルコトヲ得ス、但シ一般外國人ト雖モ船舶ノ價格ノ三分ノ一迄ノ所有權ハ之レヲ取得スルコトヲ得トセリ Weiss, 2e éd., II, p. 648。其他不動產所有權ヲ制限スル法制ハ其ノ例ニ乏シカラス、例之羅馬尼亞、諾威、さん・まりの、墨西哥、北米合衆國ノ諸州ニ於ケルカ如シ Valery, p. 358。其他或ル種ノ自由權殊ニ商工業ノ自由又ハ或ル種ノ職業ニ付キ制限ヲ加フルモノアリ、Valery, p. 350 et s。而シテ此等ノ制限ハ各國カ自ラ認メテ自國ノ安寧維持又ハ社會一般ノ利益保護ノ爲メ必要ナリト為ストコロノモノナルカ故ニ各國ノ國情如何ニ依リテ緩嚴ノ度ヲ異ニス。要スルニ所謂平等主義ナルモノハ唯原則トシテ私權ノ享有ニツキ内外人ヲ平等視スト云フニ止マルナリ。

【註一】山口博士日本國際私法論分册一、一八三、一八四頁參照

【註二】然レトモ何カ所謂人類權ニシテ何カ所謂民權ナリヤ、此ノ二種ノ權利ヲ區別スル標準如何ニ就テハ二ケノ見解アリ。一ハ此ノ標準ヲ專ラ法律ノ規定ニ置カントスルモノニシテ、民權ハ法律ヲ以テ明カニ外國人ニ享有ヲ禁シタル權利ナリト為シ、他ノ一ハ此ノ標準ヲ法律並ニ裁判所ノ判斷ニ置カントスルモノニシテ、或ル權利カ民權ナリヤ否ヤハ單ニ法ノ明文ニ依リテ之レヲ決スルノミナラス、裁判所ハ個々ノ權利ニツキ其ノ民權ナルヤ人類權ナルヤヲ定ムルコトヲ得。卽チ自然法ヨリ生スル權利ニシテ各文明國一般ニ認メラルル所ノ權利ハ人類權ナリ。反之自然法ニ基ツカスシテ或ル特定ノ國ニ固有ナル制度ニ依リテ認メラレタル權利ハ所謂民權ニシテ其ノ國民ニノミ留保セラルヘキモノナリトセリ。此等孰レノ說ニ從フモ結局外國人ハ原則トシテ一般ニ私權ヲ享有スト為スモノナリ。猶ホ詳細ハ Weiss, 2e éd., t II, p. 211 et s.; Surville-Arthuys, 6e éd., p. 171 et s.; Valery, Manuel, p. 410 et s. 等ヲ參照スヘシ。

平等主義ト外國人ノ本國法トノ關係

内外人平等主義ノ下ニ於テ一ノ問題アリ、卽チ外國人ハ一般ニ内國人ト同一ノ私權ヲ享有スト為ストキハ外國人ハ其ノ本國法ニ於テ認メラレサル權利ト雖モ猶ホ内國人ト同樣ニ之ヲ享有スルコトヲ得ルカノ問題是

ナリ。此ノ問題ハ從來二三佛國學者間ニ論議セラルル所ニシテ、或ハ曰ク佛國ハ國際公安ニ關スル場合ノ外ハ外國人ニ對シテ其ノ本國法ノ認メサル私權ヲ附與スルノ權限ヲ有セスト(Weiss, 2e éd., t II, p. 212.)又或ハ曰ク外國人ハ其ノ本國ニ於テモ享有スルコトヲ得ル權利ニ非サレハ佛法ノ許與スル權利ヲ佛國ニ於テ享有スルコトヲ得ス、但シ權利ノ性質上其ノ效果カ佛國領土以外ニ及ハサルモノナルトキ、及ヒ外國人カ權利ヲ行使スルコトカ佛國公安ニ關スルモノナルトキハ此ノ限ニ在ラスト(Pillet, Principes, p. 221 et s.; Despagnet et Boeck, Précis, 5e éd., p. 152 et s.)。此ノ第一說ノ當ヲ得サルヤ明カナリ。外國人ニ其ノ本國法カ認メサル私權ノ享有ヲ認ムルコトハ決シテ一國ノ權限外ノ行爲ニ非ス、換言スレハ外國主權ヲ侵害スルモノニ非ス。例之一國ハ外國人ニ其ノ本國ニ於テ認メラレサル土地所有權又ハ其ノ他ノ物權ヲ内國ニ於テ自由ニ認メ得ルカ如シ。猶ホ此ノ說ハ内國ノ國際公安ニ關スルトキハ外國人ニ其ノ本國法ノ如何ニ拘ラス私權ノ享有ヲ認ムルコトヲ得ト爲スト雖モ必シモ公安ニ關スル場合ニ制限スルノ要ナシ。現ニ前例ニ於テ外國人ニ土地所有權又ハ其ノ他ノ物權ヲ認ムルハ內國ノ國際公安維持ノ為メニ必要ナルニ非サルコト明カナリ。此ノ缺點ハ既ニ第二說ヲ主張スル學者ノ指摘スル所ナリ Pillet, p. 220, note 1. 然レトモ第二說モ亦全ク正當ナリト云フコトヲ得サルナリ、此ノ說ヲ主張スル者曰ク本問ニ就テ外國人ノ本國法ノ規定ヲ全然無視スルハ國家間ノ主權相互尊重ノ原則ニ反ス、然レトモ又反對ニ外國法ノ規定ヲ常ニ考慮スルハ一方ニ於テハ國家ノ煩ニ堪エサル所ニシテ他方ニ於テハ自己國民ノ國際交通ヨリ享クル所ノ利益ヲ甚シク減少スルモノナリ。故ニ適當ナル解決方法ハ此ノ兩極端ノ中間ニ之ヲ求メサル可ラス。凡ソ一國ノ立法者カ外國人ニ與フルコトヲ得ヘキ權利中ニハ自ラ二種ノ別アリ、即チ一ハ權利ノ一切ノ效果カ其ノ立法者ノ命令權ノ及フ領域內ニ於テ生スルモノニシテ、一ハ權利ノ效果カ其ノ領域外ニ及フモノナリ。而シテ此ノ第一種ノ權利ハ之レヲ外國人ニ與フルニ當リテ其ノ本國法ノ如何ヲ顧慮スルノ要更ラニ無シ。即チ此ノ種ノ權利ハ外國法ノ權力ヲ毫モ侵害スルコトナクシテ其ノ全幅ノ效果ヲ國內ニ於テ發生スルコトヲ得ルモノナリ。反之第二種ノ權利ニ在リテハ權利ヲ發生セシムル行爲ニ關與セサル第三者ノ地位ニ或ル影響ヲ與ヘ、從ヒテ又此等第三者ノ從屬セル外國法ノ權力ヲ侵害スルニ非スンハ其ノ全幅ノ效果ヲ發生セシムルコト能ハス。例之養子緣組ニ付テ之ヲ見ルニ若シ養親ノ本國法カ養子制度ヲ認メサルトキハ養子ハ養親ノ相續人ノ權利ヲ減少シ、從ヒテ又養親ノ本國法ノ權力ヲ侵害スルニ非サレハ養親ノ財產上ニ權利ヲ取得スルコト能ハサルカ如シト Pillet, p. 221 et s. 此ノ說モ根本ニ於テハ第一說ト同シク外國人ニ其ノ本國法ノ認メサル權利ヲ與フルハ本國ノ主權ヲ害スルモノト爲スト雖モ其ノ理由ナキハ既ニ說明シタルカ如シ。猶ホ此ノ說ハ同一ノ觀念ニ基ツキ權利ノ效果カ外國ニ及フヘキモノハ其ノ外國法ヲ無視シテ之ヲ外國人ニ與フルコトヲ得スト爲スト雖モ是亦甚タ理由ナシト云ハサル可カラス。何トナレハ抑モ外國人ニ或ル權利ノ享有ヲ認ムルハ該權利ノ內國ニ於ケル享有ヲ認ムルモノニシテ外國ニ於ケル權利ノ享有ヲ認ムルモノニ非ス。內國主權ノ及フ範圍內ニ於テ外國人ニ權利ノ享有ヲ認ムルモノナリ、從ヒテ爲メニ外國主權ヲ侵害スヘキ理由ナケレハナリ、故ニ此ノ説モ排斥セサル可ラス。然レトモ猶ホ深ク此ノ説ノ生シタル原因ヲ察スルニ此ノ説ハ恐ラク外國人ノ權利享有問題ト法律衝突解決規則トハ調和ヲ圖ランカ爲メニ生シタルモノナルヘシ。即チ後ノ説明ニ於テ明カナルヘシト雖モ今日法律衝突解決ノ規則トシテ人事、親族、相續法上ノ問題ハ一般ニ當事者ノ屬人法殊ニ本國法ニ從ヒテ之ヲ決スヘシト爲ス原則認メラル。例之前掲養子緣組ニ付テ之ヲ言ヘハ緣組ノ要件ハ各當事者ニツキ其ノ本國法ニ依リテ之ヲ定ム法例第一九條參照、即チ當事者双方ノ本國法又ハ其ノ一方ノ本國法ニテモ緣組ノ制度ヲ認メサルトキハ假令緣組ヲ爲サントスル國ニ於テハ此ノ制度ヲ認メ且ツ外國人ニモ緣組ヲ爲ス權利能力ヲ認ムルトキト雖モ之ヲ爲スコトヲ得サルナリ。此ノ如キ關係ヲ考慮シタル結果トシテ寧ロ此ノ場合ニハ初ヨリ外國人ニ緣組ヲ爲ス權利能力ヲ認ム可ラサルモノナリト爲シ、以テ外國人ノ權利享有問題ト法律衝突解決規則トヲ調和セシメントスル説ヲ生シタルモノナリト信ス。

然レトモ此ノ調和ハ更ラニ意義ヲ有セス、元來此ノ二問題ハ全ク別種ノ問題ニシテ決シテ衝突セサルナリ、元來外國人ニ原則トシテ內國人同樣一般私權ノ享有ヲ認ムルト云フコトハ自國ノ安寧維持ノ爲メ又ハ社會一般ノ利益保護ノ爲メ外國人ノ私權享有ニ必要ナル制限ヲ加フル場合ノ外ハ單ニ外國人ナルカ故ニ差別的待遇ヲ爲スコトナシト云フ義ナリ。而シテ一國カ私法的國際生活ノ需要ニ基ツキ法律衝突解決ノ規則トシテ人事、親族、相續法上ノ問題例之養子緣組ニ付キ本國法主義ヲ採用シタルニ恰モ當事者タル外國人ノ本國法カ緣組ナル制度ヲ認メサルカ爲メニ該外國人カ緣組ヲ爲ス權利能力ヲ享有スルコトヲ得サルハ是レ全ク本國法ノ如何ニ依ル結果ニシテ決シテ外國人ナルカ故ニ權利能力ノ制限ヲ受クルニ非サルナリ。若シ本國法カ緣組ヲ認ムルトキハ該外國人ハ養親ト爲リ、養子ト爲ルノ權利能力ヲ享有スルモノナリ。卽チ法律衝突解決規則ハ結果或ハ外國人カ或ル特別權利能力ヲ享有セサルニ至ルモ內外人平等主義ハ原則ニ背反スルモノニ非ス。要之一國ガ一方ニ於テハ外國人ノ私法上ノ地位ニ關シ內外人平等主義ヲ採用シ、他方ニ於テ人事、親族、相續法上ノ法律衝突問題ニ關シ本國法主義ヲ採用スルモ何等ノ矛盾、牴觸ヲ見ス、從ヒテ特ニ本國法ヲ顧慮シテ外國人ノ私權享有ニ對シテ制限ヲ認ムル必要ナシト云ハサル可ラス。加之前掲ノ法律衝突問題ニ關シ住所地法主義ヲ採用スル國ニ在リテハ本國法カ同時ニ住所地法タル場合ノ外ハ本國法ノ如何ハ問題ト爲ラス、故ニ一般論トシテハ殊ニ外國人私權享有問題ニ付テハ本國法ノ如何ヲ考慮スルノ必要ナシト云ハサル可ラサルナリ。

【註】　ぴーゑハ一國カ外國人ノ法律上ノ地位ヲ定ムルニ就テハ國際法上、上下二個ノ制限ノ存在スルコトヲ注意セサル可ラス、從來ノ學者ハ概ネ此ノ點ヲ看過シタリト爲シ說明シテ曰ク國際法上外國人ハ或ル種ノ權利ハ必ス之ヲ享有セサル可ラス、然ルニ又或ル種ノ權利ハ決シテ之ヲ享有スルコト能ハス。從ヒテ一國ノ自由立法權ハ外國人ノ法律上ノ地位ヲ定ムルニ就テ前者ニ於テ下部ノ制限ヲ受ケ、後者ニ於テ上部ノ制限ヲ受クルモノナリ。而シテ如何ナル權利カ前者ニ屬シ、如何ナル權利カ後者ニ屬スルカト云フニ、一般ニ外國人ハ國際交通ニ必要缺ク可ラサル權利例ヘハ人格權、交通、通信ノ權、往來居住ノ權及ヒ此ノ權利ヨリ生スル身體財產保護請求權、日常生活ニ必要ナル法律行爲ヲ爲スノ權等ヲ享有セサル可ラス。一國ハ外國人ニ對シテ此等權利ノ享有ヲ拒ムコト能ハス、之レ一國立法權ニ對スル下部ノ制限タリ。之ニ反シテ一國ハ外國人ヲ如何ニ好遇セントスルモ外國人ヲ全ク內國人ト爲スコトヲ得ス、卽チ一國ハ外國人ト其ノ本國トノ聯鎖ヲ全ク切斷シ又ハ之ニ重大ナル變更ヲ加フルカ如キ待遇ヲ爲スコ

トヲ得ス。此ノ根本原則ニ依リ先ツ第一ニ一國ハ外國人ノ意思ニ反シテ之レニ内國國籍ヲ與フルコトヲ得ス。次ニ外國人ノ其ノ本國ニ對スル國民ノ義務ヲ尊重セサル可ラス、從ヒテ外國人ニ兵役ヲ課ス可ラス、又之レニ政權ヲ附與ス可ラス。猶ホ私法ノ範圍ニ於テハ如何ニ廣ク外國人ニ各種ノ權利ヲ認ムルモ差支ナキカ如シト雖モ猶ホ或ル場合ニハ本國法尊重ノ爲メニ制限ヲ受ケサル可ラス、卽チ外國人ノ本國法忌避行爲ニ對シテハ法律上ノ保護ヲ與フ可ラス。又一國ハ外國人ノ屬人法ヲ無視シテ之レニ國内法ヲ適用スルコトヲ得スト Pillet, Principes, p. 167－202.

右ハぴーゑカ自ラ創見ナリトシテ誇コリ、又之ヲ認ムル學者ナキニ非スト雖モ(例之べつく如シ Despagnet et Boeck, Précis, 5e éd., p. 89 (1).) 此ノ問題ハ從來一般ニ國際公法ニ於テ國家ノ自由交通權ノ問題ニ就テ研究セラルル所ニシテ、決シテ從來ノ學者ニ依リテ看過セラレタル問題ニ非ス。而シテ研究方法トシテモ寧ロ從來ノ例ヲ以テ正當ナリト云ハサル可ラス。何トナレハ既ニ説明シタルカ如ク外國人私權享有ノ問題ハ法律衝突問題ノ前提タルノ故ヲ以テ之レニ附加研究セラルルニ過キサルカ故ニ溯リテ此ノ點ニ關スル各國國權ノ限界ヲ研究スルカ如キハ當ヲ得タルモノニ非サレハナリ、猶ホ氏ノ議論ノ内容ニ付テモ議スヘキモノアリト雖モ甚ダ重要ナラスト信スルカ故ニ評論ハ之レヲ省ク。

第二節　世界大戰ト内外人平等主義

【註】 拙文「世界大戰ト外國人ノ私法上ノ地位」國際法外交雜誌二二卷七號參照。

余輩ハ上ニ内外人平等主義ハ今日既ニ多數國家ニ實行セラルル所ニシテ、又將來ハ私法的國際交通ノ必要ニ應センカ爲メ終ニ各國一樣ニ此ノ

平等主義衰微說

主義ヲ採用スルニ至ルヘキコトヲ述ヘタリ。然ルニ近時異說ナキニ非ス、卽チ我山口博士曰ク「從來國際私法學說ノ基礎タル內外人平等ノ觀念ハ最近ノ世界大戰以來漸ク茲ニ撼搖ヲ生シ著名ノ學者ニシテ反動ノ聲ヲ揚ケシ者鮮カラス(例、Rev. dr. int. priv., 1919 中ニ於ケル Valery 氏ノ世界大戰カ國際私法ノ將來ニ及ホス影響ト題スル論文)」ト(山口博士日本國際私法論一、五一頁註。)又曰ク「一般ノ學說ニ依レハ外國人ハ內國人ト同一ノ私權ヲ享有ス、學者所謂ラク私權ハ人類ノ生活ニ必要ナルモノニシテ外國人モ亦人類ナル以上ハ內國人ト同一ノ私權ヲ享有スヘキ理由アリト、然レトモ此說ハ實際ニ於テハ未タ一般ニ行ハレサルノミナラス世界大戰以來漸ク衰微ニ近ツケリ」ト(同上書一八二頁)又外國ニ於テモ之レト類似ノ說ヲ爲ス者アリ、卽チ英ノおつぺんはいむ曰ク「政治上ノ權利義務ハ勿論別問題ナリト雖モ、世界大戰前ニ於テハ國際社會ヲ構成セル各國ニ於テ漸次內外人ヲ同等視スルノ傾向一般ニ存在シタリ。例之英國ニ於テモ英國ニ住所ヲ有スル外國人ハ英國船舶ノ所有者又ハ共有者タルコトヲ得サル例外ヲ除クノ外、法律上全然英國臣民ト

ジ氏ノ説ハ平等主義ヲ排斥セントスルモノニ非ス

同等ノ待遇ヲ享有シタリ。然ルニ現下ハ既ニ然ラス。例之一九一九年ノ外國人制限法 Aliens Restriction Act ニ依レハ外國人ハ英國ニ於テ何レノ水先區域タルヲ問ハス水先人證書ヲ有スルコトヲ得ス、又外國人ハ英國ニ於テ登録セラレタル英商船ノ船長、航海長、機關長又ハ英國漁船ノ船長、副長タルコトヲ得ス。又外國人ハ官吏トナルコトヲ得ス。猶ホ嘗テ敵人タリシ外國人ハ此ノ法律ニ依リテ一層大ナル制限ヲ受クト」Oppenheim, International law, I, § 321. 然レトモ余輩ハ此等ノ説ハ甚タ不正確ナリト爲ス者ナリ。先ツ第一説ハ近時殊ニ大戰以來内外人平等主義ノ學説ニ撼搖ヲ生シタリト爲シ、其ノ一例トシテ佛國ノジあれりーノ論文ヲ援用スト雖モ余輩ハ該論文ニ於テジあれりーカ内外人平等主義ニ對シテ反動ノ聲ヲ揚ケタル文字ヲ發見スルコト能ハサルナリ。氏ハ單ニ大戰後ニ於テハ外國人ノ居住往來ニ付キ一層嚴重ナル監督ヲ要スト爲シ、且ツ各國モ必ス此ノ主旨ニ基ツキ外國人ノ地位ヲ律スルニ至ルヘキ旨ヲ主張スト雖モ、外國人ノ私權ノ享有ヲ制限スヘシトハ主張セサルナリ、否單ニ制限ヲ主張セサルノミナラ

日ク

ス、不動產所有權ノ制限等ニ關シテハ氏ハ却テ反對論ヲ主張セリ、卽チ

外國人ノ居住往來ヲ全ク自由ニ放任スルコトノ危險ハ或ハ將來外國人ノ私權ノ享有ニ付テモ何等カ制限手段ヲ講セントスルニ至ルヘシ、例之外國人ニ土地又ハ建物ノ所有ヲ禁スヘキ法律ヲ設ケントスル國アルニ至ルヘシ。而シテ此ノ禁制ハ既ニ現在ニ於テモ之レヲ認ムル立法例存スト雖モ余輩ハ此ノ如キ禁制ヲ推奬セス。此ノ禁制ハ却テ內國ニ不利益ナル結果ヲ生ス、卽チ此ノ禁制アルカ爲メニ外國人ハ內國ノ富ヲ增加スヘキ企業ヲ起コササルニ至ルヘシ。加之此ノ禁制ハ危險ニ對スル保障ト爲スニ足ラス、何トナレハ危險行爲ヲ冒サントスル外國人ハ或ハ不動產ヲ賃借シ或ハ他人名義ヲ以テ之レヲ買得スルニ依リテ容易ニ目的ヲ達スルコトヲ得レハナリ。故ニ余輩ハ外國人ニ對シテ一般ニ不動產所有ヲ禁スルコトニハ贊成スル能ハス、唯戰時ニ於テ特ニ敵軍ニ利益ヲ與フヘキ地方ニ於ケル不動產ノ獲得ハ或ハ之レヲ禁止スヘシ、然レトモ假令此ノ如キ

禁制ヲ設クルモ智巧ニ長ケタル外國人ハ容易ニ之レヲ遁ルルノ途ヲ有スルコトヲ注意セサル可ラス。故ニ一層實際的ナル手段トシテハ苟クモ國防ニ關係ヲ有スル一切ノ職務ハ之レヲ外國人ニ與ヘサルニ在リ。今日多數ノ法制ハ船長及ヒ士官ハ內國人タルコトヲ要ストセリ、又鐵道從業員モ內國人タルコトヲ要スト爲ス國アリ、大戰ノ經驗ニ依リ此等ノ制度ハ諸國一般ニ認メラルルニ至ルヘシ。猶ホ外國人ニ官公吏ノ職ニ就クコトヲ容ス可ラサルハ勿論ナリ。然レトモ其他ノ點ニ於テ今日多數ノ法制カ外國人ニ許容セル權利ニ對シテ新タニ制限ヲ加フルハ非ナリ。余輩既ニ言ヘルカ如ク、危險外人ノ勢力ニ對シテ豫防手段ヲ講スルコトハ正當ナルト同時ニ又反對ニ支那ノ萬里ノ長城ニ等シキ墻壁ヲ設ケテ國際關係ヲ阻害シ從ヒテ自己ノ國民自身ニモ損害ヲ與フルカ如キハ現代經濟ノ精神並ニ必要ニ背馳セルモノト言ハサル可ラスト Valery, R. de dr. intern. pr. XV. p. 359 et s.

此レニ依リテ観レハゔはれりーハ大戰ノ結果外國人ノ取締ヲ嚴重ニ爲スノ必要ヲ認ムルモ、私權享有ニ就テ現存以上特別ノ制限ヲ認ムルハ寧

英ノ外國人制限法ハ平等主義ノ原則ヲ改メタルモノニ非ス

ロ不可ナリト爲ス者ナリ。故ニ此ノ說ヲ以テ私權享有ニ關スル內外人平等主義ニ對シテ反動ノ聲ヲ揚ケタルモノト爲スハ明カニ當ヲ得ス。

次ニ第二說ニ就テ之レヲ觀ルニ論者ノ指摘シタル英ノ一九一九年ノ外國人制限法ハ從來ノ英法ニ比シ外國人ハ自由權殊ニ職業ノ自由ニ關シ制限ヲ加ヘタルモノナルコトハ明カナリ。然レトモ爲メニ英國ハ從來ノ內外人平等主義ノ根本原則ヲ改メタルモノト言フヲ得ス、唯平等ノ原則ニ對スル例外ノ場合ヲ擴張シタルニ過キス。而カモ此ノ擴張セラレタル例外ハ決シテ突飛ナル例外ニ非スシテ英國以外ノ平等主義國ニ於テ旣ニ認メラルル所ノ例外ニ屬ス。猶ホ此ノ種ノ職業ニ就テハ正サニ外國人ニ對シテ制限ヲ認ムヘキ理由アリト言フヲ得ヘシ、何トナレハ水先案內、船長、機關長等ノ職務ハ戰爭ト重要ナル關係ヲ有スルカ故ニ此等ノ職務ハ之レヲ內國臣民ニノミ保留スルノ必要アレハナリ。又一般官吏ノ職務ノ如キハ其ノ甚タ重要ナラサルモノニ在リテモ猶ホ之レヲ內國臣民ニノミ保留シテ萬一ノ危險ヲ豫防スルノ要アリ。故ニ此等ノ制限ハ單ニ異例ノ制限ニ非サルノミナラス、寧ロ當然ノ制限トモ稱スヘキモノナリ。而シテ此ノ英ノ外國人制限法ノ各條ヲ檢スルニ以上ノ制限ノ外、私權ノ享有ニ關シテハ何等新タニ制限ヲ加ヘタルモノアルナシ Law Reports, Statutes, 1919, p. 427. 故ニ此ノ英ノ新外人法ハ內外人平等主義ノ根本原則ヲ變更シタルモノニ非スシテ、唯從來ノ英國ノ最モ寬大ナル自由主義ニ對シテ外國人ノ自由權ニ適當ナル制限ヲ認ムルニ至リタルニ過キサルナリ。而シテ斯カル制限ヲ認ムルニ至リタル動機ハ固ヨリ今回ノ大戰ニ在リト雖モ私權ノ享有ニ付テハ戰前ト毫モ異ナラサルナリ。從ヒテ英國カ大戰ノ結果所謂內外人平等主義ノ原則ヲ變更シタリト言フハ當ヲ得サルコト明カナリ。おつぺんはいむノ說ク所甚タ明瞭ナリト言ヲ得スト雖モ若シ氏ニシテ新法ノ制限ヲ見テ所謂內外人平等主義ノ根本原則ニ變更ヲ生シタルモノト看做シタリトセハ氏ノ議論ハ誤ナリト言ハサル可カラサルナリ。又若シ此ノ英法ヲ以テ平等主義ノ衰運ヲ語ルモノナリト考フル者アラハ其ノ誤ナルコトモ明カナリ。

佛ノ外國人不動產所有權ニ關スル新法案

次ニ英國ト同シク今回ノ大戰ニ依リテ一般ニ多大ナル影響ヲ受ケタル佛國ニ就テ本問題ヲ研究スルノ要アリ。佛國モ既ニ述ヘタルカ如ク實際ニ於テハ從來內外人平等主義ヲ實行セルモノニシテ外國人ハ或ル種ノ自由權及ヒ船舶所有權等ニ付キ二三ノ制限ヲ受ケタルモ不動產所有權ニ付キテハ何等制限ヲ受クルコトナカリキ。而シテ大戰以來一般外國人ニ對シ保安ノ爲メ警察上ノ取締ヲ嚴重ナラシメタル爲メ外國人ハ交通、往來居住ノ自由ニ制限ヲ加ヘラレタリト雖モ私權ノ享有ニ付キテハ何等新シキ制限ヲ加ヘラルルコトナカリキ。然ルニ最近ニ至リ本問ニ大ナル關係ヲ有スル一ノ問題生シタリ、卽チ一九二二年一一月六日外國人不動產所有權ニ關スル法律案カ佛國下院ヲ通過シタルコト是ナリ。此ノ法律案ニ依レハ外國人ハ從來ノ如ク佛國ニ於テ不動產所有權ヲ享有スルノ資格ヲ有スト雖モ實際之レヲ享有スルニ付キテハ特ニ政府ノ許可ヲ得ルコトヲ要スルモノナリ。卽チ佛國ニ存在スル不動產ノ所有權又ハ用益權カ有償名義タルト無償名義タルトヲ問ハス、又契約ニ因ルト相續ニ因ルトヲ論セス、外國人ニ歸スルニ至リタルトキハ該外國人ハ内務大臣ニ申請シテ其ノ許可ヲ仰カサル可ラス。若シ外國人カ此ノ許可ノ申請ヲ爲サヽリシトキ又ハ不許可ノ決定アリタルトキハ當該物權ハ未成年者ノ財産競賣ニ關スル民事訴訟法九五四條ノ規定ニ從ヒ競賣ニ付セラル、而シテ代金ハ權利者ニ分配セラルルモノナリ。元來此ノ法律案ハ下院ノ法制委員會ノ手ニ成リタルモノナリ、是レヨリ前キ政府モ同樣ノ立案ヲ爲シタリト雖モ政府案ハ法律ハ適用區域ヲ佛國國境ノ各州ニ限リタリ。然ルニ下院案ハ此ノ區域ノ制限ヲ撤廢シ該法律ヲ以テ佛國全土ニ適用セラルヘキモノト爲シタリ。從ヒテ政府案ト下院案トハ根本ノ立法精神ヲ異ニスルニ至リタルモノナリ、即チ政府案ニ於テハ國境諸州ハ國防上樞要ナル地域ニシテ特ニ此等地域ニ於テハ間諜ノ危險豫防等ノ爲メ國家ノ監督ヲ嚴重ナラシムル必要アリト爲シ、外國人ノ不動産獲得ヲ監視セントシタルモノナリ。然ルニ下院ノ法制委員會及ヒ下院自身ニ於テハ外國勢力ノ侵入ハ佛國全土ヲ危險ナラシムルモノナルヲ以テ、國防上ノ必要ナル見地ヨリシテ新法ノ適用ヲ單ニ國境地方ニノミ局限スルハ甚タ理由ナシ、寧ロ公益上外國人ノ佛國領土ノ侵略ハ其ノ如何ナル地方タルヲ問ハス常ニ之レヲ嚴重ニ監督シ、必要ニ應シテハ其ノ效果ヲ制限セサル可ラストセリ。斯クシテ政府案ハ單ニ國境地方ニ對スル一種ノ保安規則タリシニ反シ、下院案ハ佛國ニ於ケル一般外國人ノ地位ヲ變更セントスル法律案ト爲リタルモノナリ。André-Prudhomme, Les étrangers en France et la propriété immobilière. (Clunet, Journal du dr. intern., 1923. p. 46 et s.) 此ノ法律案カ果シテ上院ヲ通過シテ確定法律ト爲ルヤ否ヤ元ヨリ豫測スルコト能ハスト雖モ、若シ確定法律ト爲リタルトキハ佛國從來ノ内外人平等主義ノ制限ニ更ラニ一ノ重要ナル制限ヲ加フルモノナルヤ明カナリ。而シテ此ノ新立法ノ動機カ今回ノ大戰ニ在ルコトモ疑フ可ラサルカ故ニ大戰ハ佛國ニ於ケル外國人私權享有制度ニ大ナル影響ヲ與ヘタルモノト云フヲ得ヘシ。然レトモ爰ニモ注意スヘキコトハ此ノ制限ハ決シテ所謂平等主義ノ根本原則ヲ變更スルモノニ非スシテ唯此ノ原則ニ對スル例外ノ一場合ヲ加フルモノニ過キサルコト是ナリ。猶ホ此ノ制限ハ外國人ニ不動産所有權ヲ否認スルニ非スシテ單ニ其ノ獲得ニ政府許可ノ條件ヲ附スルニ過キサルカ故ニ之レヲ他ノ平等主義國ノ立法ニ比シ、決シテ過大ナル制限ヲ認ムルモノトモ言フコトヲ得サルナリ。加之此ノ法律案ニ對シテハ既ニ佛國内ニ於テモ有力ナル反對論前掲André-Prudhomme氏ノ所論參照アルカ故ニ此ノ法律案カ果シテ確定法律ト爲ルヤ否ヤ甚タ疑ハシキ所ナリ。

世界大戰ハ内外人平等主義ヲ動搖セス

以上世界大戰ニ由リ最モ多ク有形無形ノ影響ヲ受ケタル英佛二國ニ就テ大戰カ外國人ノ私法上ノ地位ニ與ヘタル影響如何ヲ觀タリ、其他ノ諸國ニ於ケル本問題ニ關スル地位ニ付テハ余輩未タ之レヲ知ルコトヲ得サルカ故ニ勿論斷言ノ限ニ在ラスト雖モ余輩ハ大戰ノ影響トシテ所謂内外人平等主義ノ根本觀念ヲ動搖スルニ至ルヘシトハ信スルコト能ハサルナリ。何トナレハ前掲ぢはれりーノ説ニモ言ヘルカ如ク大戰後外國人ノ居住往來ヲ嚴重ニ監督シテ其ノ危險行爲ニ對シテ豫防手段ヲ講スルノ必要ハ元ヨリ之レヲ認ムヘシト雖モ一般外國人ノ私權享有ノ制限ヲ增大スヘキ理由ヲ發見スルコト能ハサレハナリ。猶ホ該制限中甚タ重要ナル不動產所有權ノ制限ニ對シ、ぢあれりー並ニあんどれ、ぷるーどんむノ如ギ此ノ制限ハ內國ノ爲メニ却リテ害アルモ利ナキヲ高調セルヲ觀ルモ略ホ本問ニ對スル學說ノ趨向ヲ窺フニ足ルヘシ。要之余輩ハ所謂平等主義ノ觀念ハ大戰ニ由リテ動搖シタルコトナク、又將來ト雖モ此ノ觀念ニ革命ヲ來タスヘキ傾向及ヒ理由ヲ發見スルコト能ハス、却リテ國際的私法交通ノ必要上平等主義ハ例外タル外人ノ私權享有制限ノ範圍ハ益縮少セラルヘキヲ信スル者ナリ。

第三節　日本ニ於ケル外國人ノ私法上ノ地位

外國人ノ私法上ノ地位ニ關スル一般ノ說明ハ以上ニ盡キタリト信ス、本節ニ於テハ特ニ本問ニ關スル日本ニ於ケル現狀ヲ示サントス。

既ニ述ヘタルカ如ク我國モ亦內外人平等主義ヲ採用セルハ民法第二條ノ規定ニ依リテ明カナリ、卽チ外國人ハ法令又ハ條約ニ禁止アル場合ヲ除ク外內國人ト同樣ニ一般私權ヲ享有ス。外國人卽チ日本國籍ヲ有セサル者外國人トハ非内國人ノ義ニシテ、外國國籍ノ有無ヲ問ハサルナリ。故ニ内國國籍ヲ有スル者ハ假令同時ニ外國國籍ヲ有スト雖外國人ニ非ス、又無國籍者ハ外國人ナリハ我國ノ法令又ハ外國トノ條約ニ於テ明カニ享有ヲ除外セラレタル場合又ハ法ノ一般精神ニ依リ日本人ニ非サレハ享有スルコト能ハサルコト明カナル場合富井博士民法原論一巻一四一頁ヲ除ク外ハ我國法ノ認ムル一切ノ私權ヲ享有スル能力ヲ有スルモノナリ而シテ未タ條約ヲ以テ此ノ制限ヲ認メタルモノナシト雖モ現行法令ノ認ムル制限ノ主ナルモノヲ擧クレハ左ノ如シ。

一、外國人ハ土地ノ所有權、質權及ヒ抵當權ヲ享有スルコトヲ得ス。

此ノ禁止法ハ極メテ古キモノニシテ明治六年布告第一八號地所質入書入規則第一一條本規則ノ其他ノ規定ハ民法施行法第九條二項ニ依リ廢セラレタリニ「地所ハ勿論地券ノミタリトモ外國人ヘ賣買質入書入等致シ金子請取又ハ借受候儀一切不相成候事」トアル規定即チ是ナリ、然ルニ明治四三年法律第五一號外國人ノ土地所有權ニ關スル法律ヲ以テ北海道臺灣、樺太及ヒ國防上必要ナル地域ヲ除キ、且ツ相互條件ノ下ニ外國人ニモ土地所有權ヲ認メ、猶ホ明治六年布告第一八號ハ之レヲ廢止スヘキ旨ヲ定メタリシモ、此ノ法律ハ今日ニ至ルマテ未タ實施セラレス。故ニ現行法上外國人ハ土地ノ所有權ハ勿論其ノ質權、抵當權ヲモ享有スルコトヲ得サルモノナリ。但シ政府ハ近キ將來ニ於テ新タニ此點ニ付キ法ヲ設クルモノノ如シ。

【註】外國人ノ土地抵當權ニ關シ一言スヘキコトアリ。舊日獨通商航海條約（明治二九年）附屬議定書第二ニ「兩締盟國ハ其ノ一方ノ臣民カ他ノ一方ノ版圖内ニ於テ内國臣民ト同様不動産抵當權ノ取得及占有ヲ許スコトニ同意ス」ト定メタリ。從ヒテ獨逸人及ヒ最惠國條欵ヲ有シタル條約國ノ人民ニ對シテハ明治六年布告ノ土地書入禁止ハ一旦解除セラレタルモノナリ。然ルニ該條約ニ代リタル明治四四年ノ日獨通商航海條約ニ於テハ舊條約ト異ナリ、特ニ不動産抵當權相互認容ノ規定ヲ爲サス、又他列國トノ條約ニ於テモ此ノ種ノ禁止解除ノ規定ナキヲ以テ前掲布告ノ禁止ハ今日猶ホ一般ニ存續スルモノト認メサル可ラサルナリ。

外國人ハ上述ノ如ク土地所有權ヲ享有スルコトヲ得スト雖モ特ニ外國人ノミカ享有スルコトヲ得ル永代借地權ナル一種ノ物權ニ付テハ民法中所有權ニ關スル規定ハ準用セラルルヲ以テ此ノ權利ヲ有スル外國人ハ事實土地ヲ有スル者ト異ナラス明治三四年永代借地權ニ關スル法律第一條

二、外國人ハ日本銀行、橫濱正金銀行、農工銀行、朝鮮銀行、朝鮮殖產銀行、東洋拓殖株式會社ノ株主權ヲ有スルコトヲ得ス、猶ホ中華民國人以外ノ外國人ハ南滿州鐵道株式會社ノ株主權ヲ有スルコトヲ得ス（日本銀行條例五條、横濱正金銀行條例五條、農工銀行法四條、朝鮮銀行法五條、朝鮮殖産銀行令四條、東洋拓殖株式會社法三條、明治三九年勅令一四二號二條）

三、外國人ハ日本船舶ノ所有權ヲ有スルコトヲ得ス（船舶法一條）

四、外國人ハ鑛業權及ヒ砂鑛權ヲ享有スルコトヲ得ス、（鑛業法五條、砂鑛法二三條）

猶ホ外國人ハ所謂自由權中職業ノ自由ニ關シ或ル制限ヲ受ク、即チ外國人ハ

一、取引所ノ會員又ハ仲買人タルコトヲ得ス、（取引所法一一條）

二、水先人タルコトヲ得ス、（水先法二條）

三、移民取扱人タルコトヲ得ス、（移民保護法七條一項）

以上ハ專ラ外國人ノ財産法ニ關スル地位ニ付テ述ヘタリ。親族法及ヒ相續法ノ範圍ニ於テハ外國人ハ一般ニ内國人ト同樣ナル待遇ヲ受ク。唯外國人ハ戸主又ハ家族ト爲ルコトヲ得ス、而シテ其ノ戸主タルコトヲ得サルハ我民法カ戸主ノ日本國籍喪失ヲ以テ家督相續開始ノ一原因ト爲シタルヲ以テ見ルモ明カナリ（九六四條一號）家族ニ付テハ法ニ外國人ヲ除斥スヘキ

直接明示ノ規定ヲ缺クト雖モ我家族制度ノ精神ニ照シ明カナリト信ス。卽チ家ハ全日本國民ヲ構成セル基礎的人民團體(單身戸主ノ家ハ例外)ニシテ戸主權ニ依リテ統括セラルルモノナリ。故ニ此ノ團體内ニ外國人ヲ包容スルコト能ハサルハ當然ナリト云フヲ得ヘシ。猶ホ民法七四六條ニ家族ハ家ノ氏ヲ稱ストアル規定ハ間接ニ外國人ハ我家ノ家族タルコトヲ得サル法ノ精神ヲ窺フコトヲ得ヘシ。何トナレハ外國人ニ日本ノ家ノ氏ヲ稱セシムヘキ理由ヲ解スルコト能ハサレハナリ。我民法學者ノ多數ハ殆ト何等說明ヲ用ヒスシテ外國人ハ家族タルコトヲ得スト爲ス、蓋シ當然ノ事ト爲スカ如シ。然ルニ爰ニ一ノ異說アリ曰ク「我國籍法ニ依レハ夫カ日本人ニシテ妻カ外國人ナル場合アリ(一三條二七條)而シテ婚姻ノ效力ハ夫ノ本國法タル日本ノ法律ニ依ル(法例一四條)之ヲ民法ニ徵スルニ妻ハ夫ノ家ニ入ル(七八八條)又戸主ノ親族ニシテ其家ニ在ル者及ヒ其配偶者ハ家族トス(七三二條)ト云フ規定ニ考フルトキハ外國人ト雖モ日本ノ家ノ家族タルコトヲ得。外國人タル未成年ノ子モ亦日本ノ家ノ家族タルヘシ卽チ父カ日本ノ國籍ヲ取得シ又ハ回復スル場合ニ未成年ナル子ハ必シモ日本人ト爲ラス國籍法一五條二項、二七條然ルニ親子ノ關係ハ父ノ本國法タル日本ノ民法ニ依リテ定マルカ故ニ法例二〇條外國人タル未成年ノ子ハ日本ノ家ノ家族タルヘシ民法七三三條ト山口博士日本國際私法論一八八、一八九頁。余輩ハ此説ニ贊同スル能ハサルナリ、此説ハ外國人カ日本ノ家ノ家族ト爲リ得ルコトヲ我衝突規則タル法例ノ規定ニ依リテ判斷シタルモノナリ。然レトモ既ニ説明シタルカ如ク外國人ノ私權享有問題ハ法律衝突解決問題ノ前提タリト雖モ又自ラ別個ノ問題ニ屬ス緒論參照、從ヒテ外國人ノ私法上ノ地位ヲ定ムル法律ト法律衝突ヲ解決セル所謂衝突規則トハ法規ノ目的性質ヲ異ニス。衝突規則ハ外國人ノ私權享有許否ノ問題ヲ定ムルヲ以テ其ノ目的ト爲サス、此ノ問題ハ此ノ問題ノ決定ヲ固有ノ目的トセル實質法タル外人法ニ依リテ定メラル。故ニ衝突規則ニ依リテ此ノ問題ヲ決定セントスルハ衝突規則ヲ不當ニ適用スルモノト云ハサル可ラサルナリ。尤モ反對論者ハ既ニ述ヘタルカ如ク國内法主義ヲ奉シ、衝突規則ヲ以テ國内實質私法ト同性質ノモノナリト爲ス者ナルヲ以テ山口博士曰ク事項規定（實質法）及ヒ衝突規定ハ形式上ノ區別ニ過キス、衝突規定ハ畢竟事項規定ナリト、日本國際私法一分册二四頁 衝突規則ニ依リテ外國人ノ私權享有許否ノ問題ヲ判斷スルモ何等不可ナルモノナシト爲スナルヘシ。然レトモ余輩ハ我民法ノ戸主及ヒ家族ナル制度ノ根本精神トシテ日本ノ家ノ構成員ハ日本人タラサル可ラストスル原則カ暗默ニ我民法中ニ存在スルモノト爲スカ故ニ假令反對論ノ如ク我民法ヲ適用シテ本問ヲ判斷スヘシト爲スモ猶ホ同一結論ニ達セサル可ラスト信ス。

次ニ外國人ハ戸主タルコトヲ得サルカ故ニ家督相續權ヲ享有スルコト能ハサルハ勿論テリ。猶ホ外國人カ日本人ノ養子又ハ入夫ト爲ルニハ品行端正ニシテ引續キ一年以上日本ニ住所又ハ居所ヲ有シ且ツ内務大臣ノ許可ヲ受ケサル可ラス、明三一年法律第二一號。 蓋シ外國人ハ此ノ縁組又ハ入夫婚姻ニ因リテ日本國籍ヲ取得スヘキモノナルカ故ニ特ニ此ノ條件ニ從ハシメタルモノナリ、國籍法五條二號、四號。

【註】本文印刷後大正十四年法律第四二號、外國人土地法公布セラレタリ。本法施行ノ曉ハ外國人ハ原則トシテ土地ノ所有權、質權及ヒ抵當權ヲ享有スルモノナリ。

第二章　準據法

準據法ト適用規則

衝突規則ニ依リテ或ル法律關係ニ實際適用セラルヘキ或ル國ノ法律ヲ其ノ法律關係ノ準據法 Massgebendes Statut ト稱ス。猶ホ此ノ準據法ハ各實際問題ニ就キ法律效果ノ存否ヲ判定スル法律ナルヲ以テ或ハ之レヲ效果法 Wirkungsstatut ト名ツク Zitelmann, I. S. 125. 卽チ準據法又ハ效果法ナルモノハ法律問題ニ實際適用セラルヘキ或ル國ノ實質法ヲ指稱スルモノニシテ、其ノ適用ヲ命スルトコロノ適用規則 Anwendungsnorm (卽チ衝突規則 Kollisionsnorm) トハ判然區別セサル可ラス。然ルニ往々二者ヲ混同スル者アルカ故ニ特ニ注意ヲ要ス。我法例第三條以下各條ノ規定ハ我國ノ衝突規則ニシテ、此等各規定ニ依リ各法律關係ニ適用セラルヘキ各國ノ實質私法ハ其ノ各法律關係ノ準據法タリ。

連結素又ハ連結點

準據法ハ法律關係又ハ法律問題ノ各場合ニ依リ固ヨリ異ナラサル可ラス。卽チ此ノ法律關係又ハ法律問題ニ關係ヲ有スル數國中其ノ一ヲ採リテ準據法ヲ選定スルニ當リテ其ノ採擇ノ標準タルヘキ事實關係ニ數種アリ。或ハ當事者ノ國籍、住所又ハ居所ノ關係ヲ以テ準據法ヲ定ムルコトアリ。或ハ物ノ所在地關係ヲ以テ之ヲ定ムルコトアリ。或ハ行爲地關係ヲ以テスルコトアリ。又或ハ法廷地關係タルコトアリ。此等事實關係ハ衝突規則カ或ル法律關係ヲ或ル國ノ法律ニ連結セシムル要素ナルヲ以テ獨逸學者或ハ之ヲ連結素 Anknüpfungsmomente 又ハ連結點 Anknüpfungspunkte ト稱ス。

Kahn, Gesetzeskollisionen (Jahrbücher fur die Dogmatik, 30, S. 55.); Niemeyer, Vorschläge u. Materialien, S. 102; Niemeyer, Das Internationale Privatrecht, S. 57; Zitelmann, I, S. 206; Niedner, Einführungsgesetz, S. 19; Kuhlenbeck, Einführungsgesetz, S. 26.

卽チ準據法ハ或ハ人ノ本國法タルコトアリ、住所地法タルコトアリ、又居所地法タルコトアリ。或ハ物ノ所在地法タルコトアリ。或ハ行爲地法タルコトアリ。又或ハ法廷地法タルコトアルナリ。而シテ詳細ニ之ヲ言フトキハ法律關係ハ必シモ單純ニ一準據法ニ從フニ非ス。或ハ法律關係ノ成立ハ甲國法ニ從ヒ、其ノ效力ハ乙國法ニ從フコトアリ。或ハ法律關係ノ成立自身ニ就テモ甲乙二國ノ法律ニ依ルコトアリ。又或ル效力ハ甲國法ニ從ヒ、或ル他ノ效力ハ乙國法ニ從フコ

連結點ノ確定

トアリ。故ニ法律關係ハ一般ニ或ル一定ノ法律ニ從屬スヘキモノナリト主張スルハ精確ニ非サルコト明カナリ Enneccerus, I. I. S. 151. ノ所説正シ

上述ノ如ク準據法ハ所謂各連結點ニ依リテ選定セラルルモノナリ。然ルニ此ノ所謂連結點ニ付キ問題ヲ生スル場合アリ。卽チ連結點中單純ナル事實關係タルモノニ付キテハ問題ヲ生スルコトナシ。例之法廷地ハ現ニ訴ノ提起セラレタル土地ニシテ別ニ疑ヲ生スルコトナシ。物ノ所在地ハ現ニ物ノ占據セル土地ナルカ故ニ之レ亦疑ヲ生セス。唯物カ其ノ地位ヲ轉シタル場合ニ其ノ物ヲ目的物ト爲ス權利ニ如何ナル影響ヲ及ホスヘキカノ問題ヲ生スルコトアリト雖モ物ノ所在地自身ニ付テハ別ニ問題ヲ生セサルナリ。然ルニ行爲地ニ就テハ行爲カ一國內ニ於テ爲サレタルトキニ於テハ問題ヲ生セスト雖モ若シ行爲カ法律ヲ異ニスル二國間ニ於テ爲サルル場合ニ於テハ孰レノ國ヲ以テ行爲地ト定ムヘキカノ問題ヲ生ス。此ノ場合ノ行爲地ハ最早一定不動ノ事實關係ニ非スシテ法ヲ以テ定ムヘキ法的觀念タリ。而シテ此ノ點ニ付キ世界的統一原則ノ存在セサル以上

ハ既ニ研究シタル法律關係ノ性質決定ノ問題ト同樣ニ此ノ問題ハ法廷地法ニ依リテ決定セサル可ラスト信ス。次ニ國籍及ヒ住所ナル連結點ニ至リテヤ二者倶ニ最初ヨリ法的觀念ニシテ事實關係ニ非ス、Niemeyer, Das Intern. Privatr., S. 61, 69. 即チ國籍及ヒ住所ニ關スル法律觀念ハ各國法律ニ依リ各相異ナレリ。從ヒテ何レノ國法ニ依リテ此等ノ法律觀念ヲ定ムヘキカノ問題ヲ生ス。換言スレハ國籍、住所ニ關スル各國法ノ衝突ハ如何ニ解決スヘキカノ問題ヲ生ス。即チ此ノ問題ハ既ニ緒論ニ於テ述ヘタルカ如ク各國實質私法ノ衝突解決問題ノ先決問題トシテ決定セサル可ラサルナリ。猶ホ此ノ問題ハ前ノ行爲地ニ關スル問題ニ比シ國際私法上廣キ範圍ニ於テ生スル重要ナル問題ナルカ故ニ本編總論中ニ特ニ章ヲ設ケテ研究セントス。而シテ行爲地ニ關スル問題ハ各論ニ於テ債權法上ノ法律行爲及ヒ不法行爲ニ關スル準據法ヲ研究スルニ當リテ説明スヘシ。

【註】かーんハ國際私法ノ規則ハ或ル國法ノ場所的管轄ヲ法律關係ノ各要素ニ連結セシムルモノナリト爲シ。而シテ其ノ要素トシテ人ノ國籍、住所。物ノ動、不動性。占有者、所有者其他物權ヲ有スル者ノ住所。契約ノ成立地、

履行地。不法行爲地ヲ擧ケタル後說明シテ曰ク抑モ此等ノ連結點ハ法律觀念ナリ。而カモ此觀念ヲ一定スヘキ統一的國際法典ハ存在セス。從ヒテ爰ニ連結觀念ノ衝突 Kollisionen der Anknüpfungsbegriffe ナルモノヲ生スト（前揭、法律衝突論五五頁猶ホ Walker, Internationales Privatrecht, 2 Aufl. 1922, S. 19. ハ全ク氏ノ說ニ倣フ）然レトモ余輩本文ニ於テ說明セルカ如ク總テノ連結點カ法律觀念タルニ非サルカ故ニ連結點ヲ連結觀念ト呼フハ妥當ニ非ス。猶ホ物ノ動、不動性ハ勿論法律觀念ナリト雖モ今日ニ於テハ英米法系以外ニ於テハ一般ニ之レヲ連結點ト認メサルコトヲ注意セサル可ラス。

第三章　國籍衝突

國籍ハ人ヲ國家ニ從屬セシムル關係ナリ。而シテ理論上ノ理由ハ爰ニ之ヲ問ハスト雖モ、實際ニ於テ人ハ必ス或ル一定ノ國家ニ從屬シ、又同時ニ二個以上ノ國家ニ從屬セサルヲ原則トス。換言スレハ一人一國籍ヲ以テ一般原則ト爲ス。然ルニ各國カ國籍ノ得喪ニ關シテ採用セル主義ノ相異ナレル事實ト、又各國國籍法ノ規定ノ不完全ナル事實トハ往々ニシテ此ノ原則ニ對シテ變例ヲ生セシム。卽チ時トシテ人ハ同時ニ二個ノ國籍ヲ有シ又ハ全ク國籍ヲ有セサルコトアリ。初メノ場合ヲ重國籍又ハ國籍ノ積極的衝突ト云ヒ、後ノ場合ヲ無國籍又ハ國籍ノ消極的衝突ト云フ。以下此二個ノ國籍衝突ノ場合ニ就キ順次説明スヘシ。

【註】　從來學說トシテハ絕對ニ重國籍及ヒ無國籍ヲ排除セントシテ、「何人モ二個ノ國籍ヲ有スルコトヲ得ス」、又「何人モ新タニ他ノ國籍ヲ取得スルニ非サレハ在來ノ國籍ヲ喪フコト能ハス」ト云フ原則ヲ設定スヘシト爲ス意見廣ク行ハル（一八九六年ゔにーずニ於ケル國際法協會決議第五條、第六條。Valery, Manuel, p. 131; Bles, Un droit uniforme sur la nationalité, Revue de dr. intern. et de lég. comp., 1921 No 6, p. 513 et s.）　且又諸

國ノ立法例ニ於テモ多少此點ニ注意セルモノナキニ非スト雖モ猶ホ實際ニ於テ國籍ノ衝突ヲ生スル場合甚タ多シ。

第一節　國籍ノ積極的衝突

國籍ノ積極的衝突ヲ生スル場合ニ二アリ。一ハ出生ニ因ル國籍取得ノ場合ニシテ他ハ生後ノ事實ニ因ル國籍取得ノ場合ナリ。第一ノ場合ハ人カ出生ニ因リテ同時ニ二個ノ國籍ヲ取得スルモノニシテ第二ノ場合ハ人カ婚姻、歸化等生後ノ事實ニ因リテ新國籍ヲ取得シタルニ拘ラス依然舊國籍ヲ保有スルモノナリ。以下項ヲ分チテ之ヲ說明スヘシ。

第一款　出生ニ因リテ生スル重國籍

出生ニ因リ人カ往々重國籍ヲ取得スルノ變態ヲ生スルハ今日各國カ出生ニ因ル國籍(根原國籍 Nationalité d'origine)ノ取得ニ就テ種々異ナレル主義ヲ採用セルニ由ル。抑モ古來諸國ノ立法例ニ於テ認メラレタル根原國籍取得ノ原因ニ二種アリ、一ハ血統關係ニシテ他ハ出生地關係ナリ。之レ

根源國籍取得ニ關スル各主義

ヲ一般ノ沿革ニ徴スルニ古代ニ於テハ人ハ其出生地ノ如何ヲ問ハス其父母ノ國籍ヲ繼受シタリ、蓋シ國家ハ祖先ヲ同フスル親族團體ナリトスル當時ノ國家觀念ニ由ルモノニシテ之レヲ血統主義 jus Sanguinis ト稱ス。然ルニ中世封建時代ニ至リ人ハ其父母ノ國籍如何ニ拘ラス一ニ其出生地ノ產物トシテ其國ノ國籍ヲ取得シタリ、是レ卽チ出生地主義 jus Soli ナルモノナリ。更ラニ近世ニ至リテハ此ノ二主義ヲ併合調和セルモノ興レリ。然ルニ此ノ主義ニモ自カラ血統ヲ首位ニ置クモノト出生地ヲ首位ニ置クモノトノ別アリ。從ヒテ此ノ問題ニ就キ今日諸國ノ國籍法ハ凡ソ左ノ四種ニ分類スルコトヲ得ヘシ。

【註】以下掲クル所ノ各國國籍法ノ分類ハ主トシテわいす及ヒゔあれりーノ所説ニ據ル Weiss, 2 éd., t. II, p. 255 et s.; Valery, p. 140 et s.

一　血統主義

此ノ主義ヲ採ル國ハ獨逸、墺地利、匈牙利、諾威、羅馬尼亞、瑞西等ニシテ根原國籍ハ一ニ血統ニ依リテ之レヲ定ム。卽チ嫡出子ハ父ノ國籍ヲ取得シ、私生子ハ母ノ國籍ヲ取得ス、而シテ出生地ノ如何ハ全ク之レヲ問ハサルナリ。

【註】既ニ述ヘタルカ如ク一般國籍論ハ本書ノ目的ニ非サルカ故ニ詳述ノ限ニ在ラスト雖モ、血統ヲ以テ根原國籍取得ノ原因ト爲スハ最モ自然ニシテ且ツ合理的ナリト言フヲ得ヘシ。然レトモ單純ニ血統ノミヲ以テ此ノ國籍ヲ定メントスルトキハ時ニ或ハ實際ノ必要ヲ充タスコト能ハサル場合アルヘシ。即チ内國ニ於テ生マレタル者ノ父母ヲ知ルコト能ハス又ハ其ノ無國籍者ナルカ如キ場合ニハ此ノ子モ之レヲ無國籍者ト爲スノ外ナシ。然ルニ國内ニ無國籍者ヲ生セシムルコトハ公法上ニ於テモ私法上ニ於テモ不都合ナル結果ヲ生スルヲ以テ力メテ之レヲ避クルノ要アリ。純然タル血統主義ハ此ノ需要ニ應スルコト能ハサルノ缺點アリ。

猶ホ獨逸改正國籍法(一九一三年法律)第四條第二項ハ「一聯邦内ニ於テ發見セラレタル子ハ反對ノ證明アルマテ其ノ聯邦人ノ子ト爲ス」ト規定セリ、此ノ規定ハ舊國籍法ニ存在セサリシモノナリ。此ノ規定ノ文言ヨリ觀ルトキハ山口博士ノ所説ノ如ク單ニ血統ノ推定ニ過キスシテ出生地主義ヲ採用シタルモノニ非スト爲スヲ正當ナリト信ス(山口博士日本國際私法論一三九頁)。然ルニ元來此ノ規定ハ議會ノ提案ニ懸リタルモノニシテ政府代表者ハ此ノ如キ規定ヲ採用スルハ新國籍法案ノ純血統主義ヲ出生地主義ヲ以テ破壞スルモノナリトシテ之レニ反對シタル事實ヲ注意セサル可ラス Cahn, Reichs u. Staatsangehörigkeitsgesetz, S. 30ff.

二　出生地主義

此ノ主義ハ亞爾然丁、ぼりゔぃあ、伯剌西爾、智利、格倫比亞、ゑくあどる、ぱらぐゑー、秘露、うるぐゑー、ゔゑねづゑら等ノ南米諸國ナリ。此等ノ國ニ於テハ內國ニ生マレタル者ハ其ノ父母ノ國籍如何ヲ問ハス總テ之レヲ內國人ト爲ス。內國人カ外國ニ於テ生ミタル子ハ明示又ハ默示ニ內國國籍選擇ノ意思ヲ表示シタルトキハ之レヲ內國人ト爲ス。

【註】封建制度ノ滅亡ト俱ニ歐洲各國ニ於テハ純然タル出生地主義ヲ採ル國ハ更ラニ存セス。唯南米諸國ニ於テハ領域ノ大ニ比シ人口猶未タ稀薄ナルヲ以テ此ノ加キ主義ヲ維持シテ以テ國ノ繁榮ヲ圖ラントスルモノナリ。然レトモ此ノ主義ハ理論上ノ非難ヲ免ルルコト能ハサルハ明カナリ。卽チ人ト領土トノ最モ重要ナル從屬關係タル國籍ノ取得ヲ單ニ偶然ナル出生地ノ如何ニ依リテ決セシムルノ不當ナルハ勿論、若シ各國ニ於テ此ノ如キ主義ヲ實行スルトキハ私人ノ國際交通ノ自由ヲ妨クルコト甚大ナリト言ハサル可ラサルナリ。

三　出生地主義ヲ基礎トセル併合主義

此ノ主義ハ英、米、葡萄、さんさるゔあどる等ノ採ル所ニシテ、根原國籍ハ出生地ニ依リテ定ムルヲ原則ト爲シ、唯出生地主義ノ不都合ナル結果ヲ緩和センカ爲メニ血統主義ヲ加味セルモノナリ。卽チ此等ノ國ニ於テハ內國領土ニ生マレタル者ハ當然內國國籍ヲ取得スヘキモノト爲スト雖モ又他方ニ於テハ或ハ此ノ如キ者ヲシテ或ル條件ノ下ニ父母ノ國籍ヲ保有スルコトヲ得セシム。例之英國ニ於テハ本人カ成年ニ達シタル後ハ何時ニテモ英國國籍ヲ抛棄シ、父母ノ國籍ヲ請求スルコトヲ認ム。葡萄亦同シ。又米國ハ內國ニ於テ生マレタル者ニ總テ米國市民タルノ資格ヲ認ムト雖モ若シ外國人ヨリ生マレタル者カ血統主義ヲ採用スルトコロノ親ノ本國ニ在住スルトキハ米國國籍ノ利益ヲ享有スルコトヲ得ストセリ。猶ホ此等ノ國ニ於テモ內國人ノ子ハ假令外國ニ於テ生マレタルトキト雖モ或ハ當然之レヲ內國人ト認メ、或ハ明示又ハ默示ニ內國國籍取得ノ意思ヲ表示シタル者ハ之レヲ內國人ト爲ス。斯カル範圍ニ於テ血統主義ヲ加味セルモノナリ。

四　血統主義ヲ基礎トセル併合主義

此ノ主義ヲ採ル國ハ佛蘭西、白耳義、伊太利、勃爾牙利、土耳古、露西亞、瑞典、和蘭等ニシテ此等ノ國ニ於テハ根原國籍ハ血統ニ依リテ定ムルヲ原則ト爲ス。然レトモ又或ル場合ニハ人カ內國領土ニ生マレタルノ故ヲ以テ之ニ內國國籍ヲ取得セシム。而シテ其ノ如何ナル場合ニ然ルカハ國ニ依リテ異ナル。例之伊太利ノ如キハ內國ニ生マレタル者ノ父母共ニ知レサル場合、又ハ國籍ヲ有セサル場合、又ハ父母ノ本國法ニ依リ子カ父母ノ國籍ニ從ハサル場合ニ之ヲ內國人ト爲ス伊太利新國籍法第一條第一項第三號又佛蘭西ニ於テハ內國ニ生マレタル者ノ父母明カニシテ且外國國籍ヲ有スルトキト雖モ其ノ父母ノ一方カ同シク內國ニ於テ生マレタル者ナルトキハ之ヲ內國人ト爲ス、但シ母カ佛蘭西ニ於テ生マレタル者ナルトキハ子ハ成年ニ達シタル後佛國國籍ヲ脫スルコトヲ得佛民法第八條第二項第三號又白耳義ニ於テモ內國ニ生マレタル者ノ父母共ニ知レサル場合又ハ國籍ヲ有セサル場合ニ之ヲ內國人ト爲スノミナラス、內國ニ於テ外國人ヨリ生マレタル者ノ父母ノ一方カ同シク內國ニ於テ生マレ又ハ十年間（父母ノ一方カ內國人ナルトキハ六年間）引續キ內國ニ住所ヲ有シタル者ナル場合ニ於テ本人カ滿二十一歲ニ達スル迄內國ニ住所ヲ有シ且外國國籍ヲ保有スヘキ意思ヲ表明セサ

各主義間ノ衝突

リシトキハ之ヲ内國人ト為ス（白耳義國籍得喪法第四條第一項、第七條第一號第二號）此ノ主義ハ合理的ニシテ又實際ノ需要ニ應スルモノト言フヲ得ヘシ。我國籍法モ亦此主義ニ屬ス。即チ我國籍法ハ子ハ父カ日本人タルトキ、父知レサル場合又ハ國籍ヲ有セサル場合ニ母カ日本人タルトキハ之ヲ日本人トスト規定シ根原國籍ハ血統ニ依リテ定ムルノ原則ヲ明示セリ（第一條、第三條）然ルニ國籍法ハ更ラニ進ンテ日本ニ於テ生マレタル子ノ父母カ共ニ知レサルトキ又ハ國籍ヲ有セサルトキハ其子ハ之ヲ日本人トスト規定シ（第四條）此ノ場合ニハ出生地主義ヲ採用シテ無國籍者ノ現出ヲ防止セントシタリ。

上述ノ如ク現今各國カ根原國籍ノ取得ニ就キ種々其主義ヲ異ニスルカ為メ爰ニ國籍ノ衝突ヲ生ス。例之日本人夫婦カ亞爾然丁ニ於テ一子ヲ擧ケタリトセン、亞爾然丁法ハ前掲ノ如ク出生地主義ヲ採ルカ故ニ此ノ子ハ該國法ニ從ヘハ亞爾然丁人タリ。然ルニ我國籍法ニ依レハ元ヨリ日本人タリ。乃チ此ノ子ハ出生ニ因リテ日、亞両國籍ヲ取得ス。從ヒテ國際私法上此ノ者ニ適用スヘキ本國法ハ日本法ナリヤ、亞爾然丁法ナリヤノ

同主義間ノ衝突

問題ヲ生スルニ至ルモノナリ。此ノ種ノ國籍ノ衝突ハ血統主義若クハ血統主義ヲ基礎トセル併合主義ト出生地主義若クハ出生地主義ヲ基礎トセル併合主義トノ間ニ於テ生スルハ勿論ナリト雖モ同種ノ併合主義ヲ採用セル二國間ニ於テモ亦生スルコトアリ。例之日本ト佛西蘭トハ共ニ血統主義ヲ基礎トセル併合主義ヲ採用セルニ拘ラス猶ホ此ノ種ノ衝突ヲ生スルコトアリ。卽チ佛國ニ於テ日本人夫婦ヨリ生マレタル男子カ日本婦人ト結婚シ、此ノ新夫婦カ更ラニ佛國ニ至リ茲ニ居住中子ヲ生ミタルトキハ此ノ子ハ佛蘭西法ニ依レハ佛蘭西人タリ。然ルニ日本法律ニ依レハ此ノ子ハ日本人夫妻ヨリ生マレタル者ナルカ故ニ其出生地ノ如何ヲ問ハス日本人タリ。從テ此ノ子ハ出生ニ依リ同時ニ日佛二國籍ヲ取得スルモノナリ。何カ故ニ此ノ如キ衝突ヲ生スルカト言フニ、二國ハ共ニ血統主義ニ出生地主義ヲ加味セルモノナリト雖モ其ノ出生地主義ヲ加味セル程度ニ於テ大小、强弱ノ差アルカ爲メナリ。卽チ佛國ハ日本ニ比スレハ出生地主義ヲ加味スルコト强大ニシテ日本ノ認メサル範圍ニ於テ出生地主義ヲ認ムルカ為メニ此ノ點ニ於テ日本ノ血統主義ト衝突スルモノナリ。要スルニ此ノ種ノ國籍衝突ハ前掲各主義ノ間ニ廣ク生スルモノナルコトヲ注意セサル可ラス。

以上述ブル所ニ依リ如何ニシテ人ガ出生ニ因リ同時ニ二個ノ國籍ヲ取得シ、從テ其ノ本國法ヲ一定スルコト能ハザルニ至ルベキカヲ知ルヲ得タリ。以下此ノ衝突ノ解決方法ニ就テ攻究スベシ。此ノ問題ニ就テハ立法例モ極メテ尠ナク、學說モ亦甚ダ區々ニシテ國際私法上未ダ確立シタル原則ナルモノ無シト云ハサルヘカラサルナリ。然ルニ次ノ一點ニ就テハ今日多數ノ學者其ノ意見ヲ一ニス。卽チ衝突セル二個ノ國籍中ノ一カ內國國籍ナルトキハ內國法ヲ以テ其者ノ本國法ト為ス。換言スレハ此ノ問題ハ之ヲ判斷スヘキ國ノ國籍法ニ從ヒテ解決スヘシト為スコト是ナリ。例之前ニ掲ケタル日佛兩國籍ヲ有スル者ノ例ニ就テ言ヘハ、若シ日本ニ於テ此ノ問題ヲ解決スヘキトキハ日本國籍法ニ從ヒ此者ハ日本人タリ、從テ本國法ハ日本法律ナリ。反之佛國ニ於テ問題ト為リタルトキハ佛國

内外國籍ノ衝突

民法中ノ國籍ニ關スル規定ニ依リ、此者ハ佛國人ニシテ其ノ本國法ハ佛法ナリト爲スカ如シ。而シテ此ノ解決方法ノ理由トスル所ハ一國ノ國籍法ハ絶對的强行法ナルヲ以テ裁判所ハ偏ヘニ自己ノ國法ニ從ハサル可ラストスルニ在リ。Weiss, I p. 305; Surville-Arthuys, p. 163; Valery, p. 321; Zitelmann, I S. 175; Niemeyer, Das intern. Privatr. des B. G. B., S. 64; Niedner, S. 83; Habicht, S. 229; Kuhlenbeck, S. 36; Walker, Intern. Privatrecht, 2 Aufl. S. 78.

二 外國國籍ノ衝突

然ラバ第三國カ此ノ問題ヲ決定スヘキトキハ如何。例之獨逸人カ亞爾然丁ニ於テ生ミタル子ハ出生ニ因リテ同時ニ獨、亞兩國籍ヲ取得ス。何トナレハ獨逸ハ前述ノ如ク血統主義ヲ採レハナリ。今我國ニ於テ此者ノ能力問題ニ就キ適用スヘキ本國法ヲ決定センカ爲メニ國籍ヲ一定スヘキ必要ヲ生シタルトキハ如何。此ノ場合ニ於テハ衝突國籍ハ共ニ外國國籍ナルカ故ニ前ノ場合ニ於ケルカ如ク簡單ニ決定スルコト能ハス。是ニ於テカ學説區區トシテ一定セサルナリ。今左ニ主要ナル學説ヲ揭ケテ其ノ當否ヲ窺フヘシ。

學説論評

一　ばーる　曰ク嚴格ナル出生地主義ハ過去ノ時代ニ屬シ現今ノ時勢

ニハ最早適應セサルモノナリ。實際今日出生地主義ト血統主義ト衝突シタル場合ニ於テハ出生地主義ヲ根據トセル一國ノ主張ハ概ネ拋棄セサル可ラサルモノナリト Bar, I. S. 260.。此ノ解決方法ハ極メテ簡單ナリト雖モ理論上妥當ナリト言フヲ得ス。純然タル出生地主義ノ合理的ニ非サルハ勿論ナリト雖モ而カモ一國カ此ノ主義ヲ採用スルモ今日國際法ニ違反セルモノト認ムルコトヲ得ス。故ニ出生地主義ニ基ツク國籍ヲ當然否認スヘキ理由ナシ。從テ此ノ說ハ一國ノ獨立立法權ヲ無視スルモノト言ハサル可ラサルナリ。

二　わいす　曰ク此ノ場合ニ於テハ衝突セル國籍中當事者カ住所ヲ有スル一方ノ國籍ヲ以テ其者ノ國籍ト爲スヘシ。何トナレハ當事者ガ重國籍ノ一方ニ住所ヲ定メタルトキハ之レニ依リテ當事者ハ特ニ該國籍ヲ選擇シ、同時ニ他ノ一方ノ國籍ヲ排斥スルノ意思ヲ決定シタルモノナレハナリト。然ラハ當事者カ衝突國籍中ノ孰レニモ住所ヲ有セサルトキハ如何ニ決スヘキカトノ問題ニ對シ、氏ハ此ノ場合ニ於テハ訴訟地法ノ國籍決定主義ニ最モ類似セル主義ヲ採用セル國ノ法律ニ從フベキモノナリトセリ。即チぢゑねづゑらニ於テ伊太利人父母ヨリ生マレタル者カ佛國ニ住所ヲ有スルトキハ佛國裁判所ハ出生地主義ニ基ツクぢゑねづゑら國籍ヨリモ血統主義ニ基ツク伊太利國籍ヲ選擇スヘキモノナリトセリ（Weiss, I p. 324 et s.）此ノ解決方法ノ第一段ニ住所ノ存在ヲ以テ衝突國籍選擇ノ標準ト爲シタルハ後ニ述フルカ如クナルヲ以テ妥當ナリト雖モ第二段ニ訴訟地法ノ主義ヲ標準主義ト定メ之レニ近似セル外國法ヲ選擇セントシタルハ全ク專斷ニシテ何等理由ナシト言ハサル可ラス。加之此ノ解決方法ハ實行不能ノ場合アルヲ豫想セサル可ラス。何トナレハ若シ二箇ノ外國法カ同一程度ニ於テ訴訟地法ニ類似セルトキハ終ニ問題ヲ解決スルコト能ハサレハナリ。

【註】白耳義民法修正案第一二條第三號ハ規定シテ曰ク二箇ノ外國國籍ヲ有スル者ニ就テハ係爭問題ニ適用セラルヘキ該二箇ノ外國法中白耳義法ニ最モ近似セルモノヲ以テ其者ノ屬人法ト爲スト。此ノ案ハわいすカ衝突セル二箇ノ國籍法ト內國國籍法トヲ比較シ、內國國籍法ニ最モ類似セル國籍法ニ依リテ國籍ヲ定メ、從ヒテ屬人法ヲ決定セントシタルト稍趣ヲ異ニシ、直チニ問題ニ適用セラルヘキ內外實質法ノ規定ヲ對比シ、內國法ニ最モ近似セル外

國法ヲ以テ當事者ノ屬人法ト爲サントスルモノナリ。然レトモ內國法ヲ第一位ニ置キ、之レニ近似セル外國法ヲ選擇セントスル根本觀念ニ至リテヤ其軌ヲ一ニス。從ヒテ此案ニ對シテモわいすノ說ニ對スルト全ク同樣ノ評論ヲ加フルコトヲ得。卽チ國際私法上特ニ內國實質法ニ優越ナル地位ヲ認ムヘキ正當ナル理由ナキノミナラス、二箇ノ外國實質法カ同一程度ニ於テ內國實質法ニ類似セルトキハ解決不能ニ終ルモノナリ。Despagnet, p. 369. 同論。

三　のいまん　曰ク元來一國裁判官ハ二箇ノ外國國籍ノ一カ他ノ一方ヲ排斥シテ優先スヘキモノナルカ否カヲ定ムルノ權限ヲ有セス。裁判官ノ任務ハ決シテ一般ニ國籍問題ニ答フルニ非スシテ、唯國際私法上如何ニ當事者ノ屬人法ヲ定ムヘキカニ在ルナリ。從ヒテ裁判官ハ先以テ衝突セル二箇ノ國籍ノ實質私法カ問題トナレル法律事實ニ就テ同一ノ規定ヲ有スルカ否カヲ攻究スヘキモノナリ。若シ二法ノ規定カ符合セルトキハ裁判官ハ此ノ規定ヲ適用スヘキモノニシテ、進ンテ國籍ノ衝突ヲ解決スルノ要ナシ。反之若シ二法カ同一ノ規定ヲ有セサルトキハ爰ニ初メテ孰レノ國籍ニ依リテ屬人法ヲ定ムヘキカヲ決定スルノ必要ヲ生ス。而シテ此ノ場合ニ屬人法ヲ定ムヘキ最モ適當ナル解決方法ハ二國中當事者カ事實上最モ深キ關係ヲ有スル國ヲ以テ其ノ本國ト看做スニ在リ。而シテ斯カル關係ハ第一ニ當事者ガ二國ノ一方ニ住所ヲ有スルノ事實。又住所ナキトキハ居所ヲ有スルノ事實ヲ以テ之ヲ決スヘシ。然ルニ此ノ方法ニ依リテ問題ヲ決定スル能ハス且ツ其ノ他ニ衝突國籍ノ一ヲ選擇スヘキ何等ノ事情(例之當事者カ其ノ一國ニ財產ヲ有スルノ事實又ハ官職ヲ奉スルノ事實等)モ存在セサルトキハ最早本國主義ニ依リテ決定スルコト能ハザルモノナルカ故ニ恰モ當事者カ全ク國籍ヲ有セサル場合ト同シク、國籍ニ替フルニ住所又ハ居所ヲ以テスヘキモノナリト Neumann, Intern. Privatr. in Form eines Gesetzentwurfs, S. 46, 47.

【註】　にーまいやー ハ其ノ初メテ獨逸國際私法案ヲ著ハシタル時ハ本問題ニ就テハ偏ヘニ當事者ノ住所地法ヲ以テ本國法ニ換フヘシト主張シタリシカ (Kahn, Iherings Jahrb. 30, S. 68 f. 亦同論) 其後ノ著作「獨逸民法法典ニ於ケル國際私法」ニ於テハ前說ヲ飜シ寧ロ のいまん ノ說ニ從ヒ衝突國籍ノ一ヲ選フヘキ理由存スルトキハ之レニ依リ、此ノ如キ理由ノ毫モ存在セサルトキニ於テ初メテ住所地法ニ依ルヘキモノトセリ。 Niemeyer, Das intern. Privatr. des B. G. B., S. 66.

此ノ說ノ根本觀念トスル所ハ全ク當ヲ得タルモノト言ハサル可ラス。猶ホ解決方法ノ前段ニ於テ住所又ハ居所ヲ以テ衝突國籍選擇ノ標準ト爲セルモ妥當ナリ。唯後段ニ於テ最後ノ解決方法トシテ重國籍者ヲ無國籍者ト同様ニ取扱ヒタルハ稍當ヲ缺クモノト言ハサル可ラサルヘシ。

四　でばね　曰ク各國ノ裁判官ハ國籍ニ關シテハ單ニ内國法ヲ適用スルノ權限ヲ有ス。外國人ノ國籍ヲ決定スルハ單ニ之レニ適用スヘキ法律ヲ知ランカ爲ノミ。從ヒテ一般ニ國籍ノ知レサル又ハ不確定ナル外國人ノ國籍ヲ決定スルコトハ越權ノ處置ニシテ該決定ヤ重國籍ノ孰レノ國ニ於テモ何等效力ヲ認メラルルモノニ非ス。故ニ此ノ場合ニ於テハ裁判官ハ單ニ本國法ニ代用セラルヘキ法律ヲ決定シ得ルニ過キス。而シテ此ノ如キ法律ハ當事者カ重國籍中ノ一國ニ於ケルト又ハ第三國ニ於ケルトヲ問ハス、現ニ有スル住所ノ存在セル土地ノ法律タラサル可ラスト（Despagnet, Précis 5e ed. p. 369. et s.）此ノ説ノ根本論ハ次ニ述フルカ如ク甚タ正當ナリト雖モ解決方法トシテ絶對ニ住所地法ヲ以テ本國法ト認メタルハ前説同様ノ非難ヲ免ルル能サルナリ。

五　うあれり　曰ク國籍ハ先ツ第一ニ當事者ノ意思ニ繫ルモノナルコト今日一般ニ認メラルル所ナルヲ以テ、數多外國國籍中何レカ當事者ノ國籍ナルカニ就キ疑ヲ生シタルトキハ裁判所ハ須ク當事者ノ意思如何ヲ考査スヘシ。卽チ當事者カ或ハ血統ニ因リ或ハ出生地ニ因リ或ハ其他ノ關係ニ因リ屬スル所ノ數多國籍中當事者自ラ其ノ本國ナリト爲ス所ノ國家ヲ調査スヘキモノナリ。若シ當事者ガ此等數國中ノ一ニ住所ヲ有スルトキ、又ハ公職ヲ奉シタルトキ、又ハ兵役ニ服シタルトキ、又ハ其ノ國ニ於テ政權ヲ行使スルトキハ當事者ハ勿論此ノ國ニ屬スト認メサル可ラスト Valery, p. 328 et s.

此ノ說ハ現今國籍ハ個人ノ意思ニ從ハサル可ラスト言フ原則ヲ根據トシテ本問題モ當事者ノ意思ヲ探究シテ重國籍ノ一ヲ選擇セントスルモノナリ。然レトモ元來根原國籍ハ取得ハ個人ノ意思ニ因ルモノニ非サルコトハ明カナリ。故ニ當事者ノ意思ヲ以テ本問題ヲ決セントスルハ理論上旣ニ當ヲ得ス。加之實際ニ於テモ當事者カ未タ意思表示能力ヲ有セサル時又ハ其ノ意思推定ノ標準ト爲ルヘキ行爲ヲ爲スノ能力ヲ有セサル時ニ於テハ此ノ解決方法ニ依ルコト能ハサルナリ。

六　山口博士　曰ク同時的國籍ノ衝突ノ場合ニハ當事者ヲシテ衝突國籍ノ一ヲ擇ハシムルヲ宜シトス。當事者カ之ヲ擇ハサルトキ又ハ第三國ノ國籍ヲ擇ヒタルトキハ裁判所之ヲ定ムト（同氏日本國際私法論一三二頁）。此ノ説モ當事者ノ意思ニ依リテ國籍ヲ決定セントスル點ニ於テ全ク前説ニ同シ。唯前説ト異ナレルハ偏ヘニ當事者ノ直接選擇意思ニ依リテ決定セントスルニ在リ。然レトモ當事者カ選擇セサリシトキ又ハ第三國國籍ヲ擇ヒタルトキニ於テ本説ニ從ヒ裁判所ガ決定スヘキ場合ニ於テ裁判所ハ何ヲ以テ決定ノ標準ト爲スヘキカ。本説ハ之レヲ言明セスト雖モ抑モ此ノ標準ヲ攻究スルコトカ本問題ノ中心點ニシテ學者ノ等シク苦心スル所ニ非サルカ。

著者ノ決定案

上述ノ如ク本問ニ就テ從來提唱セラレタル諸種ノ學説ハ皆多少ノ缺點ヲ有シ直チニ贊同スヘキモノナシ。余輩モ亦未タ自ラ信シテ完全ナリトスル解決方法ヲ發見スルコト能ハサルヲ憾トス。然レトモ先ツ比較的缺點少ナカランカト信スル決定ヲ試ムレハ左ノ如シ。

第一　重國籍ノ一方ノ屬スル國家ニ當事者カ現ニ住所ヲ有スルトキハ

其國ノ法律ヲ以テ當事者ノ本國法ト爲ス。若シ現ニ孰レニモ住所ヲ有セスト雖モ當テ孰レカニ住所ヲ有シタルトキハ其國ノ法律ヲ以テ當事者ノ本國法ト爲ス。

第二　第一ノ方法ニ依リテ解決スルコト能ハサル場合（當事者カ重國籍ノ屬スル二國ノ孰レニモ更ラニ住所ヲ有セサリシカ又ハ双方ニ之レヲ有シ、若クハ有シタリシトキ）ニ於テハ當事者ノ父母（嫡出子ニ就テハ父、私生子ニ就テハ母）ノ現在住所、又之レ無キトキハ過去ノ住所ノ存在スル孰レカ一方ノ國ノ法律ヲ以テ當事者ノ本國法ト爲ス。

第三　以上第一及ヒ第二ノ方法ニ依ルモ猶ホ解決スルコト能ハサル場合（當事者ノ父母モ亦二國ノ孰レニモ更ラニ住所ヲ有セサリシカ又ハ双方ニ之レヲ有シ、若クハ有シタリシトキ）ニ於テハ重國籍ノ屬スル二國中當事者ノ現在ノ居所ノ存スル國ノ法律ヲ其ノ本國法ト爲ス。

第四　以上ノ各方法ニ依リテ猶ホ解決スルコト能ハサルトキハ（卽チ當事者カ二國中ニ現在ノ居所モ有セサルトキ）當事者カ血統ニ因リテ得タ

ル國籍ノ屬スル國ノ法律ヲ以テ其ノ本國法ト爲ス。

此ノ解決方法ニ於テ重國籍ノ屬スル二國中ニ當事者ノ有スル住所ヲ以テ解決ノ第一標準ト爲シタルハわいす、のいまん等ノ意見ト異ナラサルナリ。唯余輩ハ此ノ標準ヲ單ニ現在ニ止メス、遡テ之レヲ過去ニ及ホシ、以テ當事者ノ比較的深キ關係ヲ有シタル國ヲ選ハントシタリ。

次ニ此ノ當事者ノ住所ノ標準ヲ以テシテハ二國對等ニシテ甲乙ノ差ヲ發見スルコト能ハサル場合ニ於テハ第二位ノ標準トシテ當事者ノ父母ノ住所ヲ選ヒタリ。蓋シ父母ノ住所ノ存在セル本國ノ一方ハ他方ニ比シ一般ニ當事者ト深キ關係ヲ有スト言フコトヲ得レハナリ。

然ルニ此ノ第二標準ヲ加ヘテ考量スルモ猶ホ二國カ對等ノ地位ニ在ル場合ニ於テ、第三位ノ標準トシテ住所ニ次テ人ト國家トノ關係ヲ表示スヘキ當事者ノ現在ノ居所ヲ採用シタリ。之レ亦のいまん、ちーてるまん等ノ意見ト異ナラス Zitelmann, I S. 176.

然ルニ此ノ第三標準ニ據ルモ猶ホ二國ノ一ヲ選擇スヘキ理由ナキトキ

ハ如何ニスヘキカ。斯カル場合ニ第一標準ノ住所ノ場合ト同シク居所ハ標準ヲ過去ニ及ホストキハ問題ハ終局的ノ決定ヲ見ルハ明カナリ。何トナレハ元來此ノ國籍衝突ハ要スルニ血統關係ト出生地關係トノ競合ヨリ生スルモノナルカ故ニ當事者ノ過去ノ居所ノ一タル出生地ヲ知ルコト能ハサル場合ナケレハナリ。實ニ余輩ハ從來本問ニ對スル最後ノ解決方法トシテ之レヲ採用シタリ。然レトモ此ノ如ク爲ストキハ結局ハ偶然ノ出生地ニ依リテ問題ヲ決定スルニ至ルノ非難ヲ免ルルコト能ハサルナリ。然ラハ此ノ場合ニ血統ニ因ル國籍ノ屬スル國ヲ選ハンカ、之レ亦問題解決方法トシテハ不可ナシ。何トナレハ父母カ單一國籍ヲ有スルトキハ問題ハ直チニ終局的ニ決定セラレ、又父母カ同ジク重國籍者タルトキハ更ラニ重國籍ノ同一解決方法ヲ反覆シテ終ニ終局的決定ヲ見ルコトヲ得レハナリ。然レトモ此ノ方法ニ對シテモ全ク非難ナキニ非ス。卽チ之レ結局出生地主義ヲ排斥シテ血統主義ニ優越權ヲ認ムルモノニシテ前掲ばーるノ解決方法ニ對スルト同樣ナル非難ヲ受クルノ虞ナシトセサルナリ。

然リ然リト雖モ猶ホ退テ慮ルニ元來國際私法上ノ原則トシテ人事、親族、相續ニ關スル問題ニ就キ人ノ本國法ヲ適用スルハ此等ノ問題ハ當事者ノ屬スル國民團體ノ人種、人情、風俗、道德、文化等ト密接ノ關係ヲ有スルモノナルカ故ニ其ノ國法ニ從ハシムルヲ最モ當ヲ得タリト爲スカ爲ナリ。此ノ點ヨリ考フルトキハ正サニ血統ニ因ル本國ノ法律ニ優越權ヲ認メ之レニ從ハシムヘキ十分ナル理由アリ。且又此ノ解決方法ハ當事者並ニ其ノ父母ノ現在又ハ過去ノ住所、及ヒ當事者ノ現在居所ニ依リ、出生地タル本國ト血統ニ因ル本國トヲ同列ニ置キテ數次考慮シタル結果最後ノ手段トシテ採用スルモノナルカ故ニばーるノ直チニ血統主義ニ依リ解決セントシタルトハ甚タ選ヲ異ニス。從ヒテばーるノ說ニ對スル非難ヲ直チニ移シテ本解決方法ニ對スル非難ト爲スハ當ヲ得サルヘシ。是レ余輩ノ本解決方法ヲ採用セントスル所以ナリ。然レトモ本問ハ頗ル困難ナル問題ニシテ前ニモ述ヘタルカ如ク余輩ハ決シテ上掲解決方法ヲ以テ完全無缺ナリト主張スル者ニ非サルナリ。

【註】本解決方法ニ於テ當事者ノ住所ノ標準ヲ單ニ現在ニ止メスシテ過去ニ及ホスコトハ從來余輩ノ主張シ來リタル所ナルカ、最近ニ至リ同説ヲ見ルニ至レリ。即チ瑞西ぬーしやーてる大學國際法及ヒ比較法教授ざうざー・はる著「瑞西法ニ於ケル國籍」中ニ本問ニ就キ述ヘテ曰ク「重國籍者カ其ノ兩本國ノ孰レニモ住所ヲ有セサルトキハ二國中彼カ嘗テ有シタル最後ノ住所ノ存在スル一方ノ本國ノ法律ヲ適用スヘシ」ト Sauser-Hall, La nationalité en droit suisse, 1921 p. 92.

猶ホ本問ノ解決上根本ニ於テ注意スヘキコトハ既ニ緒論ニ於テ述ヘタルカ如ク一五頁、參照吾人ハ一般ニ外國人ノ國籍ヲ決定センカ爲メニ國籍ノ衝突ヲ解決スルニ非スシテ之レニ適用スヘキ本國法ヲ決定センカ爲メニ之レヲ爲スナリ。前掲諸學者中特ニ此ノ點ヲ指摘シタルハのいまん及ヒでぱねノ二氏ニ過キス。然レトモ此點ハ問題解決ニ重要ナル關係ヲ有スルカ故ニ決シテ看過ス可ラサルナリ。國籍衝突ノ解決目的如何ニ依リテ結論ヲ異ニセサル可ラス。吾人ハ國際私法上當事者ニ適用スヘキ本國法決定ノ爲メニ此ノ衝突ヲ解決セントス。從テ此衝突ハ當事者ノ私法的生活關係ヲ目標トシテ解決方法ヲ攻究セサル可ラズ。即チ重國籍中當事者ガ私法的生活關係、而カモ國際私法上本國法ノ適用ヲ受クヘキ人事、親族、

内外國籍ノ衝突ト二外國國籍ノ衝突トハ同一解決方法ニ従フヘシ

相續關係ニ於テ最モ密接ナル關係ヲ有スル一方ノ國籍ヲ以テ本國法ヲ定メザル可ラス。而シテ斯カル關係ノ疎密ヲ判斷スヘキ標準トシテ余輩ハ當事者及ヒ其ノ父母ノ住所、當事者ノ居所等ヲ選ヒタルモノナリ。而シテ此ノ見地ヨリ立論スルトキハ前ニ掲ケタル今日ノ通説ニ反スト雖モ重國籍ノ一カ内國國籍タル場合ニ於テモ同一原則ニ依リテ解決スヘキモノナリト言ハサル可ラズ。即チ同ジク住所、居所等ノ標準ニ依リ當事者カ最モ深キ關係ヲ有スル國籍ヲ以テ其ノ者ノ本國法ヲ定メサル可ラス。夫ノ國籍法ハ絶對的强行法ナルカ故ニ裁判所ハ偏ヘニ自己ノ國法ニ従ハサル可ラストノ理由ハ公法關係ニ於ケル問題解決トシテハ勿論之レヲ認メ得ヘシト雖モ私法關係ニ於ケル問題解決殊ニ當事者ノ人事、親族、相續問題ニ適用セラルヘキ本國法ノ決定ニ就テハ該理由ハ決シテ決定的價値ヲ有スルモノニ非スト言ハザル可ラス。

【註】重國籍ノ一カ内國國籍ナル場合ニ獨リ内國國籍ヲ認ムヘシトスル通説ニ對シテハ獨ノかーんモ反對説ヲ爲シテ曰ク「此ノ決定方法ハ不徹底ニシテ且ツ論理ニ反ス。先以テ此ノ決定方法ハ不徹底ナリ、何トナレハ全然同様

ナル他ノ重國籍ノ場合卽チ重國籍ノ何レモ外國國籍ナル場合ニ此ノ決定方法ハ何等用ヲ爲サヽレハナリ。次ニ論理ニ反ス、何トナレハ元來本問ハ必ス內國法ガ優勝スヘキ內外法ノ衝突問題ニ非サレハナリ。其故如何ト言フニ、抑モ外國國籍ノ存在ハ單ニ外國ノ見解ニ依リテノミ認メラルルニ非スシテ我國ノ見解ニ依ルモ猶ホ該外國國籍ノ存在ヲ認ムルモノナリ。何トナレハ吾人ハ一般ニ外國國籍ノ取得ハ該外國ノ國法ニ從フ可キモノナルコトヲ認メサル可ラサレハナリ」ト。斯クノ如クニシテ氏ハ內國國籍優勝說ヲ排斥シタル後國籍ナル連結觀念 Anknüpfungsbegriff ハ重國籍及ヒ無國籍ノ場合ニハ全ク用ヲ爲サヽルモノナルカ故ニ之レニ換ユルニ他ノ連結觀念ヲ以テスルノ要アリト爲シ、而シテ其ノ代用連結觀念トシテハ住所ヲ選フノ外ナク、又住所ナキトキハ居所ヲ擇フヘシトセリ。Kahn, Iherings Jahrb. 30 S. 68 ff. 此ノ說ノ前段ハ余輩ト理由ヲ異ニスト雖モ通說ヲ排斥スルハ一ナリ。然ルニ後段ニ於テ全然國籍ナル標準ヲ排斥シテ絕對ニ住所又ハ居所ヲ以テ之レニ換ヘタルハのいまんノ最後ノ解決方法ト同シク當ヲ得スト云ハサル可ラサルナリ。

猶ホにんねくちにるすモ內外國籍競合ノ場合ニ內國國籍ニ依ルトスル通說ハ法律上ノ根據ヲ缺クノミナラス又望マシカラサル決定ナリト爲シ、獨逸人(內國人)ニシテ同時ニ英國人タル者カ英國ニ住所ヲ有スルトキハ英法ニ從ハシムヘキモノナリトセリ Enneccerus, Lehrbuch des bürgerl. Rechts, B. I 1, 12–14 Aufl. S. 152.

我衝突規則ノ採用シタル決定方法

以上ハ本問ニ關スル理論上ノ攻究タリ。以下我衝突規則ガ如何ナル決定方法ヲ採用シタルカヲ見ムトス。法例第二七條第一項ハ左ノ如ク規定セリ。

當事者ノ本國法ニ依ルヘキ場合ニ於テ其當事者ガ二箇以上ノ國籍ヲ有

規定ノ缺點

スルトキハ最後ニ取得シタル國籍ニ依リテ其本國法ヲ定ム但其一ガ日本ノ國籍ナルトキハ日本ノ法律ニ依ル

此ノ規定ハ明カニ重國籍者ノ本國法ヲ定ムル標準ヲ示サントシタルモノナリ。然ルニ此ノ規定ノ前段ニ於テ重國籍者ニ就テハ最後ニ取得シタル國籍ニ依リテ其本國法ヲ定ムト規定シタルカ故ニ此ノ規定ハ明カニ當事者カ前後シテ重國籍ヲ取得シタル場合ノミヲ豫見シタルモノナリ。而シテ後段但書ニ於テ其一カ日本國籍ナルトキハ日本ノ法律ニ依ルト附加規定シタルカ故ニ此ノ但書ノ規定モ亦前段ノ規定ヲ受ケ單ニ當事者カ前後シテ重國籍ヲ取得シタル場合ニノミ適用アルモノト解セサル可ラス。卽チ此ノ規定ノ意義ハ「重國籍者ノ本國法ハ當事者カ新國籍ニ依リテ屬スル國ノ法律トス、但舊國籍カ日本國籍ナルトキハ日本法律トス」ト云フニアリ。而シテ此ノ規定ハ我法例ニ於ケル重國籍ニ關スル唯一ノ規定ナルヲ以テ我立法者ハ重國籍ヲ生スル場合ノ一部ノミヲ豫見シテ他ノ一部ヲ觀過シタルノ非難ヲ免レサルナリ。然レトモ余輩ハ此ノ但書ノ規定ハ其ノ立法理由ヨリシテ總テノ重國籍ノ場合ニ適用アルモノト解釋セサル可ラスト信ス。抑モ我立法者ガ重國籍ノ一カ日本國籍ナル場合ニ單ニ日本國籍ノミヲ認メタル理由ハ前ニ述ヘタル通説ノ言フカ如ク國籍法ハ國家ノ組織ニ關スル强行法ナルカ故ニ絶對ニ日本國籍法ニ依ラサル可ラスト爲スニ在ルハ明カナリ。然ルニ斯カル理由ハ日本國籍カ外國國籍ト衝突スル場合ニハ常ニ存在スル理由ニシテ、同時ニ取得シタル國籍ノ衝突ノ場合ト前後シテ取得シタル國籍ノ衝突ノ場合トニ於テ差別ノ存スベキ理由ナシ。是レ余輩カ前述ノ解釋ヲ採用スル所以ナリ。猶ホ此ノ規定自身ニ表ハレタル法ノ精神ヨリ之レヲ觀ルモ同一ノ解釋ヲ採ラサル可ラスト信ス。即チ此ノ規定ハ原則トシテハ重國籍中新國籍ハ舊國籍ヲ排ス、唯日本國籍ハ舊國籍タルトキト雖モ外國國籍ニ優先スヘキ旨ヲ定メタルモノナリ。而シテ既ニ舊國籍タル日本國籍スラ外國國籍ニ優先スヘキモノトセハ、舊國籍ニアラスシテ外國國籍ト同時ニ取得セラレタル日本國籍ハ勿論外國國籍ニ優先スト言ハサル可ラサルナリ。

【註】猶ホ此ノ問題ニ就テハ此ノ規定ノ立法ノ沿革ヲ一考スルノ價値アリ。此ノ規定ノ前身タル舊法例（明治二三年法律第九十七號）第八條第二項ハ左ノ如ク規定セリ。

日本人ト外國人トノ分限ヲ有スル者ハ日本法律ニ從ヒ又二箇以上外國國民分限ヲ有スル者ハ最後ニ取得シタル國ノ法律ニ從フ。

今此ノ新舊規定ヲ對照スルニ新規定ノ但書ニ該當セル舊規定ノ前段ハ當事者カ同時ニ重國籍ヲ取得シタル場合ニモ適用シ得ヘカリシハ明カナリ。而シテ新規定ノ前段ニ該當セル舊規定ノ後段ハ新規定ト同シク當事者カ單ニ前後シテ重國籍ヲ取得シタル場合ノミヲ豫見シタルコトモ亦疑ナシ。然ルニ新規定ハ舊規定ノ前段ト後段トヲ轉倒シ單ニ前後シテ取得セラレタル重國籍ノ場合ノミヲ豫見セル規定ヲ前段ニ冠シタルカ爲メニ同時ニ取得セラレタル重國籍ノ場合ニモ適用セラルヘカリシ舊規定ノ前段カ文理上其適用範圍ヲ制限セラルルニ至リタルモノナリ。是レ余ク新法例起案者ノ豫想セサリシ所ナルヘシ。何トナレハ法例修正案理由書ニモ此ノ規定ハ單ニ舊法例ノ文字ヲ修正シタルニ過キサル旨ヲ記スレハナリ（博文館出版法例修正案理由書四八頁）。

上述ノ如ク本項後段但書ノ規定ハ同時ニ取得セラレタル重國籍ノ場合ニモ適用アルモノト解釋スルコトヲ得ト雖モ前段ノ規定ハ明カニ此ノ種ノ重國籍ノ場合ヲ除外セルヲ以テ我國カ同時ニ取得セラレタル二箇ノ外國國籍ヲ有スル者ノ本國法ヲ定ムヘキ場合ニ適用スルコト能ハサルナリ。故ニ此ノ問題ハ理論上ノ決定ニ依ルノ外ナシ。而シテ理論上ノ決定トシテハ余輩ハ前述ノ解決方法ニ據ラントスル者ナリ。

第二款　生後ノ事實ニ因リテ生スル重國籍

生後ノ國籍取得ノ原因トシテ今日多數國家ニ於テ最モ普通ニ認メラルル所ノモノハ歸化及ビ婚姻ナリ。卽チ各國皆或ル條件ノ下ニ外國人ニ其ノ志望ニ基ツキ內國國籍ヲ附與ス。是レ一般ニ歸化ト稱セラルル所ノモノナリ。又婚姻ニ因リテ妻カ夫ノ國籍ヲ取得スヘキコトモ一般ニ認メラルル原則ナリ。此他猶ホ內國ノ官公吏ノ職ニ就クコトヲ以テ內國國籍附與ノ原因ト認ムルモノアリ。（例之獨逸國籍法第一四條。伊太利ニ於テハ(一)內國ニ於テ生レタル者(二)十年以上內國ニ居住シタル父母ヨリ生マレタル者、(三)父又ハ母又ハ祖父カ出生ニ因ル伊太利人タリシ者カ伊太利ノ兵役ニ服シ又ハ公職ニ就キタルトキ又ハ此等ノ者カ十年以上伊太利ニ居住シ且ツ二十一歳ヨリ二十二歳ノ終リ迄ニ外國國籍留保ノ宣言ヲ爲サヽリシトキハ此等ノ者ニ伊太利國籍ヲ附與ス(伊、國籍法第三條)）又我國ノ如キハ入夫婚姻又ハ養子緣組ニ因リテ外國人ニ日本國籍ヲ取得セシム（國籍法第五條、二號、四號）

生後ノ事實ニ因リ重國籍ヲ生スル例

右ノ如キ生後ノ國籍取得ニ因リ如何ニシテ重國籍ヲ生スルニ至ルカト云フニ、一方ニ於テ當事者カ上記諸原因ニ因リ新國籍ヲ取得シタルニ拘ラス、依然舊國籍ヲ保有スル場合アレハナリ。今二三ノ例ヲ擧クレハ左ノ如シ。亞爾然丁人カ瑞西ニ歸化シタリトセンカ、亞爾然丁ハ內國人カ外國ニ歸化スルモ單ニ其ノ政權ヲ喪ハシムルニ止マリ國籍ヲ喪失セシムルコトナシ一八六九年法律第八條。然ルニ瑞西ハ當事者カ其ノ本國法ニ依リ國籍ヲ喪フト否トヲ問ハス歸化ヲ許可スルカ故ニ此ノ亞爾然丁人ハ此ノ歸化ニ因リテ亞瑞兩國籍ヲ併有スルニ至ルモノナリSauser-Hall, p. 64.又土耳古人カ本國政府ノ許可ヲ得スシテ瑞西ニ歸化シタルトキハ此者ハ瑞西國籍ヲ取得スルニ拘ラス土耳古國籍ヲ喪ハス一八六九年土耳古國籍法第五條。北米合衆國ニ於テハ婦女ハ外國人ト結婚スルモ此婚姻ニ因リテ當然國籍ヲ喪フコトナシ。唯婚姻ノ繼續中且ツ該婦女カ外國ニ移住中米國國籍ハ其ノ效力ヲ停止スルモノトスLehr, La nationalité dans les principaux Etats du Globe, p. 86. 南米ノ多數ノ國ニ於テモ亦同シ。從ヒテ米國ニ移住セル日本人ガ米國婦人ト婚姻ヲ爲シタルトキハ此婦人ハ婚姻ニ因リテ日米兩國籍ヲ有スルニ至ル。外國人カ日本人ノ養子ト爲リタルトキ、又ハ日本人ノ入夫ト爲リタルトキハ日本國籍ヲ取得ス。然ルニ彼等外國人ノ本國ニ於テハ此等ノ事實ヲ以テ國籍喪失ノ原因ト認メサルヲ以テ斯カル外國人ハ猶ホ其在來ノ國籍ヲ保有シ重國籍者ト爲ル。猶ホ歸化ニ單ニ個人的效果ヲ認ムル國ニ屬スル者カ歸化ニ家族的效果ヲ認ムル國ニ歸化シタルトキハ其ノ妻又ハ未成年ノ子ハ重國籍者ト爲ル。例之佛國人タル夫カ瑞西ニ歸化シタルトキハ其ノ妻ハ明カニ夫ノ歸化ノ申請ニ參加シタルニ非サル限リハ佛國國籍ヲ喪失セス。又其未成年ノ子モ二國ノ法律上ヨリ觀ルトキハ佛、瑞兩國籍ヲ有スルニ至ル者ナリ。然ルニ此ノ未成年者ニ就テハ二國ハ一八七九年一ノ條約ヲ締結シテ此ノ問題ヲ解決シタリ。此ノ條約ニ從ヘハ佛國人タル父カ瑞西ニ歸化シタル當時未成年者ニシテ此ノ國籍變更ニ參加セサリシ子ハ依然佛國國籍ヲ保有ス、然レトモ此ノ子ハ二十一歲ヨリ二十二歲ニ達スルマテノ期間內ニ於テ瑞西國籍ヲ選擇スルコトヲ得。而シテ此ノ選擇ヲ爲ササリシトキハ依然佛國人タリ。又之レヲ爲シタルトキハ佛國國籍ヲ喪ヒ瑞西國籍ヲ取得スヘキモノトセリ Weiss, Manuel 8e éd. p. 213; Sauser-Hall, p. 66. 猶ホ英國ト瑞西トノ關係ニ於テモ同樣ノ重國籍ヲ生ス。猶ホ伊太利ニ於テ生マレタル日本人、又ハ十年以上伊太利ニ居住シタル父母ヨリ生マレタル日本人、又ハ父若クハ母若クハ祖父カ出生ニ因ル伊太利人タリシ日本人カ伊太利ノ兵役ニ服シ又ハ其ノ公職ニ就キタルトキ又ハ十年以上伊太利ニ居住シ且ツ二十一歳ヨリ二十二歳迄ノ間ニ日本國籍留保ノ宣言ヲ爲サザリシトキハ當然伊太利人ト爲ル（前掲伊國籍法第三條）。然ルニ此等ノ者ト雖モ我國籍法ニ依レハ依然日本人タリ。

【註】抑モ此ノ種ノ重國籍ノ現出ヲ防止セント欲セハ各國協同シテ「外國人ハ其ノ現ニ有スル國籍ヲ喪フヘキ場合ニ非サレハ內國國籍ヲ取得スルコトナシ」ト云フ原則ヲ採用スルニ在リ（反對論ナキニ非ス例之ばーるノ如キ曰ク斯カル原則ヲ認ムルトキハ他國ノ自己偏狹心ニ依リ歸化ハ非常ニ制限セラレ、移住自由ナルコトハ殆ト有名無實ト爲ルヘシト Bar, I S. 262.）。例之我國籍法第七條第二項第五號、第一三條第二項、第一五條第二項ノ如キ規定ヲ能フ限リ廣キ範圍ニ於テ認ムルニ在リ。然レトモ各國家社會組織ノ如何ニ依リ必シモ此ノ原則ニ據ルコト能ハサル場合アルヲ以テ重國籍ヲ全然消滅セシムルコトハ不能ナリト云ハサル可ラス。

此ノ種重國籍者ノ本國法決定方法

此ノ生後ノ事實ニ因リテ生スル重國籍者ノ本國法ハ如何ニシテ之レヲ定ムヘキカト云フニ余輩ハ理論上此ノ場合モ前ニ説明シタル出生ニ因リテ生スル重國籍ノ場合ト同樣ナル標準ニ從ヒ當事者ト深キ關係ヲ有スル

一方ノ國ノ法律ヲ以テ當事者ノ本國法ト看做スヘキモノナリト信ス。故ニ余輩ハ從來ノ學者カ單ニ國籍ハ新舊ヲ以テ本問解決ノ標準ト爲サントスルカ如キハ甚タ理由ナシトスル者ナリ。何トナレバ既ニ屢々述ヘタルカ如ク吾人ノ目的ハ一般ニ國籍ノ衝突問題ヲ解決セントスルニ非スシテ唯如何ニシテ國際私法上當事者ニ適用スヘキ本國法ヲ定ムヘキカヲ研究スルニ在リ。從ヒテ國籍ノ一カ前ニ取得セラレタルト後ニ取得セラレタルトハ本問解決ノ標準ト爲スニ足ラサレハナリ のいまん氏前掲四六頁同論。猶ホわいす氏ノ採用シタル決定自身ハ余輩ノ決定ト異ナレリト雖モ二種ノ重國籍ニ就キテ決定ヲ異ニセサル點ハ余輩ノ論旨ト同一ナリ、同氏前掲第一巻七八四、五頁。

故ニ二種ノ重國籍ハ根本ニ於テハ全ク同様ノ解決方法ニ依ルヘキモノナリト雖モ此ノ二種ノ重國籍間ニハ其ノ發生原因ニ伴フ當然ノ差異アルカ故ニ前ニ掲ケタル出生ニ因ル重國籍ノ場合ノ解決方法ヲ生後ノ事實ニ因ル重國籍ノ場合ニ適用スルニツキ一ノ變更ヲ加フルノ必要アルコトヲ注意セサル可ラス。即チ第一種ノ重國籍ニ在リテハ其ノ一ハ常ニ出生地ノ國籍ナルニ反シ、第二種ノ重國籍ニ在リテハ然ラス。後ニ取得セラレタル國籍カ出生地ノ國籍ニ非サルハ

我衝突規則ノ採用セル決定方法

言フヲ俟タス。唯前ニ取得セラレタル國籍カ或ハ出生地ノ國籍タルコトアルノミ。從ヒテ第一種ノ重國籍ノ解決方法ニ於テ單ニ遇然ナル出生地ノ國籍ヲ除外セントシテ當事者ノ過去ノ居所ノ標準ヲ排斥シタリト雖モ此ノ方法ハ第二種ノ重國籍ニ就テハ單ニ前ニ取得セラレタル國籍カ出生地ノ國籍タル場合ニ限リ、然ラサル場合ニ於テハ此ノ標準ヲ採用シテ可ナリト信ス。其ノ他ハ總テ前ニ掲ケタル解決方法ニ從フヘキモノナリ。

我法例第二七條第一項ハ既ニ掲ケタルカ如ク最後ニ取得シタル國籍ニ依リテ本國法ヲ定ムトセリ。是レ恐ラクばーる又ハにーまいやーノ説ヲ採用シタルモノナルヘシ。ばーる曰ク歸化ニ因リテ生シタル重國籍問題ヲ第三國ニ於テ決定スヘキ場合ハ宜シク移住自由ノ原則ニ據ルヘシ。即チ當事者カ最後ニ選擇シタル國籍ニ依ルヘキモノナリト（Bar, I. S. 261.）。又にーまいやー曰ク當事者カ其ノ本國國籍ヲ脱セスシテ外國ニ歸化シタル場合ニ就テ考フルニ當事者カ猶ホ在來ノ國籍ヲ保有スルハ其ノ意思ニ反スルモノナリ。故ニ能フ限リ速カニ之レヲ脱セシメサル可ラス。當事者並ニ之レト交通接觸スル所ノ社會一般人ハ單ニ新國籍ノミ有效ニ存在スルモノト認ムルコト普通ナリ、何トナレハ新國籍ノ取得カ舊國籍ノ喪失ヲ伴フハ世人一般當然ノ事ト信スレハナリト Niemeyer, Vorschläge u. Materialien。des intern. Privatsr. S. 124. 然ルニ又全ク反對ノ說アリ。即チちーてるまんノ如キハ此ノ場合ハ舊國籍ニ依ラシムヘキモノナリト爲シ其ノ理由ヲ述ヘテ曰ク國家ハ相互ニ主權ヲ尊重スヘキモノトセハ一國カ其ノ國民ニ對スル支配權ノ消滅ヲ自ラ宣言セサル限リハ他國ハ依然其ノ支配權ヲ尊重セサル可ラス。第二國家(新國籍ニ依リテ當事者ノ屬スル國家)ハ第一國家(舊國籍ニ依リテ當事者ノ屬スル國家)カ猶ホ其ノ國民ニ對スル國籍ヲ保留スル場合ト雖モ國籍ヨリ生スル國家ノ義務ハ之レヲ引受クルコトヲ得ヘシ。然レトモ當事者ニ對スル權力關係ハ絕對唯一タルヘキモノナルヲ以テ第一國家カ之レヲ保有スル間ハ、第二國家ハ國際法上之レヲ取得スルコト能ハスト Zitelmann, I S. 176.

　要スルニ此等ノ學說ハ或ハ當事者ノ意思ニ基ツキ或ハ主權ノ作用ニ基ツキ一般ニ國籍ノ衝突問題ヲ解決セントスルモノナリ。隨ヒテ或ハ新國籍ヲ選ヒ、或ハ舊國籍ヲ選フニ至リタルモノニシテ吾人カ國際私法上斷人法タル本國法ヲ一定セシカ爲メニ國籍ノ衝突ヲ解決スルトハ全ク解決方法ノ立脚點ヲ異ニスルモノナリ。結論ノ異ナルハ當然ノミ。

第二節 國籍ノ消極的衝突

生來ノ無國籍者ヲ生スル場合

無國籍ヲ生スル場合ニ二種アリ。一ハ人カ未タ嘗テ一定ノ國籍ヲ有セスシテ生來無國籍者タル場合ナリ。一ハ人カ其ノ從來ノ國籍ヲ喪失シテ未タ新國籍ヲ取得セサル場合ナリ。今左ニ現行各國國籍法相互ノ關係ニ於テ生スヘキ實例ヲ示サン。

先ツ第一種ノ無國籍ヲ生スル場合ヲ見ン。(一)純然タル血統主義ヲ採ル國例ヘハ獨逸ニ於テ無國籍者ヨリ生マレタル子ハ當然無國籍者タリ。(二)英國ハ出生地主義ヲ基礎トセル併合主義ヲ採用シ、外國ニ於テ英國人ヨリ生マレタル者ニ英國國籍ヲ認ムルコト既ニ述ヘタルカ如シト雖モ(三二四、五頁)決シテ無制限ニ之レヲ認ムルニ非ス。卽チ外國ニ於テ生マレタル子ノ父カ英國ニ於テ生マレタル英國人ナルカ又ハ歸化英國人ナルトキニ非サレハ此ノ子ヲ英國人ト認メス British Nationality and Status of Aliens Act, 1914 (Sect. 1.)。從ヒテ日本ニ於テ生マレタル子ノ父カ英國人タルトキト雖モ此ノ父カ同シク日本ニ於テ生マレタル者ナルトキハ、子ハ英國國籍ヲ取得セス又日本國籍ヲモ取得セサルカ故ニ無國籍者ト爲ルナリ。又同シク日本ニ於テ英國婦人ヨリ生マレタル私生子モ無國籍者タラサルヲ得ス。(三)同主義ニ屬スル北米合衆國ノ法律モ亦外國ニ於テ生マレタル子ノ父カ其ノ出生ノ際米國人タルトキハ之レニ米國國籍ヲ認ムルヲ通則ト爲スト雖モ若シ其ノ父カ曾テ米國ニ居住シタルコトナキトキハ子ニ米國國籍ヲ認メス Revised Statutes of the United States, Sect. 1993.。從ヒテ日本ニ於テ生マレ未タ嘗テ米國ニ居住シタルコトナキ米國人カ日本ニ於テ子ヲ生ミタルトキハ此ノ子ハ米國國籍ヲ取得セサルト同時ニ日本國籍ヲモ取得セサルカ故ニ無國籍者タリ。(四)前述ノ如ク純然タル出生地主義ヲ採ル國ニ於テハ內國人ノ子ト雖モ外國ニ於テ生マレタル者ハ明示又ハ默示ニ內國國籍選擇ノ意思ヲ表示スルニ非スンハ內國國籍ヲ取得セス。

例ヘハ亞爾然丁法ハ外國ニ於テ內國出生ノ亞爾然丁人ヨリ生マレタル子カ亞爾然丁國籍ヲ選擇シタルトキハ之レヲ亞爾然丁人ト爲ス（同國國籍法一條二號）秘露法ハ外國ニ於テ秘露人タル父又ハ母ヨリ生マレタル子ハ自己（成年者ナルトキ）又ハ父母（未成年者ナルトキ）ノ申請ニ依リ身分登記簿ニ登録セラレタルトキハ之レヲ秘露人ト爲ス（同國憲法三四條二號）又ぼりゔいあ及ヒ伯剌西爾、智利等ニ於テハ外國ニ於テ內國人ヨリ生マレタル子ハ內國ニ歸住スルニ非サレハ內國國籍ヲ附與セス（ぼりゔいあ憲法三二條一號。伯利西爾一九〇二年歸化條例一條二號。智利憲法五條二號。猶ホ格倫比亞ノ如キハ外國ニ於テ格倫比亞人ヨリ生マレタル子ハ或ハ出生後直チニ格倫比亞ニ歸住スルカ、或ハ格倫比亞又ハ西班牙亞米利加ノ一國ニ住所ヲ定メ其ノ管轄地方官廳ニ格倫比亞人タラントスルノ宣言ヲ爲シタルトキハ之レヲ格倫比亞人ト爲ス（同國憲法八條）葡萄民法一八條三號モ亦殆ト同樣ノ規定ヲ認ム）故ニ日本ニ於テ此等ノ國ニ屬スル人ヨリ生マレタル子カ依然日本ニ留マリテ親ノ國籍選擇ノ意思ヲ表示セサルトキハ無國籍者ト爲ルモノナリ。

【註】伊太利國籍法ハ伊太利ニ於テ生マレタル子カ其ノ父母ノ本國法ニ依リ其ノ國籍ニ隨ハサル場合ニハ之レヲ伊太利人ト爲シ、又伊太利領土ニ於テ發見セラレタル父母ノ知レサル子ハ反對ノ證明アルマテ伊太利王國內ニ於テ生マレタル者ト推定セリ（第一條第一項三號、同第二項）抑モ國內ニ無國籍者ノ出現ヲ防止センカ爲メニ內國ニ生マレタル者ニ內國國籍ヲ附與スルノ主義ヲ採ランカ須ク此ノ伊太利法ノ如キ規定ヲ設ケ、及フ限リ其ノ目的

ヲ達スルニカムヘキモノナリ。（京法第九卷第八號歐洲國籍法ト日本國籍法トノ比較研究參照）

舊國籍ヲ喪ヒ新國籍ヲ取得セサル場合

次ニ第二種ノ無國籍即チ人カ舊國籍ヲ喪失シ而カモ新國籍ヲ取得セサル場合ヲ示サン。獨逸國籍法第二〇條乃至第二二條ノ規定ニ從ヘハ獨逸國籍脱退 Entlassung 請求者カ聯邦ノ何レノ國籍モ保有セス且外國國籍ヲ有セサルトキト雖モ其ノ請求ヲ拒絶スルコトヲ得ス、從ヒテ此ノ如キ請求者ハ脱退ニ因リ當然無國籍者ト爲ルモノナリ。又本國政府ノ許可ヲ得スシテ外國ノ軍隊ニ入リ又ハ公ノ職務ニ就キタルトキ、若クハ此等ノ者カ本國政府ノ辭職ノ命令ニ從ハサルトキハ國籍ヲ喪失セシムルコト多數立法例ノ認ムル所ナリ西班牙民法二〇條。和蘭國籍法七條。葡萄牙憲法八條、同民法二二條。るーまにや憲法三〇條、同民法一七條二〇條、土耳古國籍法六條。墨西哥、外國人並ニ歸化ニ關スル法律二條。希臘民法二三條。佛蘭西民法一七條。墺太利民法三二條。獨逸國籍法二八條。伊太利國籍法八條等然ルニ反對ニ此等ノ事實ヲ以テ內國國籍附與ノ原因ト認ムル國例之獨逸國籍法一四條一五條。伊太利國籍法三條一項一號。墺太利民法二九條等ハ甚タ少ナシ。從ヒテ前記多數ノ國ノ人民カ外國ノ軍隊ニ入リ又ハ公職ニ就キタルトキハ多クハ無國籍者ト爲ルヘシ。猶ホ獨逸ニ於テハ兵役義務ノ不履行ヲ以テ國籍喪失ノ一原因ト爲ス獨逸國籍法一七條三號、二六條。此カル法律ハ當然無國籍者ヲ生セシム。

又墨西哥ニ於テハ政府ノ許可又ハ命令ニ據ルニ非スシテ外國ニ至リ滯在ノ許可ヲ得スシテ十年ヲ經過シタル者ハ國籍ヲ喪フトス墨西哥國籍法二條三號。和蘭國籍法モ亦外國出生ノ和蘭人ニ就キ同樣ノ國籍喪失原因ヲ認ム。卽チ此ノ如キ和蘭人カ無届ニテ引續キ十年以上外國ニ居住スルトキハ國籍ヲ喪フモノトス七條一項五號此等ノ規定モ殆ト常ニ無國籍者ヲ生セシムルモノナリ。何トナレハ反對ニ單ニ十年以上內國ニ居住スル外國人ニ內國國籍ヲ附與スル國甚タ稀ナレハナリ。

【註】伊太利國籍法第三條ハ伊太利ニ於テ生マレタル外國人カ十年以上國內ニ居住シ且二十一歲ヨリ二十二歲ニ達スル迄ノ一年內ニ外國國籍留保ノ宣言ヲ爲ササルトキハ伊太利國籍ヲ取得スヘキ旨ヲ定ム。故ニ本文所載ノ和蘭國籍法ノ規定ハ此ノ伊太利法トノ關係ニ於テハ幸ニ無國籍者ヲ生スルコトヲ免ルルモノナリ。

衝突解決方法

從來ノ學說

國際私法上本國法ヲ適用スヘキ場合ニ當事者カ上述ノ如キ無國籍者ナルトキハ如何ニスヘキカ。上掲第一種ノ無國籍者卽チ未ダ嘗テ一定ノ國籍ヲ有セサリシ者ニ就テハ其ノ現在ノ住所又之レ無キトキハ其ノ現在ノ居所ノ存在スル國ノ法律ヲ以テ其者ノ本國法ト爲スヘシトスルコト今日廣ク學說ノ認ムル所ナリ。然ルニ第二種ノ無國籍者卽チ嘗テ或ル國籍ヲ有シタル者ニ就テハ異論アリ。甲說ニ依レハ當事者ハ猶ホ舊國籍ヲ保有スルモノト看做スヘシト爲ス（例之 Bar. IS. 260; Lehrb. S. 49. 獨逸民法施行法二九條モ此ノ主義ヲ採用ス）又乙說ニ依レハ此ノ種ノ無國籍者ニ就テモ亦第一種ノ無國籍者ト同シク當事者ノ住所又之レナキトキハ居所ヲ以テ國籍ニ換フヘシ。此ノ場合ニ舊國籍ニ據ラシムルカ如キハ毫モ法理上ノ根據ナク、全ク窮餘ノ策ニ過キス。何トナレハ當事者カ從來從屬シタル國ノ法律ニ依リ旣ニ其ノ國籍ヲ喪失シタルトキハ他ノ諸國ハ當然此ノ事實ヲ認メサル可ラサレハナリト（例之 Zitelmann, I. S. 177.）

著者ノ意見

本問ハ重國籍ノ場合ト異ナリ現在當事者ノ本國法ナルモノ更ラニ存在セサルカ故ニ解決方法トシテハ自然本國法ニ代ハルヘキ國法ヲ選擇スルニ在リ。換言スレハ當事者ノ國籍ナル連結點ニ代ハルヘキ他ノ連結點ニ依リテ準據法ヲ選定スルニ在リ。然リ兩者ノ間ニ此ノ如キ相違ハ之レアリト雖モ解決ノ根本原則ニ至リテヤ余輩ノ觀ル所ニ依レハ兩者ノ間ニ差異アル可ラサルナリ。何トナレハ兩者解決ノ目的ハ共ニ國際私法上人事親族及ヒ相續法上ノ問題ニ就キ當事者ニ適用セラルヘキ國法ヲ選定スルニ在レハナリ。換言スレハ人事、親族及ヒ相續法上ノ私法生活ニ於テ當事者カ最モ密接ナル關係ヲ有スル國ノ法律ヲ選擇スルニ在レハナリ。而シテ余輩ハ前ニ試ミタル重國籍問題解決方法ト同一精神ニ基ツキ本問ニ對シ解決ヲ與フルコト下ノ如シ。

第一　嘗テ一定ノ國籍ヲ有シタル者ニ就テハ其ノ國ノ法律ヲ以テ本國法ト爲ス。

第二　最初ヨリ一定ノ國籍ヲ有セサル者ニ就テハ左ノ規則ニ從フ

一　當事者ノ父母（嫡出子ニ就テハ父、私生子ニ就テハ母）ノ國籍ノ屬スル國ノ法律ヲ以テ本國法ト爲ス。

二　右ノ方法ニ依リテ解決スルコト能ハサル場合（父母ノ知レサルトキ又ハ無國籍タルトキ（父母カ重國籍者タルトキハ上述重國籍ノ場合ノ解決方法ニ從フ））ニ於テハ當事者カ現ニ住所ヲ有スル國ノ法律ヲ以テ其ノ本國法ト爲ス。

三　當事者カ住所ヲ有セサル場合ニ於テハ其ノ現ニ居所ヲ有スル國ノ

舊本國法ヲ認メタル眞ノ理由

法律ヲ以テ本國法ト爲ス。

【註】當事者カ住所又ハ居所ヲ數國ニ有スル場合ハ第五章住所ノ衝突ノ研究ニ讓ル。

此ノ解決方法ニ於テ余輩ハ先以テ前掲ばーるノ説又ハ獨逸民法施行法ノ認ムル主義ヲ採用シテ當事者カ舊國籍ニ依リテ屬スル國ノ法律ヲ以テ其ノ本國法ト爲シタリ。然レトモ余ノ之レヲ採用シタル理由ハ必シモばーる等ノ認ムル所ト同シカラサルナリ。先ツ第一ニ注意スヘキハ此ノ場合ニハ舊國籍カ猶ホ存在スルモノト看做スヘキカ故ニ舊國籍ノ屬スル法律ヲ以テ本國法ト爲スヘシトスルニ非サルコトナリ。ばーる曰ク國權ノ一方的宣言ニ依ル國籍ノ解除ハ勿論、個人ノ請求ニ基ツキ國家ノ與ヘタル國籍ノ脱退ト雖モ當事者カ新國籍ヲ取得セサル限リ他ノ列國ハ之レヲ承認スルノ要ナシ。從ヒテ原本國ハ當事者カ貧困ニ陷リタルカ如キ場合ニ於テ他國ヨリ要求セラレタルトキハ再ヒ自己ニ引受ケサル可ラスト(Bar, Lehrb. S.44; Sieber, Staatsbürgerrecht im internationalen Verkehr I S. 8.) 然レトモ之レ單ニ學者ノ意見ニ過キスシテ現下ノ一般國際法上此ノ如キ原則ノ存在スルモノニ非ス。特別ノ條約ニ依リテ拘束セラルル場合ノ外舊本國ハ其ノ國法ニ從ヒ國籍ヲ喪失シタル者ヲ引受クヘキ義務ナシ京法一二卷六號一二六頁拙文國籍離脫論參照。隨ヒテ此ノ如キ理由ニ基ツキ舊本國法ヲ以テ當然本國法ナリト爲ス者アランカ其ノ不當ナルヤ明カナリ。ばーる又曰ク國籍ノ消極的衝突ノ場合ニ於テハ新國籍ノ成立セサル限リ結局從來ノ國籍ノ存續ヲ認ムルノ外他ニ解決方法ナシ。而シテ此ノ解決方法ハ現ニ吾人ノ知ルカ如ク屢々生スル所ノ海外移住民ノ引受ニ就キ各國カ避クルコト能ハサル所ノモノナリトBar. I S. 260。然レトモ余輩ハ屢々注意スルカ如ク國際私法上國籍ノ衝突ヲ解決セントスル目的ハ當事者ニ適用スヘキ本國法ヲ定メ又ハ之レニ代ハルヘキ相當ノ國法ヲ選定スルニ在リテ決シテ一般ニ國籍衝突問題ヲ解決セントスルニ在ラサルナリ。從ヒテ舊國籍ノ存續ヲ認ムルヨリ他ニ解決方法ナシト云フコト能ハス。住所ヲ以テ國籍ニ換フルモ亦一方法タリ。其他猶ホ種々ナル標準ニ依リテ本國法又ハ其ノ代用法ヲ定メ得ヘシ。故ニ此議論ハ採ルニ足ラサルナリ。余輩カ當事者ノ舊國籍ノ標準ヲ採用シタルハ此ノ如キ理由ニ依ルニ非ス。余輩ハ無國籍者ノ舊本國ハ本國法ノ支配ヲ受クヘキ人事、親族及ヒ相續法上ノ關係ニ就テハ他ノ何レノ國家ヨリモ最モ多ク當事者ニ密接ノ關係ヲ有スト認ムルカ故ニ此ノ舊本國ノ法律ヲ以テ本國法ニ代フヘシト為ス者ナリ。實ニ當事者カ上ニ述ヘタルカ如キ各種ノ原因ニ依リ國籍ヲ喪フトスルモ實際上突然從來ノ國民性ヲ喪失スルモノニ非ス。故ニ余輩ハ國民性ヲ基礎トスル人事、親族及ヒ相續法上ノ諸關係ノ如キハ寧ロ舊本國法ニ從ハシムルヲ以テ適當ナリト信スル者ナリ。

父母ノ本國法ヲ認メタル理由

次ニ當事者カ最初ヨリ一定ノ國籍ヲ有セサル場合ニ於テ先ツ第一次ニ當事者ノ父母ノ本國法ヲ以テ當事者ノ本國法ニ代用シタルモ全ク同一趣旨ニ基ツクモノナリ。即チ余輩ハ此ノ場合ニ於テ當事者ハ實際上猶ホ父母ノ國籍ノ屬スル國ノ國民性ヲ保有スルモノト認ムルノ妥當ナルヲ信スル者ナリ。其ノ理由如何ト云フニ前ニ掲ケタル實例ニ就テ之レヲ觀ルニ此ノ種ノ無國籍者ハ或ハ外國ニ於テ生マレタル私生子ナルカ為メ、或ハ自己並ニ父母カ外國ニ於テ生マレタルカ為メ、或ハ本國ニ居住シタルコトナキ父ヨリ外國ニ於テ生マレタルカ為メ、或ハ外國ニ於テ生マレ且ツ父母ノ國籍ヲ選擇スルノ意思ヲ表示セサリシ為メニ父母ノ國籍ヲ取得スルコト能ハサリシ者ナリ。要スルニ當事者又ハ當事者ト共ニ父母カ外國ニ生マレタル事實カ當事者ヲシテ無國籍者タラシメタル主要ナル原因タリ。然レトモ此ノ事實ハ一般ニ當事者カ血統ニ依リテ父母ヨリ自然ニ其ノ國民性ヲ繼受スルコトヲ妨クルモノニ非サルコト明カナリ。猶ホ當事者カ特ニ父母ノ國籍ヲ選擇スルノ意思ヲ表示セサリシカ如キ事實ハ必シモ反對ニ父母ノ國籍排斥ノ意思ヲ表示シタルモノト看做スコト能ハス。是レ余輩カ從來ノ通說ニ反シテ此ノ解決方法ヲ提唱スル所以ナリ。にーまいやー

嘗テ同樣ナル解決方法ヲ提案シタルコトアリ。Niemeyer, Vorschläge S. 126, Ges. Entw. § 21.

第二次以下ノ解決方法ハ全ク從來ノ通說ニ從ヒタルモノナリ。即チ當事者ノ父母カ知レサルトキ又ハ其ノ無國籍ナルトキハ當事者ノ住所地法ヲ以テ本國法ニ代フルハ止ムヲ得サルナリ。當事者ハ必シモ住所所在國家ノ國民性ヲ有スト云フヲ得サルモ住所ハ個人ノ法律生活ニ於テ個人ト

或ル法域トノ從屬關係ヲ表ハスモノナルヲ以テ第二次ノ解決方法トシテ住所地法ヲ以テ本國法ニ代フルモノナリ。猶ホ當事者カ住所ヲ有セサル場合ニ於テ第三次ノ解決方法トシテ居所地法ヲ以テ本國法ニ代フルモ亦同一理由ニ依ルモノナリ。

以上ハ余輩ノ立法論ニ屬ス。我法例第二七條第二項ハ本問ニ就キ左ノ如ク規定セリ。

我衝突規則ノ採用シタル決定方法

國籍ヲ有セサル者ニ付テハ其住所地法ヲ以テ本國法ト看做ス其住所カ知レサルトキハ其居所地法ニ依ル

此ノ規定ハ前掲ちーてるまん等ノ學説ニ據リタルモノニシテ無國籍者ニ就テハ其ノ從來國籍ヲ有シタル者ナルト然ラサル者ナルトヲ問ハス偏ヘニ當事者ノ住所地法又之レナキトキハ居所地法ヲ以テ本國法ト看做スモノニシテ解決方法トシテハ甚タ簡單ナルカ如シト雖モ余輩ハ屬人法タル本國法ノ代用法ヲ定ムル解決方法トシテハ不十分ナリト爲ス者ナリ。

第四章　不統一法國ニ屬スル者ノ本國法

京法(明治三九年)一卷四號拙文「不統一法國ニ屬スル外國人ノ本國法ニ就テ」參照

吾人ハ前章ニ於テ國籍衝突ノ場合ニ如何ニシテ當事者ノ本國法ヲ定ムヘキカノ問題ヲ研究シタリ。然ルニ國籍衝突ノ場合ニ屬セスシテ猶ホ當事者ノ本國法ヲ定メントスルニ當リテ或ハ疑ヲ生スヘキ場合アリ。卽チ不統一法國ニ屬スル者ノ本國法如何ノ問題之レナリ。本章ハ此ノ問題ヲ研究セントスルモノナリ。

封建制滅亡シテ中央集權制ノ樹立ト共ニ各國國法ハ漸次統一セラルルニ至リタレトモ猶ホ今日或ハ地方ニ依リ或ハ人種若クハ人民ノ特種階級ニ依リ法律ヲ異ニスル國アリ。英、米、瑞、希、土等卽チ是レナリ。此等ノ國ニ屬スル者ニ本國法ヲ適用スヘキトキハ其ノ本國ノ何レノ法律ヲ適用スヘキカ。此ノ問題ニ就テ從來學者ノ說ク所一ナラス。

或ハ曰ク此ノ場合ニ於テハ當事者カ重國籍者又ハ無國籍者タル場合ト

同シク住所地法ヲ以テ本國法ト為スヘシト（Asser-Rivier, Elements de dr. int. pr. p. 55; Niemeyer, Vorschläge, Ges. Entw. S. 21.）此ノ説ハ當事者カ其ノ本國ニ住所ヲ有スルトキハ或ハ可ナランモ、若シ外國ニ之ヲ有スルトキハ本國法ニ非サル法律ヲ適用スルニ至ルノ不都合ヲ觀ルナリ。

或ハ曰ク當事者カ本國ニ於テ現ニ有シ又ハ最後ニ有シタル住所ノ所在地方ノ法律ニ依ルヘシ、若シ又當事者カ更ラニ其ノ本國ニ住所ヲ有セサリシトキハ其ノ本國首府所在地ノ法律ニ依ルヘシト（Neumann, Intern. Privatr. S. 44; Niemeyer, Das intern. Privatr. S. 68.）此ノ説ノ前段ノ決定ハ前説ノ缺點ヲ補ヒ得タリト雖モ後段ノ決定ハ甚タ理由ナシ。論者或ハ此決定ヲ以テ獨民訴第一五條ノ規定（治外法權ヲ有スル獨逸人及ヒ外國ニ任命セラレタル帝國又ハ一聯邦ノ官吏ハ其ノ裁判籍ニ付テハ其ノ本國ニ有シタル住所ヲ保有ス若シ又此ノ如キ住所ナキトキハ其ノ本國ノ首府ヲ以テ其住所トス云々）ニ適合シ且ツ本國首府ハ中央官府ノ本據トシテ當事者ニ對スル命令、保護ノ點ニ於テ最モ良ク當事者ノ本國關係ヲ表ハスモノナリト為スト雖モ首府所在地カ私法生活ニ於ケル當事者ノ身分法ヲ決定スヘキ標準ト為リ得ル理由ヲ發見スルコト能ハサルナリ。

びーる曰ク抑モ本問ノ如キ一國ニ數多私法ノ並ヒ行ハルルコトヲ認ムル國ニ於テハ必要上、成文法ニマレ、慣習法ニマレ、或ル一種ノ規則ノ在ルアリテ此等競合セル數私法中ニ就テ其ノ孰レニ依ルヘキヤノ選擇ノ爲スモノナリ。卽チ是レニ依リテ此等ノ國ノ人民ハ其ノ內國人相互間ノ關係ニ於テ一定ノ人法ヲ有ス。而シテ此ノ人法コソ外國人トノ關係ニ於テモ猶ホ其ノ人ノ人法タレト Pillet, Principes p. 316.

ちーてるまん亦曰ク本問ニ就テハ先以テ斯カル國家ノ中央立法府カ其ノ國民ノ人法ヲ如何ニ定メ居ルカヲ檢セサル可ラス。而シテ此ノ中央立法府ノ規則ナルモノハ實ニ其ノ國ノ實質法的規則ノ性質ヲ有スルモノナルヲ以テ外國裁判官カ本問ノ如ク既ニ此ノ國ノ法律ヲ適用スヘキコトハ決定シ居リテ唯其ノ數箇特別法中孰レノ法律ニ依ルヘキカヲ判斷スヘキ場合ニ當リテヤ當然此ノ中央立法府ノ規則ニ依リテ決定セサル可ラスト Zitelmann I, S. 403/4. Weiss, 2e ed. III, p. 79 et s; Habicht S. 230; Walker, S. 81. 同論

余輩ハ此ノ最後ノ二氏ノ說ヲ以テ當ヲ得タルモノナリト信ス。本問ハ

元來本國法ヲ適用スヘキ場合ナルヲ以テ當事者ノ本國ニ於ケル法律制度ノ全般ニ渉リテ精査スヘキ必要アリ。凡ソ本問ノ如ク數多異ナリタル法律ノ行ハルル國ニ於テハ必スヤ一ノ普通法タル規則ノ存スルアリテ其ノ國民各自ノ身分能力ニ付テハ孰レノ法律ニ依ルヘキカヲ定ムルモノナリ。何トナレハ若シ此ノ如キ規則存在セストセンカ既ニ其ノ國内法上ノ關係ニ於テ人ノ身分能力ヲ一定スルコト能ハサレハナリ前掲 Walker ハ反對ニ此ノ規則ノ存在ハ偶然ニシテ多クノ場合ハ此ノ如キ規則ヲ缺クト主張ス。故ニ國際私法上此ノ如キ國ニ屬スル者ノ本國法ヲ定ムル場合ニ當リテヤ此ノ本國普通法ノ規則ニ從フヘキモノナリ。實ニ此ノ本國普通法ハ本國實質私法ノ一部ナルヲ以テ當事者ノ本國法ヲ適用スヘキ場合ニ於テハ當然此ノ規則ニ依ラサル可ラサルナリ。而シテ此ノ當事者ノ本國普通法カ實際ニ於テ其ノ國民ノ身分能力ノ從フヘキ法律ヲ定ムル標準ハ種々アルヘシ。例之當事者ノ住所地ノ法律ヲ以テ身分法ト爲スモノアリ、英、米、希臘ノ如キ是ナリ。

【註】Diobouniotis, Das Anwendungsgebiet zweier koexistierender Civilrechte in Griechenland (Z. für intern. Privat-u. Öffentl. R. XII S. 189 ff. 氏ハ當事者カ希臘ニ住所ヲ有セスシテ外國ニ之レヲ有スル場合ニ住所地法主義ニ據ルコト能ハサルヲ指摘シ、寧ロ準本國法主義トモ稱スヘキ主義ニ依ラントセリ。即チいをにあん島カ猶ホ獨立國トシテ存在スルナラハいをにあん人タルヘキ者ハいをにあん法ニ從ヒ、舊希臘國民タルヘキ者ハ羅馬法ニ從フヘシトセリ。Politis, Le droit intern. privé (Clunet, Journal 1908 No I-II.) 同論。

又或ハ當事者カ本國ニ住所ヲ有スル場合ニ於テハ其ノ現ニ住所ヲ有スル州ノ法律ニ依リ又其ノ一州内ニ更ラニ數多ノ法律行ハルルトキハ其者ノ住スル地方ノ法律ニ依ル。又當事者カ外國ニ住所ヲ有スル場合ニ於テハ本國ノ本籍地法即チ當事者カ民籍ヲ有スル州ノ法律ニ依ルト爲スモノアリ。瑞西ノ如キ是レナリ瑞西居住民居留民法第一乃至第二八條。又或ハ偏ヘニ人種ニ依ルト爲ス場合アルヘシ。土耳古ノ如キ即チ然リPillet, S. 317/8.。其他如何ナル標準ニ依リテ其ノ國民ノ人法ヲ定ムルモ是レ一ニ本國ノ國内法ノ問題ナリ。外國裁判官カ此ノ如キ國ニ屬スル人民ノ本國法ヲ適用スヘキ場合ニ於テハ固ヨリ此ノ本國法ノ認ムル標準ニ從ハサル可ラス。何者此ハ普通法ハ其ノ特別私法ト合シテ當事者ニ適用スヘキ本國法ヲ構成スルモノナレハナリ。要之本問題ハ當事者ノ本國法ニ於テ既ニ決定セラレヲル問題ニシテ外國

國際法協會ノ決議

裁判所ニ於テ決定スルノ要ナキモノナリ。既ニ一八八〇年をつくすふをーどニ開カレタル國際法協會ノ決議第六條第三項モ此ノ趣旨ヲ明カニシタルモノニシテ左ノ如ク言ヘリ。

一國ニ異リタル私法竝ヒ行ハルルトキハ外國人ノ身分、能力ニ關スル問題ハ其者ノ屬スル國ノ内國法ニ依リテ之ヲ定ム

此ノ決議ニ謂フトコロノ「其者ノ屬スル國ノ内國法」トハ勿論其相異ナレル私法中孰レノ法律ヲ以テ當事者ノ身分、能力ヲ定ムルヤヲ規定セル内國法律ヲ指スモノナルコト明カナリ。何者同條第一項ニ人ノ身分、能力ハ其本國法ニ依ルヘキコトヲ明言シ、本項ニ於テ更ラニ其者ノ屬ズル國ノ内國法ト言ヘルカ故ニ此ノ内國法(本國法)ハ特別ノ使命ヲ有スル本國法ヲ指摘シタルモノナルコト明カナレハナリ。

【註】猶ホ此ノ決議ノ意義ハ本會ノ議事錄ニ徴スレハ一層之レヲ明白ナラシムルコトヲ得ヘシ。最初討議ニ附セラレタル議案ニ於テハ此ノ如キ場合ハ生來ノ住所地法ニ依ルヘシトセリ(議案第六條第一項後段)然ルニ生來ノ住所ニ就キテハ大ニ反對說出テタルノミナラス、一般本問題ニ就キ議論百出容易ニ決セサリシカ故ニ、會議ハ先ツ「生來ノ」ナル文字ヲ删除スヘキヤ否ヤニ付キ決ヲ採リタルニ删除ニ決シ、次ニ此ノ後段ノ全部即チ一國數法ノ場合ノ

規定自身ヲ刪除スヘキヤ否ヤニ付キ採決ノ結果、同シク刪除ニ決シタリ。然ルニ伊太利ノびにらんとに氏内國法發重ノ主義ヲ以テ左ノ如キ修正案ヲ出セリ。

「一國ニ數法並立スルトキハ其中ニ就キ孰レノ法律カ適用セラルヘキヤハ外國人ノ内國法ニ依リテ之レヲ決スヘシ」ト、あるんつ氏亦同趣旨ノ修正說ヲ出シ、會議ハ之レヲ容レ、めるんつ、うゐすとれーき二氏ヲシテ更ラニ之レカ起案ヲ爲サシメ、此再調ノ結果成立シタルモノ即チ前掲本文ノ決議タリ。故ニ此ノ決議ノ意義ハ明白ニシテ疑ヲ容ルルノ餘地ナシ Ann. de l'Institut, V, p. 45-57。

學者或ハ此ノ解決方法ヲ以テ今日國際私法學上絶對ニ排斥スヘキ反致、再致主義（後出第七章參照）ノ根本觀念ニ附合スルモノナリトシテ之レヲ非難スルアリ、獨ノにーまいやーノ如キ即チ是ナリ Niemeyer, Das intern. Pri-vatr. S. 68. 然レトモ此ノ非難ハ當ヲ得ス。反致、再致ハ後ニ說明スルカ如ク國際私法上ノ問題ノ解決ヲ外國ノ衝突規則ニ讓ルモノナリ。然ルニ本解決方法ハ單ニ外國内ノ「數私法ノ選擇ヲ其外國法ニ一任スルニ過キス、否ナ一任スト言フハ既ニ語弊アリ。吾人ハ一任シ一任セサルノ自由ヲ有セス。唯本國法ヲ適用スヘキカ故ニ本國法ヲ適用スルノミ。反致、再致ノ結果適用スヘキ法律ハ或ハ自國法タルコトアリ。或ハ第三國法タルコトアリ。之ニ反シテ本解決方法ニ依ル結果ハ常ニ其外國人ノ本國法タリ。兩者ノ區別ハ明カナリ（Pillet, p. 318/9.）。

法例三七條三項ノ解釋

本問ニ對スル理論上ノ決定ハ上述ノ如シ。次ニ我國法ノ採用シタル決定ヲ觀ン。法例第二七條第三項ハ左ノ如ク規定ス

地方ニ依リ法律ヲ異ニスル國ノ人民ニ付テハ其者ノ屬スル地方ノ法律ニ依ル

本規定ニ謂フ所ノ「其者ノ屬スル地方ノ法律」トハ果シテ如何ナル關係ニ依リテ其者カ或ル地方ニ屬スト云フヤ、意義甚タ明瞭ナラス。之レヲ法例修正案理由書ノ説明ニ徴スルニ立法者ハ全ク舊法例ノ主義ニ從ヒ文字ヲ修正シテ之レヲ明瞭ニ爲シタルニ過キスト爲シ、説明シテ曰ク既成法例ハ「地方ニ依リ法律ヲ異ニスル國ノ人民ハ其住所ノ法律ニ從フ」ト規定シタルヲ以テ其文字ヨリ觀レハ其國ノ人民カ外國ニ住所ヲ有スル場合ト雖モ亦其住所地法タル外國法律ニ依ルカ如キ結果ヲ來タスヘシ。是レ蓋シ既成法例ノ精神ニ非サルヘシ。故ニ今之レヲ改メテ其者ノ屬スル地方ノ法律ニ依ルト規定シ、以テ其者ノ本國法タルヘキ住所地法ニ依ルノ精神ヲ明カニシタリト。法例修正案理由書四八、四九頁此ノ説明ニ依リテ觀レハ本規定立案者ノ精神ハ之レヲ知ルコトヲ得。即チ當事者カ其本國ニ於テ住所ヲ有スル地方ノ法律ヲ以テ本國法ト爲サントスルニ在リ。果シテ然ラハ何カ故ニ簡明ニ其ノ旨ヲ表示シテ「其者ノ住所ヲ有スル地方」ノ法律ニ依ルト規定セサリシカ。其者ノ屬スル地方ト云フ文字ヨリ其者ノ住所ヲ有スル地方ナル意義ヲ摘出スルコトハ到底不能ナリト言ハザル可ラス。然リ而シテ立案者ノ精神ハ上述ノ如ク理由書ニ依リテ初メテ明カナリト雖モ是レ單ニ立案者ノ私見ニ過キスシテ法律ヲ補充スルカナキハ言フヲ俟タス。而シテ此ノ規定ノ成文ノ解釋トシテハ到底此ノ如キ意義ニ解スルコト能ハスシテ寧ロ他ノ意義ニ解セラルルコト普通ナルヘシ。卽チ其者ノ屬スル地方トハ寧ロ本國關係ニ準スル標準ニ依リテ人カ從屬スル地方ヲ指シタルモノト解セラルヘシ。換言スレハ瑞西ノ本籍州ノ如ク、當事者カ本籍ヲ有スル地方ト解セラルルコト普通ナルヘシ。從ヒテ當事者カ現ニ住所ヲ有スル地方トハ異ナルコトアリト言ハサル可ラサルナリ（山口博士日本國際私法第一分冊一三三頁亦本籍ト解セラル。）

法例第二七條第三項規定ノ正面ノ解釋ハ右ノ如シ。今此ノ規定アルニ拘ラス、法例ノ解釋論トシテモ猶ホ上ニ掲ケタル理論上ノ決定ヲ採用スルコトヲ得ルカト問ハンニ、余輩ハ敢テ然リト答ヘントス。其ノ理由如何ト云フニ、抑モ我法例ハ人事、親族、相續法上ノ問題ニ就キ廣ク本國法主義ヲ採用シタル結果、當事者カ數箇ノ本國ヲ有シ、又ハ何等本國ヲ有セサル場合ニ於テハ一定ノ本國法ナルモノ無キヲ以テ、之レヲ定ムルカ爲メニ、特ニ第二七條第一項及第二項ノ規定ヲ設クルノ必要ヲ生シタルナリ。既ニ一定ノ本國法ノ有ルアラハ特ニ規定ヲ設クルノ要ナキハ言フヲ俟タス。然ラハ本問ノ場合ハ如何。上述ノ如ク此ノ場合ニハ通常當事者ノ本國ニ存在スル普通法ノ規則ニ依リテ當事者ニ適用セラルヘキ本國法ハ自然一定セラルルモノナリ。既ニ一定ノ本國法アリトセハ我裁判所ハ直チニ之レヲ適用スルコトヲ得ヘク、何等困難ナル問題ヲ生セサルナリ。即チ此ノ場合ハ本國法適用ノ原則カ何等ノ支障ナク行ハルルモノナリ。反之萬一ノ例外トシテ當事者ノ本國ニ此ノ如キ普通法ノ規則ヲ發見スルコト能ハサルトキ、換言スレハ其ノ本國ニ於テ數多ノ法律カ何等ノ調和モナク、互ニ獨立シテ行ハルルカ如キ觀ヲ呈スル場合ニ於テハ茲ニ初メテ內國法律ヲ以テ何等カノ標準ヲ定メテ本國法ヲ一定スルノ要アリ。法例第二七條第三項ハ即チ此ノ場合ニ初メテ其ノ活用ヲ生スルモノト解セサル可ラス。故ニ曰ク余輩ハ我法例ノ解釋トシテモ先ツ第一ニ本國ニ存在スル普通法ノ規定ニ依リテ當事者ニ適用セラルヘキ本國法ヲ定メ、若シ萬一此ノ如キ普通法ノ規則ヲ發見スルコト能ハサル場合ニ於テ初メテ法例第二七條第三項ノ規定ニ從ヒ當事者ノ本籍地法ヲ適用スヘキモノナリト。

第五章　住所ノ衝突

衝突發生ノ理由

住所モ國籍ト同シク一ノ法律觀念ニシテ一國ニ於ケル住所ノ存在ハ其ノ國法ノ規定ニ依リテ決セラルヘキモノナリ。而シテ住所ニ關スル各國法規ノ内容同シカラサルカ爲メ、住所ニ就テモ亦國籍ニ於ケルカ如ク衝突ヲ生スルモノナリ。卽チ一人ニシテ甲、乙二國ニ住所ヲ有スルコトアリ又反對ニ何レノ國ニモ住所ヲ有セサルコトアリ、從ヒテ國際私法上或ル場合ニ適用セラルヘキ住所地法ヲ定ムルニ就キ本國法ニ於ケルト同樣ノ問題ヲ生ス。

【註】一國ノ國法上ノ問題トシテハ或ハ重複住所ヲ認ムル法制アリ。或ハ之レヲ排斥スルモノアリ。例之獨逸民法第七條二項ノ如キハ前者ニ屬シ、瑞西民法二三條ノ如キ後者ニ屬ス。然ルニ國際關係ニ於テハ本文ニ述ヘタル理由ニ依リ重複住所ヲ生スルモノナリ。瑞西ノまいりーハ重複住所ノ例トシテ(一)夏期ハ外國ニ在ル自己ノ所有地ニ住シ、冬期ハ其ノ本國ニ住スル場合。(二)夏期ハ瑞西ニ、冬期ハ伊太利ニ於テ旅館業ヲ營ムカ如キ場合ヲ掲ク(毛戸、跡部譯まいりー國際民商法論上、二二二頁)猶ホ英國人タル未成年者(二十一歲ニ達セサル者)又ハ妻カ英國ニ住所ヲ有スル英國人タル其ノ父又ハ夫ト別レテ獨リ日本ニ移住シ、日本ヲ以テ爾後生活ノ本據ト爲ストキハ之レカ

爲メニ此等ノ者ハ日本ニ住所ヲ取得スヘシト雖(民法二十一條)英國ノ住所ヲ喪ハス。何者英法ニ於テハ所謂法定住所ヲ認メ嫡出子タル未成年者ノ住所ハ其ノ父ノ住所ニ在リト爲シ、又妻ノ住所ハ夫ノ住所ニ在リト爲シ、且ツ此等ノ者ハ自ラ他ニ住所ヲ取得スルコトヲ得スト爲セハナリ (Dicey, p. 134—136.) 又無住所ニ就テハ或ハ英法ノ原則トシテハ何人モ如何ナル場合ト雖モ住所ヲ有セサルコト能ハスト (Dicey, p. 98.) 爲スト雖モ之レ法ノ認定又ハ擬制ニ依リテ之レヲ言フモノニシテ事實上ハ永久居住ノ場所 Permanent home ニ非サルモ法律カ認メテ以テ永久居住ノ場所ト爲スモノヲ以テ住所ト爲スカ故ニ畢竟無住所ナルモノナシト云フニ過キス。住所ヲ以テ生活ノ本據又ハ永久居住ノ場所ト爲ストキハ事實上無住所ノ場合ヲ生スルコトヲ否定スル能ハサルナリ。ざゞるに一ハ無住所ノ例トシテ下ノ如キ場合ヲ揭ク(一)人カ從來ノ住所ヲ拋棄シ、新住所ヲ求メテ未タ之レヲ選定セサル場合(例之人カ本國ノ住所ヲ捨テ外國ニ移住セントシテ旅行中ニ在ル者ノ如シ)(二)或ル職業ノ爲メニ諸國ヲ巡歷シ終ニ歸着スヘキ處ヲ有セサル場合:(例之見世物興業者又ハ旅役者ノ如シ)(三)一定ノ職業ナク、常ニ公安ニ害アルカ如キ手段ニ依リ糊口ヲ求ムル浮浪者 (Savigny, System VIII S. 64 ff.)

衝突解決ニ關スル學說一般

此ノ住所ノ衝突解決方法ニ就テモ學者間ニ種々ノ議論行ハル。或ハ曰ク當事者ノ意思ニ依リテ決定スヘシ。或ハ曰ク法廷地法ニ依リテ決スヘシ。又或ハ曰ク當事者ノ本國法ニ依リテ決スヘシト。Weiss, III, p. 320 et S.; Valery, p. 112 et S. 參照

重複住所

又或ハ內外住所ノ衝突ノ場合ハ內國住所ニ從ヒ、Zitelmann, I S. 179, 180; Planck, Bürgerl. Gesetzb. VI S. 91, 92; Niedner, S. 85; Habicht, S. 231. 二外國住所ノ衝突ニシテ(イ)住所ニ新舊ノ別アルトキハ

(一)或ハ新住所卽チ最後ニ取得セラレタル住所ニ依ルト爲ス者アリ。Kuhlenbeck, Einführungsgesetz S. 146 (Staudingers Kommentar VI) (二)或ハ舊住所ニ依ルト爲ス者アリ。Savigny, System VIII S. 101; Zitelmann I S. 180; Barazetti S. 22. (ロ)若シ又新舊ノ別ナキトキ卽チ重複住所カ同時ニ取得セラレタルトキハ(一)或ハ裁判官ハ當事者カ事實上最モ密接ナル關係ヲ有スル住所ヲ審査スヘキモノナリ。此ノ事實審査上當事者カ重複住所ノ一ニ比較的永キ又通常ハ居所ヲ有スル事實ノ如キハ假令決定的ニ非サルモ重要ナル意義ヲ有スヘシト爲シ、Zitelmann, I S. 180. (二)或ハ當事者カ居所ヲ有スル住所ニ從ヒ、若シ孰レニモ居所ヲ有セサルトキハ其ノ父母又ハ夫ノ最後ニ取得シタル住所ニ從フト爲ス者アリ。Kuhlenbeck. S. 146.

又或ハ曰ク住所ノ衝突ノ解決方法ハ原則トシテハ國籍ノ衝突解決方法ト同樣タルヘキモノナリト雖モ亦全ク同一ナリト云フヲ得ス。卽チ重複住所ノ一カ內國ニ存在スル場合ニ於テハ恰モ重國籍ノ一カ內國國籍タル場合ニ偏ヘニ內國國籍ニ依ラシムルカ如ク偏ヘニ內國住所ニ依ラシメサル可ラスト云フ理由ハ存在セサルナリ。寧ロ斯カル場合ニ於テモ二外國住所ノ衝突ノ場合ト同一ノ決定方法ヲ採ルヘキモノナリ。卽チ八法ノ根本理由ニ鑑ミ現在ノ法律問題ニ最モ强力ナル又最モ永續的ノ關係ヲ有スル孰レカ一方ノ住所ヲ選擇スヘキモノナリ。而シテ一般ニ之レヲ言フトキハ重複住所カ相次テ取得セラレタルトキハ舊住所カ此ノ關係ヲ有スト言フヲ得ヘシ。然レトモ之レ單ニ一般ノ場合ノ解決指針タルニ過キス。猶ホ同時ニ取得セラレタル重複住所ノ場合ニ於テモ實際ノ狀況ヲ審査シテ孰レノ住所カ最モ正當ニ決定權ヲ有スヘキ關係ニ在ルカヲ判斷スヘキモノナリト。Niemeyer, Das intern. Privatr. S. 73. 猶ホのいまんノ說モ殆ト同一趣旨ニシテ曰ク住所カ多數ノ場所ニ存在スル場合ニ於テ重國籍ノ場合ニ於ケルカ如ク其ノ各住所地ノ法律カ內容ヲ異ニスルトキハ現實ノ狀況ニ依リテ最モ密接ナル關係ヲ有スル住所ヲ選擇スヘシト。Neumann, S. 51.

又或ハ曰ク重複住所ノ一カ內國ニ存在スルトキハ內國住所ニ依リ、然ラサル場合ニ單純ニ隨時ノ居所地ニ依ルト爲ス者アリ。Walker, S. 83. 氏ハ同上頁ニ於テかーんカ居所地法說ヲ採ル者ノ如ク註スト雖モ誤解ナリ。かーんハ住所ノ得喪ハ常ニ內國法ニ從フト爲シ、唯一國內ニ於テ其國法上重複住所又ハ無住所ヲ生スル場合ニハ居所ヲ以テ住所ニ換フヘシト主張スル者ナリ。Kahn, Gesetzeskollision (Jherings Jahrb. 30, S. 78ff.)

無住所

以上ハ重複住所ノ解決ニ關スル學說ノ一般タリ。無住所ノ解決ニ就テ

住所地法ノ準據法ト爲ル理由ト衝突解決方法トノ關係

ハ學說略ホ一定セルモノアリ。卽チ或ハ現ニ住所ヲ有セサル者ニ就テハ最後ニ有シタル住所ニ依リ、最後ノ住所モ無キトキハ居所ニ依ルト爲ス者（Niemeyer, Entwurf. §29 Abs. 5 Satz 2）ナキニ非スト雖モ住所ヲ有セサル者ハ偏ヘニ居所地法ニ依ルト爲スヲ通說トス。

上揭諸說中固ヨリ例外ナキニ非スト雖モ其ノ多クハ主トシテ當事者ノ屬人法タル住所地法又ハ屬人法タル本國法ノ代用法タル住所地法ヲ定メンカ爲メニ住所ノ衝突ヲ決定セントシタルモノナルコトヲ注意セサル可ラス。卽チ英米法系ノ國ニ於テハ住所地法ヲ以テ屬人法ト爲ス。反之歐洲大陸諸國ニ於テハ一般ニ本國法ヲ以テ屬人法ト爲シ、人事、親族、相續法上ノ問題ヲ一般ニ本國法ニ從ハシム。我國亦之レニ倣フ。然ルニ國籍衝突ノ場合ニ於テハ大陸諸國ニ於テモ或ハ住所ノ存在スル國籍ニ依リ、或ハ單純ニ住所ニ依リテ準據法ヲ定メントスルモノナリ。是ニ於テカ英米法系ノ國ニ於テモ、又大陸諸國ニ於テモ均シク住所ノ衝突ヲ解決シテ屬人法ヲ確定スルノ必要ヲ見ルモノナリ。其ノ解決方法トシテ各種ノ學説ノ存在スルコト上來述ヘタルカ如シ。然ルニ住所地法ハ單ニ屬人法又ハ屬人法ノ代用法トシテ適用セラルルノミナラス、或ハ國際債權法上ノ法律問題ハ準據法トシテ適用セラルルコトアリ。例之我衝突規則タル法例ハ法律行爲ノ成立及ヒ效力ニ付テハ當事者ノ意思ニ從ヒ準據法ヲ定メ、意思不明ナルトキハ行爲地法ヲ以テ準據法ト爲スノ原則ヲ認ム。而シテ異法域間ノ契約ニ付テハ申込ノ發信地ヲ以テ行爲地ト爲シ、被申込者カ承諾ノ際發信地ヲ知ラサリシトキハ申込者ノ住所地ヲ以テ行爲地ト看做スヘキモノトセリ第七條第九條。又債權讓渡ノ第三者ニ對スル效力ハ債務者ノ住所地法ニ依ルヘキモノトセリ第十二條。此等ノ場合ニ於テ住所ノ衝突問題ハ如何ニ解決スヘキカ。屬人法又ハ其代用法タル住所地法ニ於ケル場合ト同一解決方法ヲ採ルヘキモノナルカ。余輩ハ此ハ二者ハ區別シテ解決スヘキモノハト信ス。何トナレハ人事、親族、相續法上ノ問題カ屬人法ニ從フ理由ト財產取引ニ關スル法律問題カ當事者ノ財產取引ノ本據タル住所地ノ法律ニ從フ理由トハ全ク相異ナルモノナレハナリ。卽チ屬人法ハ或ハ當事者ノ國民性ニ最モ適合シタル法律トシテ、或ハ當事者ノ一般法律生活ニ最モ密接ナル關係ヲ有スル法律トシテ、當事者ノ意思ノ如何ニ拘ラス適用セラルル所ノ法律ナリ。反之財産取引關係ニ於テハ今日當事者ノ意思ノ自治ヲ認ムル原則一般ニ行ハレ、當事者カ自ラ準據法ヲ選擇セサル場合ニ於テ當事者ノ意思ハ一般推定ニ基ツキ或ハ當事者ノ住所地法ヲ適用スルモノナリ。此ノ如ク屬人法トシテ或ハ屬人法タル本國法ノ代用法トシテ住所地法ノ活動スル場合ト、財産取引關係ノ準據法トシテ住所地法ノ活動スル場合トハ全ク其根本理由ヲ異ニスルモノナリ。從ヒテ住所ニ就テ問題ヲ生シタル場合ニ之レヲ解決スヘキ方法モ此ノ二者ノ場合ニ於テ異ナラサル可ラサルナリ。即チ此ノ問題ハ各住所地法ノ活動理由ニ適應シテ解決セラレサル可ラス。此ノ理由ニ依リ余輩ハ從來ノ學説ト異ナリ、左ニ二個ノ場合ヲ區別シテ各解決ヲ與ヘントス。

屬人法又ハ其ノ代用法トシテノ住所地法

第一　屬人法トシテ、又ハ屬人法タル本國法ノ代用法トシテ住所地法ヲ適用スヘキ場合ニ於ケル住所ノ衝突ハ左ノ如ク解決スヘシ。

甲　重複住所ノ場合

一　當事者ノ現在居所ハ存スル住所地ノ法律ニ依ル

二　孰レノ住所地ニモ居所ヲ有セサルトキハ父母(嫡出子ニ就テハ父、私生子ニ就テハ母)ハ現在住所、又之レ無キトキハ過去ハ住所ハ存在スル住所地ノ法律ニ依ル

三　以上ノ方法ニ依リ解決スルコト能ハサルトキハ當事者カ最後ニ取得シタル居所ハ存在スル住所地ノ法律ニ依ル

乙　無住所ノ場合

一　嘗テ一定ノ住所ヲ有シタル者ニ就テハ其ハ住所地ノ法律ニ依ル

二　最初ヨリ一定ノ住所ヲ有セサル者ニ就テハ左ノ規則ニ從フ

イ　當事者ノ父母(嫡出子ニ就テハ父、私生子ニ就テハ母)ノ現在住所地、又之レナキトキハ過去ノ住所地ノ法律ヲ以テ住所地法ト爲ス

ロ　右ニ依リテ解決スルコト能ハサル場合(父母ノ知レサルトキ、

又ハ無住所タルトキ（父母カ重複住所ヲ有スルトキハ上掲重複住所ノ解決方法ニ從フ）ニ於テハ當事者ノ現在ノ居所地、又之レ無キトキハ過去ノ居所地ノ法律ヲ以テ住所地法ト爲ス

ハ　當事者カ居所ヲ數國ニ有スルトキハ最後ニ取得シタル居所地ノ法律ヲ以テ住所地法ト爲ス

ニ　當事者カ更ラニ居所ヲ有セサルトキハ現在地ノ法律ヲ以テ住所地法ト爲ス

此ノ解決方法ハ全ク第三章ニ掲ケタル國籍衝突ノ解決方法ニ準シタルモノナリ。其ノ理由ハ既ニ述ヘタル所ニ依リテ明カナルカ如ク此ノ場合ハ屬人法又ハ其ノ代用法ヲ決定セントスルモノナルカ故ニ國籍ヲ基礎トスル屬人法ヲ決定スル場合ト同一理由ニ依リテ當事者カ人事、親族、相續關係ニ於テ最モ密接ナル關係ヲ有スル住所地法又ハ之レニ代用セラルヘキ國法ヲ選擇セントスルモノナリ隨ヒテ全ク國籍衝突ノ解決方法ト同一ノ基礎觀念ニ據リテ解決スヘキモノナレハナリ。而シテ解決方法ノ各

項ニ就テハ兩者ヲ比較對照スルトキハ自ラ明瞭ナルヘキヲ以テ爰ニ説明ヲ省ク。唯重複住所ノ場合ノ最後ノ解決方法トシテ當事者カ現ニ孰レノ住所地ニモ居所ヲ有セサル場合ニ最後ニ取得シタル居所ノ存スル住所地ヲ選ヒタルハ居所ヲ同時ニ二國ニ取得スヘキ場合ナシ。山口博士日本國際私法論一八一頁同論。現在ニ近キ過去ノ居所地カ一般ニ其ノ遠キモノニ比シ當事者ニ深キ關係ヲ有スヘシト云フ推定ニ基ツクニ過キスシテ他ニ確固タル理由アルニ非ス。無住所ノ場合ノ二ノ(ハ)ノ解決方法ニ就テモ亦同シ。猶ホ同シク無住所ノ場合ノ最後ノ解決方法トシテ當事者ノ現在地ヲ選ヒタルハ此ノ場合ハ他ニ當事者ト密接ナル關係ヲ有スル法域更ラニ存在セサルカ爲メニ現在地法ニ依ラシムルノ外ナシト爲シタルニ過キサルナリ。山口博士前掲一八一頁同論。

財産法上ノ準據法トシテノ住所地法

第二　財産法關係ノ準據法トシテ住所地法ヲ適用スヘキ場合ニ於ケル住所ノ衝突ハ左ノ如ク解決スヘシ。

甲　重複住所ノ場合

一　當事者ノ現在居所ノ存スル住所地ノ法律ニ依ル

二　當事者カ現ニ孰レノ住所地ニモ居所ヲ有セサルカ、又ハ双方ニ之レヲ有スルトキハ過去ニ於テ又ハ現在ニ於テ最後ニ取得シタル居所ハ存スル住所地法ニ依ル

乙　無住所ノ場合

一　當事者ノ現在居所地ノ法律ヲ以テ住所地法ト爲ス

二　當事者カ居所ヲ數國ニ有スルトキハ最後ニ取得シタル居所地ノ法律ヲ以テ住所地法ト爲ス

三　當事者カ更ラニ居所ヲ有セサルトキハ現在地ノ法律ヲ以テ住所地法ト爲ス

本問ノ住所地法ノ決定ニ就テハ專ラ當事者ノ財產取引關係ニ於ケル生活ノ本據タル住所ヲ一定シ、又ハ之レニ代ハルヘキ場所ヲ選定スルコトヲ以テ解決ノ基本觀念ト爲スヘキモノナリ。隨ヒテ第一ノ場合ト異ナリ父母ノ住所ノ如キハ問題解決ニ交渉ヲ有セサルナリ。又重複住所ノ場合ハ孰レカ一方ノ住所ヲ選擇スヘキ必要アルカ爲メニ選擇ノ標準タル居所

ヲ過去ニ迄及ホシタリト雖モ、無住所ノ場合ハ斯カル必要ナキノミナラス、元來問題カ實際取引ニ關スルモノナルヲ以テ單ニ現實ノ居所換言スレハ實際問題發生當時ノ居所ヲ以テ準據法決定ノ標準ト爲シタルモノナリ。其他ニ於テハ本解決方法ニ付キ特ニ説明スヘキモノナシ。

我法例ノ認メタル決定

要之余輩ハ住所ノ衝突ハ國際私法上住所地法カ有スル地位如何ニ依リテ各場合ニ付キ適當ナル解決ヲ爲スヘキモノナルコトヲ主張スル者ナリ。從來ノ學説カ一般ニ此ノ點ニ注意セサルハ缺點ト云フヘシ。

次ニ本問ニ關スル我法例第二八條ハ左ノ如ク規定セリ。

當事者ノ住所地法ニ依ルヘキ場合ニ於テ其住所カ知レサルトキハ其居所地法ニ依ル

前條第一項及ヒ第三項ノ規定ハ當事者ノ住所地法ニ依ルヘキ場合ニ之ヲ準用ス

法例二八條ノ適用アル場合

本條ニ當事者ノ住所地法ニ依ルヘキ場合トハ我法例ニ從ヒ當事者ノ住所地法ニ依ルヘキ場合ナルコト明カナリ。而シテ法例ノ規定中住所ニ關係ヲ有スルモノハ第四條第二項、第五條、第九條第二項、第一二條、第二三條第二項、第二四條、第二七條第二項ナリ。然レトモ此等ノ規定ノ總テカ其ノ適用ニ當リテ住所ノ衝突問題ヲ解決スヘキ必要アルニ非ス。即チ第四條第二項、第五條、第二三條第二項、第二四條ノ四規定ハ單ニ日本ニ在ル外國人ノ住所、居所ヲ豫見シタルモノニシテ此等規定ノ適用アル爲メニハ日本法律ニ從ヒ外國人カ日本ニ住所又ハ居所ヲ有スルコトヲ必要ト爲シ、且ツ之レヲ以テ十分ト爲ス。即チ外國人カ日本法律ニ從ヒ日本ニ住所又ハ居所ヲ有セサルトキハ此等規定ノ適用無ク、又之レヲ有スルトキハ當事者カ外國法ニ從ヒ外國ニ住所又ハ居所ヲ有スルト否トヲ問ハズシテ此等規定ノ適用ヲ觀ルモノナリ。隨ヒテ住所ノ衝突問題ヲ解決スルノ必要ナキナリ。反之第九條第二項、第一二條、第二七條第二項ノ三規定ハ國ノ內外ヲ問ハス一般ニ人ノ住所ヲ豫見シタルモノナルヲ以テ此等規定ノ適用ニ當リ住所ノ衝突問題ヲ生シタルトキハ先以テ此ノ問題ヲ解決シテ住所ヲ決定スルノ必要ヲ觀ルモノナリ。然ルニ猶ホ第二七條第二項ハ其ノ規定自身ニ於テ既ニ此ノ問題ノ一半ヲ解決シタリ。卽チ無國籍者ニ本國法ノ代用法トシテ住所地法ヲ適用スヘキ場合ニ於テ當事者カ住所ヲ有セサルトキハ其居所地法ニ依ルトセリ。斯クシテ住所ノ消極的衝突ノ場合ハ既ニ此ノ規定ニ依リテ解決セラレ、問題ノ他ノ一半卽チ住所ノ積極的衝突ノ場合カ未解決ニ殘リ居ルモノナリ。此ノ狀態ヲ明カニシタル後、前揭第二八條ノ規定ヲ考察セサル可ラス。

本條第一項ハ一般ニ當事者ノ住所地法ニ依ルヘキ場合ニ於テ其住所カ知レサルトキハ（勿論無キ場合ヲ包含ス。山口博士日本國際私法論一七九頁）其居所地法ニ依ルト規定スト雖モ前述ノ如クナルヲ以テ此ノ規定ハ單ニ第九條第二項及ヒ第一二條ノ適用ニ當リテ當事者カ無住所ナル場合ニ適用セラルルモノナリ。

次ニ第二項ハ同シク一般ニ當事者ノ住所地法ニ依ルヘキ場合ニ於テ當事者カ數國ニ住所ヲ有シ、又ハ地方ニ依リ法律ヲ異ニスル國ニ住所ヲ有スルトキハ第二七條第一項ノ重國籍者又ハ同條第三項ノ不統一法國ニ屬スル者ニ關スル規定ヲ準用スヘキ旨ヲ定メタリ。卽チ此ノ規定ニ從ヘハ當事者カ前後シテ重複住所ヲ取得シタルトキハ後ニ取得シタル住所ニ依ル、但シ其ノ一カ日本ノ住所ナルトキハ日本ノ住所ニ從フモノナリ。此ノ國籍ニ關スル規定自身ノ不適當ニシテ且ツ不完全ナルコトハ既ニ指摘シタルカ如シ。而シテ今之レヲ住所ノ衝突解決ニ準用シテ同樣ノ缺點ヲ發見スルハ數ノ免レサル所ナリ。殊ニ内外住所ノ衝突ノ場合ニ偏ヘニ内國住所ニ依ラシメサル可ラサル理由果シテ那クニカ在ル。彼ノ國籍法ハ國家組織ニ關スル絕對的强行法ナリト云フカ如キ理由スラモ爰ニハ全ク存在セサルナリ。此ノ點ハにいまいやーノ如キモ既ニ指摘セルコト前ニ掲ケタルカ如シ。（三八〇頁參照）猶ホ當事者カ同時ニ重複住所ヲ取得シタル場合ハ如何。例ヘハ佛國ニ住所ヲ有スル佛國人カ敢テ住所ヲ變更スルノ意思ナク、獨逸ニ至リテ爰ニ獨法ニ所謂常住ノ場所ヲ定メ（獨民第七條）而シテ此ノ双方ニ於テ同樣ニ私法生活ヲ營ムトキハ此者ハ佛、獨兩國ニ住所ヲ有スルニ至ルヘシ。今斯カル者ヨリ生マレタル子ハ出生ト同時ニ佛、獨二國ニ住所ヲ取得スルニ至ル。何者二國共ニ未成年者ハ親ノ住所ニ從フモノト爲セハナリ。佛民一〇八條獨民一一條此ノ如キ者ニ住所地法ヲ適用スヘキ場合ハ如何ニ決スヘキカ。此ノ場合ニハ既ニ述ヘタルカ如ク我法例ハ同時ニ取得セラレタル重國籍ノ場合ヲ豫見セサルカ故ニ準用スヘキ規則ナシ、余輩ノ前ニ掲ケタル解決方法ハ當事者カ前後シテ重複住所ヲ取得シタル場合ト同時ニ之レヲ取得シタル場合トヲ問ハス倶ニ適用セラルルモノナリ。

終リニ當事者カ地方ニ依リテ法律ヲ異ニスル國ニ住所ヲ有スル場合ニ如何ナル地方ノ法律ヲ以テ當事者ノ住所地法ト看做スヘキカト云フニ此ノ問題ハ理論上前章ニ掲ケタル原則ニ從ヒテ決定スヘシ。即チ當事者ノ住所所在國ノ普通法ノ定ムル所ニ從ヒテ決定スヘシ。例之前ニ示シタル如ク瑞西ニ於テハ當事者カ現ニ住所ヲ有スル州ノ法律ニ依リ、又其ノ一州内ノ各地域ニ同一ノ法律行ハレサルトキハ當事者ノ現ニ住スル地域Kantonsgebiet ノ法律ヲ以テ住所地法ト爲スト定ムルカ如シ。瑞西居住民、居留民法一條、六條而シテ萬一住所所在國ニ此ノ如キ普通法ヲ發見スルコト能ハサルトキハ余輩ハ住所所在地ヲ管轄スル最小法域ノ法律ニ從フヘキモノト信ス。我法例ハ前掲二八條二項ヲ以テ二七條三項ノ規定ヲ準用ストセリ。然ルニ前ニ示シタルカ如ク此ノ規定ノ意義甚タ明瞭ナラス。「其者ノ屬スル地方」ヲ本籍ト解シテ之レヲ本問ノ場合ニ準用スルトキハ甚タ無意義ナル結果ヲ呈スヘシ。之レ正サニ我衝突規則中ノ缺點タリ。

第六章　外國法ノ適用

本章ニ述フル所ハ余曩當テ法學論叢五卷三號、五號ニ於テ「外國法律」ト題シテ論述シタルモノニ適當ナル修正ヲ加ヘタルモノナリ

本章ニ於テハ國際私法ノ原則ニ從ヒ內國裁判所ニ於テ適用セラルヘキ外國法ノ法律上ノ地位ニ就テ生スル所ノ問題ヲ攻究セントスルモノナリ。卽チ外國法ハ事實ナリヤ、法律ナリヤ。外國法ノ內容ヲ知ルコト能ハサルトキ裁判所ハ如何ナル處置ヲ採ルヘキモノナルヤ。外國法ノ不當適用ハ上告ノ理由ト爲ルヤ否ヤノ問題是ナリ。而シテ此等ノ問題ハ元來國際民事訴訟法ノ問題ニ屬スヘキモノナリト雖モ又國際私法ノ本質ト重要ナル關係ヲ有スルカ故ニ一般國際私法論ニ於テ之レヲ攻究スルモ敢テ不當ナリト云フヲ得サルナリ。又從來ノ學者モ概ネ之レヲ爲スヲ例トス。

第一節　外國法ノ性質

外國法ノ性質ニ就テハ從來二箇ノ見解アリ。古ルキ學說及ヒ實際ニ於

舊主義

テハ一般ニ外國法ハ一ノ事實ニ過キス 從ヒテ外國法ハ當事者ニ於テ援用スルニ非サレハ裁判所ハ之レヲ適用スルコトヲ得ス。而シテ外國法ノ內容ハ當事者ニ於テ之レヲ證明スヘキモノトセリ。而シテ英米ニ於テ今日猶ホ此主義ヲ維持ス。唯米國近時ノ判例ニ於テ稍此主義ニ變更ヲ認ムル傾向ヲ生シタルカ如シ。

【註】此主義ヲ認メタル從來ノ諸國ノ立法例、判例及ヒ學說ハ Meili, Das intern. Civilprozessrecht, S. 135 ff ニ委シ。猶ホ Storry, Conflict of laws, 8th ed. § 637; Dweyer, Private international law, p. 579; Hibbert, International private law, p. 156. 參照

米國ノ一學者曰ク、外國法ハ事實トシテ當事者ニ於テ證明スヘキモノナリトスル一般原則ハ近時ノ判例ニ於テモ依然認メラル。然レトモ一旦證明カ爲サレタルトキハ、之レニ關スル問題ハ法律又ハ判決ノ解釋及ヒ效力ニ關スルモノナルカ故ニ決シテ事實問題ニ非ス。從ヒテ最高裁判所ハ下級裁判所ニ依リテ爲サレタル外國法ノ解釋ヲ審查シ、此ノ誤謬ヲ訂正スヘキモノタリ云々ト Kuhn, Doctrins of private international law in England and America contrasted with those of continental Europe (Verhandlungen der intern. Vereinigung f. vergl. Rechtswissenschaft u. Volkswirtschaftslehre, 1912, S. 281.)

新主義

之レニ反シテ近時ノ歐洲大陸ノ學說ハ外國法事實說ヲ斥ケ、外國法モ內國法ト同シク、裁判所ハ職權上之レヲ調查シ之レヲ適用スヘキモノハナ

二主義の正邪

リ。但シ裁判所ハ當事者ヲシテ外國法ノ内容ヲ證明セシムルコトヲ得ルモノナリト爲スニ至レリ。而シテ此ノ主義ハ大陸諸國ノ立法例及ヒ判例ニ於テモ同シク認メラル

【註】新主義ニ關スル學説、立法例、判例及ヒ一八九一年國際法協會決議等ニ就テハ前掲まいりー氏國際民事訴訟法一三九頁乃至一四三頁ニ詳カナリ。猶ホ Bar, I, S. 133, Anm. 4; Neubecker, Intern. Privatr. auf deutschrechtl. Grundlage. (Jahrb. f. d. intern. Rechtsverkehr 1912-1913 S. 14; Spier, Die Revisibilität des ausländischen Rechts nach deutschen Prozessrecht. (Zeitschrift f. intern. Recht, XXV S. 421. 參照) ばーるハ新舊二主義ノ中間説トシテ裁判官ハ外國法ヲ適用スルノ權利アリト雖モ之レヲ爲スノ義務ナシトスル説ヲ掲ク(前掲同氏著一三三頁)然レトモ余輩ノ觀ル所ニ依レハ此ノ如キ説ハ其ノ性質上寧ロ舊主義ニ屬スヘキモノナリ。其ノ理由ハ以下本文ノ説明ニ依リテ明カナルヘシ。

以上ノ二主義ハ孰レヲ正トシ、孰レヲ邪トスヘキカ。之レニ對スル答辯ハ時代ニ依リテ異ナラサル可ラス。第一主義カ漸次廢レテ、第二主義ノ之レニ代ハルニ至リタルハ全ク時代ノ變遷ニ伴ヒタルモノナリ。而シテ私法的國際交通ノ現狀ヨリ之レヲ觀レハ余輩ハ第二主義ヲ以テ正當ナリト爲シ、且ツ第一主義ハ今日猶ホ英米ノ天地ニ餘喘ヲ保ツト雖モ結局

讓主義ハ和蘭禮讓説ニ胚胎ス

滅亡ニ歸スヘキモノナリト信ス。案スルニ第一主義ハ外國法適用ノ根據ヲ國際禮讓ニ置ク所ノ十七世紀ノ和蘭學説一四六頁以下參照ニ基ツクモノナリ。即チ彼等ノ觀念ニ於テハ凡ソ法律ハ一國主權ノ發動ナルカ故ニ國境ヲ超ユルコト能ハス。國內ニ外國法ノ效力ヲ認ムルハ自己ノ主權ヲ侵害スルモノナリ。故ニ原則トシテ一國ハ毫モ外國法ヲ參酌スルノ義務ナシトスルモノナリ。然ルニ彼等ト雖モ私法的國際交通ニ於テ絕對ニ屬地主義ヲ守ルコト能ハスシテ或ル場合ニハ外國法ヲ參酌スルノ已ムヲ得サルヲ認ム。於是彼等ハ一國カ時ニ外國法ヲ參酌スルハ國際禮讓ニ出ツルモノナリト爲シ、以テ外國法適用ハ內國ノ主權侵害ナリトスル根本觀念ト調和セシメントセリ。卽チ國家カ外國ニ對スル禮讓トシテ、自己ノ自由意思ヲ以テ外國法ヲ適用スルモノナルカ故ニ毫モ自己主權ヲ侵害スルコトナシトシタルナリ。此ノ如クニシテ當時ノ和蘭學説ハ外國法適用ヲ以テ國家ノ便宜問題ナリト爲シ、外國法適用ノ義務ヲ否認スルモノナリ。而シテ此ノ和蘭學説ハ英國ニ輸入セラレ、又延ヒテ米國ニモ大ナル影響ヲ及ホスニ至リタルハ前既ニ述ヘタルカ如シ一五二頁以下參照私法的國際交通ノ未タ般盛ナラサリシ當時、又排外思想ノ熾ナリシ當時ニ於テ此ノ如キ學說ノ行ハレタルハ寧ロ當然ニシテ其時代ニ於テハ强チ之レヲ誤ナリトシテ排斥スルコト能ハサルヘシ。而シテ夫ノ外國法ハ一ノ事實ニ過キス、隨ヒテ當事者之レヲ援用スルニ非サレハ裁判所ハ之レヲ適用スルコト能ハスト爲シ、或ハ裁判所ハ之レヲ適用スルヲ得ルモ之レヲ爲スノ義務ナシト爲ス所ノ外國法事實說ナルモノハ實ニ此ノ和蘭學說ニ胚胎シタルモノナリト云ハサル可カラス。外國主權ハ內國ニ及ハス、隨ヒテ外國法ハ內國法ニ非スト云フハ、昔モ今モ異ナルコトナク、其ノ正當ナルハ言フヲ須キス。然レトモ國家カ或ル場合ニ外國法ヲ適用スヘキコトヲ認ムルハ單ニ國家カ外國ニ對シテ禮讓トシテ爲スモノナルカ故ニ國家ハ之レカ爲メニ決シテ拘束セラルルコトナク、隨ヒテ裁判所モ自ラ進ンテ外國法ヲ調査、適用スルノ義務ナシト主張スルハ現在ノ私法的國際交通ノ狀態ヨリ之レヲ觀ルトキハ固ヨリ不當ナリト云ハサル可ラス。猶ホ爰ニ注意スヘキハ此ノ舊主義ハ裁判所カ國法ノ命スル所ニ依リテ外國法ヲ適用スヘキ場合ト雖モ猶ホ裁判所ハ實際ニ於テハ法律問題ヲ決スルニ非スシテ事實問題ヲ決スルモノナリト為スコトナリ。Foelix et Demangeat, Traité du droit intern. privé, 4e éd. I p. 34. 隨ヒテ或ハ舊主義ヲ非難シ、「事實ナル外國法ト雖モ國法ノ規定ニ依リ裁判所カ外國法ヲ適用セサル可ラサル場合アルヲ以テ、單ニ事實ナルカ故ニ裁判所ハ職權ヲ以テ外國法ヲ調査、適用スヘキモノニ非スト斷スルヲ得ス、即チ舊主義ハ此ノ點ニ於テ誤ナリ」ト為ス者アラハ、此ノ非難ハ當ラスト云ハサル可カラス。何者舊主義ハ既ニ此カル場合ヲ豫見シ、猶ホ且ツ外國法ハ裁判所ニ對シテハ單純ナル事實ニ過キサルコトヲ主張スルモノナレハナリ。

【註】尤モ此點ニ付キ Demangeat ハ Foelix ト意見ヲ異ニスルコトヲ注意セサルヘカラス。即チ前者ハ後者ヲ非難シテ曰ク「佛國ニ於テ外國法ノ效力ヲ認ムルハ元ヨリ我立法者ノ單純ナル禮讓ニ過キス。何者我立法者ハ裁判官ニ對シテ佛國法以外ノ法律ハ決シテ適用スル勿レト命スルコトヲ得タレハナリ。然リト雖一旦我立法者カ外國ニ對シテ此ノ恩惠處置ヲ採ルノ意思ヲ明カニシタルトキハ如何ニシテ裁判所ハ擅マニ此ノ立法者ノ意思ニ反スルコトヲ得ンヤ」ト Foelix et Demangeat, I p. 220 (a).

禮讓說並ニ舊主義ノ衰亡

禮讓說ハ近時ノ國際交通關係ノ實際ニ適應セサル議論ナルヲ以テ歐洲

大陸諸國ニ於テハ殆ト全ク排斥セラレタリ（註一）。英米ニ於テモ近時學者ハ禮讓説ノ非ヲ悟ルト雖モ未タ全ク之レヲ排斥スル能ハス、種々辭ヲ設ケ、禮讓ノ意義ニ制限、變更ヲ加ヘテ其ノ根本ノ非ヲ蔽ハントシ、或ハ禮讓論ヲ以テ言語ノ爭ニ過キスト爲シ全ク此ノ問題ヲ葬リ去ラントスル者アルニ至レリ（註二）。從ヒテ外國法事實論モ漸次滅亡ニ傾クノ兆ヲ呈スルニ至リタルハ前ニ一言シタルカ如シ。

【註一】或ハ外國法ノ適用カ內國法律ハ明文ニ依リテ認メラレタルニ非スシテ、國法ハ精神解釋ニ依リテ認ムヘキ場合ニ在リテハ外國法ハ猶ホ事實トシテ認ムヘク、從ヒテ當事者カ主張スルニ非サレハ裁判所ハ之レヲ適用スヘキ限ニ在ラスト爲ス判例ナキニ非スト雖モ、法ノ明文ニ出ツルト、其ノ一般ノ精神ニ出ツルトヲ問ハス、國法カ外國法ノ適用ヲ認ムルハ一ナリ。故ニ學説ハ一般ニ此ノ決定ニ反ス。Asser Rivier, Element de dr. i. pr., No 9, 11; Pillet, Principes de dr. i. pr., p. 84; Valery, Maruel de dr. i. pr., p. 588.

【註二】ほわるとんノ如キ、Comity ナル語カ單ニ裁判官ノ專斷裁量ニ委セラレタル禮讓ヲ意味スルモノトセハ、Comity ハ決シテ吾人ノ認ムル國際私法ノ規則ノ眞ノ根據ト爲スニ足ラス。何者外國法カ或ル事件ヲ拘束スルトキハ之レニ依リテ外國法ハ我カ普通法 Common law ハノ一部ト爲リ、當事者ハ當然此ノ外國法ノ適用ヲ主張スルノ權利アレハナリト爲シ、Comity ヲ以テ外國法適用ノ根據ト爲ス説ニ對スル非難ハ「Comity ハ裁例所自身ノ Comity ニ非ス、主權ハ Comity ナリ、而シテ裁判所ハ此ノ主權ノ Comity ヨリ自己ノ權限ヲ取得スルモノナリ」ト爲スコトニ依リ大ニ輕減セラルヘシト斷シ、所謂 Comity ハ各場合ニ於ケル裁判所ノ Comity ニ非スシテ統一規則ヲ設定スルトコロノ主權ノ一般 Comity ナリトシテ初メテ Comity ハ外國法ノ承認且ツ適用ノ根據ナリト爲スコトヲ得ヘシト主張セリ。Wharton, Conflict of laws, 3d ed, p. 6-9.

又だいしーハ外國法ノ適用カ Comity ノ事項ナルカ否カノ爭ハ言語ノ爭ニ過キスト爲シテ曰ク「若シ外國法ノ承認又ハ適用ハ Comity ニ基ツクト云フコトカ單ニ法ハ之レヲ制定シタル主權者ノ領域ヲ超エテハ如何ナル國ニ於テモ特ニ其ノ國ノ認可ヲ得ルニ非サレハ效力ヲ有スルコトヲ得ストノ意義ナリトセハ、其ハ不明瞭ナカラモ眞實ニシテ且ツ重要ナル事實ヲ言ヒ表ハシタルモノナリ。若シ又外國法ノ承認又ハ適用ハ Comity ニ基ツクト云フハ、英國裁判所カ佛國法律ヲ適用スルハ佛共和國ニ對スル禮讓ニ出ツルモノナリトノ意義ナリトセンカ、之レ漠然タル言語ヨリ生シタル思想ノ混亂ヲ表ハスモノナリ。外國法ヲ適用スルハ決シテ隨意又ハ選擇ノ行爲ニ非ス。又英國主權者又ハ其他ノ主權者カ外國ニ對シテ禮讓ヲ表スル希望ヨリ出ツルニモ非サルナリ。外國法適用ノ理由ハ他ニ在リテ存ス。即チ當事者タル內國人若クハ外國人ニ至大ナル不便若クハ不正ヲ被ラシムルニ非サルヨリハ外國法ヲ適用セスシテ諸般ノ事件ヲ裁決スルコト能ハサレハナリト。氏猶ホ曰ク文明各國ノ裁判所ハ單ニ理論上ヨリノミナラス實際上ノ必要ヨリシテ、自ラ適用法ノ選擇ヲ考慮シ、或ル場合ニハ內國法ニ、又或ル場合ニハ外國法ニ其ノ領域外ニ及フ效力ヲ認メサル可ラサルナリト。氏ノ此論旨ヨリ觀ルトキハ氏ハ英國ノ代表學者タルニ拘ラス全ク禮讓說ニ絕緣シタル者ト云フヲ得ヘシ。Dicey, Conflict of laws, third ed. p. 10.

新主義ノ根據

新主義ハ皆外國法ノ調査適用ヲ以テ裁判所ノ職權事項ナリト爲スモノナリ。然レトモ其ノ根據理由ニ至リテヤ一ナラス。或ハ國內法ノ明示ノ規定及ヒ條約ニ基ツクト爲スアリ(註一)或ハ國內法ハ明示又ハ暗默ノ規定ニ因ルト爲スアリ(註二)又或ハ國內法ニ明示又ハ暗默ノ規定アル場合ハ勿論、國際私法ハ一般原則ニ依リ外國法ヲ適用スヘキトキト雖モ裁判所ハ職權ヲ以テ外國法ヲ調査、適用スヘキモノナリト爲スアリ(註三)。余輩ハ既ニ緒論ニ於テ詳述シタルカ如ク國際私法ノ本質ニ付テハ國際法主義ヲ採リ、隨ヒテ又衝突規則ノ欠缺セル場合ニ於テハ裁判官ハ恰モ立法者カ衝突法規ヲ設定スル場合ニ於ケルト同樣ナル地位ニ立チ、國家ノ暗默ノ意思ニ從ヒ、或ハ既ニ國際的效力ヲ有スル國際私法ノ原則ニ依リ、或ハ私法的國際交通ノ需要ニ應シテ適用スヘキ國法ヲ選定スヘキモノナリト爲スナリ(二五六頁以下參照)。此ノ根本論ヨリ生スル當然ノ結論トシテ本問題ニ付テモ裁判官ハ國際私法ノ一般原則又ハ私法的國際交通ノ需要ニ鑑ミ外國法ヲ適用スヘキモノナリト認メタルトキハ元ヨリ之レヲ適用セサル可ラサルハ國法カ明カニ外國法ノ適用ヲ命スル場合ト毫モ異ナラスト言ハサル可ラサルナリ。

【註一】例之亞爾然丁民法一三條ハ「外國法ハ其ノ適用カ內國法ノ明示規定又ハ條約ニ依リテ認メラレタル場合ノ外ハ當事者ノ請求アルニ非サレハ之ヲ適用セス」ト規定ス。又もんてねぐろ財產法七條一項モ同一趣旨ヲ規定ス(Neumann, S. 158. 160. ニ引用セル條文ニ依ル)

【註二】Bar, I., S. 132, 133; Valery, p.588; Pillet, p. 84 Note 2, 85.

【註三】Asser, No 9, 11; Laurent, T. II, No 263; Suroille-Arthuys, No 28.

「外國法亦法律」ノ眞義

論者或ハ曰ク英米派ノ外國法事實說ハ元ヨリ誤ナリト雖モ大陸派ノ主張スル所ノ「外國法モ亦法律ナリ、從ヒテ裁判所ハ職權上之レヲ適用スヘキモノナリ」トノ說ハ各國主權ノ性質ニ反スルカ故ニ誤ナリト。山口博士日本國際私法論分冊一五七、五八頁 然レトモ此種ノ評論ハ全ク大陸學說ノ誤解ニ基ツクモノナリ。大陸派ト雖モ內外主權ノ限界ヲ無視シテ外國法ハ當然內國法ト同シク內國ニ行ハルト主張スルニ非ス。大陸學派ノ「外國法モ亦法律ナリ」ト言ヘルハ外國法ハ訴訟上事實トシテ取扱フヘキモノニ非スト云フ義ヲ言ヒ表ハシタルモノナリ。此ノ事ハ本問題ノ眞義ヲ考フレハ自ラ明カナルヘシ。元來外國法ハ法律ナリヤト云フ問題ハ單ニ机上ノ空論トシテ生シタルニ非スシテ、外國法ハ訴訟上當事者ニ於テ一般ノ事實ト同シク自ラ主張シ、自ラ證明セサル可カラサルモノナルカト云フ問題トシテ生シタルモノナリ。故ニ此ノ問題ニ對シテ外國法モ亦法律ナリト云フ答辯ハ其ノ意義自ラ明カニシテ「否ナ、外國法ハ事實ニ非スシテ法律ナリ、故ニ當事者自ラ主張セサル可ラサルニ非ス、又必シモ自ラ證明スルヲ要セス」トノ義ナリ。答辯ハ問題ト倶ニ之レヲ吟味スルニ非サレハ其ノ眞ノ意義ヲ知ルコト能ハサルナリ。

Laurent Droit civil international, T. II, No 264; Asser-Rivier, Elements de dr. intern. privé, No 10; Bar, I. S. 136.

國際法共同團體説ハ内外法ヲ混淆スルモノニ非ス

猶ホざゔゐにーノ國際法共同團體説ヲ以テ内外法ヲ絶對ニ混淆スルモノナリト考フル者アラハ之レ亦誤解ナリ。既ニ説明シタルカ如ク氏ハ絶對屬地主義ノ實行ハ各國人民ノ隆盛ナル交通ノ必要ニ應セサルモノトシテ之レヲ斥ケ、交通國家間ノ國際法共同團體ノ觀念ヲ基礎トシテ法律關係ハ各其ノ固有ノ性質ニ基ツキ從フヘキ法域ノ法律ニ依ラシムヘキモノナリトセリ。卽チ法律關係ノ性質ニ依リ、外國法ヲ適用スヘキトキハ外國法ヲ適用スヘシ、内國法ヲ適用スヘキトキハ内國法ヲ適用スヘシ、内國法ナルカ故ニ強テ適用ス可ラス、外國法ナルカ故ニ必シモ排斥ス可ラト爲スモノニシテ、此ノ意義ニ於テ氏ハ内外法ノ適用範圍ヲ公平ニ定ムヘシト主張スルモノナリ。猶ホ氏カ習慣法ト事實トノ關係ヲ說明スルニ當リ、「此ノ二者ハ共ニ當事者カ證明スヘキ點ニ於テ相似タリト雖モ事實ハ當事者之レヲ主張スヘキモノニシテ裁判所ハ之レヲ補充スルコト能ハサルニ反シ、習慣法ハ裁判所之レヲ知ルトキハ必ス之レヲ適用セサル可ラサル點ニ於テ異ナル、外國法モ亦此ノ關係ニ於テ習慣法ニ類ス」Savigny, System I, S. 190 ff. ト言ヘルヲ以テ見ルモ氏ノ外國法ニ對スル觀念ハ明瞭ナリ。又ろーらんカざゞゐにーノ國際法共同團體說ヲ認ムルニ非サレハ國際民法ハ存在スルコトヲ得スト爲シ、此ノ根本原則ノ當然ノ結果トシテ、裁判官ノ眼ニ映スル各國法律ハ平等ノ效力ヲ有ス、裁判官ハ事件ノ性質上外國法ヲ適用スヘキトキハ必ス之レヲ適用セサル可ラス、故ニ裁判官ハ内國法ノ城内ニ籠居シテ外國法ヲ知ラスト辯スルヲ得ス Laurent, II, No 269. ト言ヘルモ亦同一論旨ニシテ、裁判官ハ内外法律ノ間ニ親疎ノ別ヲ爲ス可ラス、各國法律ノ適用ハ之レヲ公平ニ爲スヘシトノ意ニ外ナラス。其他大陸學者ノ外國法モ亦法律ナリトノ議論中、其ノ行文、語勢ノ如何ニ依リ或ハ誤解ヲ招ク虞アルモノ無キニ非スト雖モ其ノ眞意ハ決シテ內外法ノ別ヲ無視セントスルニ非サルナリ。

【註】 れーげるすべるがーハ裁判官ハ法律ヲ知ル jura novit curia ノ責任アルヲ以テ、職權ヲ以テ適用法ヲ調査スヘキモノナルコトヲ說キタル後チ、曰ク裁判官ニ對シ外國法及內國ノ地方特別法全部ノ智識ヲ要求スルハ不當ナリ。然レトモ裁判官カ此等ノ法律ニ對スル地位ハ普通國內法ニ對スル地位ト全ク同一ニシテ職權ヲ以テ此等ノ法律規定ヲ調査セサル可ラス。唯此等法律ノ調査ニ就テハ、當事者ニ協力ヲ要求スルコトヲ得、即チ當事者ニ說明セシムルコトヲ得ルモノナリ。然レトモ之レカ爲メニ法規ノ適用カ一ニ當事者ノ證明ニ左右セラルルニ非ス、裁判官ハ此證明以外ノ方法ニ依リテ得タル智識ニ依リテ判斷スルコトヲ得。即チ此場合ノ當事者ノ證明ハ法規證明 Rchtssatzbeweis ナルヲ以テ事實證明 Thatsachenbeweis ノ原則ニ依ル可ラサルナリ、從ヒテ外國法及地方特別法ノ援用ハ訴訟ノ如何ナル程度ニ於テモ之ヲ爲スコトヲ得」ト。Regelsberger, Pandekten, I, S. 133.

ぎるけ曰ク外國法ハ內國法ト同シク法ナリ。故ニ內國裁判所ハ苟クモ外國法ニ從フ關係ヲ判斷スルニ當テヤ、直チニ之ヲ適用セサル可ラス、之レ方今國際私法ノ根本原則ナリ。即チ外國法適用ノ內因ハ各國カ自己固有ノ法的任務トシテ遵奉スヘキ正義ノ命令ニ在リテ、彼ノ今日猶ホ全ク滅亡セサル舊主義ノ唱フルカ如キ國家相互ノ單純ナル禮讓ニ在ラサルナリ。苟クモ外國法ヲ適用スヘキ場合ニ於テハ外國法ハ原則トシテ適用セラルルモノニシテ往々學者ノ信スルカ如ク原則ニ對スル例外トシテ適用セラルルニ非サルナリ。殊ニ內國法ノ專一適用ヲ推定スル說ハ排斥セサル可ラスト。Gierke, Deutsches Privatrecht, I. S. 212

まいりー曰ク、正論ニ從ヘハ、外國私法ハ其ノ私法タル性質ヲ喪フコトナシ。故ニ或ル法律關係カ私法衝突規定又ハ國際私法ノ原理ニ依リ外國私法ニ從フヘキトキハ、裁判所ハ職權上之ヲ適用セサル可ラス。外國法ハ其ノ內國ニ適用セラルルカ爲メニ突然其ノ性質ヲ變シテ事實トナラサル可ラサル理由毫モ存セサルナリト。まいりー國際民事訴訟法一三九頁

のいぺつかー曰ク、單ニ內國法ノミナラス外國法モ亦法ナリ。之レ實ニぎるけノ言ヘルカ如ク根本原則タリ。此原則ハ國際承認ニ依リ又自ラ國際法ノ一原則ヲ爲ス。而シテ此承認ハ關係者全部ノ承認ナリ。即チ單ニ各國家、各立法者、各法規ノ承認ニ非スシテ全人類ノ承認ナリ。此承認ノ主體ハ文明共同團體ニ屬スル人民ノ總意ナリ。近世ノ國際習慣法ハ國際生活ニ與レル人民ニ依リテ産出セラレタルモノナリ。之レ吾人ノ今日ノ法ナリ、近世人類共同團體ノ法ナリ、過去ノ如何ハ問フヲ要セス。各立法者ハ固ヨリ外國法ノ適用ヲ全ク禁スルコトヲ得、中略、然レトモ立法者カ何ヲ爲シ能フカハ爰ニ問題ニ非ス、問題ハ現狀如何ニ在リ。而シテ外國法ハ現ニ法トシテ存在スルモノナリ。之ニ依リテ觀レハ國家カ外國法ヲ承認スルハ何等格段ノ事ニ非ス、國家カ其ノ國內ノ習慣法ヲ承認スルト異ナラス。之レ現今ノ觀察法ニ依レハ當然自明ノ事ニ屬ス。之レ實ニぎるけノ言フカ如ク法ノ本質ヨリ又法、法的觀念、正義ノ奉仕者タル國家ノ任務ヨリ當然生スル結果タリ」ト Neubecker, 前揭一四頁

すぴやー曰ク、近世ノ國際法ニ於テハ一國カ他ノ國家ヲ國家トシテ、又從ヒテ之ヲ一國民ノ法的組織トシテ、又法律共同團體トシテ承認シ、且ツ其ノ法規ヲ內國法ト同シク眞ノ法律トシテ承認スルコトハ更ラニ說明ヲ要セス。而シテ既ニ外國法カ國際法ニ依リ到ル處法律トシテ承認セラルヘキモノトセハ、原則トシテ內外法間ニ區別ヲ認ム可カラス。二者倶ニ國家カ其ノ統治區域內ニ設ケタル國家ノ規則ナリト。Spier 前揭四二〇、四二一頁

以上揭クル數家ノ所說ハ唯其ノ行文ノ一部又ハ一句ニ付テ觀ルトキハ、或ハ內外法律ヲ混同視シタルカ如ク解セ

ラルル處ナシトセス。然レトモ此等ハ皆ナ外國法ヲ全ク事實ト同一視セサルヘキコト、又ハ外國法ヲ適用スルハ單ニ國際禮讓ニ基ツクニ非スシテ國家ノ義務トシテ之ヲ爲スモノナルコトヲ指摘セントシタルモノナリ。

外國法變質說ノ妄

國際私法ノ本質ニ付キ國內法主義ヲ採ル者ハ外國法適用ノ根據ヲ單ニ國內法ノ明示又ハ暗默ノ規定ニ置カントスルハ既ニ述ヘタルカ如シ。然ルニ同シク外國法適用ノ根據ヲ國內法ニ置クモノニシテ更ラニ少シク異ナレル說ヲ爲ス者アリテ曰ク國內ニ適用ヲ認メラレタル外國法ハ外國法ニ非スシテ內國法ナリ、故ニ裁判所ハ當然職權ヲ以テ之レヲ調査適用スヘキモノナリト。此ノ說ハ衝突規則ノ本質論ト關聯シテ特ニ注意スルノ必要アリ。卽チほわるとん曰ク「外國法カ或ル事件ヲ拘束スルトキハ之レニ依リテ外國法ハ我普通法ノ一部トナル」ト（Wharton, Conflict of laws, p. 6.）わいす曰ク「外國法ノ規定ハ其ノ適用カ佛國裁判所ニ一任セラルルトキハ之レニ依リテ或ハ佛國法化セラレタルモノナリト云フコトヲ得ヘシ」ト（Weiss, III. p. 197.）ろーらん曰ク「立法者カ外國法ノ適用ヲ認ムルハ、言ハハ、外國法ヲ自國法ト爲シ、而シテ自己領土內ニ自國法ノ效力ヲ附與スルモノナリ」ト（Rolin, I. p. 788.）くらいん曰ク「獨逸民法施行法第七條乃至第三一條(衝突規則)ハ獨逸法ノ適用ヲ排斥ス。然レトモ外國法ハ外國法トシテ此ノ如キ效力ヲ有スル能ハサルハ勿論ナリ。外國法ハ內國裁判所ニ對シテ命令ヲ發スルコトヲ得ス、內國裁判所ヲ拘束スルコトヲ得ス。唯外國法ハ內國法トシテ初メテ之レヲ爲スコトヲ得ヘシ。之レニ依リテ觀レハ外國法ハ獨逸國際私法ノ規定ニ依リ獨逸ニ適用セラルルニ當リ、其ノ外國法タル性質ヲ喪失シ獨逸法タル性質ヲ獲得シタルモノト爲ササル可ラス。然レトモ如何ニシテ此ノ如キ經過ヲ生スヘキカト云フニ、我國カ我國際私法規定ニ依リテ我裁判所ニ對シ或ル法律關係ニ付テハ外國法ニ從フヘシト命シ、此外國法ニ我國法ノ效力ヲ附與スルトキハ、之レニ依リテ國家ハ外國法ヲ內國法ニ採用シタルモノナリ。故ニ國際私法規定ハ立法行爲ノ一部ヲ爲スモノナリ」ト。Klein, Die Revisibilität des intern. Privatr. (Z. f. intern. privatr. XIII S. 363, 364.) 猶ホ Pillet p. 85. モ同論。此等ノ說ハ皆內國ニ於テ適用セラルヘキ外國法ハ內國法ニ變質セルモノト爲スナリ。而シテ此ノ變質說ハ我國ニ於テハ山口博士ニ依リテ唱ヘラル。氏曰ク「國際私法上適用セラルヘキ外國法ハ實質上ノ外國法ニ非ス、否ラサレハ主權ノ性質ニ牴觸スヘシ、然レトモ事實ニモ非ス、內國法タル國際私法カ外國法ノ適用ヲ命スル瞬間ニ於テ、其外國法ハ變シテ內國法ト爲リタルモノニシテ、唯其形カ外國法ナルノミ」ト（山口博士日本國際私法論分冊一、五八頁）余輩ハ此ノ變質說ニ贊成スルコト能ハス。抑モ國際私法ノ任務ハ私法ノ管轄區域ヲ定ムルモノニシテ、自ラ直接ニ私法事項ヲ定ムルモノニ非サルコトヲ認ムル學者ニシテ此ノ變質說ヲ唱フルハ全ク自家撞着ノ論ヲ爲スモノナリ。ろーらん、わいす等固ヨリ然リ。（本書四三頁諸家ノ定義參照）猶ホくらいんノ如キモ適用法（Anwendungsnormen 卽チ國內國際私法）ハ各國立法ノ管轄ヲ定ムル規定 Zuständigkeitsbestimmung für die Gesetzgebung des einzelnen Staates ナルコトヲ認ムルニ拘ラス、適用法ハ私法ニ關スル立法行爲ノ一部ヲ爲スト言ヘルハ、明カニ國際私法タル適用法ト實質私法 Sachnorm トヲ混同セルモノナリ。（ろーす、氏ノ說ヲ評シテ曰ク「氏ハ其ノ故意ニ出ツルカ不注意ニ因ルカヲ知ラスト雖モちーてるまんノ所謂眞ノ衝突規則ト實質法的指定規定トヲ同一視シタルモノナリ」ト Rohs, Zur Revisibilität des intern. Privatrechts. (Z. f. intern. Privatr. XIV S. 59; Zitelmann, I. S. 257 ff. 參照）然レトモ元來衝突法又ハ適用法ト實質法トノ區別ヲ認メサル學說ニ對シテハ上述ノ非難ハ當ラサルコト勿論ナリ。例之山口博士ノ如ク事項規定(實質法)及衝突規定(衝突法又ハ適用法)ハ形式上ノ區別ニ過キスシテ衝突規定ハ畢竟事項規定ナリト爲ス説(日本國際私法論分册一、二四頁)ニ對シテハ如上ノ評論ハ無意義ナリ。然ルニ余輩ハ此ノ根本論ニ於テ博士ト見解ヲ異ニシ、所謂衝突法ハ實質法的指定規定ニ非スト爲ス者ニシテ其ノ詳細ハ緒論ニ於テ述ヘタルカ如シ。(本書八九頁以下參照)

要之國際私法上適用セラルヘキ外國法ハ事實ニ非ス。裁判所ハ職權ヲ以テ外國法ヲ調査適用スヘキモノナリ。而シテ何カ故ニ然ルカト云フニ、外國法カ內國法ニ變質シタルカ爲メニ非ス。外國法ハ依然外國法ニシテ內國裁判所ヲ拘束スルノ力ナシ、之レヲ拘束スルモノハ國內國際私法並ニ其ノ欠缺セル場合ニ補充的ニ適用セラルヘキ一般國際私法ノ原則又ハ國際私法上ノ理法タリ。而シテ外國法ノ規定ハ此等ノ原則又ハ理法ニ依リテ法律問題解決ノ事實上ノ標準ト爲ルモノナリ。

緒論

裁判所ハ外國法ヲ知ルノ責アリ

第二節　外國法ノ調査

裁判所ハ其職權上適用スヘキ法律ヲ知ルノ責任アリ。而シテ外國法モ亦裁判所カ國際私法ノ原則ニ依リ職權上適用スヘキ法律ナルヲ以テ裁判所ハ勿論之ヲ知ラサル可ラス。猶ホ此ノ外國法ハ其ノ外國ニ於ケル法律トシテ、之ヲ知ルノ責アリ。即チ裁判所ハ眞ノ外國法ヲ知ラサル可ラス。故ニ裁判所ハ當該外國ノ法律組織ノ全般ヲ研究シ、而シテ實際事實ニ適用セラルヘキ法律規定ヲ明カニセサル可ラス。從ヒテ成文法ト不文法トヲ問ハス、抑モ或ル規則カ當該外國ニ於テ法トシテ有效ニ成立シ、且ツ現ニ行ハルルカ否カ、又新舊法律ノ適用關係如何ノ根本問題ハ勿論、何カ法規ノ正當ナル解釋ナルカ等ノ問題ハ悉ク當該外國ニ於テ判斷セラルルト全ク同樣ニ決定セサル可ラス。故ニ學者往々ニシテ曰ク、裁判官カ外國法ヲ適用スルニ當リテヤ、恰モ自ラ當該外國裁判官タルカ如ク行動スヘキモノナリト

Habicht, Intern. Privatr. S. 44; Zitelmann, I. S. 286, 287

外國法ヲ知ル手段

然ラハ裁判所ハ如何ニシテ外國法ヲ知ルカト云フニ、實際ニ於テハ、或ハ自ラ外國法典、判決例及ヒ學者ノ著述等ニ就キ之ヲ知ルヲ得ヘシ、又或ハ學者ノ鑑定ニ依ルコトヲ得ヘシ。然ルニ假令此等ノ手段ニ依ルモ世界各國ノ法律ヲ知悉スルハ容易ノ業ニ非ス。是ニ於テカ各國法制往々當事者ヲシテ外國法ヲ證明セシム。我民事訴訟法二一九條モ亦外國ノ現行法ハ我地方慣習法商慣習等ト同シク、當事者ニ於テ之ヲ證明スヘキモノトセリ。然レトモ前既ニ述ヘタルカ如ク、此證明ハ法律證明ニシテ事實證明ニアラス。此證明ハ唯裁判官ノ外國法調査ノ職務執行ヲ容易ナラシメンカ為メニ認メラレタルモノナリ。從ヒテ裁判所ハ當事者ノ證明ノ有無ニ拘ラス、職權ヲ以テ必要ナル調査ヲ為スコトヲ得ルハ勿論ニシテ、前掲條文ニモ既ニ之ヲ明言セリ。從ヒテ又裁判所ハ當事者ノ證明ニ依リテ何等制限拘束ヲ受クルコトナク、自己ノ職權調査ノ結果ニ基ツキ外國法ノ内容ヲ判斷スルコトヲ得(註)。猶ホ裁判所ハ單ニ職權調査ノ權能ヲ喪ハサルノミナラス、其ノ義務ヲ免ルルコトナキモ固ヨリナリ。而シテ當事者モ亦必シモ常ニ此證明ヲ爲サヽル可ラサルニ非ス。又一旦爲シタル證明ニ拘束セラルルコトナシ。例之第一審ニ於テ爲シタル外國法ニ關スル自白ト雖モ、第二審ニ於テ之ヲ覆ヘスコトヲ得。要スルニ外國法ノ證明ハ事實證明ニ非サルカ故ニ、事實證明ニ關スル規則ハ外國法證明ニハ一切適用ナシト云ハサル可ラス。唯或ル場合ニ於テ當事者カ此證明ヲ爲サヽルトキハ自ラ不利益ナル結果ヲ被ムルコトアルノミ F. Stein, Civilprocess-ordnung, I, S. 727, 728; Zitelmann, I, S. 288; Regelsberger, Pandekten, I, S. 13.

【註】獨逸民事訴訟法二九三條、墺地利民事訴訟法二七一條等ハ外國法ハ裁判所ニ知レサル場合ニ於テノミ、當事者之ヲ證明スヘキモノナリト爲シ、且ツ裁判所ハ當事者ノ證明ニ拘束セラルルコトナキヲ明言セリ。

外國法ノ證明ハ常ニ法律問題ナリ

學者或ハ本問ニ就テハ次ノ二場合ヲ區別スヘキモノト爲シ(一)若シ外國法カ明示ノ衝突規定又ハ國際私法ノ原理ニ依リ或ル法律關係ニ適用セラルヘキモノナルトキハ、之レ私法ノ適用問題ナリ。(二)若シ又外國法カ當事者ノ任意服從ニ依リテ適用セラルヘキモノナルトキハ、之レ當事者ノ契約上ノ合意ニ依ルモノナルカ故ニ、事實問題ナリト論スル者アリ Meili, Das.

intern. Civilprozess-recht S. 144. 然レトモ此議論ハ理由ナシト言ハサル可ラス。抑モ本問ハ裁判所カ適用スヘキ外國法ノ證明問題ナリ。卽チ裁判所カ適用スヘキ義務アル外國法ノミニ關スル問題ナリ。假令當事者ノ任意服從ニ依ルト雖モ、國內國際私法ノ明示ノ規定又ハ國際私法ノ原理ニ依リ、裁判所ニ適用ノ義務ナキ外國法ハ問題トナラサルナリ。論者カ事實問題ナリトセル第二ノ場合ハ如何ナル場合ヲ想像シタルモノナルカ。若シ爰ニ言ヘルカ如キ、裁判所ニ適用ノ義務ナキ外國法ヲ豫見シタルモノナリトセハ、是レ問題ヲ誤リタルモノナリ。若シ又今日國際債權法上廣ク認メラルルカ如ク、債權法上ノ法律行爲ハ當事者ノ任意ニ服從セル法律ニ從フト云フ原則ニ依リ、裁判所カ適用スヘキ外國法ヲ豫見シタルモノナリトセハ、此外國法ハ論者ノ區別ノ第一ノ外國法ニ當然屬スヘキモノナリ。要スルニ裁判所カ適用スヘキ外國法ノ證明ハ如何ナル場合ニ於テモ法律問題ニシテ事實問題ニ非スト云ハサル可ラサルナリ。

上述ノ如クナルヲ以テ、國際私法上適用スヘキ外國法ハ裁判所カ職權

外國法ノ知レサル場合

內國法適用主義

外國法ニ基ツク主張却下主義

上調査スヘキハ勿論、當事者モ亦之ヲ證明スルノ責アリ。然ルニ若シ裁判所ノ調査モ功ヲ奏セス、當事者モ亦證明セサリシトキハ、裁判所ハ如何ナル決定ヲナスヘキモノナルカ。此問題ニ就テハ學者ノ意見一致セス。從來比較的廣ク行ハルル說又英、米、獨、佛等ノ判決例ニモ認メラレタル主義ニ依レハ、斯カル場合ニハ裁判所ハ內國法律ヲ適用シテ判決スヘキモノナリトス(註一)。此ノ方法ハ極メテ簡便ナル解決方法ナリト云フヲ得ヘシ。然レトモ其ノ理論上ノ根據果シテ如何。學者ノ之レニ明答ヲ與フル者甚タ稀ナリ。或ハ曰ク凡ソ法律規則ノ大部分ハ事物自然ノ性質ニ適合セル規定ヲ包含スルモノナルヲ以テ、今日文明ノ程度ヲ同シフスル諸國ニ於テハ概ネ其ノ法規ハ互ニ相符合スルモノナリ。故ニ當事者ノ主張ニシテ、內國法ニ從ヘハ理由アルモノニシテ、而カモ外國法ノ主張證明ナキトキハ、外國法ハ此ノ點ニ就テ內國法ニ符合スルモノト推定シテ、內國法ニ從ヒ判決スヘキモノナリト Bar, I. S. 136. 然ルニ此ノ說ニ對シテハ次ノ如キ反對論アリ。曰ク裁判所カ總テノ調査方法ニ依リテ、外國法カ內國法ト一致スルノ確信ヲ得タルトキハ、是レ裁判所ハ既ニ外國法ヲ知ルモノニシテ、本問所謂裁判所カ外國法ヲ知ラサル場合ニアラス。若シ又裁判所カ此ノ如キ確信ヲ得サリシニモ拘ラス、內國法ヲ適用ストセハ、是レ本來外國法ノ適用ヲ命シタル內國國際私法ニ明カニ違反スルモノト云ハサル可ラス。故ニ正當ナル解決トシテハ、本問ノ場合ニ於テハ當事者カ恰モ訴訟上攻擊防禦ノ事實ヲ證明セサリシ場合ト同一ニ決定シ、原告ノ訴タルト被告ノ抗辯タルトヲ問ハス、之ヲ却下スヘキモノナリト Zitelmann, I, S. 289.（註二）。余輩ハ此ノ後說ヲ以テ正鵠ヲ得タルモノナリト信ス。然ルニ一派ノ學者ハ此ノ說ニ對シ、更ラニ說ヲ爲シテ曰ク、此ノ主義ハ理論上正當ナリト言フコトヲ得ト雖モ、實際ニ於テハ裁判拒絕ト同樣ノ結果ヲ生シ、國際法律交通ノ安全ヲ害ス。故ニ本問ノ如キ場合ニ就テハ、寧ロ法律ヲ以テ明カニ外國法ハ內國法ニ一致ストノ推定ヲ認ムヘキモノナリト Niemeyer, Vorschläge und Materialien zur Kodifikation des internationalen Privatrechts, S. 77; Walker, S. 210.。然レトモ此ノ非難ノ當ラサルハ既ニちーてるまんノ明カニシタルカ如シ。卽チ訴又ハ抗辯ノ却下ハ裁判ノ拒絶ニ非ス。自ラ一ノ裁判ナリ。原告カ請求ノ原因タル事實ヲ證明セサル場合、又被告カ防禦事實ヲ證明セサル場合ニ於ケル裁判ト毫モ異ナル所ナシ。實ニ當事者ハ外國法ヲ證明シテ裁判所ニ知ラシムルノ責任アリ。然ルニ自ラ此ノ義務ヲ怠リタルトキハ、恰モ請求ノ原因タル事實ヲ證明セサル場合、又ハ防禦事實ヲ證明セサル場合ト同シク、其ノ不利益ナル結果ハ當事者自ラ之レヲ甘受スルノ外ナシト云ハサル可ラス。

Zitelmann, I, S. 290.

猶ホ法律ヲ以テ明カニ內外法符合ノ推定ヲ認ムヘシトスル說ハ斷然排斥セサル可ラス。何トナレハ此ノ推定ハ全ク事實ニ反スレハナリ。今日如何ニ文明ノ程度ヲ同シフスル國家間ニ於テモ決シテ法規ノ符合統一ヲ見ルコト無シ。各國固有ノ人情風俗又社會道德ノ觀念ニ基ツク法律、卽チ人事、親族、相續等ニ關スル法律ニ在リテハ、各國法規ノ甚シク相異セルハ、更ラニ言フヲ俟タス。猶ホ根本ニ於テハ世界的性質ヲ有スル財產取引ニ關スル法規、從ヒテ最モ共通ノ規定ヲ有シ得ヘキ債權法ノ範圍ニ於テモ、各國法規ノ區々一定セサルハ吾人ノ實見スル所タリ。故ニ如上ノ推定ハ全ク事實ヲ無視セル妄斷ナリト言ハサル可ラス。次ニ又一旦國法ヲ以テ此ノ如キ推定ヲ認ムルトキハ、當事者ニ於テ外國法ノ證明ヲ爲サヽル場合ハ、裁判所ハ勢ヒ、外國法調査ノ繁ヲ避ケ、內國法適用ノ易キニ就キ、其ノ結果本來外國法ニ從フヘキモノナリト爲シタル內國國際私法ノ精神ハ爰ニ全ク沒却セラルルニ至ルヘシ。此點ヨリ觀ルモ斯ノ如キ立法主義ハ絕對ニ排斥セサル可ラサルナリ。猶ホ此ノ內國法ノ適用ヲ以テ已ムヲ得サル最後手段ナリト爲ス者アリ。例ヘハのいまんノ如キ曰ク、適用スヘキ外國法ノ內容ガ裁判所ニモ不明ニシテ當事者モ證明セサリシトキト雖モ、裁判所ハ猶ホ何等カノ判決ヲ與ヘサル可ラサル義務アリ。從ヒテ避ク可ラサル緊急救濟手段トシテ、外國法ハ內國法ニ違フコトナシトノ推定ヲ爲サヽル可ラスト。(Neumann, S. 55.) へるだーモ亦殆ト同樣ノ議論ヲ爲ス。即チ曰ク、適用スヘキ外國法ノ內容不明ナランカ、裁判所ハ勿論之ヲ適用スルニ由ナシ。而カモ裁判所ハ裁判ヲ爲サヽル可ラス。而シテ裁判所ハ一定ノ法律ヲ適用セスシテ裁判ヲ爲スコト能ハサルカ故ニ、結局裁判所ハ自國法ヲ適用スルノ外ナシト—— Hölder, Die subsidiäre Geltung der lex fori, in Z. f. intern. privat-u. öffentl. R., Bd. XIX., S. 202. 然レトモ此カル理由ノ採用スルニ足ラサルハ明カナリ。外國法ノ内容ノ不明ハ外國法ノ不存在ニ非ス。従ヒテ内國法ノ適用ヲ以テ外國法不明ノ必然ノ結果ナリト斷スルヲ得ス(註三)。況哉外國法證明ニ付テ有スル當事者ノ責任ニ基ツキ。上述ノ如ク裁判所ニ適當ナル解決ヲ為シ得ル途アルニ於テヲヤ。若シ又内國法適用ハ原則ニシテ外國法適用ハ例外ナリ、故ニ本問ノ如キ場合ニ於テハ、原則タル内國法適用ヲ為スヘキモノナリト論スル者アラハ、是亦當ヲ得スト言ハサル可ラス。國際私法上——換言スレハ、渉外的法律關係ニ就テハ——外國法適用モ一ノ原則ナリ、内國法適用モ一ノ原則ナリ、一カ原則ニシテ、他カ例外ナリト言フヲ得サルナリ(註四)。

【註四】 ばーる前掲、一巻、一三四、一三五頁。Westlake, Private international law, 5th ed., p. 424, § 353. ほわるとん前掲、七七九節。わいす前掲、三巻、一八八、一八九頁。Neumann, Internationales Privatrecht, Gesetzentwurf § 7. Niedner, Einführungsgesetz, S. 19. 猶ホもんてねぐろ財産法(一八八八年)第七條ハ左ノ如ク規定ス。

前條ノ規定ニ依リ、外國法ヲ適用スベキ場合ト雖モ、もんてねぐろ裁判所ハ條約又ハもんてねぐろノ强行法ノ明示ノ規定ニ依リ適用スヘキ外國法ニ限リ、職務上調査スヘキモノトス。

其ノ他ノ外國法ノ內容ニ付キ疑ヲ生シタルトキハ、當事者ガ其ノ外國法ハ內國法ト相異スルコト及ヒ其ノ外國法ノ內容ヲ證明セサル限リハ、裁判所ハ該外國法ハもんてねぐろ法ニ一致スト推定スヘキモノトス。

此レニ由リテ看レハ此ノ法律ノ內外法符合推定ハ、一般的ノモノニ非サルハ明カナリ。

【註二】 Habicht, S. 45; Stein, S. 7?8; Plank, Bürgerliches Gesetzbuch, Bd VI, erste u. zweite Aufl., S. 25; Kuhlenbeck, Einführungsgesetz, S. 31. 等亦同說ナリ。但シぷらんくハ內外法符合說ノ正義ニ適フコトヲ認ムト雖モ、凡ソ權利ハ法律ノ認容ニ依リテ初メテ成立スルモノナルカ故ニ、特別ノ法律規定ナキ限リハ、却下說ヲ以テ合理的ナリトセリ。

【註三】 余輩嘗テ本問ニ關シテ言ヘルアリ。外國法ノ內容ヲ知ル能ハサル場合ヲ以テ、外國法ノ存在セサル場合ニ擬スル者アラハ誤ナリ。法文ヲ缺クモ法ナシト言フコトヲ得スト。(京法、四卷、一〇號、四七頁)近時のいべつかーノ說ク所モ之レト趣旨ヲ同フス。卽チ曰ク、證明セラレサリシ法律規定ハ卽チ存在セサルモノナリ。然レトモ此ノ欠缺ハ決シテ國內法ヲ以テ補充ス可ラス。元來法卽チ制法ハ組織セラレタル一體ト看做スヘキモノナリ。故ニ恣ママニ內國法ヲ外國組織體中ニ嵌入スルコト能ハサルナリト。Neubecker, S, 35.

【註四】 京法、四卷、一〇號、四八頁、拙文。山口博士、日本國私法、分冊一、七七頁。Gierke, I., S. 212. のいべつかーモ亦曰ク『普通ノ場合ニ於テハ、裁判官ハ自國實體法ヲ適用セサルヘキ何等ノ原由ナシ。此ノ意味ニ於テ、或ハ言フコトヲ得ヘシ、「疑アルトキハ裁判官ハ自國法ヲ適用スヘキモノナリ」ト。然リ、然リト雖モ、單ニ此ノ意味ニ於テノミ、之レヲ言フヲ得ルモノニシテ、若シ國際問題ニ就テモ、疑アルトキハ內國法ヲ適用スヘシト言ハンカ、是レ誤ナリ』ト。然レトモ余輩ハ猶ホ一歩ヲ進メテ言ハントス。國內法關係ニ於テハ常ニ國內法ヲ適用スヘキモノニシテ、何等疑ノ生スヘキ場合ナシ。疑ノ生スルハ單ニ國際問題卽チ所謂涉外的私法關係ニ就テナリ。故ニ疑アルトキハ內國法ヲ適用スヘシト言フハ、常ニ誤ナリト。

外國衝突規則ノ調査證明

以上外國法ノ調査證明ニ付テ述ヘタル所ハ專ラ外國ノ實質法ヲ豫見シタルモノナリ。然レトモ外國ノ衝突規則ニ付テモ亦全ク同樣ニ論セサル可ラス。國際私法上適用スヘキ外國法ハ常ニ外國ノ實質法ノミナラス、其ノ國ノ國際私法ヲモ包含スルモノナリトスル主義、卽チ所謂外國法總括指定主義ヲ採用セル國ニ於テハ、勿論裁判所ハ苟クモ外國法ヲ適用スヘキ場合ニハ常ニ其ノ外國ノ衝突規則ヲモ職權上調査シ以テ法律關係ニ適用セラルヘキ實質法ヲ定メサル可ラス(註)。猶ホ此ノ如キ總括指定主義ヲ採用セサル國ニ於テモ、或ル場合ニ所謂反致又ハ再致ヲ認ムルトキハ裁判所ハ同シク斯カル場合ニ外國衝突規則ヲ調査シ、以テ事實ニ適用セラルヘキ實質法ヲ定メサル可ラス。例ヘバ我法例第二九條ハ本國法ノ反致ヲ認メタルカ故ニ、同第三條以下ノ規定ニ依リ當事者ノ本國法ニ依ルヘキ場合ハ裁判所ハ常ニ當事者ノ本國ノ衝突規則ヲ調査シ、其ノ果シテ日本法律ニ反致セルヤ否ヤヲ判斷セサル可ラス。而シテ當事者モ亦此ノ本國衝突規則ト我法例第二九條トニ依リ、日本法律ノ適用ヲ主張セントスルトキハ、此ノ本國衝突規則ノ內容ヲ證明セサル可ラス。此ノ關係ニ於テハ外國衝突規則ハ其ノ實質法ト異ナルナシ。從ヒテ外國衝突規則ノ內容カ裁判所ニモ知ラレス、又當事者モ之ヲ證明セサリシトキハ、前ニ述ヘタル外國實質法不明ノ場合ト同樣ノ決定ヲ爲スヘキモノナリ。卽チ裁判所ハ當事者ノ本國衝突規則ニ基ツク日本法律適用ノ主張ヲ却下セサル可ラス。例ヘハ死亡ノ當時日本ニ住所ヲ有シタル外國人ノ相續ニ關シ、當事者ノ一方ハ右外國人ノ本國法ニ依ルヘキモノナルコトヲ主張シ、反對當事者ハ右外國人ノ本國衝突規則ニ從ヒ死者ノ最後ノ住所地法タル日本法律ノ適用ヲ主張シタル場合ニ、此ノ本國衝突規則ノ內容カ終ニ不明ナリシトキハ、裁判所ハ此ノ日本法律適用ノ主張ヲ却下シ、單ニ法例第二五條ニ依リ右外國人ノ本國ノ相續法ヲ適用スヘキモノナリ

Habicht, S. 45.

【註】 内國法カ或ル外國法ニ依ルヘシト指定シタルトキハ、其ノ指定ハ單ニ外國ノ實質法ノミナラス、其ノ國際私法ヲモ含ムモノナリト解スヘキトキハ此指定ヲ學者或ハ外國法ノ總括指定 Gesamtverweisung ト名ツク。獨逸帝國裁判所ハ一九一二年二月一五日ノ判決ニ於テ苟クモ獨逸裁判官カ外國法ヲ適用スヘキトキハ、此ノ外國法ノ全部、即チ其ノ實質法及ヒ衝突規定ヲ倶ニ適用スヘキモノナルコト更ラニ疑ナシト判示セリ。而シテ獨逸學者中又國際私法ト實質法トハ一體不可分ノモノナリト爲シ、「内國國際私法ガ特ニ外國實質法ノミヲ指定スル旨ヲ明言セサル限リハ、外國法ノ指定ハ當然外國法ノ總括指定ト解スヘキモノナリ。從ヒテ獨逸民法施行法第二七條ハ唯當事者ノ本國法ノ反致ヲ認ムルコトノミヲ規定シテ、再致ニ付デハ明言セスト雖モ、再致モ當然認ムベク、且ツ再致ノ結果獨逸法ニ反致セルトキハ、勿論此ノ反致ヲ認ムヘク、猶ホ再致ノ結果、第一ニ指定セラレタル外國法ニ反致セラレタルトキト雖モ、一般ニハ之ヲ認ムヘキモノナリ」ト主張スル者例之にんねくちにるすノ如キ――ナキニ非スト雖トモ、余輩ハ獨逸民法施行法中ノ國際私法ノ解釋トシテモ、此ノ如キハ不當ノ解釋ト信ス。寧ロべーるカ上記獨逸帝國裁判所ノ判決評論ニ說ケルカ如ク、獨逸民法施行法ノ各條ニ定ムル外國法指定ハ總括指定ニ非ス、從ヒテ原則トシテ反致、再致ハ認ム可ラス。而シテ或ル場合ニ反致ヲ認メタル二七條ノ規定ハ例外規定ト認ムヘキモノナリ。故ニ再致ハ如何ナル場合ニ於テモ認ム可キモノニ非ス。又二七條ニ明カニ規定セラレタル場合以外ニ反致ヲ敷衍準用スルハ極メテ制限スヘキモノナリトスル解釋ヲ以テ妥當ナリト信ス。我法例ノ解釋トシテモ固ヨリ然リト云ハサル可カス。(京法、六卷、一一號、拙文、反致論ノ當否ヲ論シテ法例第二九條ノ適用範圍ニ及フ。 Beer, Die Verweisung. Festschrift f. Zitelmann (1913), Enneccerus, I, S. 142 ff.。 之レニ反シテ英米殊ニ英國ノ實際ハ所謂總括指定主義ヲ認ムルモノト言フヲ得ヘシ。即チ英國ハ若シ或ル事件カ外國法ニ從フヘキモノト認ムルトキハ、其ノ一切ノ決定ヲ該外國ノ法律ニ一任スルモノナリ。例ヘハ英法ニ依リ當事者ノ住所地法ニ從フペキトキハ、

英國裁判官ハ恰モ該住所地ノ裁判官カ判決スルカ如ク判決スヘキモノナリト爲スナリ (Westlake, p. 31-43; Dicey, p. 715-723 Potu, La question du Renvoi en droit intern. privè, p. 121-136.)。

猶ホ一般ニ反致、再致ニ就テハ後章「各國衝突規則ノ衝突」ニ於テ詳述スヘシ。

第三節　外國法適用違背

國際私法上外國法ヲ適用スヘキトキハ、裁判所ハ職權ヲ以テ其ノ外國法ノ成立、內容及ヒ解釋等ハ總テ當該外國ニ於テ決定セラルガ如ク決定スヘキモノナルコト、前既ニ說明シタルカ如シ。然ラハ裁判所カ此ノ外國法ヲ適用スルニ際シ過誤アリタルトキハ、如何ナル結果ヲ生スヘキカ。換言スレハ、裁判所カ外國法ヲ適用スヘキニモ拘ラス、內國法ヲ適用シ又ハ甲外國法ヲ適用スヘキニ乙外國法ヲ適用シタル場合ニ、其ノ判決ニ對シ上告ヲ爲シ得ルヤ。猶ホ適用スヘキ外國法ヲ誤解シテ之レヲ不當ニ適用シタルトキハ如何。要スルニ、外國法適用ニ關シ、裁判所ニ法ノ違背行爲アリト認ムヘキ場合如何、以下此ノ點ニ付テ述ヘントス。

本問ニ付テハ先ツ以テ、問題自身ヲ正確ニ言ヒ表ハスコト必要ナリ。從來ノ學者或ハ外國法ノ違背 Verletzung ausländischer Gesetze ハ上告ノ理由トナルヤ否ヤ、又或ハ外國法ハ最高裁判所ニ於テ覆審セラルヘキモノナルヤ否ヤ Ist das ausländische Recht revisibil?（註一）トノ問ヲ掲ケテ研究スル者アリ。然レトモ此ノ問ハ正確ニ非ス。何トナレハ外國法ハ內國裁判所ヲ拘束スルノ力ナク、從ヒテ內國裁判所ハ外國法ニ違背スルコト能ハサレハナリ。故ニ外國法違背ト云フコトハ全ク無意義ナリ、從ヒテ外國法ハ最高裁判所ニ於テ覆審セラルヘキモノナルカ否カト云フコトモ同シク意義ヲ有セサルナリ。本問ハ寧ロ外國法適用ニ就キ、內國法違背アリヤ否ヤノ問題ナリ。詳言スレハ外國法ノ適用ヲ命セル國內國際私法ノ違背アリヤ否ヤノ問題ナリ。（註二）此ノ如ク問題ヲ正確ニ掲クルトキハ、之レニ對スル答案モ亦甚タ簡單ニ且正確ニ與フルコトヲ得ヘシ。卽チ國內國際私法ハ言フマテモナク、內國法律ナリ。故ニ若シ裁判所カ其ノ明示又ハ默示ノ命令ニ違背シテ內外法ノ適用ニ錯誤ヲ生シタルトキハ、勿論內國法律ノ違背アリト言ハサル可ラス。然ラハ實際果シテ如何ナル場合ニ、國際私法ノ違背アリト言フコトヲ得ルカ。換言スレハ如何ナル場合ニ內外法ノ適用ニ、錯誤アリト言フコトヲ得ルカ。

【註一】例之 Scherer, Einführungsgesetz S. 67. ノ如シ。又同シク Revisibilität des ausländischen Rechts ナル語ヲ用フル者アリ。すぴやーノ如キ卽チ然リ。本問題ヲ正確ニ解釋セル氏ニシテ猶論題トシテ此ノ如キ文字ヲ用キタルハ不用意ノ憾アリ。

【註二】後ニ本文ニ於テ述フルカ如ク、本問解決ノ理由說明ニ於テ、少シク正鵠ヲ失ヘルくらいんカ却テ其ノ論題トシテ正確ニ Revisibilität des internationalen Privatrechts ナル文字ヲ選ヒタルハ聊カ奇ナリトセサル可ラス。

外國法自身ニ關スル錯誤

外國法適用ニ關シ、裁判所ニ錯誤アリヤ否ヤノ問題ヲ惹起シ得ヘキ場合ニ付テハ、前既ニ一言シタルカ如シト雖モ、要スルニ錯誤カ適用スヘキ外國法自身ニ關スル場合ト、外國法ノ規定ノ解釋ニ關スル場合トニ分ツコトヲ得ヘシ。而シテ第一ノ場合ハ、實際ニ於テハ、更ラニ次ノ諸種ノ場合ヲ包含ス。

一、裁判所カ國際私法ノ原則ニ依リ、外國法ヲ適用スヘカリシニモ拘ラス、内國法ヲ適用シタルトキ。例之獨逸人ノ遺産相續ニ付テハ、其ノ本國法タル獨逸法ヲ適用スヘキニ（法例第二五條）裁判所カ日本法律ヲ適用シタルカ如シ。

二、裁判所カ同シク甲外國法ヲ適用スヘカリシニ、乙外國法ヲ適用シタルトキ。例之新舊二個ノ外國國籍ヲ有スル者ニ、本國法ヲ適用スヘキ場合ニハ、當事者カ新國籍ニ依リテ屬スル本國法ヲ適用スヘキニ（法例第二七條第一項）、裁判所ハ當事者カ舊國籍ニ依リテ屬スル本國法ヲ適用シタルカ如シ。又例之國內國際私法カ再致 Weiterverweisung ヲ認ムル場合即チ原則トシテハ、甲外國法ニ依ルヘシ、但シ此ノ甲國ノ國際私法カ乙外國法ニ依ルヘシト爲ストキハ、此ノ法律ニ依ルトセル場合ニ於テ、裁判所カ此ノ甲國國際私法ヲ全ク省慮セサリシカ、又ハ之ヲ誤解シタル爲メ、乙外國法ニ依ラスシテ、甲外國法ヲ適用シタルカ如シ。

三、國內國際私法カ原則トシテハ外國法ニ依ルヘシ、但シ其ノ外國ノ國際私法カ內國法ニ依ルヘシト爲ストキハ、內國法律ニ依ルトセル場合

外國ノ衝突規則ニ關スル錯誤ニ付テノ異說

（卽チ外國法ノ反致ヲ認ムル場合 Rückverweisung）ニ於テ、裁判所カ右外國國際私法ヲ全ク研究セサルカ、又ハ其ノ誤解ニ因リ、內國法ヲ適用スヘキニ拘ラス、外國法ヲ適用シタルトキ。又或ハ反對ニ反致ノ條件ヲ充タセルモノト誤解シテ內國法ヲ適用シタルトキ。

凡ソ此等ノ場合ニ於ケル裁判所ノ錯誤ニ因ル判決ハ上告ノ理由トナルヤ明カナリ。何トナレハ此等ノ判決ハ總テ明カニ國內國際私法ノ命令ニ違背シタルモノナレハナリ。國際私法ハ元來各國私法ノ管轄ヲ定ムル法則ナリ。而シテ各國ノ國內國際私法ハ此ノ法則ニ從ヒ、各國私法ノ適用ヲ命シタルモノナリ。此ノ命令ニ違背シテ外國法ノ適用ヲ誤リタル裁判ハ卽チ內國法律ニ違背シタルモノナリ。從ヒテ此ノ判決ハ最高裁判所ニ於テ破毀セラルヘキモノナリ。然ルニ學者或ハ上記二ノ再致ノ場合及ヒ三ノ場合ニ付テ、聊カ意見ヲ異ニスルアリ。卽チ國內國際私法カ外國法ノ反致又ハ再致ヲ認ムル場合ニ於テ、裁判所カ全ク國內國際私法ノ反致又ハ再致規定ヲ看過シテ外國ノ國際私法カ內國法ニ反致セサルカ又ハ第三國法ニ再致セサルカヲ全然吟味セサリシトキハ、裁判所ハ此ノ吟味ヲ命セル內國國際私法ニ違背シタルモノナルヲ以テ、其ノ裁判ハ上告ノ理由トナルヘシ。然ルニ若シ裁判所カ單ニ外國國際私法ノ內國法ニ依ルヘシトセル反致、又ハ第三國法ニ依ルヘシトセル再致ヲ認メサリシニ過キサルトキハ、之レ單ニ外國法ノ違背ニ止マルカ故ニ其ノ裁判ハ上告ノ理由トナラスト為ス者アリ(Zitelmann, I. S. 307, Anm. 121; Habicht, S. 46.)。然レトモ此ノ議論ノ採ル可ラサルヤ明カナリ。此ノ議論ニ依レハ裁判所ハ外國國際私法ヲ一應吟味シタルトキハ、裁判所ハ既ニ其ノ職責ヲ盡シタルモノニシテ、內國國際私法カ外國國際私法ノ如何ニ依リ內國法又ハ第三國法ヲ適用スヘシトセル命令ニ違反スルモ可ナリト言フニ歸着スルモノナリ。其ノ誤ナルヤ多辯ヲ要セス。外國國際私法ノ吟味ハ裁判所カ其ノ職責ヲ盡スノ必要手段タリ。然レトモ之レ畢竟手段ニ過キス。此ノ手段ニ依リテ外國國際私法ノ內容ヲ明カニシ、以テ內國實質法ヲ適用スヘキカ又ハ第三國實質法ヲ適用スヘキカヲ定メ而シテ之ヲ實行スルニ於テ初メテ其ノ職責ヲ盡スコトヲ得ルナリ。故ニ此ノ場合ニ外國國際私法ニ違背スルハ同時ニ內國國際私法ニ違背スルモノナリ。

外國法變質說ノ論據

之ヲ要スルニ國內國際私法ニ違背シテ外國法ノ適用ヲ誤リタル裁判ハ上告ノ理由トナルモノナリ。此ノ結論ハ今日ノ學說及ヒ實際ニ於テ一般ニ認メラルル所ナリ。唯外國法變質說ヲ採ル者ハ此ノ結論ニ到達スル理由ヲ異ニスルコトヲ注意セサル可ラス。即チ此ノ派ノ學者ハ曰ク國際私法上適用セラルヘキ外國法ハ內國法ニ變質セルモノナルカ故ニ、此ノ外國法ニ違背シタルトキハ即チ內國法ニ違背シタルモノナリト例ヘハくらいん前掲三六五頁、山口博士日本國際私法。分册一、六三頁然レトモ變質說ハ其ノ根本ニ於テ認ム可ラサルコト前既ニ一言シタルカ如クナルヲ以テ、之ヲ理由トシテ外國法適用違背裁判ノ破毀ヲ說クモ、同シク當ヲ得スト云ハサル可ラサルナリ。

立法者ノ暗默ノ意思ニ依リ適用スヘキ外國法ニ關スル錯誤

以上述ヘタルトコロハ國內國際私法ノ明示ノ規定ニ依リ外國法ヲ適用スヘキ場合ニ就テハ更ラニ疑ヲ生セス。然ルニ國內國際私法ニ直接明示ノ規定存在セスシテ、或ハ論理解釋ニ依リ、或ハ類推法ニ依リ、又或ハ一般國際私法ノ原則ニ依リ、外國法ヲ適用スヘキ場合ニ就テハ異論ナシトセス。即チ學者或ハ此ノ場合ニ於テハ外國法ハ一ノ事實ニ過キス、故ニ裁判所カ其ノ適用ヲ誤ルモ上告ノ理由トナルコトナシトスル者アリ。又此ノ趣旨ヲ認メタル立法例モナキニ非ス（亞爾然丁民法一三條（四〇四頁註二）もんてねぐろ財産法七條一項（四二一頁註一）、Foelix Demangeat. p. 220, note (a).）。然レトモ此ノ如キ區別ヲ爲スハ甚タ理由ナシト云ハサル可ラス。立法者ノ意思ハ明示セラレタルトキト默示セラレタルトキトニ於テ差別ノ存スヘキ理由ナシ。默示ノ意思モ同シク立法者ノ意思ナリ。故ニ國內國際私法ノ規定ニ基ツキ、或ハ論理解釋ニ依リ或ハ類推法ニ依リ外國法ヲ適用スヘキモノナルコトヲ知リ得タルトキ、換言スレハ外國法ヲ適用スヘシトスル立法者ノ默示ノ意思ヲ知リ得タルトキハ、裁判所ハ勿論其ノ意思ニ從ヒ外國法ヲ適用セサル可ラス。而シテ其ノ外國法ノ適用ヲ誤リタルトキハ、當然其ノ裁判ハ破毀セラルヘキモノタリ（Valery, No. 437; Weiss, III. p. 195.）。猶ホ右ノ如ク國內國際私法ノ或ル特定ノ規定ニ基ツキ、立法者ノ外國法適用ノ意思ヲ知リ得ル場合ノミナラス、吾人國際法主義ヲ採ル者ハ、國內國際私法ノ欠缺補充ノ最後ノ淵源タル一般國際私法ノ原則又ハ條理ニ依ルヘキ場合モ同樣ニ論スヘキモノナリト爲スナリ。何トナレハ既ニ第一節外國法ノ性質論ニ於テ述ヘタルカ如ク、吾人ハ國內國際私法ニ明示又ハ默示ノ規定ナキ場合ニ一般國際私法ノ原則ニ從フハ、國家ノ暗默ノ意思ニ從フモノナリトナセハナリ。要スルニ立法者ノ明示、默示又ハ暗默ノ意思ニ依リ外國法ヲ適用スヘキ場合ニ、裁判所カ外國法ノ適用ヲ誤リタルトキハ、其ノ裁判ハ上告ノ理由トナルモノナリ。

猶ホ上記ノ結論ハ、苟クモ立法者ノ意思ニ依リ外國法ヲ適用スヘキ場合ニハ常ニ眞ニシテ更ラニ例外ヲ認メサルナリ。然ルニまいりーハ獨逸高等商事裁判所ノ判例ヲ引證シ、爰ニモ國際私法ノ原則ニ依ル外國法適用ノ場合ト、當事者ノ任意服從ニ依ル外國法適用ノ場合トヲ區別シ、此ノ第二ノ場合ニ於テハ事實證明ナカル可ラス、而シテ事實證明ハ上告審ニ於テハ爲スコト能ハサルモノナリトセリ同氏國際民事訴訟法一四五頁。然レトモ余輩ハ前ニ外國法證明問題ニ關シ氏ノ同樣ナル區別論ヲ排斥シタルガ如ク、爰

外國法ノ解釋ニ關スル錯誤

ニモ氏ノ議論ヲ容ルルコト能ハサルナリ。而シテ其ノ理由モ亦前述外國法證明問題ニ於ケルト全ク同一ナルヲ以テ重ネテ之ヲ述ヘス。

外國法適用ニ關シ生シ得ヘキ錯誤問題ノ第二ハ裁判所カ外國法ノ規定ノ解釋ヲ誤リタル場合之レナリ。換言スレハ其ノ外國ニ行ハルル解釋ト異ナレル解釋ノ下ニ、外國法ヲ適用シテ裁判ヲ爲シタル場合ナリ。斯カル裁判ハ上告ノ理由トナルヤ。此ノ問題ニ對シテハ各國立法例ハ殆ト明答ヲ與フルモノナシ(註一)。猶ホ學說及ヒ判例モ甚タ區々ナリト雖モ、諸國判例ハ概ネ本問ヲ否定ス(註二)。而シテ學說ハ解釋論トシテハ一致ヲ見スト雖モ、立法論トシテハ之ヲ肯定スル者多キニ居ルト云フコトヲ得ヘシ(註三)。

【註一】 すぴやーハ墺國民事訴訟法第五〇三條第四號ハ模範的ノ規定ニシテ事物ハ不正ナル法律上ノ判定ニ基ツク判決ハ上告ノ理由トナルト定ム。此ノ規定ハ當然外國法ニ就テモ適用セラルルモノナリ(同氏前掲論文四二八頁)、將來ノ立法ハ此ノ規定ニ倣フヘシ(同四三六頁)ト爲スト雖モ (Walker, S. 208. モ亦同論)此ノ規定ノ文言モ決シテ本問題ニ付テ明答ヲ與フルモノニアラス。若シ不正ナル法律上ノ判定 unrichtige rechtliche Beurteilung ナル語カ當然外國法ヲモ含ムトセハ、從來ノ立法例ニ用ユル法律ニ違背シタル判決ナル語モ同樣ナリト言ハサル可ラス。

【註二】佛、白、希、和、瑞西、獨、羅、西、盧、もなこ、智、玖等然リ Appert, Du role de la cour de cassation dans l'application des lois étrangères ou indigènes (R. de dr. i. pr. IX p. 343 344.)。佛國現在判例ノ確定前ニハ外國法ノ解釋及適用ヲ誤リタル判決ハ外國法ノ正當ナル適用ヲ命シタル佛國法ニ違背シタルモノナリトシテ之ヲ破毀シタル判決アリ Valery, p. 600 Note 3。

【註三】Bar, I, S. 143; Meili, Das internationale Civilprocessrecht, S. 144; Klein, Die Revisibilität des intern. Privatrechts. (Niemeyers Z. XIII. S. 356–361; Neubecker, Internationales Privatrecht (Jahrb. f. d. intern. Rechtsv. 1912–1913, S. 39ff.); Spier, Revisibilität d. ausländ. Rechts (Niemeyers Z. XXV S. 425) Weiss, III p. 197 et s.; Valery, No. 440.

立法論

余輩ハ本問ニ對シテハ最モ簡明ニ答フルコトヲ得ト信ス。即チ曰ク苟クモ國法ニ違背セル判決ニシテ上告ノ理由タランカ、外國法ノ解釋ヲ誤リテ爲シタル判決モ亦同シト。而シテ單ニ立法論トシテ然ルニ非ス。解釋論トシテ亦然リト言ハサル可ラス。立法論トシテハ殆ト辯明ヲ要セサルヘシ。一國ニ於テ適用セラルヘキ外國法カ國内各地方ノ受訴裁判所ニ於テ各異ナリタル解釋ノ下ニ適用セラレンカ、單ニ一國司法裁判ノ統一ヲ缺クコト恰モ國内法ノ適用ニ於ケルト同一ナルノミナラス、元來國際私法上ノ原則ニ依リ或ル一定ノ外國法ニ依ルヘシトナシタル國家ノ命令ハ全ク意義ヲ喪フモノナリ。即チ此ノ外國法解釋ハ適用ヲ統一スルコトナクンハ、一外國法規定ハ裁判所ノ數ニ應シテ數多別異ノ規定トナリ、外國法適用ノ命令ハ相衝突セル數多ノ命令ト化スルニ至ルヘシ。然ルニ斯クテハ國際的私法交通ノ安全ヲ圖ルカ爲メニ生シタル國際私法ノ原則ヲ全然破壞スルモノナリ。即チ或ル場合ニハ或ル外國法ニ依ルヘシトセル國家ノ命令ハ全ク無意義ニ終ルモノナリ。或ハ曰ク「上告裁判所ハ外國法ノ解釋カ當該外國ノ最高裁判所ノ解釋ト異ナルコトナキヲ保セス。然ルニ此ノ如キハ政策上避ク可キコトナリ。故ニ外國法ニ違背シタル判決ノ上告ハ排斥スヘキモノナリ」ト。然レトモ此ノ議論ハ採ルニ足ラス。既ニ前節外國法ノ調査ニ付テモ一言シタルカ如ク、裁判所ハ其ノ適用スヘキ外國法ヲ外國法トシテ調査スルノ責任アリ。即チ外國法ノ存在、内容等總テ當該外國ニ於テ判斷セラルルカ如ク決定スヘキモノナリ。即チ内國裁判所カ外國法ヲ適用スルニ當テヤ、當該外國ノ最高裁判所ニ認メラレタル解釋ヲ研究シテ之ニ從フヘキモノナリ。而シテ内國上告裁判所ハ此ノ解釋ノ當否ヲ監督ス。從ヒテ原則トシテ此ノ解釋ハ外國ノ最高裁判所ノ解釋ニ背馳スルコトナシト云ハサル可ラス。然レトモ固ヨリ例外トシテ兩者ノ衝突ヲ生スルコトナシトセス。卽チ或ハ問題トナレル外國法カ新タニ制定セラレタルモノニシテ、未タ其ノ國ニ於ケル解釋ノ確定セサルカ如キ場合ニ於テハ、内國最高裁判所ハ自己ノ見解ニ依リテ該法律ノ内容ヲ定ムルノ外ナシ。從ヒテ或ハ其ノ解釋ハ後ニ確定セル外國最高裁判所ノ解釋ト衝突スルコトアルヘシ。其ノ他或ハ内國最高裁判所ノ過失ニ由リテ同樣ノ結果ヲ生スルコトアルヘシ。然レトモ假令此ノ事アリトスルモ、論者ノ言フカ如キ外交政策上ノ問題ヲ惹起スルコトナシト信ス。何トナレハ此ノ衝突ハ上述ノ如ク例外トシテ偶マ生スヘキ事實ナルヲ以テ爲メニ外國ノ權威、利益ヲ侵害スト言フヲ得サレハナリ。若シ反對論ニ從ヒ、外國法ノ解釋ニ就テハ上告ヲ許サストセンカ、却テ論者ノ言フカ如キ政策問題ヲ惹起スルコト多シト言ハサル可ラス。何トナレハ內國各地ノ裁判所ハ各自獨立ノ見解ニ依リテ、外國法ヲ解釋適用シ、爲メニ外國最高裁判所ノ解釋ニ衝突スルコト益多キヲ加フレハナリ(註)。又或ハ內國最高裁判所ノ外國法研究ハ不便、困難ヲ言フ者アリ Appert (Revue de dr. i. pr. IX. p. 353 et s.)。然リ外國法ノ內容ヲ研究シ、其ノ眞義ヲ確ムルハ極メテ困難ナル事業ナリ。殊ニ法系ヲ異ニスル外國法、不文ノ外國法又不統一法國ノ法律等ノ調査、研究ニ就テ然リト云ハサル可ラス。然レトモ抑モ今日各國カ國際私法上ノ原則ニ從ヒ、或ル場合ニハ必ス或ル外國法ヲ適用スヘキコトヲ認メタル以上ハ、外國法ヲ研究、調査スルノ困難ヲ否ムコト能ハス。一方ニ外國法ノ適用ヲ認メ、他方ニ其ノ調査ヲ否ムハ、抑モ外國法適用ヲ否ムモノナリ。故ニ此ノ反對論モ採ルニ足ラス。

【註】 Bar, I. S. 144. Anm. 40; Klein (Niemeyers Z. XIII. S. 359 ff.); Spier (Niemeyers Z. XXV. S. 426, 427.) すぴやーハ此ノ反對論ヲ駁スル理由ノ一トシテ、夫ノ制限條欵ニ依リテ外國法ノ適用ヲ排斥スル場合ヲ指摘シ、此ノ場合ニ外國ニ與フル影響ニ比スレハ、內國最高裁判所カ外國最高裁判所ト法律解釋ニ就テ意見ヲ異ニスルカ爲メニ或ハ外國國家ニ加フルコトアルヘキ侮辱ノ如キハ殆ト言フニ足ラスト爲スト雖モ此ノ駁論ハ當ヲ得ス。一國カ其ノ公序良俗ニ反スルカ爲メニ、外國法ノ適用ヲ排斥スルハ國際私法上各國相互ニ認メラレタル權能ナリ。

故ニ此ノ外國法適用排斥ハ決シテ外國ニ對シテ侮辱、無禮等ヲ構成セサルナリ。從ヒテ此ノ比較論ハ意義ヲ爲サスト言ハサル可ラス。

解釋論

次ニ解釋論トシテモ本問ハ實ニ明瞭ナリト信ス。內國法ニ違背シタル判決ハ上告ノ理由トナル。而シテ國內國際私法ハ內國法ナリ。故ニ國內國際私法ニ違背シタル判決ハ上告ノ理由トナル。以上ハ更ラニ疑ナシ。然ラハ問ハン國內國際私法カ適用ヲ命シタル外國法ノ解釋ヲ誤リ、換言スレハ其ノ外國ニ行ハルル解釋ト異ナリタル解釋ヲ採リ之ニ基キテ爲シタル判決ハ國內國際私法ニ違背シタルモノナルカ。然リ、何トナレハ國內國際私法ハ外國法ヲ其ノ儘適用スヘキコトヲ命シタルモノト解スヘケレハナリ。換言スレハ外國法ヲ其ノ外國ニ於テ理解セラルルカ如ク理解適用スヘキコトヲ命シタルモノト解スヘケレハナリ。何カ故ニ斯ク解セサル可ラサルカ。曰ク他ナシ、然カ解セサランカ、此ノ國際私法ノ命令ハ全ク其ノ意義ヲ喪ヘハナリ。卽チ裁判所若シ外國法ノ眞ノ意義ヲ研究スルコトナク、之レニ自己獨斷ノ意義ヲ附シ、之レニ基ツキ判決シタリトセンカ、之レ全ク外國法ヲ適用セサリシモノナリ。例ヘハ裁判所カ外國法ノ規定ハ內國法ノ規定ト同一ノ意義ヲ有スルモノト誤解シ、內國法規定ノ趣旨ニ從ヒ判斷シタリトセハ、此ノ判決ハ決シテ外國法ヲ適用シタルモノト言フヲ得サルカ如シ此點に付ては、クラインの言ふ所正し同氏前掲、論文三五六、三五七頁。故ニ國際私法ノ原則ニ依リ裁判所ノ適用スヘキ外國法ハ其ノ外國ニ行ハルル解釋ニ從ハサル可ラス。之レニ背キタル裁判ハ正サニ破毀セラルヘキモノナリ。

余輩ハ外國法ヲ誤解シテ適用シタル判決ノ上告理由ハ國際私法ノ違背ニ在リト爲ス者ナリ。然ルニ夫ノ變質說ヲ採ル者モ外國法違背ノ判決ハ卽チ歸化內國法違背ノ判決ナルカ故ニ上告ノ理由トナルト爲ス。卽チ外國法不當適用ノ判決カ上告理由ヲ成スト云フ點ニ於テハ全ク同一ナリ。然ラハ此ノ外國法ノ解釋ハ、他ノ普通ノ內國法ノ解釋ノ如ク、裁判所ノ自由ノ見解ニ依ルヘキモノナルカト云フニ、此點ニ付テハ變質論者中意見ヲ異ニス。變質論者ノ一人タルぴいえハ裁判官ハ外國法ノ解釋ニ關シ、當該外國ニ認メラレタル意見ニ拘束セラルルヤトノ問題ヲ揭ケ、之ニ答へテ曰ク、此ノ問題ハ否定セサル可ラス。裁判官ハ恐ラク其ノ判決全部ヲ外國法制ニ準據セシムヘシト雖モ、而カモ裁判官ハ其ノ所屬國家ノ名ニ於テ又其ノ責任ノ下ニ於テ裁判ヲ爲ス者ナリ。從ヒテ外國法ノ意義ヲ探究スルハ偏ヘニ其ノ職權ニ屬ス。裁判官ハ固ヨリ概ネ外國ニ一般ニ行ハルル意見ヲ考慮スヘシ。然レトモ此ノ意見ハ決シテ裁判官ヲ拘束スルモノニ非スト Pillet, Principes de dr. i. pr. p. 85.。然ルニ同シク變質論ヲ採用セルくらいんハ反對意見ヲ持シ、外國法ノ適用ニ依リテ立法者カ達セントシタル目的ハ唯外國法ノ正當ナル適用ニ依リテノミ之ヲ達スルコトヲ得、而シテ外國法ノ正當ナル適用アル爲ニハ、先以テ外國法ヲ適用スヘキカ否カヲ正當ニ定ムルコトヲ要シ、次ニ此ノ外國法ハ正當ニ解釋セラルルコトヲ要ス。外國法規ノ違背ハ國際私法規定ノ違背ト同一ノ結果ヲ生スト爲シ前掲論文三五六、三五七、頁猶ホ内國裁判例ハ常ニ外國裁判例ニ從フコトヲ得ルモノナリトセリ同上三五九、三六〇頁。即チくらいんノ説ハ此ノ點ニ於テハ略ホ余輩ノ意見ニ同シト雖モ、ぴいえノ説ハ當ヲ得スト言ハサル可ラス。一般ニ國内裁判官ハ外國裁判所ニ認メラルル意見ニ服從スヘキ義務ナキハ、更ラニ言フヲ須キス。然レトモ裁判官ハ外國法ノ正當ナル適用ヲ命シタル內國國際私法ニ服從セサル可ラス。而シテ其ノ當然ノ結果トシテ、裁判官ハ外國ニ行ハルル解釋ニ準據セサル可ラサルナリ(註)。我東京控訴院ノ一判決ニ「本國法ニ依ルトハ當該國法規ヲ解釋適用シテ之ヲ決ストノ意味ニシテ、我國ニ於テ訴訟カ繫屬シタル場合ニハ我裁判所カ其ノ獨立ノ見解ヲ以テ之ヲ解釋適用スルコトヲ云フ。外國裁判所カ關係法規ヲ解釋適用シテ爲シタル裁判ニ準據スト云フ意味ナラサルコト多言ヲ俟タス」。猶ホ「外國裁判所ノ判決ハ我裁判所カ當該外國法規ニ準據シテ獨立ナル判斷ヲ爲スニ當リ事實上或ハ多少ノ參考ニ供セラルヘキ以外、法律上何等ノ意味ヲ有セス」（大正四年ネ第五九四號、同五年一一月四日判決、法律評論第六卷諸法一五頁參照）ト言ヘルハぴいえ所說ト根本ノ觀念ヲ同フシ而シテ誤ハ猶ホ其上ニ出テタルモノト言フヲ得ヘシ。

【註】ぢあれりモ亦ぴいたノ說ノ絕對ニ排斥スヘキモノナルコトヲ說ク。然レトモ其ノ理由ハ余輩ノ本文ニ述フルトコロト異ナリ、『若シぴいたノ說ニシテ正シカランカ、佛蘭西法ヲ誤解シテ適用シタル外國裁判所ノ判決モ正

當ナル判決ト認メサル可ラス。又從ヒテ此ノ判決ハ佛國ニ於テ執行力ヲ取得シ得ヘキモノナリト言ハサル可ラス。苟クモ法律トシテ或ル法律ヲ適用スルカ爲メニハ、單ニ其ノ條文ヲ攻究スルノミナラス、猶ホ進ンテ本來該法律ヲ解釋スヘキ任務ヲ有スル者卽チ該法律國ノ官廳カ如何ニ該法律ヲ解釋スルカヲ探究セサル可ラス』トセリ。Valéry, No. 440, p. 603.

猶ホ解釋論トシテ二三ノ反對意見ナキニアラスト雖モ、悉ク論據薄弱且ツ概ネ上來述ヘタル所ニ依リテ自ラ滅亡スヘキモノニ屬ス。卽チ或ハ外國法ハ當事者ノ證明ヲ要スルカ故ニ事實ナリ。從ヒテ外國法ニ違背スルモ法律ノ違背ニ非スト爲スアリ。之レ法律證明ト事實證明ヲ混同シタルモノナリ。又或ハ上告ハ判決カ內國法律ニ違背シタル場合ニ限ルトセル法規ノ文言（例之獨逸民事訴訟法第五四九條）ニ依リ、又或ハ內國最高裁判所ハ單ニ內國法律解釋ノ統一ヲ司ル機關ナリト云フ理由ニ依リ外國法違背ノ判決ハ決シテ上告ノ理由トナラスト爲ス者アリ（註一）。然レトモ此ノ如キハ外國法ノ適用ヲ命シタル國際私法ノ命令ノ意義ヲ解セサルモノナリ（註二）。又或ハ曰ク若シ外國法解釋ノ當否ヲ審理スル權ヲ最高裁判所ニ與ヘサル可ラストセハ、同一論法ヲ以テ、卽チ裁判所ハ元來眞實ノ事實ニ法ノ適用ヲ爲ス任務ヲ有スル者ナリトノ理由ヲ以テ、最高裁判所ニ事實覆審ノ權ヲモ認メサル可ラサルニ至ルヘシト Appert前掲三一五頁 之レ唯暴論ト云フノ外ナク評論ニ値セス。

【註一】 Plank, VI. S. 25; Niedner, Einführungsgesetz S. 18 V; Stein, II. S. 89; Scherer, Einführungsgesetz, S. 67; Habicht, S. 46; Enneccerus I. S. 144; Zitelmann I. S. 228; Walker, S. 209/210, 獨國判例 (Warneyer, Civilprozessordnung, S. 422.)

【註二】 ちーてるまんノ如キ曰ク『假令外國法カ獨逸ノ實質法的指示規定ニ依リ適用セラルヘキ場合ニ於テ裁判官カ單ニ此ノ指示命令ニ從ヒ而カモ不正ノ適用ニ因リ外國法ニ違背シタルトキト雖モ、其ノ判決ハ上告ノ理由トナラス。實ニ此場合ニ外國法ハ實質法的指示規定ニ依リ、間接ニ內國法ノ內容トナリタルニハ相違ナシ。然レト單ニ間接ニ斯クナリタルニ過キス然ルニ民事訴訟法五四九條（日本民事訴訟法四三四條ニ該當スル條文）ノ意義ニ於テハ獨逸法ノ直接ノ內容ニ違背スルコトヲ要ス。而シテ本問ニ於テハ單ニ外國法ノ指示 Verweisung ノミカ獨法ノ直接ノ內容ニシテ、指示セラレタル外國法ハ直接ノ內容ニ非ス』（前掲二八八頁註一〇六）ト然レトモ之レ外國法指示命令ノ意義ヲ解セサル議論ナリ。外國法指示ハ單ニ裁判官ニ外國法ニ一瞥ヲ與ヘヨトノ命令ニ非ス。又ハ單ニ外國法ヲ適用シタリトノ言明ノ下ニ裁判官カ獨斷ニ製造シタル規則ヲ適用スヘシトノ命令ニ非サルナリ。外國法ノ指示ノミカ獨法ノ內容ニシテ、指示ノ目的物タル外國法ハ然ラスト云フハ指示其ノモノモ獨法ノ內容ニ非スト云フニ外ナラス、之レ不通ノ論ト云ハサル可ラス。

本章所論ノ要旨ヲ摘錄スレハ、裁判所ノ適用スヘキ外國法ハ外國法ニシテ事實ニ非ス。裁判所ハ職權ヲ以テ該外國法ヲ外國法トシテ調査セサル可ラス。當事者ノ外國法ノ證明ハ法律證明ニシテ事實證明ニ非ス。外國法適用ノ違背ハ國內國際私法ノ違背ナルカ故ニ上告ノ理由トナルモノナリ。

外國法調査機關

猶ホ本章ヲ終ルニ臨ミ外國法調査ニ關スル國際的機關設置ノ運動ニ付テ一言スヘシ。抑モ外國法ノ內容ヲ知ルコトハ甚タ困難ナリ。故ニ夫ノ國際法協會 Institut de droit international ニ於テモ從來屢々問題トナリ、終ニ一八八七年はいでるぶるぐノ會議ニ於テ外國法ノ調査ヲ容易ナラシメンカ為メニ各國政府ニ於テ採ルヘキ方法ニ就キ左ノ如キ希望ヲ決議セリ。

一、各國政府ハ其ノ現行法及ヒ將來公布セラルヘキ法律ヲ相互ニ通牒スヘキ條約ヲ締結スヘキコト。

二、通牒スヘキ法律ハ主トシテ左ノ種類ノモノトス。

1　民法、商法、刑法、民刑訴訟法、破産法、裁判所構成法ニ關スル法典、法律、規則。

2　各國並ニ各國人民ノ一般利益ニ關係アル內國行政法及ヒ公法ニ關スル法律、規則。

3　各種ノ條約、協定及ヒ此等條約、協定中ニ定メラレタル私法若クハ經濟上ノ判盆ニ關スル規定。

4　前記條約若クハ協定ニ基ツキ發布セラレタル法律、規則。

三、各國ハ此等ノ資料ヲ一ノ中央寄托所ニ蒐集シテ公衆ノ利用ニ供スヘキコト。

猶ホ國際法協會ハ一八九一年はんぶるひノ會議ニ於テ外國法證明問題ニ關シ、左ノ如キ決議ヲ採用セリ。

一、法律學並ニ國際關係ノ現狀ニ鑑ミ、又文明諸國ニ於ケル繁雜ナル立法ノ實況ニ照ラシ、外國法ノ證明ハ單ニ之ヲ當事者ニ一任スヘキ事實問題ト看做スコトヲ得ス。

二、一般統一的規則ヲ設定シテ各國現行ノ區々ナル慣例ニ代フルコトヲ要ス。

猶ホ此ノ會議ニ於テ、希望トシテ種々詳細ナル規則ヲ定メ、各國條約ヲ締結シテ之ヲ實行スヘキモノトセリ。猶ホ又一九〇〇年ノ海牙國際私法萬國會議ニ於テモ民事及ヒ商事ニ關シ、條約國ハ各自法律ノ公ノ證明書ヲ交附スヘク、且ツ將來相互法律ヲ通牒スヘキモノトナサントノ提案ヲ爲セル者アリシモ、各種實際上ノ不便ノ爲メニ此ノ提議ハ不成立ニ終リタリ　Weiss, III, p. 186 et s., Walker, S. 211ff.

右ノ如クニシテ他日一般國際的協同ノ實現セラルルコトアランモ、各國國內ニ於テ特ニ外國法調査機關ヲ設クルコト極メテ肝要ナリ　京法九卷四號「佛國ニ於ケル外國法制及ヒ國際調査所」參照。　國家カ一方ニ於テ裁判所ニ外國法ノ適用ヲ命シ、他方ニ外國法ヲ知ルノ設備ヲ爲スコトヲ怠タルハ、裁判所ニ不能ヲ命スルモノナリ。

第七章　外國法ノ適用排斥

一國カ國際私法ノ原則ニ依リ或ル法律關係ニ或ル外國法ヲ適用スルハ該法律關係カ其ノ外國法ノ支配管轄ニ屬スヘキモノナルコトヲ認ムルカ爲メナリ。從ヒテ斯カル場合ニ其ノ外國法ノ規定ノ內容如何ハ之レヲ問ハサルモノトス。然ルニ或ル場合ニ於テハ外國法ノ適用カ內國ノ公安ヲ害スルカ爲メニ之レヲ爲スコト能ハサルコトアリ、此ノ場合ニ於テハ勿論外國法ノ規定ノ內容如何カ問題ト爲ルコト旣ニ一言シタルカ如シ五三、五四頁本章ハ卽チ此ノ特殊ノ場合ニ就テ研究セントスルモノナリ。

禁止法又ハ公序法

私法的國際交通ノ安全保障ノ必要ノ爲メニ各國ハ或ル場合ニ外國法ノ適用ヲ認ムト雖モ又同時ニ各國ハ自國ノ公安ヲ維持スルノ必要アリ、外國法適用ノ爲メニ之レヲ犧牲ニ供スルコト能ハサルハ明カナリ。是レ國際公法ノ原則カ國際法共同團體ノ一般利益ヲ保護スルト同時ニ各國ノ獨立ヲ尊重スルト同一般ナリ。故ニ國際私法ノ一般原則トシテハ法律關係ノ性質上、外國法ヲ適用スヘキトキト雖モ之レカ爲メニ自國ノ公安ヲ破壞スルニ至ルカ如キ場合ニ於テハ外國法ノ適用ヲ排斥セサル可ラサルナリ。此ノ根本觀念ニ就テハ殆ト疑ヲ容ル、餘地ナキカ如シ。然ルニ所謂內國ノ公安ヲ破壞スヘキ場合トハ何ソヤ、斯カル場合ヲ最モ精確ニ定ムヘキ標準如何ノ點ニ至リテヤ、從來學者間ニ論爭絕ユル遑ナキノミナラス、猶ホ根本問題ニ就テモ異見ナキニ非ス。外國法ノ適用ヲ排斥スル內國法律ヲ獨逸學者ハ禁止法 Prohibitivgesetze ト呼ヒ、佛、白、伊等ノ學者(伊太利學派)ハ公序法 Lois d'ordre public ト稱ス。此ノ所謂禁止法又ハ公序法ハ果シテ如何ナル法規ヲ指スモノナルヤ、禁止法論又ハ公序法論ナルモノハ實ニ學者カ國際私法學上ノ一大難問ト爲ストコロナリ。Pillet, Manuel de droit intern. privé, p. 406.

まいりー國際民商法論上卷二九一頁

以下本問題ニ關スル學說、立法例ノ一般ヲ窺ヒ、次テ理論上ノ決定ヲ試ミ、終リニ我法例ノ規定ヲ研究スヘシ。

第一節　學說、立法例

禁止法論又ハ公序法論ナルモノ、生シタルハ最近ノ事ニ屬ス、卽チ獨逸學派及ヒ新伊太利學派ノ出テタル後ノ事タリ。以下先以テ此ノ兩派ニ屬スル代表的學者及ヒ其他ノ現代學者ノ所說ノ一二ニ就テ研究スヘシ。

【註】法規分類主義ノ時代ニ於テモ全ク此ノ問題ヲ生セサリシニ非スト雖モ同時代ニ於テハ法ノ衝突カ主トシテ一國內ノ各地方ノ法律、習慣ノ衝突ナリシカ故ニ所謂公序法ノ衝突問題ヲ惹起スルコト甚タ稀ナリシ事實ト、又國家主權ノ觀念カ未タ確立セサリシカ爲トニ因リ此ノ問題カ今日ノ如キ重要ナル地位ヲ有スルコト能ハサリシモノナルヘシ Lainé, II, p. 195 et s.

一、ざゔゐにーノ說 Savigny, System VIII, S. 33 ff.

既ニ掲ケタルカ如ク氏ハ外國法適用ニ對スル例外トシテ二個ノ場合ヲ認メタリ。第一、嚴格ナル强制的性質ヲ有スル法律 Gesetze von streng positi-ver, zwingender Natur 第二、獨逸ニ全ク存在ヲ認メサル外國ノ法律制度 Rec-htsinstitute eines fremden Staates, deren Dasein in dem unsrigen überhaupt nicht anerkannt ist 是ナリ。而シテ氏ハ此ノ第一例外ニ就テ說明シテ曰ク夫ノ强行法、任意法ノ區別ヲ以テ此ノ例外ノ場合ヲ判斷セントスルハ誤ナリ。任意法カ此ノ例外ニ屬セサルハ勿論ナリト雖モ反對ニ强行法カ常ニ此ノ例外ニ屬スト爲ストキハ是レ大ナル誤ナリ。何トナレハ人ノ成年期ヲ定ムル法律ハ個人ノ意思ニ一任セサル點ニ於テ强行法ナリ。然レトモ此ノ法律カ其ノ國境外ニ效力ヲ及ホシ得ルコトハ何人モ爭ハサル所ナレハナリト卽チ此ノ問題ヲ定ムル內國法ハ外國法ノ適用ヲ排斥スヘキ嚴格ナル强制的性質ヲ有スル法律ニ非サルナリ然ラハ强行法中如何ナル法律カ此ノ例外ノ場合ニ屬スルカニ就テ氏ハ先ツ第一ニ立法者ノ精神ニ依リテ判斷スヘキモノトセリ。而シテ立法者カ明カニ其ノ精神ヲ表示シタルトキハ之レニ依ラサル可ラス。然レトモ普通ハ立法者ハ此ノ如キ明示ノ說明ヲ爲サス。是ニ於テカ此ノ例外ノ場合ヲ知ルニハ强行法ノ性質ニ從ヒ次ノ二種ノ區別ヲ爲スコトヲ要ストセリ。

第一　法律ヲ以テ權利ノ行使ヲ確ムル外、別ニ何等ノ理由、目的ヲ有セサル强行法、卽チ單ニ權利者タル人ノ爲メニ作ラレタル法律アリ。年齡又ハ男女ノ性ニ基ツク行爲能力ノ制限ニ關スル法律ノ如キ之レニ屬ス。此ノ種ノ强行法ハ之レヲ上ノ例外ノ場合ニ屬セシムヘキ理由更ラニ存在セス。

第二　單純ナル權利關係以外ニ或ル理由、目的ヲ有スル强行法、即チ單ニ權利者タル人ノ爲メニ作ラレタル法律ニ非サル强行法アリ。此ノ如キ强行法ハ或ハ德義上ノ理由ニ基ツクモノアリ、例之一夫多妻ヲ排斥スル婚姻法ノ如シ。又或ハ公ノ安寧 öffentliches Wohl (publica utilitas) ヲ以テ理由ト爲スモノニシテ政治、警察、國民經濟的性質ヲ有スル强行法アルヘシ。猶太人ノ土地所有權ヲ制限スル法律ノ如キ之レニ屬ス。此等ノ强行法ハ上記ノ例外ノ場合ニ入ルヘキモノナリ。故ニ我國カ一夫多妻ヲ容サヽルトキハ我裁判官ハ之レヲ容ルヽ國ニ屬スル者ノ重婚ニ就テモ法律上ノ保護ヲ拒絶セサル可ラス。又我國法ニシテ猶太人ニ土地所有權ノ獲得ヲ禁スルトキハ我裁判官ハ單ニ內國ノ猶太人ニ對シテノミナラス、此ノ如キ禁令ナキ國ノ猶太人ニ對シテモ其ノ獲得ヲ拒絶セサル可ラス。

以上ハ氏カ第一以外ノ場合ニ就テ與ヘタル說明ナリ。而シテ第二例外ノ場合ニ就テハ次ノ如ク說明セリ。佛、露ノ法律ニ認ムルカ如キ准死【註】ヲ認メサル國ノ裁判官ハ此等ノ國ノ准死者ノ無能力ヲ認ム可ラス。又奴隷制度ヲ認メサル國ニ於テハ黑奴ヲ其主人ノ財產トシテ取扱フコトヲ許サス。此ノ奴隷ノ場合ハ我國ニ於テ之レヲ認メサル制度タルト同時ニ又第一例外ノ理由卽チ吾人ノ觀念ニ依レハ人ヲ物トシテ取扱フハ吾人ノ德義ニ反スルモノナリトスル理由ヲモ併有スルモノナリ。反之准死ノ場合ハ單ニ我國ニ認メラレサル制度タルニ止マリ、德義ニ反スト爲ス理由ヲ有セス。何者准死ハ他ノ一層嚴酷ナル刑罰ニ比シ、決シテ不德ト言フヲ得サレハナリト。

【註】佛國ニ於テハ一八五四年ノ法律ヲ以テ廢止シタリ

ばーる

二、ばーるノ說 Bar, I, S. 89 ff; S. 132.

ばーるハ先以テざゔゐにーノ說ヲ排斥ス其要旨ニ曰ク實際ニ於テ法規ハ總テ權利關係以外ニ於テ或ル目的ヲ有スルモノナリ。卽チ法規ハ常ニ人民ノ利益ノ爲メニ其ノ效用ヲ爲シ又爲サヽル可ラサルモノナリ。換言スレハ人ノ多數從ヒテ全共同團體ノ利益ノ爲メニ其ノ效用ヲ爲スモノナリ。故ニざうゐにーカ爲シタル强行法ノ區別ハ氏カ之レヲ以テ所謂禁止法ノ當然有スヘキ範圍ヲ超エテ殊更ニ之レヲ擴張セシムル手段ト爲シタルニ過キス。勿論各國カ甚タシク道德上ノ觀念ヲ異ニスルヤ、之レニ因リテ或ハ國際法上ノ原則ヲ枉クヘキ場合ノ存スルハ事實ナリ。卽チ我領土内ニ於テ我々ノ觀念上不德義ト認ムル法律關係ヲ實現セシムルコトニ付テハ我法律ハ之レニ何等ノ幇助ヲ與フルコト能ハサルハ明カナリ。然レトモ所謂禁止法ノ範圍ハ之レ以外ニ擴張ス可ラス。然ルニざうゐにーハ猶ホ國民的經濟ノ目的ヲ有スル總テノ法律及ヒ我國法カ認メサル外國ノ法律制度ノ場合ヲ以テ總テ此ノ禁止法中ニ入ルヘキモノトセリ。而シテ此ノ所謂國民的經濟ノ目的ヲ有スル法律ナルモノハ極メテ多數ノ法律ヲ包容スルカ故ニ此ノ種ノ法律ヲ以テ總テ禁止法ト爲ストキハざうゐにーノ自ラ極力主張シタル所ノ國際法律共同團體ハ終ニ消滅スヘシ。卽チ相續法カ長子相續主義ヲ認ムルカ、平分相續主義ヲ認ムルカ、又法律カ定ムル成年ノ時期ノ遲速如何等ハ皆國民經濟問題ニ關セサルハナシ。若シ此ノ如ク相續又ハ行爲能力ニ關スル法律ヲ以テ悉ク禁止法ナリト爲トスキハ國際法律共同團體モ無意義ニ終リ、又人法ノ涉外的效力モ總テ烏有ニ歸スヘシ。猶ホ第二例外ニ付テハざゔゐにーハ如何ナル場合ニ一ノ法律制度カ全ク我國ニ認メラレサル制度ナリト言ヒ得ルヤヲ明カニセス。若シ單ニ法律制度ノ名稱ニ依リテ之レヲ判斷セントセハ之レ大ナル誤ナリ。何トナレハ同一名稱ノ下ニ二國カ全ク異ナレル法律制度ヲ有スルコトアルヘク、又同一制度カ二國ニ於テ全ク異ナリタル名稱ヲ有スルコト有ルヘケレハナリ。要之ざゔゐにーノ說明ニ依リテハ外國法適用排斥ノ場合ヲ正確ニ定ムルコト能ハスト。

ばーるハ右ノ如クざゔゐにーノ說ヲ非難スト雖モ一國ノ立法政策トシテ甚シク異ナリタル道德觀念又社會觀念ニ基ツク外國法ニ對シテ內國法ヲ保護スヘキ原則的規定ヲ適確ニ定ムルコトハ決シテ容易ナラサルコト

ヲ認ム、而シテ氏カ此點ニ付テ試ミニ掲ケタル原則ハ左ノ如シ、
外國法ヲ適用スルトキハ内國法上内國ニ容ル可ラサル法律關係ヲ實行シ又ハ内國ニ於テ强行ス可ラサル行爲若クハ給付ヲ强行スルニ至ルヘキトキハ其外國法ノ適用ヲ排斥ス
然ルニ此ノ原則ノ文言ノミニ依リテハ未タ如何ナル場合ニ或ル法律關係カ内國ニ容ル可ラサルモノナルカ、又如何ナル場合ニ或ル行爲若クハ給付カ内國ニ於テ强行シ得ヘカラサルモノナルカヲ明カニスルコト能ハスト雖モ前ニ掲ケタル氏ノざゞゐにーノ說ニ對スル評論中所謂禁止法ノ範圍ニ關スル點又ハ氏カ或ル法規(外國法規)若クハ法律關係ノ内國ニ及ホス效果カ内國ノ絕對的命令規定又ハ道德ノ原則ニ反スルトキハ之ヲ内國ニ認ムルコトヲ得スト論スル點 S. 128, 129. 等ヨリ觀ルトキハ氏ハ外國法ノ適用ヲ排斥スル主タル標準ヲ道德ノ原則ニ置クカ如シ。
次ニ新伊太利學派ノ所說ヲ觀ントス、此ノ學派ハ旣ニ述ヘタルカ如ク本國法適用ヲ以テ根本原則ト爲シ、之レニ對スル例外ノ一トシテ公ノ秩

序ニ反スル場合ヲ認ム。今左ニ其ノ代表的學說トシテわゐすノ所說ノ綱要ヲ掲クヘシ。

わゐす

本國法主義ニ基ツキ一國ハ其ノ國內ニ於テ外國法ノ適用ヲ認ムルノ必要アリト雖モ亦同時ニ一國ハ自己保存、自己防衛ノ權ヲ有スルコト勿論ナリ。從ヒテ一國ハ其ノ國家組織ノ基礎ニ反スル外國法ヲ排斥スルノ權アリ。故ニ個人ノ屬人法ト國內法ト衝突シタルトキハ先以テ國家ノ公益カ國內法ノ絶對適用ヲ要求セサルカヲ探究セサル可ラス。卽チ吾人ハ外國人ノ本國法タル私益法ト內國ニ於テ絶對服從ヲ要スル所ノ公益法トヲ對照考究スルコトヲ要ス。此ノ公益法ヲ吾人ハ國際公序法 Lois d'ordre public international ト稱ス。國內公序 L'ordre public interne ト國際公序トハ其ノ出發點ヲ同フスト雖其ノ效果ヲ異ニス。前者ノ效力ハ一國內ニ於テ其ノ國家ト其ノ國民トノ關係ニ於テ存在スルモノナルニ反シ、後者ノ效力ハ個人ト其ノ個人ノ元來從屬セサル國家トノ關係ニ於テ存在スルモノナリ。

國際公序法
國內公序法ノ別

二者共ニ公益ニ關スト雖モ公益ノ要求スル所一ニ輕ク一ニ重キモノナリ。

例之身分、能力ニ關スル法律ハ之レヲ國內ニ在ル外國人ニ强行スルコトナシ、故ニ國際公序法ニ非ス、然レトモ此ノ法律ハ國內公序法ニシテ內國人ノ意思ニ依リテ之レニ反スルヲ許サヽルナリ。國際公序法ハ元ヨリ國內公序法タリ、然レトモ國內公序法ハ總テ國際公序法ニ非ス。然ラハ所謂國際公序法ノ範圍如何ト云フニ先以テ國家ノ組織、主權ノ行使、裁判所ノ構成、臣民ノ權利ヲ定ムル公法カ此ノ中ニ入ルハ疑ナシ。次ニ土地所有權ニ關スル法律亦然リ。刑罰法モ亦一般ニ然リ。而シテ此等ノ法律以外ニ於テ如何ナル法律カ國際公序法ナルカハ裁判官カ立法者ノ目的ヲ攻究シテ判斷スヘキモノナリ Weiss, Manuel 8e éd. p. 374 et s.; Traité 2e éd. T. III, p. 94 et s.

此ノ說ニ謂フ所ノ國際公序、國內公序ノ名稱ハぶろつせーノ創メテ用キタルモノナリ。Brocher, Cours de droit international privé. I, p. 106 et s.

猶ホ他ノ名稱ヲ選フ者アリ、卽チ或ハ絕對的公序、關係的公序ト呼ヒ又或ハ一般公序、特別公序ト呼フ Rolin, I. p. 279. 然レトモ要スルニ此ノ派ノ學者ハ國家ノ公益ヲ保護スル法律中外國人ト雖モ絕對ニ服從セサル可ラサル法アリ。之レヲ國際公序法又ハ絶對公序法又ハ一般公序法ト云フ。而シテ具體的ニ如何ナル法律カ此ノ如キ公序法ニ屬スルカト云フ問題ニ就テハ學者ニ依リテ多少觀ル所ヲ異ニスト雖モ憲法、行政法、刑罰法、土地所有權法ノ如キハ一般ニ之レニ屬スト爲スモノナリ。

以上ハ獨逸學派及伊太利學派ノ代表的學説タリ。二派共ニ所謂禁止法又ハ公序法ニ依リテ外國法ノ適用ヲ排斥スルハ國際私法ノ一般原則ニ對スル例外ナリト爲スハ一ナリ。而シテ爾來各國學者ノ本問題ニ關スル議論ハ所謂禁止法又ハ公序法ノ内容、範圍ヲ正確ニ定ムヘキ標準如何ニ存スルモノニシテ其ノ説ク所元ヨリ一ナラスト雖モ根本ニ於テハ前掲二派ニ屬スルモノナルヲ以テ特ニ擧クルノ必要ヲ見ス。故ニ以下此等學者ト稍見解ヲ異ニセル一二ノ學者ノ説ヲ掲ケテ參考ニ資セントス。

ぴーる

其ノ一ハぴーるノ説（Pillet et Niboyet, Manuel de droit international privé, 1924 p. 412 et s; Pillet, Traité pratique de droit international privé. I, p. 114 et s.）ニシテ氏ハ所謂公序ニハ自ラ其ノ範圍ヲ限定スヘキ左ノ三ノ特性アリト爲シ、

一　公序法ハ先天的ニ定ムルコト能ハス
二　公序法ハ一般法（一八一頁参照）ト同一ニ非ス
三　公序法ハ普通ノ管轄法ニシテ例外法ニ非ス

而シテ第一特質ニ付テ氏ハ公序ナル觀念ハ時ト場所ニ隨ヒテ變化スヘキモノナルヲ以テ到底先天的ニ公序法ヲ定ムルコト能ハサルヲ說キ、第二特質ニ付テハ伊太利學派カ一般法ト公序法トヲ混同シタルノ非ヲ指摘シ、說テ曰ク所謂一般法ハ必シモ所謂公序法タラス、例之民事訴訟法ノ如シ、一國ニ於ケル訴訟ハ單一ノ法律ニ從フニ非スンハ司法ノ作用ヲ爲スコト能ハス、故ニ訴訟カ訴訟地法ニ從フハ公序ノ理由ニ基ツクニ非ス。又所有權ニ關スル法律カ財產所在地法ノ管轄ニ屬スルハ同法ノ目的ヨリ生スル必然ノ結果ナリト稱スヘキモノニシテ公序ヲ云々スルノ要ナシ。要スルニ一般法ナルカ故ニ公序ナリト云フハ公序ノ固有ノ意義ヲ喪失セシムルモノナリ。公序ハ決シテ過冗物ニ非スシテ一定ノ結果ヲ得ルカ爲メニ他物ヲ以テ代フ可ラサル必要ナル觀念ナリト。猶ホ第三特性ニ付テ曰ク獨逸學派及ヒ伊太利學派ハ倶ニ公序法ノ適用ハ法ノ普通管轄ニ對スル例外ナリト爲スト雖モ公序法ノ適用アル場合ハ公序法ノ固有ノ管轄權ニ基ツクモノナリ。佛國人ノ觀念上不德義ナル結果ノ發生ヲ妨ケンカ爲メニ佛國法ノ適用セラル、ハ極メテ正當ノ事ナリト云ハサル可ラス、法ノ目的ヨリ觀察シテ斯カル場合ニハ佛法カ獨トリ管轄權ヲ有スト云ハサル可ラス、凡ソ社會ノ動搖ハ之レヲ排除セサル可ラス、而シテ最モ利害關係ヲ有スルモノハ此ノ動搖ノ生セントスル國ノ主權タリ。故ニ主權尊重ノ原則ハ當然佛國公序法ニ通常管轄法タル性質ヲ與フルモノニシテ決シテ之レヲ例外管轄法ト爲スニ非サルナリト。

かーん

其ノ二ハかーんノ說ナリ。氏ハ公序論ナル一大論文ヲ草シ、從來ノ獨逸學派ノ禁止法論、伊太利學派ノ公序論ニ對シテ嚴密ナル批判ヲ加ヘタル後、結論トシテ述フル所左ノ如シ、

公序法論並ニ禁止法論ナルモノハ倶ニ維持ス可ラサル前提ノ上ニ立ツモノナリ。從來學者カ所謂公序法又ハ禁止法中ニ總括セントスル各種ノ

法律間ニハ何等統一的ノ結帯ヲ見出スコト能ハサルモノナリ。此等ノ法律ハ其ノ内容ヨリ観ルモ又其ノ私國際的効果ヨリ観ルモ何等共通ノ標識ヲ有セス。抑モ實質法ヲ公序法又ハ嚴格ナル强行法ト然ラサル法トニ分類セントスルカ如キハ一方ニ於テハ到底不能ノ業タルノミナラス、他方ニ於テハ此ノ如キ分類ニ依リテ何等得ル所ナシ。何トナレハ此ノ如キ分類ヲ爲スモ眞ノ重要點タル衝突規則ト其適用條件タル連結點ノ問題ハ全ク不問ニ附セラルレハナリ。此ノ議論ハ學理トシテハ全ク無用ノ論ニシテ又裁判官カ實際ニ之レヲ應用センカ其決定ハ多クハ誤謬ニ陥ルヘシ。即チ或ル内國實質法ハ適用ニ必要ナル地域的條件ノ如何ヲ考査スルコトナクシテ單ニ其ノ内容カ强行性ヲ有スルノ故ヲ以テ之レヲ適用センカ内國法ノ適用區域ハ其ノ當然、必要ノ範圍ヲ超越スルニ至ルヘシ、實ニ一國ノ裁判官ハ可及的内國法ヲ適用セントスルハ人情ノ當然ナルヲ以テ此ノ公序法論ニ依リテ事些少タリトモ公序ニ關スト認メ得ヘキトキハ常ニ内國法ヲ適用スルニ至ルヘシ。從來學者カ公序法又ハ留保條款Vorbehalts-

Klausel 其他類似ノ名稱ノ下ニ總括セントスル所ノモノハ一般ニ國際私法上未知、未完成ノ領域ニ屬スルモノナリ、嚴格ナル强制的性質ヲ有スル法律又ハ公序法ノ爲メニ一般的留保條欵ナルモノハ決シテ存在セサルナリト。Kahn, Die Lehre vom ordre public (Iherings J., B. 39 § 23, 24)

要スルニ氏ハ所謂禁止法又ハ公序法ナルモノハ絕對的適用ヲ要求スルモノニ非スシテ他ノ普通ノ法律ト同シク法廷地、住所、居所、行爲地、財產所在地等ノ一定ノ連結條件 Voraussetzung bestimmter Anknüpfungen ノ下ニ適用セラルヽモノナリ、隨ヒテ單ニ或ル法律カ國家生活ノ基礎的意義ヲ有スルカ故ニ常ニ屬地的適用ヲ要求スト爲スハ誤レリト爲ス者ナリ。§ 7. § 13 參照

【註】　獨逸ノ新進國際私法學者中ニハ此ノかーんノ說ニ倣ヒ全ク同樣ノ論ヲ爲ス者アリ。例之ふゐんくノ如キ「國際私法ノ原則ト留保條欵」ナル論說ヲ公ニシ、說テ曰ク法律適用問題ハ總テ連結條件ヲ以テ決スヘキモノニシ決シテ國際法主義ノ學者ノ唱フルカ如キ法ノ適用ニ關スル一般原則ナルモノハナシ。而シテ留保條欵ノ觀念ハ國際法主義ノ觀念ト直接ノ關係ヲ有シ、留保條欵ハ衝突規則ノ一般原則ニ對スル例外トシテ獨トリ之レヲ考フルコトヲ得ルモノナリ。然ルニ吾人ノ觀ルカ如ク此ノ如キ一般原則ナルモノ決シテ存在セストセンカ留保條欵ナルモノモ常然消

滅セサル可ラサルモノナリト。 Fink. Die Prinzipien des internationalen Privatrechts und die Vorbehalts-klausel. (Z. f. intern. Privatr. XXIV S. 138ff.)

一八八〇年國際法協會決議

猶ホ一八八〇年をっくすふぉーどニ會合シタル國際法協會ハ本問ニ關シ左ノ如キ決議ヲ採用シタリ

一國ノ法律ハ他國領土ニ於テ其ノ公法又ハ公ノ秩序ニ反スルトキハ如何ナル場合ト雖モ效力ヲ承認セラルコトナシ

一九一〇年國際法協會決議

次ニ一九一〇年巴里ニ開カレタル同協會ハ同シク本問題ニ關シ次ノ如ク決議シタリ

協會ハ裁判官ノ獨斷ニ流レ從ヒテ個人ノ利益ヲ害スヘキ不確實ナル狀況ヲ除却センカ爲メニ、各國立法者ニ於テ普通外國法ニ管轄權アリト認メ得ヘキ場合ト雖モ、外國法ニ依リテ排除スルコトヲ許ス可ラサル內國法ノ規定ヲ最モ精確ニ指定センコトヲ希望ス

殊ニ國際私法條約ニ於テ條約國ノ公序カ條約ノ原則ニ背反シ得ヘキ場合ヲ精確ニ定ムルコトヲ希望ス Annuaire, XXIII p, 478.

各國ノ留保條欵

以上本問ニ關スル學說ノ一般ヲ見タリ。次ニ各國立法例ノ狀況如何ト云フニ各國法ニ存在スル外國法適用排斥ノ場合ヲ定メタル規定ヲ學者或ハ留保條欵ト稱ス。此ノ所謂留保條欵ニ採用セラレタル外國法適用排斥ノ標準モ甚タ區々タリ。卽チ佛蘭西民法第三條ハ警察及ヒ安寧ニ關スル法律ハ佛國ニ居住スル一切ノ人ヲ拘束スト言ヒ、一八九一年二月こんごー法第八條ハ刑法並ニ警察、安寧ニ關スル法律ハ國內ニ居住スル一切ノ人ヲ拘束スト云ヒ、猶ホ同第九條ハこんごー國ノ公法又ハ社會ノ利益若クハ公ノ道德ニ反スル外國法ハ國內ニ於テ何等ノ效力ヲ有セスト爲シ、伊太利民法第一二條ハ外國法ノ適用ハ如何ナル場合ト雖モ伊太利ノ禁止法又ハ公ノ秩序若クハ善良ノ風俗ニ關スル法律ニ違反スルコトヲ得スト云ヒ（猶ホ西班牙民法第一一條第三項ニモ殆ト同一ノ規定アリ）、もんてねぐろ財產法第八條ハ外國法カ公ノ秩序及ヒ安寧ニ關スルもんてねぐろノ法律ニ反スルトキハ裁判所ハ決シテ之レヲ適用セス、善良ノ風俗ニ反シ若クハもんてねぐろニ容レラレサル非人道的制度（例之奴隷）ヲ認ムル外國法亦同シト言ヒ、亞爾然丁民法第一

外國法排斥ノ意義

四條ハ外國法ノ適用カ內國ノ公法、刑法、宗教、信仰自由、道德及ヒ善良ノ風俗ニ反スルトキ又法律ノ精神ニ反スルトキハ之レヲ排斥スト云ヒ、獨逸民法施行法第三〇條ハ外國法ノ適用カ善良ノ風俗又ハ獨法ノ目的ニ反スルトキハ其ノ適用ヲ排除スト言ヘリ。

第二節　理論上ノ決定

前節ニ揭クル學說及立法例ニ就テモ之レヲ見得ルカ如ク外國法ノ適用ヲ排斥スヘキ場合ヲ明確ニ定ムルハ甚タ困難ナル事ニ屬ス。然ルニ余輩ノ觀ルトコロニ依レハ本問題ニ付テハ其ノ解決ニ入ルニ先タチ問題自身ノ意義ヲ明カニスルコト最モ必要ナリト信ス。從來ノ學說及ヒ立法例中ニハ此ノ點ノ注意ヲ缺キタルカ爲メニ問題ヲ無用ニ複雜ナラシメタルノ憾ナシトセス。抑モ外國法適用ノ制限トハ元來外國法ヲ適用スヘキニモ拘ラス或ル場合ニ於テハ之レヲ適用セスト言フコトナリ。猶ホ詳言スレハ國際私法ノ一般原則ニ依レハ元來外國法ニ依ルヘキ事項ナルニモ拘ラ

留保條欵ハ例外規則ナリ

ス或ル場合ニハ之レヲ適用セスト言フコトナリ。即チ此ノ外國法ノ適用ヲ排斥スルトコロノ規則(所謂留保條欵)ハ他ノ一般衝突規則ニ對スル例外規則タリ。故ニ此ノ例外規則ノ適用セラルル場合ハ元來一般衝突規則ノ適用ヲ受クヘキ法律問題ニ限ラルルモノナリ。從ヒテ一國ノ憲法、行政法、刑罰法等ニ關スル問題ハ本問ニ關係ヲ有セサルナリ。即チ此等所謂公法ニ關スル問題ハ國際私法ノ範圍ニ屬セス。此等ノ法律ハ元ヨリ一國內ニ於テ絶對ニ適用セラル、然レトモ是レ一國ノ公法トシテ其ノ當然ノ管轄權ニ依ルモノニシテ決シテ例外管轄權ニ依ルモノニ非ス。猶又一般衝突規則ノ適用ヲ受クヘキ問題ニ屬スト雖モ原則トシテ外國法ニ依ルヘキ法律問題ニ非サレハ本問例外規則ノ範圍ニ屬セサルナリ即チ土地所有權法ヲ以テ公序法ナリト爲スハ誤ナリ。內國ノ土地所有權法カ內國ノ土地ニ適用セラルルハ、物權ハ其ノ目的物ノ所在地法ニ依ルト爲ス衝突規則ノ一般原則ノ適用ニシテ決シテ本問ノ例外規則ノ適用ニ非サルナリ。故ニ所謂公序法ニ屬スル法律トシテ從來ノ學者殊ニ伊太利學派ニ屬スル學者カ往々此等ノ法律ヲ掲クルハ本問題ノ意義ヲ正當ニ解セサルカ爲ナリ。又前掲立法例中ニモ同樣ノ誤謬ニ陷レルモノアルヲ見ルヘシ。（此ノ點ニ付テハちーてるまんノ說ク所全ク正當ナリ Zitelmann, I S. 329 ff.）然ルニびーるハ前ニ掲ケタルカ如ク公序法ハ普通ノ管轄法ニシテ例外法ニ非ス、公序法ノ適用アル場合ハ公序法ノ固有ノ管轄權ニ基ツクモノナリト爲ス。此ノ議論ハ一面ニ於テハ全ク當然ノ事ヲ言明シタルニ止マリ、他面ニ於テハ問題ノ眞ノ地位ヲ度外視シタルモノナリ。即チ公序法ノ適用アル場合ハ元ヨリ之レヲ適用スヘキ正當ナル理由アル場合ナルヲ以テ之レヲ公序法ノ當然固有ノ管轄權ナリト云フコトヲ得ルハ明カナリ。然レトモ公序法ハ如何ナル場合ニ管轄權ヲ有スルヤヲ攻究セサル可ラス、即チ本問題ノ眞ノ地位ヲ明カニセサル可ラス。公序法カ管轄權ヲ有スルハ原則トシテ適用セラルヘキ外國法ノ內容如何ニ依ルモノニシテ絕對、當然ニ適用セラルルニ非ス。若シ公序法カ絕對、當然ニ適用セラルヘキモノナルトキハ其ノ適用ハ原則ニシテ例外ニ非ス。然ルニ公序法ノ適用アル場合ハ原則トシテ一般ノ場合ニ適用セラルヘキ外國法カ或ル特殊ノ内容ヲ有スル場合ニ限ラルルモノナリ。從ヒテ此ノ公序法ノ適用ハ例外管轄ニ基ツクト言ハサル可ラサルナリ。

要之外國法適用ノ制限ハ國際私法ノ一般原則ニ依レハ外國法ヲ適用スヘキ法律問題ナルニ拘ラス其ノ外國法ノ内容如何ニ依リ之レヲ適用スルコト能ハサル場合ニ限ラルルモノナリ。此クノ如クシテ從來或ハ無益ニ混雜ヲ招キタル本問題ヲシテ其ノ正當ナル範圍ニ還元セシムルコトヲ得タリト雖モ猶ホ此ノ眞ノ外國法適用制限ノ場合ヲ正確、明瞭ニ指示スルコト甚タ困難ナリ。即チ如何ナル内容ヲ有スル外國法規ノ適用カ排斥セラルヘキモノナルカノ問ニ對シテ明確ナル答案ヲ與フルコト容易ナラス。

私法的社會生活ノ安寧

然レトモ最モ概括的ノ形式ニ於テ外國法排斥ノ標準ヲ示ストキハ本節ノ冒頭ニ於テ述ヘタルカ如ク、外國法ノ適用カ内國ノ公安ヲ害スヘキ場合ト云フヲ得ヘシ。猶ホ本問ハ私法適用ノ問題ナルヲ以テ更ラニ之レヲ詳言スレハ外國法ノ適用カ内國ノ私法的社會生活ニ關スル公安ヲ害スヘキ場合ト云フコトヲ得ヘシ。換言スレハ或ル外國法規ノ效力ヲ内國ニ認ムルトキハ內國ニ於ケル私法的社會生活ノ安寧ヲ破壞スルニ至ルヘキ場合ナリト云フヲ得ヘシ。此ノ內國ニ於ケル私法的社會生活ノ安寧ナル標準モ元ヨリ甚タ抽象的ノモノニシテ其意義或ハ漠然タルカ如キ觀ナキニ非スト雖モ余輩ハ之レ以上ニ此ノ標準ヲ具體化セシメ猶ホ其ノ正確ヲ保持スルコトハ殆ト不能ナリト信ス。

道德ノ原則
法律ノ目的

從來ノ學說、立法例等ニ採用セラレタル外國法排斥ノ諸種ノ標準ヲ對比研究スルニ結局二個ノ標準ニ歸スルカ如シ。即チ一ハ道德ノ原則ニシテ一ハ法律ノ目的、精神是レナリ、即チ外國法ノ適用カ內國ノ道德ノ原則ニ反スルトキ又ハ內國法ノ目的、精神ニ反スルトキハ該適用ヲ排斥スト爲スモノナリ。現ニ獨逸民法施行法第三〇條ハ此ノ二標準ヲ揭ケ、外國法ノ適用カ善良ノ風俗又ハ獨法ノ目的ニ反スルトキハ云々ト言ヘリ。此ノ善良ノ風俗トハ獨逸ノ倫理、道德ノ觀念ヲ指スモノナルコトハ同國學說ノ一致スル所ナリ。尤モ稀ニハ異ナレル見解ヲ有スル者ナキニ非ス、即チ此ノ善良ノ風俗ハ獨民法一三八條ノ其レト異ナリ獨逸ノ善良ノ風俗ニ非スシテ人道上ノ善良ノ風俗ナリト解スル者アリ Neubecker, Internationales Privatrecht, S. 30. (Jahrb. f. d. intern. Rechtsverkehr 1912/1913.)

公ノ秩序

猶ホ公ノ秩序ナル標準ヲ揭クル

道德ノ原則ハ國法ノ目的中ニ求ムルコトヲ得

モノアリト雖モ此ノ標準中ニ含マルル所ノ憲法、行政法、刑罰法、土地所有權法ノ如キハ本問ノ所謂例外的外國法排斥ノ場合ニ入ルヘキモノニ非サルヲ以テ此等ノ法律ヲ除外スルトキハ公ノ秩序トシテ外國法ヲ排斥スヘキ法律ハ結局裁判官カ立法者ノ目的ヲ攻究シテ判斷スヘキ法律ニ歸ス四五九頁參照此レヲ以テ觀レハ此ノ標準ハ前ニ掲ケタル標準ノ一タル國法ノ目的、精神ニ歸スルモノナリ。

扨テ爰ニ研究スヘキハ一國ノ道德ノ原則ト國法ノ目的、精神トノ二標準ハ全ク獨立シタル二個ノ標準ナリヤ否ヤノ問題ナリ。之レヲ一般論トシテ法律ト道德トハ決シテ相背馳シタル目的ヲ有スルモノニ非サルハ言フヲ俟タスト雖モ本問ニ於ケル二標準ハ更ラニ一層密接ナル關係ヲ有ス。卽チ二者共ニ外國法適用ノ排斥ナル共通目的ヲ有スルノミナラス、此ノ共通目的ヲ達スル爲メニ採ラルル所ノ手段モ亦全ク同一ナリ。其ノ共通手段トハ何ソヤ、國家ノ意思ナリ、國家ノ强行意思ナリ。此ノ道德ノ原則ハ各個人ノ道德觀念ニ非ス、哲學者ノ理想的道德ニ非ス、現實國家ノ道德觀念ナリ。猶ホ此ノ道德觀念ハ國家カ私法的國際交通ノ一般原則ニ違反シテ自己ノ公益保護ノ爲メニ强行セントスル道德觀念ナリ。故ニ此ノ道德ノ原則ハ國法カ認メテ之レヲ强行セントスル原則ナリ。隨ヒテ此ノ道德ノ原則ハ國法ノ目的、精神ノ中ニ之レヲ求ムルコトヲ得ルモノナリ。卽チ此ノ標準ハ既ニ國法ノ目的、精神ナル標準ヲ採用スルトキハ當然其ノ中ニ包含セラレ獨立ノ存在ヲ喪フモノナリ

Peter Klein, Die Lehre vom ordre public. (Archiv für Bürgerliches Recht, 29 S. 323 ff.); Rohs, Einführung in das internationale Privatrecht, S. 23.

依此觀之從來ノ學說、立法例等ニ揭ケラレタル諸種ノ標準ハ結局國法ノ目的、精神ノ一ニ歸着スト言フヲ得ルナリ。現ニ獨逸ノげーぶはるど氏第一草案三五條ハ此ノ單一標準ヲ揭ケ「外國法ハ其ノ適用カ內國法ノ規定又ハ目的ニ依リ排斥セラルルトキハ之レヲ適用セス」ト定メタリ。而シテ此ノ規定ハ同氏第二草案ニ至リテ次ノ如ク改メラレタリ「外國法ハ其ノ適用カ善良ノ風俗又ハ公ノ秩序ニ反スルトキハ之レヲ適用セス」ト然レトモ此ノ修正ノ理由ハ前記第一草案規定ノ實質ニ變更ヲ加ヘントシタルニ

非スシテ其ノ内容ヲ一定セントシタルモノナリ。猶ホ確定法ト爲リタル前掲獨逸民法施行法第三〇條ハ一方ニ於テハ問題ト爲ルヘキ場合ヲ可及的廣ク包含セシムルト同時ニ又他方ニ於テハ他ノ一般原則タル衝突規則ノ全部ニ影響ヲ及ホスカ如キ廣キ形式ノ標準ヲ避ケンカ爲メ、終ニ右二草案ヲ結合シテ第二草案ノ「善良ノ風俗」ヲ維持シ、「公ノ秩序」ナル語ハ空漠ニシテ且ツ誤解ヲ生スル虞アルヲ以テ之レヲ删除シ、之レニ代ユルニ第一草案ノ「獨法ノ目的」ヲ以テセリ。（Niemeyer, Das intern. Privatrecht, S. 95 ff.; Walker S. 252 ff.）然ルニ前述ノ如ク「善良ノ風俗」ナル標準ハ國法ノ目的ナル標準中ニ包含セラルルモノナルヲ以テ結局此ノ規定ハ第一草案ノ規定ト同シク國法ノ目的ヲ以テ外國法適用排斥ノ標準ト爲スモノナリ。即チ外國法ノ適用カ内國法ノ目的ニ背馳スルトキハ其ノ適用ヲ排スヘシト爲スモノナリ。然ラハ國法ノ目的ニ反スル場合トハ何ソヤト云フニ此ノ標準モ元ヨリ一般衝突規則ノ原則ニ依リ適用セラルヘキ外國法ヲ例外トシテ排斥スヘキ場合ナルヲ以テ其ノ範圍ハ抽象的ニハ自ラ之レヲ定ムルコトヲ得ヘシ、即チ先以テ此ノ場合カ自國ノ私法的社會生活ノ利益ヲ保護スヘキ場合ナルコトハ勿論ナリ。然レトモ此ノ利益ハ單純ナル利益ニ非ス、何トナレハ此ノ場合ハ元來國家カ單純ナル利害問題ハ之レヲ拋棄シテ專ラ國際交通ノ需要ニ鑑ミ外國法ニ管轄權ヲ認メタル場合ナレハナリ。卽チ此ノ場合ハ此ノ如ク既ニ一旦認メタル外國法ノ管轄權ヲ特ニ排斥シテ以テ自己國法ノ目的ヲ達セサル可ラサル必要ヲ感スル場合ナリ。故ニ此ノ場合ハ單ニ內國ノ社會生活ノ利害問題ニ非スシテ寧ロ其ノ安危ノ問題ニ關セサル可ラサルナリ。卽チ一般原則ニ依リ外國法ヲ適用スルトキハ其ノ外國法規ノ內容カ特殊ノ性質ノモノニシテ內國ノ社會生活ノ安寧ヲ害スルカ爲メニ止ムヲ得ス一般原則ヲ破リテ外國法ノ適用ヲ排斥スルモノナリ。乃チ知ル國法ノ目的ニ反スルカ故ニ外國法ノ適用ヲ排斥スル場合ハ畢竟外國法ノ適用カ內國ノ私法的社會生活ノ安寧ヲ害スル場合ナルコトヲ。又飜テ他方ヨリ之レヲ觀察スルニ內國ノ私法的社會生活ノ安寧ノ何ナルカハ此ノ社會生活ヲ定ムル內國法規ノ目的精神ニ依リテ判斷スヘキモノニシテ又判斷シ得ルモノナリ。故ニ此ノ二標準ハ觀察方面ヲ異ニシタル同一標準ニ歸スルモノナリ。卽チ一ハ形式的標準ニシテ一ハ實質的標準タリ。然ラハ孰レヲ採用スヘキカト云フニ二者ノ間ニ勿論甚シキ優劣ノ差ナシト雖モ余輩ハ漠然ナカラモ了解ニ便ナル實質的標準ヲ選ハントスル者ナリ。國法ノ目的ニ反スル場合トハ上述ノ如ク特ニ外國法ノ適用ヲ排斥シテ達セントスル國法ノ目的、精神ニ反スル場合ヲ指スモノナリ。然ルニ唯單純ニ「國法ノ目的」ナル文字ヨリ觀察シテ外國法ノ適用カ內國ノ强行法規ト抵觸スル場合ハ常ニ內國法ノ目的ニ反スルモノナリト云フカ如キ誤解ヲ招ク虞ナシトセス　Rohs, Einführung in das internationale Privatrecht, S. 23

猶ホかーんハ其ノ公序論ニ述ヘテ曰クげーぶはるど氏第一草案第三五條ハ全ク無用ノ規定ナリ、但シ無害ナリ。第二草案ノ規定モ同シク無用ナリ、但シ危險ナリ。而シテ獨逸民法施行法第三〇條ハ全ク第一草案ト同シク無用、無害ノ規定ナリト　Kahn, Iherings J., B. 39 S. 4.　氏又曰ク從來ノ禁止法論ハ要スルニ外國法ハ內國法ノ精神、意義ニ合スルトキハ之レヲ適用シ、然ラ

外國法適用排斥ノ條件

外國法規ノ內容カ社會生活ノ安寧ニ反スルコト

サルトキハ之レヲ適用セスト云フ國際私法ノ第一原則ヲ反覆スルニ過キス、然レトモ此ノ自明ノ原則ノ爲メニ禁止法ヲ云々スルノ要ナシト（S. 22.）此ノ批評ノ當ヲ得サルハ明カナリ。國法ノ目的又ハ其ノ意義、精神ニ依リ外國法ノ適用ヲ排斥スルハ原則ニ非スシテ特別ノ理由ニ基ツク例外ナリ。故ニ明言スルノ要アルナリ。而シテ此ノ特別ノ理由ハ國法ノ目的、精神ニ依リテ判斷スヘシト云フハ決シテ無用ニ非サルナリ。然レトモ抑モ此等ノ誤解又ハ非難ノ生スルハ「國法ノ目的」ナル標準カ甚タ形式的ニ過クルカ爲メナリ。此ノ點ヲ考慮シ余輩ハ寧ロ前ニ掲ケタル實質的標準ヲ採用セントス。而シテ個々ノ場合ニ於テ何カ內國ノ私法的社會生活ノ安寧ナルカハ此ノ社會生活ヲ定ムル內國法規ノ目的、精神ニ依リテ判斷スヘキモノナリト爲スナリ。

以上ノ根本觀念ニ基ツキ以下外國法適用排斥ノ條件ヲ分說スヘシ。

第一　外國法規ノ內容カ內國ノ私法的社會生活ノ安寧ニ背反スルモノナルコト。

或ル外國法規ノ適用ヲ排斥スルハ或ル內國法規カ絕對適用ヲ要求スルカ爲メニ非スシテ該外國法規カ特殊ノ內容ヲ有シ、隨ヒテ其ノ適用カ內國ノ社會生活ノ安寧ヲ害スルニ至ルヘキカ爲メナリ。是レ外國法排斥カ例外タル根本觀念ヨリ生スル當然ノ結果タリ。反之若シ或ル內國法規カ絕對ニ施行セラルヘキモノナルカ故ニ外國法規ヲ排斥ストセンカ、裁判所ハ外國法規ノ內容ヲ審査スルノ要ナク、偏ヘニ內國法規ヲ適用スヘキモノナリ。然レトモ此ノ如キハ上述ノ根本觀念ニ反スルモノナリ。故ニ本問ニ於テハ先以テ衝突規則ノ一般原則ニ從ヒ適用セラルヘキ外國法規ノ內容ヲ研究シテ其ノ內國社會生活ノ安寧ニ背反スルヤ否ヤヲ定メサル可ラス。例之奴隷又ハ一夫多妻ヲ認ムル外國法規ハ我カ私法的社會生活ノ基礎的原則タル人ハ總テ法人格ヲ有シ、婚姻ハ一男一女ノ結合ナリト爲ス制度ト全ク背反スルモノナルヲ以テ假令此ノ外國法カ衝突規則ノ一般原則ニ從ヘハ適用セラルヘキモノナリト雖モ其ノ適用ヲ排斥スヘキモノナルカ否カヲ定メサル可ラス。

外國法規ノ適用カ社會生活ノ安寧ヲ害スルコト

奴隸、多妻關係ノ實現

第二　外國法規ノ適用カ內國ノ私法的社會生活ノ安寧ヲ害スルコト

單ニ外國法規ノ內容カ內國ノ社會的生活ノ安寧ニ背反セルノミニテハ未タ以テ其ノ外國法規ノ適用ヲ排斥スルニ足ラサルナリ。其ノ之レアルカ爲メニハ該外國法規ノ適用カ內國社會生活ノ安寧ヲ害スヘキモノナルコトヲ要ス。卽チ該外國法規ノ適用ニ因リテ現實ニ內國社會生活ノ安寧ヲ害スル結果ヲ生セサル可ラス。若シ此ノ結果ヲ生セサランカ外國法ノ適用ヲ排斥スヘキ理由存在セサルナリ Bar, I S. 129, 130. 各國社會生活ノ基礎的原則ハ各國ニ於テ異ナリ得ルモノナリ。甲國ノ社會道德又ハ社會政策ハ乙國ノ其レト異ナルコトアリ、然レトモ互ニ自國ノ道德觀又ハ社會觀ヲ以テ他國ノ其レヲ排斥、否認スルコトヲ得ス。唯外國ノ道德觀又ハ社會觀ヲ容レテ內國ノ其レヲ害スルコト能ハサルナリ。卽チ我國內ニ於テ奴隸又ハ一夫多妻關係ヲ實現セシムルコトヲ得ス、故ニ我裁判所ハ主人ノ奴隸取戻又ハ奴隸賣却代金本國法ヲ準據法ト定メ我國ニ於テ爲シタル賣買契約ニ基クノ請求ハ排斥セサル可ラス。又土耳古人カ其ノ第二妻又ハ第三妻ニ對シテ主張スル夫權ヲ認ムルコト

本國ニ於テ主人カ奴隷ニ依リテ得タル財産權

第二妻、第三妻ノ子ノ相續權

法律問題ト内國トノ關係、禁止法ノ連結點

ヲ得ス。同シク我戸籍吏ハ土耳古人カ我國ニ於テ重ネテ爲サントスル第二次、第三次ノ婚姻ヲ受理スルコトヲ得ス。然ルニ奴隷制度ヲ認ムル國ニ於テ主人カ奴隷ニ依リテ得タル財産權ハ我國ニ於テ之レヲ否認スヘキ理由ナシ。又土耳古人カ其ノ本國ニ於テ數妻ヲ有シ、其ノ第二妻又ハ第三妻ヨリ生マレタル子カ我國ニ存在スル父ノ財産ニ對シテ主張スル相續權ハ之レヲ否認スヘキ理由ナシ。何トナレハ此ノ主人ノ財産權又ハ此ノ第二妻、第三妻ノ子ノ相續權ヲ認ムルモ何等我道德觀又ハ社會觀ヲ害スルコトナケレハナリ。即チ奴隷ノ本國ニ於ケル奴隷制度、土耳古人ノ本國ニ於ケル多妻制度ニ本國法ヲ適用シテ其ノ法律上ノ效果ヲ認ムルモ我カ社會生活ノ安寧ニハ何等關係ヲ有セサルナリ。即チ外國法規ノ内容自身カ我道德觀又ハ社會觀ニ背反スルトキト雖其ノ適用ノ結果カ直接ニ我道德觀又ハ社會觀ヲ破壞スル場合ニ非サレハ其ノ適用ヲ排斥セサルナリ。此ノ關係ヲ說明センカ爲メ學者或ハ留保條欵ノ適用セラルル爲メニ必要ナル條件タル法律問題ト内國トノ關係 Beziehung ニ付キ、又或ハ所謂内國ノ禁止法ノ適用條件タル連結點 Anknüpfung 三一六頁參照 ニ付キ特ニ研究ヲ爲スアリ Zitelmann, I S. 356 ff.; Kahn, Iherings J. § 7; Niedner, 2 Aufl. S. 87. 然レトモ此ノ法律問題ト內國トノ關係又ハ內國禁止法ノ連結點ナルモノハ必シモ單一ニ非ス。從ヒテ外國法ヲ排斥スル爲メニハ如何ナル關係、如何ナル連結點カ內國ニ在ルコトヲ要スルカヲ究メサル可ラス。然レトモ此ノ問題ハ排斥スヘキ外國法ノ內容如何又內國ノ社會生活如何ニ依リ、各場合ニ付キ決定スヘキ問題ニシテ決シテ一樣ニ決シ得ヘキモノニ非ス。卽チ如何ナル場合ニ內國ノ社會生活ノ安寧カ害セラルヘキカハ偏ヘニ內國法ノ目的、精神ニ依リテ各場合ニ付キ判斷スルノ外ナキナリ。故ニ此等學者ノ研究ハ元ヨリ本問題ノ要點ヲ明瞭ナラシムルノ效アリト雖之レニ依リテ直チニ問題ヲ解決スルコト能ハサルナリ。Niemeyer, S. 100, 101; Peter Klein, Archiv f. Bürgerl. R. 29 S. 342, 343.

上述ノ如ク外國法ノ效果カ內國ニ如何ナル關係ヲ有スル場合ニ內國ノ社會生活ノ安寧ヲ害スルカハ專ラ國法ノ目的、精神ニ依リテ判斷スヘキモノニシテ裁判官ニ對スル困難ナル問題ノ一タルヘシ。前例土耳古人ノ

內國ニ入リタル第二妻及ヒ其子ノ地位

相續權問題ニ於テモ子カ土耳古ニ於テ生マレタル場合ニ付テハ第二次ノ婚姻ヲ有效ト認メ從ヒテ其ノ相續權ヲ認ムルコトニ異論ナシ若シ子カ內國ニ於テ第二妻ヨリ生マレタル者ナルトキハ如何、此ノ場合ニ付テハ學者ノ見解分ル。或ハ此場合ト雖モ本國法ニ從ヒ子ヲ嫡出子ト認メ且其ノ相續權ヲ認ムヘキモノナリト爲シ Habicht S. 238; Walker S. 263 或ハ全ク反對ノ意見ヲ持スル者アリ。曰ク第二妻ハ內國ニ入ルト共ニ最早妻ト認ム可ラス。從ヒテ其ノ子ハ嫡出子ニ非ス。故ニ相續權ヲ認ム可ラス、卽チ此ノ場合ニ於テハ第二妻カ內國ニ入ルト同時ニ其ノ婚姻ハ解消シタルモノト看做スヘキモノナリ。而シテ此ノ第二婚ヲ認メサル效果ハ單ニ妻ノ不利益ニ於テノミナラス、又其ノ利益ニ於テモ生スルモノニシテ妻ハ未婚ノ婦トシテ內國ニ於テ新タニ婚姻ヲ爲スコトヲ得ヘシト Zitelmann I. S. 364. 余輩ハ第一說ノ妥當ナルヲ信ス但シ單ニ其ノ結論ヲ妥當ナリトスルモノニシテ理由、根據ヲ倶ニスルニ非ス。何者此ノ場合ニ土耳古法ニ依リテ第二婚ヲ有效ナル婚姻ト認メ、從ヒテ第二妻ノ子ニ相續權ヲ認ムルモ內國ノ社會生活ノ安寧ニ何等危害ヲ與ヘサルハ本國ニ於テ生マレタル子ニ關スル場合ト全ク異ナルコトナケレハナリ。一夫一婦制ヲ採ル國ニ於テ多妻關係ヲ實行セシムルコトハ元ヨリ社會生活ノ安寧ヲ害スルカ故ニ之レヲ容ルスコト能ハスト雖モ單ニ生子ノ嫡出關係ヲ定ムル爲メニ遡テ其ノ父母ノ婚姻カ適法ナルヤ否ヤヲ本國法ニ依リテ判斷スルコトハ決シテ內國ニ於テ多妻關係自體ヲ實行セシムルモノニ非ス。此ノ親子關係ヲ認ムルコトハ元ヨリ第二妻ト夫トノ婚姻關係ノ存在ヲ認ムルモノニシテ結局多妻關係ヲ認ムルモノナリト雖モ此ノ如キハ決シテ國家カ多妻關係自體ヲ認メテ之レニ法律上ノ保護ヲ與フルモノト云フヲ得サルナリ。故ニ單ニ此ノ點ニ於テ多妻關係ノ存在ヲ認ムルコトハ內國ノ一夫一婦制ノ目的ニ背反スルモノナリト云フヲ得スト信ス。隨テ又余輩ハ單ニ第二妻カ足一歩ヲ內國領土ニ入レタルノ故ヲ以テ第二婚ハ解消シ、未婚ノ婦ト爲ルト云フ意見ニモ贊同スル能ハサルナリ。此ノ第二婚ノ當事者間ニ夫婦ノ權利、義務ヲ認メテ之レニ法律上ノ保護ヲ與フルコトハ內國ニ於テ多妻關係ヲ實行セシムルモノナルヲ以テ之レヲ排斥スヘシト雖モ第二妻カ更ラニ他夫ト結婚セントスル場合ニ第二婚ノ存在ヲ認メテ其ノ有夫ノ婦タル地位ヲ保有セシムルモ之レカ爲メニ內國ノ公安ヲ害スト云フヲ得ス。又反對ノ方面ヨリ觀ルモ內國ノ公益上第二妻ヲシテ自由ニ他男ト通セシメ、自由ニ更ラニ婚姻セシムル必要アリト云フヲ得サルナリ。猶ホ反對論ノ趣旨ニ從ヘハ第一妻カ死シタルトキハ第二妻ハ生存スルニ拘ラス、夫ハ更ラニ他婦ト婚姻ヲ爲スコトヲ得サル可ラス。然ルニ反對論者ハ此ノ當然ノ結論ヲ斥ケテ曰ク此ノ場合ニ第二婚カ猶ホ事實上存在スルトキハ換言スレハ第二妻カ猶ホ他夫ト婚姻セサリシトキハ此ノ第二婚ハ再ヒ有效ト爲ル。何者土耳古法ニ從ヒ有效ニ婚姻シタル夫ヲシテ內國ニ於テ新タニ婚姻ヲ爲サシムルハ之レヲ拒絶スルニ比シ內國ノ公ノ道德ヲ害スルコト一層大ナレハナリト Zitelmann, I S. 365. 然レトモ此ノ如キハ明カニ第二婚解消論ニ矛盾スルモノナリ。此レヲ以テ觀ルモ第二婚カ絶對ニ消滅シタルモノト看做スヘキ必要ナキヲ知ルニ足ルヘシ。

要之國法ノ目的、精神ニ依リ外國法規ノ適用ノ結果カ實際內國ノ私法

外國法ノ適用ヲ排斥シタル結果

的社會生活ノ安寧ヲ害スヘキ場合ニ限リ、其ノ適用ヲ排斥スヘキモノナリ。

然ラハ外國法ハ適用ヲ排斥シタル結果如何。學者或ハ此ノ結果ハ單ニ其ノ外國法規ヲ適用セサルニ止マル場合ト內國法規カ外國法規ニ代リテ適用セラルル場合アリト爲シ、其ノ第一ノ場合ノ例トシテ婚姻ノ或ル要件ニ付キ當事者ノ本國法ノ適用ヲ排斥スルモ其他ノ要件ニ付キテハ猶ホ本國法ノ規定ニ依ルヘキ場合ヲ揭ケ Niemeyer, S. 73, 94. 學者又或ハ裁判官又ハ其他ノ官廳カ或ル法律效果ノ創設ニ關與スル場合ニ於テ其ノ條件トシテ從フヘキ外國法規カ內國公安ニ反スルカ爲メニ之レヲ排斥スヘキトキハ裁判官又ハ官廳ハ何等ノ法律ヲモ適用スヘキモノニ非ス、偏ヘニ其ノ關與ヲ拒絕スヘキモノナリト爲シ、其ノ例トシテ身分官吏カ重婚ノ締結ニ關與スル場合等ヲ揭ク Zitelmann, I. S. 366 ff.; Habicht, S. 240. 猶ホ或ハ排斥セラレタル外國法規ハ其ノ外國法ノ一般原則ニ對スル例外規定ニシテ、其ノ一般原則自身ハ內國法ノ道德觀ト一致セルモノナルトキハ此ノ一般原則ヲ適用スヘキモノナリト爲スアリ Habicht, S. 240. 余輩ハ此等ノ説ニ贊同スルヲ得ス。余ノ觀ル所ニ依レハ或ル外國法規ノ適用ヲ排斥シタル結果ハ當然內國法規カ適用セラルルモノナリ。外國法規ノ排斥ハ同時ニ之レニ反對セル內國法規カ適用セラルルコトヲ意味スルモノナリ。婚姻ノ或ル成立要件ニ付キ當事者ノ本國法ノ規定ノ適用カ排斥セラルルトハ同時ニ之レニ反對セル內國法規カ適用セラルルモノナリ。例之宗敎上ノ理由ニ基ツク本國法ノ婚姻禁止條件ヲ排斥スルコトハ此ノ如キ條件ヲ認メサル內國法カ適用セラルルモノナリ。其他ノ成立條件ニ付キ本國法カ適用セラルルハ全ク別問題ナリ。戶籍吏カ本國法ノ適用ヲ排斥シテ重婚ノ屆出ヲ受理セサルハ一夫一婦制ヲ認ムル內國法ヲ適用スルモノナリ。外國ノ例外規定ノ適用ヲ排斥スル場合モ同シク之レニ反スル內國法ヲ適用スルモノナリ。要スルニ外國法ノ適用ヲ排斥スル結果ハ其ノ問題トナレル法律事實ニ付テハ常ニ內國法カ適用セラルルモノナリ。

國際公法違反ノ外國法

學者或ハ曰ク國際公法ノ原則ニ反スル外國法モ亦其ノ適用ヲ排除スヘ

キモノナリ。卽チ外國法カ國際公法ノ要求ニ反スル程度ニ於テ外國人ノ私法上ノ地位ヲ劣等ナラシメ又耶蘇敎信者ヲ他敎信者ノ下位ニ置クカ如キ場合ニ於テハ其ノ適用ヲ排斥スヘキモノナリ。而シテ此ノ場合ノ外國法適用排斥ノ效果ハ不道德ナル外國法排斥ノ場合ヨリ更ラニ大ナラサル可ラス。卽チ此ノ國際法違反ノ外國法規ハ更ラニ存在セサルモノト看做サルヘキモノナリ。或ハ寧ロ該外國法規ハ外國人ハ內國人ト同樣ナル、又耶蘇敎信者ハ他敎信者ト同樣ナル權利ヲ享有スト云フ規定ニ變更セラレタルモノト看做スヘキモノナリ。猶ホ外國法ノ規定カ條約ニ依リテ約束シタル規定ト異ナレルトキモ亦同樣ニシテ對手國ハ條約ニ依リテ定メラレタル規定ヲ以テ外國法ノ規定ト看做シテ之レヲ適用スヘキモノナリト(一)。然レトモ此等ノ問題ハ概ネ國際公法ニ屬シ國際私法上ノ外國法適用排斥ノ問題ニ非ス。卽チ前掲諸例中宗敎上ノ理由ニ基ツキ人ノ私法上ノ地位ニ差等ヲ認ムルカ如キ外國法規ハ內國法ノ目的ニ反スルモノトシテ其ノ適用ヲ排除

一　Zitelmann I S. 379, 380. 獨民第二草案ニ於テモ外國法ハ善良ノ風俗、獨法ノ目的ニ反スル場合ノ外猶ホ外國人ノ權利ヲ不當ニ制限スル場合ハ其ノ適用ヲ排除ストセリ二二六四條

スルコトヲ得ヘシト雖モ一般外國人ノ私權享有ニツキ內外人間ニ甚シキ差等ヲ認ムルカ如キ國ニ對シテハ或ハ國際公法上ノ復仇手段ニ依リテ其ノ救濟ヲ求ムルコトヲ得ヘク、又條約違反ニ對シテモ同シク國際公法上ノ諸種紛爭解決方法ニ依リテ救濟ヲ求ムヘキモノニシテ單ニ條約違反ヲ理由トシテ外國法ノ適用ヲ排斥スヘキモノニ非スト信ス。

【註】此ノ點ニ付テハらをるかーノ所論正シ Walker, S. 271, 272. 猶ホ Peter Klein, Das Verhältniss der Vorbehaltsklausel zur Retorsionsbestimmung (Z. f. Völkr. B. XI Heft 2/3) 參照。

第三節　法例第三〇條ノ規定

我留保條款タル法例第三〇條ハ規定シテ曰ク

外國法ニ依ルヘキ場合ニ於テ其規定カ公ノ秩序又ハ善良ノ風俗ニ反スルトキハ之ヲ適用セス

ト。此ノ規定ノ意義、精神ハ既ニ第一節、第二節ニ述ヘタル所ニ依リ自ラ分明ナルヘシ。卽チ法例ハげーぶはるど第二草案ト同シク公ノ秩序、

民法ノ公ノ秩序ト法例ノ公ノ秩序

善良ノ風俗ノ二標準ヲ採用シタリ。而シテ此等ノ術語ノ意義モ從來ノ學說、立法例等ニ於テ一般ニ認メラレタル意義ニ從ヒテ定ムヘキモノナリ。卽チ善良ノ風俗トハ我社會道德ノ觀念ヲ意味シ、公ノ秩序トハ結局我國法ノ目的、精神ニ歸スヘキコト前旣ニ述ヘタルカ如シ四七一頁參照從ヒテ此ノ公ノ秩序ナル語ハ民法法典ニ用ヒラレタル公ノ秩序民法九〇條以下ナル語トハ意義ヲ異ニス。所謂强行規定ハ民法ノ公ノ秩序ニ關スル規定ナリ。然レトモ法例第三〇條ノ公ノ秩序ニ非ス。人ノ能力ニ關スル規定又ハ親族、相續ニ關スル規定ハ概ネ所謂强行規定ナリ。然ルニ我法例ハ總テ此等ノ事項ニ關シテハ當事者ノ本國法ニ從フノ原則ヲ認ム。若シ此等ノ場合ニ總テ外國法ノ適用ヲ排除ストセンカ本國法適用ノ原則ハ全ク意義ヲ喪フニ至ルヘシ。故ニ此ノ同一語ハ民法ト法例トニ於テ別異ノ意義ニ用キラレタルハ明カナリ。凡ソ一國ノ法律中ニ用キラレタル同一語ハ同一ノ意義ニ解スヘキハ法律解釋ノ原則タリ。此ノ場合ノ如キハ此ノ原則ニ對スル例外ナリト言ハサル可ラス。故ニ立法政策トシテハ此ノ如キ例外的用字法ハ之レヲ避ク可カリシナリ。即チ寧ロ獨逸民法施行法ノ如ク此ノ公ノ秩序ナル語ヲ斥ケ國法ノ目的又ハ神精ト云フカ如キ語ヲ用ユ可カリシナリ。然レトモ余輩ハ既ニ述ヘタルカ如キ理由ニ依リ一國ノ留保條欵ニ於テモ此等形式的標準ヨリハ社會的生活ノ安寧ナル實質的標準ヲ採用スルノ一層可ナルヲ信スル者ナリ。

規定ノ缺點

次ニ此ノ規定ハ外國法適用排斥ノ重要條件タル「外國法適用ノ結果カ我公序、良俗ニ反スルコト」ヲ明示セサルハ大ナル缺點ナリ。此ノ規定ノ文言ニ從ヘハ單ニ外國法ノ規定ノ内容カ我公序、良俗ニ反スルトキハ之レヲ適用セサルコトト爲リ外國法適用排斥ノ範圍ヲ不當ニ擴張スルニ至ルモノナリ。

適用上ノ注意

此ノ留保條欵ノ適用ニ關シテハ裁判官ノ任務ハ極メテ重大ナリ。裁判官ハ特ニ此ノ規定ノ例外的性質ニ留意セサル可ラス。即チ此ノ規定カ一般國際私法ノ原則ニ反シテ認メラルルハ全ク内國ノ社會生活ノ安寧維持ノ緊要ニ出ツルコトヲ忘ル可ラス。此ノ注意ヲ怠ルトキハ往々ニシテ此

各國公安ノ衝突

ノ規定ノ適用ヲ誤ルニ至ルヘシ。殊ニ前述ノ如ク公ノ秩序ナル語カ一層廣キ意義ニ解セラルル法規ヲ有スル我國ニ於テハ此ノ規定ノ適用ニ付キ深甚ノ注意ヲ拂ハサル可ラス。即チ我カ公益規定ニ反スル結果ヲ生スヘキ外國法ノ適用ハ常ニ法例三〇條ニ依リテ排除スヘキモノナリト判定スルカ如キコトナキヲ要ス。

以上外國法適用排斥問題ノ一般ヲ研究シタリ。要スルニ各國ハ自己ノ公安維持ノ必要ノ爲メニ或ル場合ニハ國際私法ノ一般原則ニ反シテ外國法ノ適用ヲ排除スルコトヲ得ルナリ。然ルニ公安ハ元ヨリ國ニ依リテ異ナルカ故ニ一國カ其ノ公安維持ノ爲メ其ノ國法ヲ適用シタル結果ハ公安ノ觀念ヲ異ニスル國ニ於テハ之レヲ認メサルヘシ。殊ニ自國法ノ適用ヲ排除セラレタル當該外國ニ於テハ勿論其ノ效果ヲ認メサルヘシ Pillet, Manuel de dr. i. pr p. 421。是レ各國公安ノ衝突ヨリ生スル止ムヲ得サル結果ナリ。於是此ノ公安衝突ノ爲メニ一般國際私法ノ成立ヲ否認セントスル説ヲ生シタルハ前既ニ述ヘタルカ如シ。二七九頁參照 然レトモ此ノ例外規則モ上述ノ如ク其ノ眞ノ精神ニ基ツキ其ノ適用ヲ誤ルコトナクンハ為メニ國際私法ノ一般原則ヲ抹殺シ去ルモノニ非ス。然リ然リト雖モ此ノ例外規則ノ適用カ各國ニ放任セラルルニ於テハ元ヨリ常ニ其ノ正當適用ヲ望ム可ラス。故ニ一般國際私法ヲ設定セントスル條約等ニ於テハ各條約國ノ公安ヲ豫見シ、各問題ニ付キ可及的具體的ニ公安ノ衝突ヲ調和解決スルノ途ヲ講スルノ必要アリ。海牙ノ國際婚姻條約ニ於テ婚姻ノ成立條件ニ付キ當事者ノ本國、婚姻擧行地及ヒ第三國ノ公安ヲ調和解決セントシタルカ如キ誠ニ當ヲ得タルモノナリ。但シ其ノ調和方法ノ可否ハ別論ニシテ後章國際婚姻ヲ述フルニ當リテ詳述スヘシ。

【註】公序法ノ國際的立法ニ付テハ Peter Klein, Die Lehre vom ordre public (Archiv f. Bürgerliches Recht. XXIX S. 347 ff) ヲ參照スヘシ。

各國衝突規則ノ積極的消極的衝突

第八章 反致主義

本章述フル所ハ余輩カ嘗テ京、法、六卷一一號ニ掲載シタル論文「反致論ノ當否ヲ論シテ法例二九條ノ適用範圍ニ及フ」ヲ補修シタルモノナリ

第一節 反致主義ノ意義

各國私法ノ衝突ヲ解決スヘキ國際私法ノ原則ノ未タ全ク統一セサル結果。各國ノ衝突規則相互間ニモ亦自ラ衝突ヲ生ス。而シテ此ノ衝突ハ或ハ積極的ニ或ハ消極的ニ生ス。即チ或ル法律問題ノ準據法トシテ甲國衝突規則ハ甲國法ヲ指定セルニ乙國衝突規則ハ乙國法ヲ指定シ、爰ニ衝突規則ノ積極的衝突ヲ生ス。又或ル法律問題ノ準據法トシテ(一)甲國衝突規則ハ乙國法ヲ指定セルニ、乙國衝突規則ハ此ノ法律問題ハ却テ甲國法ニ從フヘシト爲シ、(二)或ハ又乙國衝突規則ハ更ニ丙國法ヲ以テ準據法ト爲スコトアリ。(三)然ルニ丙國衝突規則ハ更ニ此ノ問題ヲ丁國法若クハ飜テ甲國法ノ管轄ニ屬スヘキモノナリト爲スコトアリ。是レ即チ衝突規則ノ

反致主義ノ自稱使命

消極的衝突ナリ。此ノ消極的衝突ノ場合ニ次ノ如キ問題ヲ生ス。卽チ甲國裁判所ハ此ノ問題ニ就テ乙、丙國衝突規則ノ指定セル準據法ヲ適用スヘキカ、或ハ又此等ノ指定如何ニ拘ラス偏ヘニ乙國ノ實質私法ヲ適用スヘキカ。換言スレハ甲國裁判所ハ乙、丙等ノ外國ノ衝突規則ノ規定ヲモ考慮スヘキモノナルカ否カノ問題ヲ生ス。之ヲ肯定スルモノ卽チ反致主義 Théorie du renvoi; Rückverweisungstheorie; Dortrine of renvoi. ナリ。卽チ反致主義ナルモノハ衝突規則ノ消極的衝突ヲ解決スル一方法トシテ主張セラルルモノナリ。元來反致ナル名稱ハ前掲(一)ノ場合ニノミ適當セルモノナレトモ此ノ名稱ヲ廣義ニ用キテ(二)(三)ノ場合ヲモ包含セシムルモノナリ。獨逸ニ於テハ(一)ノ場合ヲ特ニ反致 Rückverweisung ト稱シ、(二)ノ場合ニハ再致 Weiterverweisung ナル名稱ヲ用ユ。然レトモ總稱トシテハ佛國ニ於ケル Renvoi ト同シク Rückverweisung ナル語行ハル。我國ニ於テハ或ハ反定法、轉定法ナル名稱用キラル　山口博士國際私法提要六一頁、同氏日本國際私法論一分册六九頁

【註】第一次ノ外國法指定ヲ獨逸ノ術語ニ於テハ送致 Verweisung ト稱ス

反致ノ例

今問題ヲ明瞭ナラシムル爲メ二三ノ實例ヲ擧ケテ説明スヘシ。(一)日本ニ住所ヲ有スル英國人男女カ日本ニ於テ婚姻ヲ爲シ、爾後依然日本ニ住所ヲ保有ス。我法例第一五條ニ從ヘハ夫婦財産制ハ婚姻ノ當時ニ於ケル夫ノ本國法ニ依ルヘキモノナリ。然ルニ英國普通法ニ從ヘハ夫婦財産制ハ婚姻住所地法卽チ日本法律ニ依ルヘキモノナリト爲ス。於是我裁判所ハ此ノ問題ニ付テハ英法ヲ適用スヘキカ又ハ英法ノ指定セル婚姻住所地法タル日本婚姻法ノ規定ヲ適用スヘキカ。是レ反致ノ例ナリ。

再致ノ例

(二)獨逸ニ住所ヲ有スル米國人カ獨逸ニ於テ死亡シタリ。而シテ此者カ日本ニ遺留シタル財産ノ相續ニ付キ我裁判所ニ訴訟カ提起セラレタリ。我法例第二五條ニ從ヘハ相續ハ被相續人ノ本國法卽チ米國法ニ依ルヘキモノナリ。然ルニ米國普通法ニ從ヘハ死者ノ最後ノ住所地法卽チ獨逸法ニ依ルヘキモノナリ。於是我裁判所ハ米國ノ相續法ヲ適用スヘキカ、又ハ米國法カ指定シタル最後ノ住所地法タル獨逸法ヲ適用スヘキカ。是レ再致ノ例ナリ。

再致ノ結果ノ反致ノ例

(三)英國ニ住所ヲ有スル亞爾然丁人カ英國ニ於テ死亡シタリ。而シテ此者カ日本ニ有スル不動産ノ相續ニ付キ我裁判所ニ訴訟カ提起セラレタリ。前述ノ如ク我法例ノ規定ニ從ヘハ此ノ問題ハ被相續人ノ本國法即チ亞爾然丁法ニ依ルヘキモノナリ。然ルニ亞爾然丁法（一八七一年民法三二八三條）ハ死者ノ最後ノ住所地法即チ英法ニ依ルヘキモノトセリ。然ルニ又英法ニ從ヘハ不動産ノ相續ハ特ニ不動産所在地法即チ日本法律ニ依ルヘキモノタリ（動産ニ付テハ死者ノ最後ノ住所地法ニ依ル）。於是我裁判所ハ亞爾然丁ノ相續法ヲ適用スヘキカ或ハ又此ノ本國法ニ依リ再致セラレタル住所地法ノ反致ヲ認メテ我カ相續法ヲ適用スヘキカ。是レ再致ノ結果、法廷地法ニ反致セラレタル例ナリ。

反致ノ生スル場合

此ノ種ノ問題ハ本國法主義ノ衝突規則ト住所地法主義ノ衝突規則トノ關係ニ於テ生スルヲ多シトス。然レトモ必シモ斯カル場合ニノミ限ラサルハ最後ニ掲ケタル例ニ依リテ見ルモ明カナリ。英人又ハ米國人カ日本ニ於テ死亡シタル場合ニ其ノ我國ニ有スル不動産ノ相續問題ニ付テハ我法例ハ英法又ハ米法ニ依ルト爲スニ拘ラス、英、米法ハ不動産所在地法トシテ日本法律ニ反致スルモノナリ。即チ此ノ場合ハ住所地法トシテ日本法律ニ反致セラレタルニ非サルナリ。

第二節　反致主義ノ理由及ヒ其ノ批判

國際私法上反致主義ヲ認ム可キモノナリヤ否ヤニ付テハ從來學者間ニ大ニ議論ノ存スル所ニシテ今日モ猶ホ決定ヲ見サル難問ノ一ナリ。反致論者ノ主張スル理由一ニシテ足ラスト雖モ要スルニ國際私法ノ本質上反致ヲ認ムヘシト爲ス所ノ理論上ノ理由ト又反致ヲ認ムルトキハ實際上ノ便宜ニ適フト爲ス所ノ便宜上ノ理由トノ二種ニ分ツコトヲ得ヘシ。以下此等二種ノ理由ヲ掲ケテ其ノ當否ヲ判斷スヘシ。

第一　理論上ノ理由　此ノ理由ニモ亦左ノ數種アリ。

理論上の理由其ノ一

一　凡ソ一國ノ法律カ或ル法律關係ニ或ル外國法ヲ適用スヘシト命シタルトキハ是レ其ノ外國法律全部ノ適用ヲ命シタルモノニシテ其ノ國ノ實質法ハ勿論、國際私法ノ規定ヲモ倶ニ之レヲ適用スルコトヲ命シタルモノナリ。卽チ反致ハ當然之レヲ認ムヘキモノナリト。

此ノ説ハうゑすとれーき、だいしー等專ラ英法學者ノ唱フル所ナリト雖モ Westlake, 6th ed. p. 38; Dicey 3d ed. p. 771-781 獨逸ノえんねくちえれすノ如キモ亦總括指定論 Gesammtverweisung ヲ唱フ Enneccerus, Lehrbuch des Bürgerl. Rechts 18.-21 Aufl. I. 1. S. 142 ff. 然レトモ此ノ議論カ國際私法又ハ衝突規則ノ本質ニ反スルコトハ從來ノ説明ニ依リテ明カナルヘシ。卽チ國際私法又ハ衝突規則ナルモノハ國際交通ニ於テ生スル私法關係ニ適用セラルヘキ法律ヲ指定スル規則ナリ。而シテ此ノ如キ法律ハ各國實質法ノ外ニ之レヲ求ム可ラス。何者各國ノ衝突規則ハ或ル私法關係ニ適用セラルヘキ法律ニ非サレハナリ。故ニ一國ノ衝突規則カ或ル私法關係ニ就キ或ル外國法ノ適用ヲ命シタルトキハ元ヨリ其ノ外國ノ實質法ノ規定ノ適用ヲ命シタルモノト言ハサル可ラサルナリ。

批判

本項以下余輩カ反致主義ニ對シテ爲ス所ノ評論ハ固ヨリ一般ノ立法論タルコトヲ注意セサル可ラス。一國ノ衝突規則カ明カニ反致主義ヲ認メ、外國ノ實質法ノ外猶ホ其ノ國ノ衝突規則ノ規定ヲモ參酌スヘキコトヲ命シタル場合ニ於テハ裁判官ハ元ヨリ之レニ從ハサル可ラス。故ニ若シ英法カ實際其ノ從來ノ判例ニ於テ反致主義ヲ認メ、而シテうえすとれーき、だいしー等ハ單ニ此ノ英法ノ實際ヲ説明シタルニ止マルモノトセハ元ヨリ何等非難スヘキニ非ス。然レトモ反致主義ヲ認ムル理由トシテ「外國法」ナル文字ハ當然外國ノ衝突規則ヲモ含ムヘキモノナリト主張スルハ當ヲ得スト言ハサル可ラス。故ニ余輩ハ一般立法論トシテ此等諸家ノ説ノ採用ス可ラサルヲ指摘セントスル者ナリ。即チ國法ニ明カニ反致主義ヲ認ムヘキ根據ヲ有セサルニ拘ラス反致ヲ認ムヘシト為スハ衝突規則ノ本質ニ反スト主張スル者ナリ。

【註】因ニ記ス英國學者中英法カ果シテ反致主義ヲ認ムルヤ否ヤハ之レヲ英國從來ノ判例ニ照ラシテ一般ニ斷言スルコト能ハスト主張スル者アリ（例之 Bate, Notes on the doctrine of renvoi in private international law 1904 及ヒ國際法協會第二七回報告所載 Sewell 及ヒ Bate 二氏ノ報告）而シテ其ノ説ク所ノ反致主義反對ノ理論上ノ理由ニ至リテヤ觀ルヘキモノナキニ非スト雖モ未タ英國例例カ反致主義ヲ採用セル事實ヲ否認スルニ十分ナル根據ヲ指摘シ得タリト認ムルコト能ハサルナリ。反之近時佛國學者ぽとうー氏ハ反致主義ニ就キ各國法律ノ詳細ナル研究ヲ遂ケタルカ特ニ英米二國ニ就テハ一七九三年ヨリ一九一二年ニ至ル迄ノ本問ニ關係ヲ有スル判例四〇（其中多數ハ英國判例）ノ中反致主義ニ反對セルモノハ單ニ二件ニ過キスシテ爾餘三八件ハ總テ反致主義ヲ認メ且ツ其中ノ二件ハ再致ヲ認メタルモノナルコトヲ指摘セリ Potu, La question du Renvoi en droit international privé p.

其ノ二　批判

121-136

二　外國法律自ラ其ノ適用ヲ欲セサルトキハ之レヲ適用ス可ラス。是又一般反致論者ノ唱フル所ナリ。然レトモ此説モ亦一國國際私法ノ本質ニ反ス。凡ソ一國ノ國際私法カ外國法ノ適用ヲ命スルハ外國法カ其ノ適用ヲ欲スルカ爲メニ非スシテ自ラ其ノ適用スヘキヲ信スルカ故ナリ。從ヒテ裁判官モ亦偏ヘニ其ノ國法ノ命スル外國法ヲ適用スヘク、決シテ外國法自ラ其ノ適用ヲ欲スルヤ否ヤヲ穿鑿スルノ要ナシ。按スルニ此説ノ裏面ニハ夫ノしゆねるノ內國法適用限定主義又ハのいまんノ管轄審査主義（二二五頁以下參照）ノ觀念ヲ包藏スルモノナリ。卽チ此等ノ學者謂ラク一國ハ決シテ外國法律ノ適用範圍ヲ定ムルコトヲ得ス。是レ當然外國ノ管轄ニ屬ス。故ニ裁判官カ外國法ヲ適用スルコトヲ得ルハ唯其ノ外國法自ラ之レヲ欲スル場合ニ限ルト然レトモ此根本觀念ノ誤ナルコトハ余輩嘗テ之レヲ論セリ（京法四卷一〇號三五、三六頁）猶ホばーるカ內國法ヲ以テ外國立法者ノ拒否スル所ノ管轄權ヲ與フルコトヲ得スト主張スルモ同樣ノ誤ナリ Bar, Die Rückverweisung im internationalen

Privatrecht (Böhms Z. 8 S. 181) 一國カ外國法ノ適用ヲ外國裁判所ニ命スル能ハサルハ勿論ナリ。然レトモ一國カ內國裁判所ニ於テ決定スヘキ法律關係ノ從フヘキ規範ヲ外國法律ノ規定ニ採ルハ毫モ妨ケナシ。此ノ如キハ決シテ外國法律ノ管轄ヲ侵犯スルモノニ非ス。從ヒテ外國立法者ノ同意ヲ得ルニ非サレハ外國法ヲ適用スルコト能ハスト言フハ全ク理由ナキ議論タリ。

【註】ぴれゑ反致論ヲ評スル一節ニ左ノ如ク言ヘリ。「王ニ優レル王黨タル勿レ」是レ正サニ反致論ノ第一原則ナリ。反致論者ノ主張スル所ハ恐ラク下ノ如キモノナルヘシ。「英國佛國ニ對テ曰ク、貴國ハ貴國ニ住スル英人ノ身分ニ英法ヲ適用セントス。然レトモ思ヘ、我英國自身ハ此問題ヲ英法ニ服從セシメス却テ佛法ニ從ハシム。何者英國ニ於テハ此問題ハ住所地法ノ管轄ニ屬スヘキモノト爲セハナリ。然ルニ何カ故ニ貴國ニ於テハ英國自身カ英法ノ適用ヲ欲セサルニ強テ英法ニ依ルト爲スカト」然レトモ此レニ答フルコトハ極メテ容易ナリ。卽チ法律牴觸問題カ佛國裁判所ニ現ハレタル場合ニ佛國裁判官ノ研究スヘキ所ハ佛法カ何ヲ命スルカニ在リテ、英法カ何ヲ欲スルカニ非サルナリ Pillet, Principes p. 161-162.

其ノ三

三 「一國ノ法律カ人法ハ國籍ニ依ラスシテ住所ニ依リテ之レヲ定ムト爲ストキハ其ノ立法ノ精神ハ私法ノ範圍ニ於テハ國籍ナルモノ無シト云フニ外ナラス。從テ此ノ國ニ屬スル人民ハ外國ニ於テハ私法上國籍ヲ有セサル者ト看做サレサル可ラス。果シテ然ラハ住所地ノ法律カ之レヲ管轄スヘキハ當然ナリ」。

批判

是レ人法ニ付キ本國法主義ヲ採ル國ハ住所地法主義ヲ採ル本國法ノ反致ヲ認ムヘシトスルばーるノ主張スル所ナリ Bar, I S. 279 此說亦採ル可ラス。法廷地ノ國際私法カ國籍ヲ以テ人法ヲ定ムル標準ト爲シタルトキハ其ノ國籍ノ意義モ固ヨリ自ラ定ムヘキモノニシテ外國立法者カ國籍ニ如何ナル意義ヲ附與スルカヲ問ハサルナリ。故ニ氏ノ言フカ如ク外國カ國籍ニ私法上ノ效果ヲ認ムルト否トニ拘ラズ、本國法主義ヲ採ル國ノ裁判官ハ國籍ニ依リテ當事者ノ屬スル國ノ法律ヲ適用スヘキモノナリ。

其ノ四

四　衝突規則ノ指定シタル外國ニ統一私法ノ行ハレサル場合ニ於テハ反致主義ヲ認ムル必要アリ。例ヘハ英國人ノ能力ハ英法ニ從フト爲スモ英國ニハ英蘭法、蘇格蘭法、加奈太法等アルノミ故ニ英法トハ結局其ノ衝突規則ニ歸スト Arminjon, Le Renvoi (Revue de dr. i. pr. XVIII, No 3 1922–33, p. 585 et s.)。

批判

然レトモ此ノ場合ニ外國普通法ニ從ヒテ問題ヲ決スルハ決シテ反致主

義ヲ認ムルモノニ非サルコト前既ニ説明シタルカ如シ三七三頁參照。

其ノ五

五　國際私法上ノ問題ノ解決ヲ偏ヘニ法廷地ノ國際私法ニ一任スルハ不可ナリ。何者法廷地ハ元來偶然ノ事實ニ依リテ定マルモノナレハナリ。故ニ事物ノ性質上法律衝突解決ノ管轄權カ外國法ニ存スル場合ニ於テハ其外國法ノ國際私法ノ規定ニ依リテ從フヘキ法律ヲ定ムヘキモノナリ。二二六頁、Neumann S. 30 ff.

批判

然レトモ是亦絶對的理由アリト云フヲ得ス。何者假令此ノ如ク廣ク反致主義ヲ認ムルモ偶然ナル裁判管轄ニ依リテ決定ヲ異ニスルノ弊ハ到底救濟スルコト能ハサレハナリ。卽チ所謂事物ノ性質ノ判斷如何ニ依リ甲國裁判所ハ當事者ノ本國ノ國際私法ニ從ヒA國法ヲ適用スヘケンモ、乙國裁判所ハ當事者ノ住所地ノ國際私法ニ從ヒB國法ヲ適用スルコトアルヘケレハナリ。論者亦此結果ヲ自認スト雖猶ホ偶然決定ノ弊ヲ輕減スルノ效アリト爲ス S. 28, 33. 然レトモ此ノ如キハ固ヨリ薄弱ナル理由タリ。

以上國際私法ノ本質ニ基ツキ理論上反致ヲ認ムヘシトスル説ノ何レモ

根據ナキヲ覩タリ。以下反致主義ノ便宜上ノ理由ヲ吟味スヘシ。

【註】猶ホ一般ニ反致主義ハ排斥スヘキモノナリト雖モ當事者ノ本國法ニ依ルヘキ場合ニ於テ當事者カ國籍ヲ有セサルトキ及ヒ本國法カ國籍ヲ以テ法ノ管轄ヲ定メサルトキハ當事者ノ永續居所ヲ有スル內國ノ法律ニ依ルヘキモノナリト主張スル者アリト雖モ Paul Lerebours Pigsonnière, Observation sur laquestion du renvoi (Clunet 1924 51e Année, No 4, 5, p. 877 et s.) 是レ所謂反致論ニ屬セサルカ故ニ爰ニ評論スヘキ限ニ在ラス。

便宜上の理由

第二　便宜上ノ理由　此ノ理由ニモ亦左ノ數種アリ。

其ノ一

一　反致ヲ認ムルハ內國法ノ適用範圍ヲ擴張シ內國ニ於ケル法律交通ノ安全ヲ圖ル所以ナリ。

獨逸國際私法制定ニ際シ立法ニ參與セル者反致主義ハ原則トシテハ之レヲ認ム可ラサルモ、猶ホ此實益アルカ爲メニ例外トシテ之レヲ認ムヘシトセリ。然レトモ此ノ理由モ亦正當ト認ムルヲ得ス、其ノ故如何ト云

批判

フニ先以テ國際私法ノ目的ハ國際法律交通ノ安全ヲ圖ルニ在リテ單ニ內國ニ於ケル法律交通ノ安全ヲ圖ルニ在ラス。隨テ內國法律ノ適用範圍ヲ擴張スルハ決シテ此目的ニ適應セサルナリ。卽チ內國法律ノ適用範圍ヲ擴張スルハ內國若クハ內國人民ニ對シテハ或ハ利益タルヘキ場合アルヘ

シ。然レトモ斯クシテ一般ニ外國若クハ外國人民ノ利益ヲ無視セシカ、爲メニ國際交通ヲ阻害シ或ハ全ク杜絶セシムルニ至ルヘシ。次ニハ猶ホ内國法ノ適用ハ必シモ内國法律交通ノ安全ヲ圖ルト云フコトヲ得サルナリ。法律交通ノ性質ニ從ヒ外國法ヲ適用スルコトカ寧ロ内國ニ於ケル法律交通ノ安全ヲ圖ル所以タルコトアルヘキナリ。

其ノ二

二　反致ヲ認ムルハ同一法律問題ニ就テ内外裁判所ノ判決ノ衝突ヲ避クルノ效アリ。

是レ普通反致論者ノ最モ重要ナル理由トシテ掲クル所ノモノナリ。即チ我國ニ住所ヲ有スル英國人ノ能力ニ付テハ我法例ハ本國法タル英法ニ依ルヘシト規定ス。反之英國ニ認メラルル國際私法ハ住所地法タル日本法律ノ適用ヲ命ス。於是日英裁判所ハ此同一問題ニ付テ各判決ヲ異ニセサル可ラス。然ルニ今反致主義ヲ認メ我裁判所カ英法ノ反致セル日本法律ヲ適用スルトキハ爰ニ英國裁判所ト同一決定ヲ爲スニ至ルヘシト主張スルモノナリ。

批判

然レトモ是亦甚シキ誤謬ナリ。國際私法上ノ問題ニ就キ各國裁判所ノ判決ヲ統一セシムルコトハ國際交通ノ需要ニ最モ適合スルモノナルヲ以テ固ヨリ吾人ノ望ム所ナリト雖モ所謂反致主義ノ採用ニ依リテ此目的ヲ達セントスルハ到底不能ノ事ニ屬ス。何者反致ヲ認ムルコトヲ以テ國際私法上ノ原則ナリトセンカ本國法主義ヲ採ル國ト住所地法主義ヲ採ル國トヲ問ハス各國等シク反致ヲ認メ、其ノ結果ハ同シク判決ハ衝突ニ終ルヘケレハナリ。即チ前例ニ於テ我國ハ英法ノ反致ニ由リ日本法ヲ適用スヘキモ、英國ハ又日本法例ノ反致ニ由リ英法ヲ適用スヘク、判決ノ衝突ハ依然トシテ存ス。唯反致ヲ認ムルノ結果兩國其ノ適用スヘキ法律ヲ交換スルニ過キサルナリ。

【註】まいりー氏モ亦反致ハ理論上排斥スヘキモノナルモ猶ホ現今本國法ヲ過重スルノ弊ヲ匡正センカ為メニ之レヲ認ムヘシト主張ス。(國際民商法論上卷二四七頁乃至二五六頁及ヒ Meili, Das internationale Privatrecht u. die Staatenkonferenzen im Haag, S. 30 u. 31.) 然レトモ此議論ノ誤ナルコトハ本文ニ述フル所ニ依リテ明カナルヘシ。即チ今假リニ氏ノ言ノ如ク現今ノ國際私法上本國法カ不當ニ其ノ勢力ヲ有ストスルモ反致ニ依リテ之レヲ匡正スルコト能ハス。何者住所地法主義ヲ採ル國ハ反致ニ依リテ反リテ本國法ヲ適用スルニ至ルヘケレハナリ。現ニ住所地法主義ヲ採レル英國國際私法ハ反致主義ヲ認メ英人カ本國法主義ヲ採レル外國ニ住所ヲ有スルトキハ其ノ

住所地法ノ反致ニ依リ英法ヲ適用スルコト前既ニ述ヘタル如クナレハナリ。反致ハ單ニ本國法主義ヲ採ル國ニ專屬スル原則ナリト誤解ス可ラス。

其ノ三

批判

三　廣ク反致ヲ認ムルハ判決ノ外國ニ於ケル執行ヲ確保スル所以ナリ。是レ反致、再致ヲ認ムル效用ニ就キ往々學者ノ主張スル所ナリ。即チ或ル法律關係ニ就キ甲國法ハ乙國法ニ、乙國法ハ丙國法ニ依ルヘシト爲ス場合ニ於テ甲國裁判所ハ乙國法ノ指定セル丙國法ヲ適用スルニ非サレハ其ノ判決ハ乙國ニ於テハ執行セラレサルヘシ。故ニ判決ノ執行ヲ確保セント欲セハ乙國法ノ再致ヲ認ムヘシト。此ノ議論ハ單ニ乙國カ判決ノ執行地タル場合ニ於テノミ或ハ正當ナルヘシ。然ルニ反致主義ノ最モ必要ヲ感スヘキ場合即チ各國國際私法ノ衝突ノ最モ多キ人事、親族、相續ノ問題ニ關シテハ判決ノ效力ハ廣ク世界各國ニ於テ承認セラルヘキ必要アリ。單ニ乙ナル一國ニ於テ判決ノ效力ヲ認メラルルノミニテハ未タ判決ノ外國ニ於ケル效力ヲ一般ニ確保スルコト能ハス。更ラニ進ンテ丙、丁等ノ國際私法ノ命スル所ニ從ハサレハ此等諸國ニ於テ判決ノ效力ヲ承認セシムルコト能ハス。然レトモ此ノ如ク同時ニ數國ノ國際私法ニ從フコトノ不能ナル場合アルヤ明カナリ。卽チ若シ住所地法主義ヲ採ル國ノ國際私法ニ從ヒテ判決センカ本國法主義若クハ其ノ他ノ主義ヲ採ル國ニ於テハ其ノ效力ヲ認メサルヘシ。

上述ノ如クナルヲ以テ反致主義ノ便宜上ノ理由ナルモノモ一モ採用スヘカラサルナリ。要スルニ反致主義ハ外國國際私法ノ如何ニ依リテ自己ノ國際私法ヲ覆ヘサントスルモノニシテ一國國際私法ノ立法精神ニ反ス。卽チ各國ノ國際私法立法ノ目的ハ之レニ依リテ自ラ法律衝突問題ヲ解決セントスルニ在リテ外國立法者ニ解決ヲ委ネントスルニ非ス。故ニ外國國際私法ノ效力ヲ認ムルコトヲ前提トスル反致主義ナルモノハ此ノ立法精神ニ反スト言ハサル可ラス。加之反致論者カ此ノ主義ニ依リテ達セントスル目的卽チ各國判決ノ統一ハ到底之レニ依リテ達スル能ハサルナリ。此ノ目的ハ唯萬國條約ニ依リテ國際私法ノ原則ヲ統一スルニ依テ初メテ之レヲ達スルコトヲ得ヘシ。

反致排斥決議

【註】かーん氏ハ反致主義ヲ排斥スル一理由トシテ此ノ主義ハ論理上貫徹スルコトヲ得サル無終循環ナリトセリ。卽チ曰ク今反致ヲ以テ一般ニ國際私法上正當ナル原則ナリトセンカ、甲法ハ乙法ニ送致シ、乙法ハ甲法ニ反致ス。甲法ハ再ヒ之レヲ乙法ニ反致ス。乙法ハ更ラニ甲法ニ反致シ遂ニ終ル所ヲ知ラス。此ノ事タル再致ニ付テモ同シ。甲法ハ乙法ニ送致シ、乙法ハ丙法ニ、丙ハ丁ニ順次送致シ止マル所ヲ知ラサルヘシ。又或ハ再致ノ後再ヒ根原ノ法律ニ反致スル場合アルヘシ。又或ハ二外國法間ニ反致ノ循環スルコトアルヘシ。此等何レノ場合ニ於テモ結局法律關係ニ適用スヘキ法律ヲ發見スルコト能ハサルヘシト Kahn, Gesetzeskollisionen (Iherings J. XXX S. 23) 然レトモ此ノ非難ハ當ヲ得スト云ハサル可ラス。ちーてるまん曰ク總テ法律規則ハ合理的ニ解釋スヘシトハ一般ニ認メラレタル原則ナリ。假令法律カ反致ヲ認ムルモ反反致ハ之レヲ認メサルモノト解釋スルコト合理的ナリ。又同シク法律カ再致ヲ認ムルモ再再致ハ之レヲ認メサルモノト解釋スルコト穩當ニシテ合理的ナルヘシト Zitelmann, I S. 241. 此ノ評論正當ナリ。

第三節　國際法協會決議及ヒ國際婚姻條約

一九〇〇年ぬーしやーてるニ於テ開カレタル國際法協會ハ大多數ヲ以テ左ノ如キ決議ヲ採用シタリ。

一國ノ法律カ私法上ノ法律衝突問題ヲ規定スル場合ニハ法律衝突ニ關スル外國法ノ規定ヲ指定セスシテ各場合ニ直接適用セラルヘキ外國法ノ規定ヲ指定センコトヲ希望ス。

卽チ協會ハ反致主義ハ之レヲ排斥スヘキコトヲ宣言シタルモノナリ。然ルニ後數年ヲ出テスシテ成立シタル海牙國際婚姻條約第一條ハ左ノ如ク規定セリ。

婚姻ヲ爲スノ權利ハ各當事者ノ本國法ニ依リテ定ム。但シ本國法ノ規定カ明カニ他ノ國法ニ依ルヘシトナストキハ此限ニ在ラス。

條約ノ認メタル反致ノ意義

今此ノ但書ノ規定ノ文言ヨリ觀ルトキハ本條ハ婚姻成立條件ニ付テハ偏ヘニ當事者ノ本國ノ國際私法ノ規定ニ依リ、或ハ之レヲ當事者ノ住所地法ニ依ラシムルモ或ハ之レヲ婚姻擧行地ノ法律ニ依ラシムルモ全ク隨意ナリト解釋シ得ヘキカ如シ。然レトモ果シテ此ノ如クンハ各條約國ハ此ノ點ニ關シ全ク隨意ニ立法スルコトヲ得ルニ至リ、本條ハ有リテ無キカ如ク全ク存在ノ理由ヲ失フヘシ。故ニ此ノ如キハ本條ノ合理的解釋ニ非ス。本條ノ規定ニ依リ條約國ハ將來一般ニ婚姻ノ條件ハ各當事者ノ本國法ニ依リテ決スヘキコトヲ認メタルモノナリ。卽チ内國ニ於テ爲ス外國人ノ婚姻ノ成立條件ハ各當事者ノ本國法ニ依ラサル可ラス。本國法ニ依リテ要件ヲ充タストキハ內國法ノ如何ニ拘ラスル場合ヲ除キ內國公安ニ關ス有效ニ婚姻ヲ爲スコトヲ得。是レ本條前段規定ノ意義ナリ。而シテ後段但書ノ規定ハ條約國現在特種ノ法律ヲ有スル國ノ爲メニ例外トシテ制限的ニ反致主義ヲ認メタルモノナリ。即チ或ル條約國ニ於テハ其ノ國民カ外國ニ於テ爲ス婚姻ニ付テハ明カニ擧行地ノ法律ニ從フヘキ旨ヲ規定セルモノアリ。瑞西憲法五四條、同國身分法二五條三項ノ如キ是レナリ。然レトモ此ノ法律ノ精神ハ絕對ニ擧行地法ヲ適用スト云フニ非スシテ、唯擧行地法ニ從フモ猶ホ有效ニ婚姻ヲ爲スコトヲ得ト云フニ止マリ、外國ニ於テ瑞西人カ本國法ニ從ヒテ爲シタル婚姻ハ勿論之レヲ有效ト認ムルモノナリ。於是一方ニ於テハ此ノ如キ法律ヲ有スル國ニ對シ其ノ國際私法ノ效力ヲ認メ婚姻ヲ有效ナラシムルモ敢テ一般原則本國法主義ヲ變更スルニ非ス、而カモ他ノ條約國ノ利害ニ關スルコトナキヲ以テ之レヲ許スモ不可ナク、又他方ニ於テ此ノ種ノ反致主義ヲ絕對ニ認メサルトキハ今日猶ホ斷然本國法主義ヲ以テ住所地法主義ニ換ユル能ハサル國ハ或ハ條約ニ加入セサルへキ虞アリ、寧ロ僅少ノ緩和規定ヲ認ムルニ若カストノ理由ニ依リ、總ニ但書ノ規定ヲ設クルニ至リタルモノナリ。故ニ此ノ規定ハ決シテ一般ニ反致主義ヲ採用シタルモノニ非サルナリ。加之但書ニ「本國法カ明カニ他ノ國法ニ依ルヘシト爲ストキハ」トアルカ故ニ本國法ニ此ノ如キ明示ノ規定ナキ限リハ此ノ例外規定ハ適用ナキモノナリ。例之丁抹、諾威ニ於テハ內國ニ住スル外國人ニ住所地法ヲ適用スヘキ旨ヲ定ムト雖モ外國ニ在ル內國人ニ對シテハ何等ノ規定ナク唯類推解釋ニ依リテ住所地法ヲ適用スルモノナリ。然レトモ是レ本條但書ノ規定ニ適合セサルカ故ニ此等ノ國ニ對シテハ但書ノ適用ナキモノト解釋セサル可ラス るのーる氏ノ第三會議ニ於ケル報告ニ依ルモ此ク解釋スルヲ正シトス。從ヒテ此ノ但書ノ規定ノ適用範圍ハ甚タ狹隘ナルモノナリ。然レトモ兎ニ角本條約カ反致主義ヲ認メタル事實ハ爭フ可ラス。國際私法ノ統一ヲ圖ルヲ以テ目的トセル條約ニシテ猶ホ此ノ事アリシハ吾人ノ深ク憾ミトスル所ナリ。

【註】猶ホ統一爲替手形約束手形規則第七四條並ニ小切手法統一ニ關スル萬國手形法會議決議第三二條ハ能力ニ

關シ本國法ノ反致ヲ廣ク認メタリ。

第四節 各國立法例

各國立法例カ本問題ニ關シテ採レル地位如何ト云フニ一般的ニ反致主義ヲ認ムルモノ更ラニ無シ。

洪牙利婚姻法

即チ洪牙利ニ於テハ婚姻ノ年齢及ヒ能力ニ付テハ各當事者ノ本國法ニ依リ、若シ本國法カ他ノ國法ニ依ルト為ストキハ其ノ法律ニ從フト為シ、一八九四年婚姻法一〇八條、一一一條二項此等ノ事項ニ付テハ反致、再致ヲ認ム。

瑞典婚姻法

又瑞典ニ於テモ瑞典ニ於テ婚姻ヲ為サントスル外國人ハ其ノ本國法ニ依リテ婚姻ヲ為ス權利ヲ有スルコトヲ證明スルコトヲ要ス。但シ本國法カ他國法ニ依ルコトヲ許ストキハ其ノ法律ニ從フト為ス一九〇四年婚姻法二條。

獨逸民法施行法

猶ホ獨逸民法施行法二七條ハ左ノ如ク規定セリ。

本法七條一項、一三條一項、一五條二項、一七條一項及ヒ二五條ニ依リ從フヘキ外國法ニ依レハ獨逸法ヲ適用スヘキトキハ獨逸法ヲ適用ス

即チ本條列擧ノ各規定ニ依リ法律行為能力、婚姻、夫婦財産契約、離

婚、相續ニ關シ適用スヘキ本國法ノ反致ヲ認メタルモノナリ。然ルニ本條ノ解釋ニ付テハ學者ノ意見分ル。或ハ本條ハ例外規定ナルヲ以テ制限解釋ヲ採ラサル可ラスト爲シ。或ハ本條ハ制限的列擧ニ非スシテ廣ク本國法ヲ適用スヘキ場合ニ其ノ反致ヲ認メタルモノト爲ス。而シテ後說多數ヲ占ムルカ如シ。猶ホ獨逸衝突規則ハ一般ニ總括指定主義ヲ採レルモノナリト爲ス者ナキニ非スト雖モ前ニ述ヘタルゑんねくちえれすノ如キ通說トシテハ獨逸衝突規則ハ本條ヲ以テ單ニ本國法ノ反致ノミヲ認メ、再致ハ之レヲ認メサルモノト解ス。蓋シ正當ナル解釋ナルヘシ。

第五節　法例ノ規定

以上立法論トシテ反致主義ノ認ム可ラサル所以ヲ說明シタリ。故ニ國法カ明カニ反致主義ヲ認ムル場合ニ非サレハ衝突規則ハ私法關係ニ直接ニ適用セラルヘキ各國實質法ヲ指定セルモノト解セサル可ラス。然ルニ我法例ハ反致主義ヲ採用シ二九條ニ左ノ如ク規定セリ。

當事者ノ本國法ニ依ルヘキ場合ニ於テ其國ノ法律ニ從ヒ日本ノ法律ニ依ルヘキトキハ日本ノ法律ニ依ル

此ノ規定ハ前掲獨逸法ニ傚ヒタルモノナリ。而シテ猶ホ明カニ本國法ハ反致ヲ一般ニ認メタルモノナリ。以下本條ノ適用範圍ニ付キテ説明スヘシ。

法例二九條ノ適用條件

法例第二九條ノ適用アルカ爲メニハ左ノ二條件ヲ要ス

一、原則トシテ本國法ニ依ルヘキ場合

第一　我カ國際私法ニ認メラレタル原則ニ從ヒ本國法ニ依ルヘキ場合ナルコトヲ要ス。從テ我カ國際私法上原則トシテ、本國法ニ依ルヘカラサル場合、卽チ物權關係、債權關係ニ付テハ本條ノ適用ナシ。假令物權ノ準據法タル物ノ所在地法カ恰モ當事者ノ本國法タルトキ、若クハ當事者カ債權關係ニ就キ恰モ本國法ヲ以テ準據法ト選定シタルトキト雖、此ノ本國法ノ反致ハ之ヲ認ムヘカラス。何者此等ノ場合ノ本國法ハ單ニ偶然準據法ト爲リタルニ過キサレハナリ。卽チ第一條件ニ依リ本條ノ適用アル場合ハ左ノ如シ。

一　法例第三乃至第五條、及第一三乃至第二六條ニ規定セル事項卽チ人事、親族、相續法上ノ關係ハ當然此ノ場合ニ屬ス。

二　本條ハ當事者ノ本國法ノ反致ニ限リテ之ヲ認メタルモノナリト雖モ其當事者ノ本國法ニ依ルヘキ場合ニ付テハ何等制限ヲ加ヘサルカ故ニ法ニ明文ナキ事項ニ係ルモ苟モ當事者ノ本國法ニ依ルヘキ場合ハ本條ノ適用アリト言ハサルヘカラス。卽チ類推法ニヨリ本國法ニ依ルヘキ場合是レナリ。例之婚姻豫約又ハ相續契約ノ如キハ我カ法例ニ規定セサル所ナリト雖モ後述ノ如ク婚姻又ハ遺言ト性質ヲ同シウスルモノトシテ當事者ノ本國法ニ依ルヘキモノナルカ故ニ此等ノ場合ニ於テモ本條ノ適用アリト謂ハサルヘカラサルナリ。

三　本國法ニ依ルヘキ法律關係ニ付キ無國籍者ノ住所地法又ハ居所地法ニ依ルヘキ場合ニ於テ此等ノ法律カ日本ノ法律ニ依ルヘシト爲ストキモ亦本條ニ依リ日本ノ法律ニ依ルヘキモノナリ。何者此ノ場合ノ住所地法又ハ居所地法ハ當事者カ本國ヲ有セサルカ爲メニ本國法ニ代リテ適用セラルヘキモノナレハナリ。

第二　本國ノ國際私法ニ從ヒ直接、單純ニ日本ノ實質法ニ依ルヘキ場合ナルコトヲ要ス。

二、直接、單純ノ反致ニ限ル

一　本國國際私法ニ從ヒ直接ニ日本ノ實質法ニ依ル場合ナルコトヲ要ス。從テ本國國際私法ニ從ヒ間接ニ日本ノ實質法ニ依ルヘキ場合ハ本條ノ適用範圍ニ入ラス。例之本國法ニ依ルヘキ場合ニ於テ本國國際私法ハ第三國ノ法律ニ依ルヘシト爲シ而シテ此ノ第三國ノ國際私法カ初メテ日本ノ法律ニ依ルヘシト爲スカ如キ場合是レナリ。此ノ如キ場合ハ本條ニ依リテ日本法律ヲ適用スヘキモノニアラス。何者我カ法例ハ本國法ノ反致ノミヲ認メタルモノニシテ再致ヲ認メス、從テ此ノ場合ノ如キ再致ノ結果タル反致ヲ認ムヘカラサレハナリ。抑〻反致ヲ認ムル立法ノ目的ヨリ論スルトキハ廣ク再致ヲモ認ムヘキモノナリ。然レトモ我カ法例ハ本條ニ於テ單ニ反致ノミヲ認メタルモノナルヲ以テ解釋論トシテハ上述ノ如ク決定セサルヘカラス。

間接反致

條件附反致

二　本國國際私法ニ從ヒ單純ニ日本ノ實質法ニ依ルヘキ場合ニアラサレハ本條ノ適用ナシ。故ニ若シ本國國際私法カ『日本國際私法ニ從ヘハ日本法律ヲ適用スヘキトキハ日本法律ニ依ル』ト言フカ如ク條件付ニテ反致シタル場合ハ本條ニ從ヒ日本法律ヲ適用スヘキ限ニアラス。例之瑞西住

瑞西法ト法例トノ關係

民居留民法第二八條ニ左ノ如キ規定アリ。

條約ニ別段ノ定メナキトキハ外國ニ住所ヲ有スル瑞西人ノ人事法、親族法及ヒ相續法上ノ關係ハ次ノ規則ニ從フ

一、瑞西人カ外國法ニ依リ外國法律ニ從フトキト雖モ外國法律ノ適用ハ瑞西ニ在ル所有不動產ニ及ハス此ノ不動產ニ付テハ本籍洲ノ法律及ヒ裁判管轄行ハル

二、瑞西人カ外國法ニ依リ外國法律ニ從ハサルトキハ本籍洲ノ法律及ヒ裁判管轄ニ從フ

今我裁判所ハ日本ニ住所ヲ有スル瑞西人ノ人事、親族、相續法上ノ問題ヲ決定スヘキ場合ニ當リ、此ノ瑞西法ノ規定ト法例第二九條トニ依リ

日本法律ヲ適用スヘキヤ否ノ問題ヲ生スヘシ。余輩ハ此ノ場合ニハ法例第二九條ノ適用ナシトスルモノナリ。此瑞西法ノ規定ハ全ク條件付ニ日本法律ニ反致セルモノナリ。卽チ右瑞西法ノ意義ハ此等ノ法律關係ニ付キ若シ日本國際私法カ住所地法主義ヲ採リ、日本ニ住所ヲ有スル瑞西人ハ日本法律ニ服從スヘシト爲サハ日本ノ法律ニ依ル、然ラサレハ瑞西本國ノ法律ニ從フト言フニアリ。然ルニ我カ法例ハ此等ノ關係ニ就キテハ本國法主義ヲ採リ決シテ瑞西人ヲ日本法律ニ服從セシメサルナリ。卽チ此ノ瑞西法ノ規定ノ前提トセル條件ハ充サレサルナリ。從テ法例第二九條ニヨリ日本法律ヲ適用スヘキ限リニアラスト言ハサルヘカラス。

然ルニ本問題ニ就テハ或ハ次ノ對キ反對論ヲ立ツルヲ得ヘシ。卽チ瑞西國際私法ハ一般ニ住所地法主義ヲ採ルモノニシテ上掲瑞西法ノ規定ハ瑞西人ノ居住國カ住所地法ニ依ルヘシト爲ス所ノ瑞西法ノ提供ヲ拒絕シタル場合ニノミ瑞西本國法ニ依ルト言フ義ナリ。而シテ日本法ハ此ノ瑞西法ノ提供(住所地法ニ依ルヘシト言フ送致)ヲ拒絕セス、反テ之ヲ承引(法例第二九條ニ依リ)スルカ故ニ瑞西本國法ハ適用セラレスシテ日本法律適用セラルヘキモノナリト。此ノ議論ハ瑞西法カ明カニ人事、親族、相續法問題ニ就テハ一般ニ住所地法主義ヲ採ルコトヲ以テ前提ト爲スモノナリ。故ニ此ノ前提ニシテ正當ナラサランカ結論ハ當然誤ラサルヘカラス。然ルニ實際瑞西國際私法ハ此等ノ法律關係ニ就テハ或ハ本國法主義ニ依リ、或ハ住所地法主義ニ依リ所謂折衷主義ヲ採レルコト同國學者ノ認ムル所ナリ(まいりー氏前掲上卷二四一頁以下)現ニ洲際私法國內地方特別法ノ衝突ヲ規定スル法律ニシテ後章ノ說明ニ依リテ明ナルヘシノ關係ニ於テ上掲法律第八條ハ身分ニ關シテハ本籍地法ニ依ルト爲シ、又同第九條第二項ハ扶養ノ義務ハ義務者ノ本籍地法ニ依ルト爲ス。加之身分法ノ根本タル能力ニ付テハ明カニ本國法主義ヲ採ル。卽チ瑞西ニ住スル外國人ノ能力ハ其本國法ニ依ルヘキコトハ一八八一年ノ行爲能力法第一〇條第二項ノ明カニ定ムル所ナリ此ノ規定ハ上掲居住民居留民法第三四條ニ依リ尚其効力ヲ留保セラル。而シテ此ノ居住民居留民法モ亦瑞西新民法ニ依リテ尚其効力ヲ認メラル。故ニ現今ト雖モ瑞西國際私法ハ依然トシテ從來ノ地位ヲ保有スルモノナリ。既ニ外國人ノ能力ニ付キ本國法主義ヲ採ル。內國人ノ能力ニ內國法ヲ適用スヘキハ勿論ナリ。故ニ少クトモ瑞西法ハ人事、親族、相續問題ニ付キ一般ニ住所地法主義ヲ採ルト爲スハ誤ナリ。從テ上掲居住民、居留民法第二八條ハ此等ノ關係ニ就テ住所地法タル日本法律ニ反致シタルモノト言フコトヲ得サルナリ。

獨逸學者或ハ曰ク瑞西法ハ住所地法主義ヲ以テ原則ト爲ス。而シテ其居住民、居留民法第二八條ハ廣ク人事、親族、相續問題ニ就キ住所地法ノ反致ヲ認メタル規定ナリ。然レトモ瑞西ニ此ノ反致規定アルカ爲メニ獨逸ノ反致規定(獨逸民法施行法第二七條)ヲ適用スルヲ妨ケス(Niemeyer, Das internationale Privatrecht. des B. G. B., S. 78; Burnzetti, Das internationale Privatrecht. S. 15)ト。然リ外國法カ同シク反致規定ヲ有スルト否トハ內國ノ反致規定ヲ適用スルニ何等關係ナシ。例之英法ハ同シク反致主義ヲ認ムルモノト爲スモ英法ハ住所地法主義ヲ採ルカ故ニ我カ國ニ住所ヲ有スル英人ノ能力ニ付キ法例第二九條ニ依リ日本法律ヲ適用スルヲ妨ケサルカ如シ。然レトモ上掲瑞西法ノ規定ハ決シテ論者ノ言フカ如キ反致規定ニ非サルナリ。此ノ規定ハ前述ノ如ク外國ニ住所ヲ有スル瑞西人カ其ノ住所地法ニ服從セシメラレサルトキハ絕對ニ瑞西本籍洲ノ法律ニ從フト爲スモノニシテ瑞西人ハ單純ニ住所地法ニ從フ可シトスルニ非ス。且又住所地法カ本國法ニ依ルト爲ストキハ瑞西本籍洲ノ法律ニ從フトスルニモ非ス。卽チ此ノ如キハ決シテ住所地法ノ反致ヲ認メタル規定ト言フヲ得サルナリ。從テ又或ハ此ノ瑞西法ノ規定ニ基キテ瑞西法ハ一般ニ原則トシテ住所地法主義ヲ採レルモノナリト輕信スル者アラハ是レ一層甚シキ誤謬ニ陷レルモノト言ハサルヘカラサルナリ。

以上ハ元ヨリ瑞西法ニ關スル余輩ノ解釋ニ過キスト雖モ同國學者まゐりー氏ノ瑞西法ノ說明ニ觀ルモ此ノ解釋ノ失當ナラサルヲ知ルニ足ルヘシ。卽チ氏ハちゆーりつひ、しやつふはうぜん、ぐらうびゆんでん等ノ洲法ニ於テ反致ヲ認メタル規定ヲ擧ケタル後、附說シテ曰ク「然ルニ此等洲法ハ瑞西居住居留民法ニ依リテ廢止セラレタリ。而シテ現ニ瑞西ニ行ハルル國際私法ハ反致ヲ認メス。唯身分及ヒ婚姻ニ關スル瑞西法二五條三項ニ揭クル場合ヲ以テ此中ニ數フルコトヲ得ヘシ」ト同氏國際民商法論一卷二五三、二五四頁參照卽チ瑞西法ハ原則トシテ反致ヲ認メス。唯前ニ海牙婚姻條約ニ付テノ說明中

三、本國カ日本法律ノ適用ヲ排斥セサルコト

本國ノ公安ニ反スル場合

述ヘタルカ如ク、同國身分及ヒ婚姻ニ關スル法律一八七四年ハ外國ニ在ル瑞西人ノ婚姻ニ付テハ擧行地法ニ從ヒ有效ナルトキハ之レヲ有效ト認ム。然レトモ此ノ規定ハ前述ノ如ク擧行地法ノ絶對適用ヲ命シタルニ非スシテ若シ擧行地法カ瑞西本國法ニ依ルヲ許ストキハ、勿論之レニ依ルコトヲ得セシムルモノナリ。此ノ意味ニ於テまいりー氏ハ此ノ規定ヲ以テ反致ヲ認メタル唯一ノ例ト爲シタルモノナルヘシ。隨テ日本ニ在ル瑞西人ノ婚姻ニ付テハ法例第二九條ニ依リ日本法ヲ適用スルヲ得ヘシ。

三　本國國際私法ニ依レハ一般原則トシテハ日本法律ニ依ルヘキ法律關係ナルモ日本法律ニ從フトキハ其本國ノ公安ニ反スルカ爲メ本國ニ於テ日本法律適用ノ結果ヲ認メサルトキハ本條ニ依リ日本法律ヲ適用スヘキ限リニ非ス。例之亞爾然丁國際私法ハ一般ニ人事、親族、相續法問題ニ付キテハ住所地法主義ヲ採ル。然ルニ同國婚姻法ニ依レハ婚姻ハ當事者一方ノ死亡ニヨリテノミ解消スルコトヲ認メ、假令婚姻擧行地法ニ從ヒ離婚ヲ爲シ得ヘキトキト雖モ國内ニ於テハ離婚ヲ認メス。而シテ此ノ

法律ハ所謂絶對强行法ナルヲ以テ外國裁判所ニ於テ宣告セラレタル亞人ノ離婚ハ之ヲ認メス、從テ更ニ結婚スルコトヲ許サス。今我カ國ニ住ス、ル亞人夫婦カ我カ裁判所ニ離婚ノ訴ヲ提起シタルトキハ裁判所ハ同國一般國際私法ノ原則並ヒニ法例第二九條ニ依リ日本民法ニ從ヒ離婚ノ宣告ヲ爲スヘキカト言フニ此ノ問題ハ否定セサルヘカラス。何者假令我カ裁判所ニ於テ此ノ宣告ヲ爲スモ本國ニ於テハ之ヲ認メス、即チ此ノ問題ニ付テ彼我決定ヲ異ニスヘシ。然ルニ是レ恰モ立法者カ法例第二九條ニ依リ避ケントシタル事實ナリ。卽チ斯カル場合ハ本條立法ノ精神ニ反スルカ故ニ其適用ナキモノト解セサルヘカラス。法律ノ目的精神ニ依リ明カニ法文ヲ無視スルハ成法ノ解釋トシテ爲スヘカラス。然レトモ法文ニ明カニ反對セサル限リハ法ノ目的ニヨリテ法文ノ不備ヲ補充スヘキハ蓋シ法律解釋ノ根本要義タリ。今本條ヲ見ルニ本國法ニ從ヒ日本ノ法律ニ依ルヘキトキハ日本ノ法律ニ依ルトアリ。然ルニ本問ノ如ク本國カ日本法律ニ依リタル結果ヲ認メサルカ如キ場合ハ是レ卽チ本國法カ日本ノ法律ニ依ルヘカラサルコトヲ示セルモノト言ハサルヘカラサルナリ。

【註】此ノ問題ハ往年獨逸ニ於テ實際ニ起リ獨逸裁判所ハ亞爾然丁法カ夫婦ノ權利義務ニ付テハ住所地法主義ヲ採ルコト、並ヒニ亞爾然丁法ハ同國人民ニ對シ外國ニ於ケル外國法ノ適用ヲ制限セサルコトヲ以テ理由トナシ、獨逸法ニ依リテ離婚ヲ宣告セリ。然レトモ此ノ理由ノ維持スヘカラサルコトハ既ニ同國學者ノ認ムル所ナリ Diez, Das Domicilprinzip im argent Ehescheidgsr. (Niemeyer, Z. f. intern. R. XIX S. 407 ff; Levis, Die Einwirkung zwingender Vorschriften d. Heimatr. auf d. Rückv. d. Art. 27. E. G. z. B. G. B. (Niemeyer, Z. f. intern. R. XX S. 85 ff.)

本國カ法律忌避行爲ヲ無效トスル場合

是レト同一ノ理由ニ基キ本國法カ法律忌避行爲ヲ無効ト爲ストキハ又本條ヲ適用スヘキモノニアラス。即チ若シ本國法カ婚姻ハ原則トシテ擧行地法ニ依ル但シ本國法ノ適用ヲ免レンカ爲メニ特ニ外國ニ到リテ爲シタル婚姻ハ之ヲ無効トスト定ムルトキハ斯カル國ノ人民カ此ノ目的ヲ以テ特ニ我カ國ニ來リ婚姻ヲ爲サントスルモ本條ニ依リ日本民法ヲ適用スヘカラス。にーまいやー氏ノ如キハ法律忌避行爲ヲ無効トスル本國法ヲ參酌スルハ内國裁判所ノ管轄ニ關スル原則ヲ破ルモノニシテ内國ノ公安ニ反スルカ故ニ此ノ如キ本國法ノ適用ハ之ヲ排除セサルヘカラス從テ尚反致ニ依リ内國法律ヲ適用スヘキモノナリト論スト雖モ（Niemeyer, S. 151 ff.）余輩ハ之レニ賛同スルコトヲ得ス。假令此ノ如キ本國法ノ效力ヲ認メ原則ニ從ヒ當事者ノ本國實質法ヲ適用スルモ決シテ内國ノ公安ニ反セス。否反ッテ此ニ依リテ内國國際私法ノ原則カ實行セラルルノミナラス、内外國法決定ヲ一ニシ反致ヲ認ムル必要存在セスト言ハサルヘカラサルナリ。

反致ノ原因ヲ問ハス

以上法例第二九條ノ適用ニ關スル條件ヲ説明セリ此ノ條件ヲ具備セル場合ニ於テ初メテ本條ノ適用アルモノナリ。然レトモ此ノ條件ヲ具備シタルトキハ本條ノ適用ニ依リ常ニ日本法律ニ依ルヘキモノニシテ當事者ノ本國法カ日本法律ニ反致セル原因如何ヲ問ハサルナリ。即チ或ハ住所地法トシテ、或ハ行爲地法トシテ、或ハ不動産所在地法トシテ、又或ハ法廷地法トシテ、日本法律ニ反致スルコトアルヘシ此等孰レノ場合ト雖モ本條ニ依リ日本法律ヲ適用スヘキモノナリ。故ニ反致ハ單ニ本國法カ住所地法トシテ日本法律ニ反致セル場合ノミニ限ラサルナリ。是レ或ハ最モ多キニ居ルヘシ、然レトモ反致ノ總テノ場合ニアラス。且又日本カ

本國ニ數多ノ衝突規則行ハル場合

行爲地ニシテ且住所地タルコトアルヘシ、或ハ不動産所在地ニシテ且住所地タルコトアルヘシ、然レトモ本國法カ行爲地法若クハ不動産所在地法トシテ日本法律ニ反致スレハ則チ可ナリ。住所地法トシテ反致スルヲ要セス。從テ夫ノ偏ヘニ住所地法主義ヲ容レンカ爲メニ反致論ヲ擁護シ又ハ偏ニ之ヲ斥ケンカ爲メニ反致論ヲ駁擊スルカ如キハ皆誤ナリ。

猶ホ終リニ本條ノ適用上多少困難ヲ感スヘキ問題ニ付テ一言スヘシ。若シ當事者ノ本國ニ於テ地方ニ依リ異ナレル國際私法行ハルルトキハ何レノ國際私法ニ依リテ反致ヲ決スヘキカノ疑問是ナリ。にーまいやー氏本問ノ實例トシテ露國法制ヲ揭ク。卽チ露國ノりーぢ。えすと・くーあらんど地方ノ法律ハ住所地法主義ヲ採ル。然ルニ爾餘ノ全露國ニハ本國法主義行ハル。從テ露人ニ對シ反致規定ノ適用ハ如何ニスヘキカ。氏ハ此問題ニ對シ唯何人モ一般ニ露國法カ住所地法主義ヲ採ルト言フコト能ハサルカ故ニ本國法主義ヲ適用スヘシト論ス Niemeyer, S. 77, 78; Barazetti, S. 14 然レトモ論ニ不拔ノ根據ナシ。露國法ハ住所地法主義ヲ採ルト言フヲ得サルカ如ク又本國法主義ニ依ルト云フヲ得サルヘシ。故ニ本問ハ宜シク不統一法國ニ屬スル者ノ本國法決定ノ原則ニ準シテ解決スヘシ。而シテ余輩ハ前章ニ於テ其第一方法トシテ本國普通法ノ規定ニ依ルヘシトセリ然レトモ本問ノ場合ニ於テハ此ノ如キ普通法在セサルカ故ニ此ノ方法ニ依ルヲ得ス。乃チ法例第二七條第三項ノ規定ヲ準用シ當事者ノ屬スル地方ノ法律(國際私法)ニ從フヘシ。故ニ前記住所地法主義ノ行ハルル地方ニ屬スル露人ニ付テハ法例第二九條ノ適用ヲ見ルモノナリ。

國內地方特別私法衝突規則

第九章　國內地方特別私法ノ衝突

本章述フル所ハ余輩カ嘗テ京法七卷、四號及ヒ一〇號ニ掲載シタル論文「國內地方特別私法適用規則」ヲ補修シタルモノナリ。

第一節　一般

凡ソ一國ノ版圖內ニ於テ地方ニ依リ數多異ナレル特別私法行ハルルトキハ其地方相互ノ交通關係ニ於テ法ノ衝突ヲ生ス。從ヒテ此ノ如キ不統一法國ニ於テハ國內私法交通ノ安全ヲ圖ルカ爲メニ此ノ法律衝突ヲ解決スヘキ規則ナカル可ラス。即チ成文法ト不文法トヲ問ハス、各地方特別私法ノ適用範圍ヲ定ムル法則アルヲ要ス。從來歐米ノ學者カ Interlokales Privatrecht, Interprovinziales Privatrecht, Interkantonales Privatrecht, Interkoloniales Privatrecht, Interstate law. 等ノ名稱ヲ以テ表ハサントスル所ノ法則即チ是ナリ。而シテ總テ此等ノ名稱ハ國際私法ナル名稱ニ對シ、之レニ準シテ近時ノ學者カ案出シタルモノナレトモ未タ一般ニ慣用セラルルモノナシ。余輩曩キニまいりー氏ノ國際民商法論ヲ譯述スルニ當リ、州際私法ナル文字ヲ用キタレトモ元ト是レ原名 Das interkantonale od. interprovinziale Privatrecht ノ譯語ニ過キス。山口博士ハ準國際私法ナル名稱ヲ選ハレタリ（日本國際私法論分册一、八二頁）蓋シ最モ適當ナル名稱ナルヘシ。

準國際私法ナル名稱

地方特別私法ノ發生原因ハ種々アルヘシ。或ハ國家ノ併合若クハ領土ノ割讓ニ際シ併合國若クハ割取國カ其ノ新附ノ領土ニ在來ノ法律、習慣ヲ依然存續セシムルコトアルヘシ。或ハ國家カ或ル地方ニ認メタル特別立法權ニ基ツクコトアルヘシ。或ハ國家カ中央立法權ニ依リテ特ニ或ル地方ニ行フヘキ法律ヲ制定スルコトアルヘシ。然レトモ右孰レノ場合タルヲ問ハス、國家ハ普通法ヲ以テ各地方特別法ノ適用範圍ヲ定ムルノ要アリ。若シ此ノ如キ普通法ナカランカ、各地方ノ法律ハ相對立シ、相互人民ノ私法交通ノ安全ヲ圖ルコト能ハサルヘシ。

瑞西準國際私法

現時成文ノ國內地方特別法適用規則トシテハ一八九一年ノ瑞西居住、居留民法 Bundesgesetz betreffend die civilrechtl. Verhältnisse der Niedergelassenen u. Aufenthalter ヲ擧クルコトヲ得ヘシ。此ノ法律ハ第一章ニ瑞西居住民、居留民ノ國內ニ於ケル私法關係、第二章ニ外國ニ於ケル瑞西人ノ私法關係、第三章ニ瑞西ニ於ケル外國人ノ私法關係ヲ規定ス。卽チ此ノ法律ハ單ニ國內地方特別法ノ適用關係ヲ定ムルノミナラス、其ノ外國私法トノ關係ヲモ規定スト雖モ先以テ國內特別私法ノ關係ヲ定メ、次テ國際私法關係ニ及ヒ、猶ホ或ル國際私法關係ニ就テハ國內特別私法ニ關スル規定ヲ準用スヘキモノトセリ(第三二條)故ニ主トシテ所謂準國際私法ノ規則ナリト云フヲ得ヘシ。猶ホ此ノ法律ハ瑞西新民法末篇、適用及ヒ施行法第五九條ヲ以テ其ノ效力ヲ保有セラレタリ。蓋シ將來此ノ種ノ立法ノ有力ナル參考資料タルヘシ。

準國際私法ト國際私法衝突規則トノ關係

準國際私法ハ一國ノ國際私法卽チ衝突規則ト同シク、法ノ衝突ヲ解決シ以テ私法的交通ノ安全ヲ圖ルヲ目的トス。此ノ點ニ於テ二法ハ相類似ス。然ルニ前者ハ單ニ國內私法交通ノ必要ニ基ツキ國內法ノ適用範圍ヲ定メ、後者ハ國際私法交通ノ必要ニ基ツキ內外法律ノ適用範圍ヲ定ム。

從ヒテ二法ハ又自ラ其ノ性質ヲ異ニセサル可ラス。卽チ一國ノ國際私法ハ既ニ說明シタルカ如ク勿論國内法ナリト雖モ各國ハ絶對任意ノ立法ヲ爲スコトヲ得ス。反之準國際私法ノ制定ニ至リテヤ事全ク一國自治ノ範圍ニ屬スルカ故ニ内國ノ立法權ハ毫モ制限ヲ受クルコトナシ。故ニ準國際私法ハ國内國際私法ノ規定ニ反スルコトヲ得ルハ勿論、一般國際私法ノ原則ニモ反スルコトヲ得ヘシ。卽チ國際私法上或ル種ノ法律關係ニ付テハ本國法主義ヲ採ルモ、準國際私法ニ於テハ或ハ住所地法主義ニ依リ、或ハ行爲地法主義ヲ採ルコトヲ得ヘク、必シモ本國法主義ニ準シテ本籍地法主義ヲ認ムルノ要ナシ。Zitelmann I. S. 397/8.

準國際私法ト反致主義

猶ホ準國際私法ト一國ノ國際私法トノ性質ノ差異ハ外國ト外國トノ關係ニ於テ特ニ之レヲ明カニスルノ必要アリ。卽チ外國ノ裁判官カ其ノ國ノ國際私法ノ原則ニ依リ不統一法國ノ法律ヲ適用スヘキトキハ特ニ自國ノ法律カ反致主義ヲ認ムルニ非サレハ此ノ不統一法國ノ國際私法ノ規則ヲ參酌スルコトヲ得スト雖モ其ノ準國際私法ノ規則ハ當然之レヲ參酌セサル可ラス。何者此ノ準國際私法ノ規則ハ此ノ不統一法國ノ各地方ノ私法ノ適用關係ヲ定メタルモノニシテ此ノ國ノ實質私法ノ一部ヲ構成スルモノナルカ故ニ抑モ此ノ不統一法國ノ法律ヲ適用スヘキ外國裁判官ハ當然此ノ法律ニ從フヘキモノナレハナリ。準國際私法ハ內外法ノ管轄範圍ヲ定ムル規則ニ非ス。從ヒテ準國際私法ニ依リテ適用セラルヘキ地方特別私法ヲ定ムルハ決シテ反致主義ニ依ルモノニ非サルナリ三七三頁參照猶ホ外國裁判官カ後ニ說明スルカ如ク、不統一法國ノ國際私法ノ規則ヲ準用シテ準國際私法ノ規則ヲ知リ得ル場合ト雖モ同一ナリト云ハサル可ラス Peter Klein, Studien zum interlokalen Privatrecht (Österreichisches Zentralblatt f. d. juristische Praxis B. XXXIII § 4. Anm. 115.) 何者此ノ場合ト雖モ準國際私法ノ規則トシテハ其ノ國ノ實質私法ノ一部ニ外ナラサレハナリ。

國際私法ト所謂準國際私法トノ間ニハ此ノ類似アリ、又此ノ差異アリ。而シテ二法同則論、二法異則論ノ生スル所以亦實ニ此ニ存ス。同則論ハ二法ノ目的ノ類似ニ據リ、異則論ハ二法ノ性質ノ差異ニ基ツク。此ノ理之レヲ究メスシテ漫然同則論、異則論ヲ辯難上下スルハ誤ナリ。ろーが

んカ異則論ヲ唱ヘ　まいりーカ國際法律生活ト州際法律、生活トノ差異ヲ擧ケ、二法間ニハ別種ノ原則ノ行ハルヘキヲ說キ（國際民商法論上卷、八九頁以下）（Roguin, Conflits des lois suisses. Avant-Propos V.）ちーてるまんカ二法ノ性質ノ差異ヲ認ムルニ拘ラス、猶ホ地方特別私法間ノ關係ニ國際私法ノ規定ヲ準用スヘキヲ說クカ如キ（Zitelmann, I S. 395ff）各所以アルナリ。

【註】古クハ單ニ法律衝突ト稱シテ國際私法ト準國際私法トヲ區別セサリキ。之レ國際私法カ主トシテ一國內ノ地方特別法ノ衝突解決ヨリ發達シタル沿革ニ基ツクコト勿論ナリ。猶ホ近世ニ於テモ學者概ネ二法ノ區別ヲ觀過シタリ。此ノ區別ヲ最モ明確ニ指摘シタルハちーてるまんナリ。Zitelmann I. S. 393ff.; Peter Klein, Studien I.

準國際私法不存在ノ場合

不統一法國ニ準國際私法ニ關スル成文法モナク、又慣習法モ存在セサルトキハ其ノ國ノ裁判官ハ何ニ依リテ各地方ノ法律衝突ヲ解決スヘキカ。上述ノ如ク國際私法ト準國際私法トハ倶ニ私人ノ交通ニ關シテ生スル法ノ衝突ヲ解決スルヲ以テ目的トス。即チ倶ニ法ノ適用範圍ヲ一定シテ私法交通ノ安全ヲ圖ラントスルモノナリ。唯一ハ國際交通ニ關シ、他ハ國內交通ニ關スルノ差アルノミ。卽チ二者ハ全ク類似ノ事項ニ關スル法則ナリ、故ニ若シ國法カ其ノ一方ニ付テ解決ノ標準ヲ示シ、他方ニ付テハ沈默ヲ守ルトキハ、二者ハ同樣ニ解決スヘキモノナリト爲スコト國法ノ精神ナリト認メサル可ラス。乃チ裁判官ハ此カル場合ニハ國內國際私法ノ類推適用ヲ爲スヘキモノナリ。

次ニ國內國際私法モ亦缺如セルトキハ如何、國際的效力ヲ有スル國際私法ノ原則ハ當然各國ノ國際私法ノ一部ヲ構成スルモノナルヲ以テ裁判官ハ此ノ原則ヲ準用スヘキハ勿論ナリ(註)二五六頁參照然レトモ此ノ如キ原則ノ存在セサル範圍ニ於テハ裁判官ハ全ク一國立法者ノ地位ニ立チ國內各地方間ノ私法交通ノ需要ニ最モ適應スヘキ決定ヲ爲スヘキモノナリ。卽チ衝突規則ノ最後ノ欠缺補充手段トシテ裁判官カ私法的國際交通ノ需要ニ適應スヘキ決定ヲ考查スヘキモノナルト二五七頁參照同樣ニ爰ニハ偏ヘニ國內各地方間ノ私法交通ノ需要ニ應スヘク決定セサル可ラス。私法的國際交通ノ需要ハ必シモ國內私法交通ノ需要ト一致セサルカ故ニ兩者ニ於テハ元ヨリ決定ヲ異ニスルコトヲ得ルナリ。例之瑞西カ瑞西人ノ外國ニ於ケル私法關係ニ就テハ本籍地法主義ヲ採ルニ拘ラス、國內私法ノ關係ニ於テハ住所地法主義ヲ採レルカ如キハ這般ノ消息ヲ傳フルモノナリ。

【註】余曩ハ嘗テちーてるまんノ國際私法ノ規定ナキトキハ裁判官ハ一般國際私法ノ原則ニ從フヘキモノナリトセル說 Zitelmann I S. 400 ヲ排斥シタリト雖モ（京法七卷四號六七、六八頁）今ハ本文所說ノ範圍ニ於テ之レヲ改ム。

中央政府ニ準國際私法制定ノ權ナキ場合

以上ハ國家カ普通法ヲ以テ其ノ地方特別私法ノ適用規則ヲ制定シ得ヘキ場合ニ就テ說明シタリ。然ルニ抑モ國家ニ此ノ如キ普通法制定ノ權ナク、各地方互ニ獨立ノ立法權ヲ有スルトキハ如何。此カル國家組織ニ於ケル各地方ハ、此ノ點ニ付テハ、全ク一ノ獨立國家ト異ナルナシ。從ヒテ其ノ法律衝突ハ普通ノ國際的法律衝突ト性質ヲ同フシ、全ク同一ノ原則ニ依リテ支配セラルヘキモノトス。卽チ各地方ハ其ノ地域內ニ於テ自己ノ法律ト他地方ノ法律若クハ外國法トノ衝突規則ヲ定ムルコトヲ得ヘシ。隨テ又此ノ各地方ノ衝突規則ハ更ラニ衝突スルニ至リ普通國際關係ニ於ケルカ如ク、反致、再致等ノ問題ヲ生スヘシ。然レトモ要スルニ此等ノ問題ハ總テ普通國際私法ノ原則ニ從フヘキモノニシテ所謂準國際私法問題トシテ特ニ研究スルノ要ナシ。

以上國內私法衝突解決ニ關スル一般法理ヲ說明シタリ。以下我國現在ノ法律狀態ニ付テ說明スヘシ。

第二節　日本ニ於ケル地方特別私法衝突問題

帝國版圖內ニ於テ地方特別私法ノ行ハルルハ臺灣、朝鮮、樺太トス。卽チ此等地域ニ於テハ內地ノ私法ト內容、實質ヲ異ニスル私法行ハル。今其ノ一般ヲ示セハ左ノ如シ。

一　臺灣ニ於テハ明治四一年律令第一一號臺灣民事令ヲ以テ民事ニ關スル事項ハ一般ニ民法、商法、民事訴訟法及其附屬法律ニ依ル(第一條)ト爲シタルニ拘ラス、猶ホ土地ニ關スル權利ニ付テハ民法物權編ノ規定ニ依ラスシテ特ニ定メタル法律ニ依ルカ若クハ舊慣ニ依リ(第二條)、本島人及清國人ノ外ニ關係者ナキ民事ニ付テハ民法、商法ノ規定ニ依ラスシテ舊慣ニ依ルヘキ旨ヲ定ム(第三條)、(但シ遺失物、埋藏物ニ付テハ猶ホ民法二四〇、二四一條ノ規定ニ從ヒ、供託ニ關シテハ供託法ノ規定ニ從フ。明治三二年律令第二四號、同年律令第一一號)。而シテ土地ニ關スル權利ニ付キ特ニ定メラレタル法律トシテハ外國人土地取得ニ關スル律令(明治三三年律令第一號)、土地貸借ノ期間ニ關スル律令(明治三三年律令第二號)蕃地ノ占有、使用等ニ關スル律令(明治三三年律令第七號)、臺灣土地登記規則(明治三八年律令第三號)等アリ。猶ホ臺灣ニハ特別ノ利息制限規則(明治三七年律令第二號)アリ。卽チ此等ノ關係ニ於テ臺灣ニ於テハ內地ト異ナレル特別私法行ハルルモノナリ。

朝鮮特別法

二　朝鮮ニ於テモ明治四五年制令第七號朝鮮民事令ヲ以テ民事ニ關スル事項ハ一般ニ民法、商法ノ規定ニ依ルト爲シタルモ(第一條)能力、親族及相續ニ關スル規定ハ朝鮮人ニ之レヲ適用セスシテ專ラ朝鮮ノ慣習ニ依リ(第一一條)、又不動產ニ關スル物權ノ種類及效力ニ付テハ內地法ノ認ムル物權ノ外慣習ニ依リ(第一二條)、且不動産物權ノ得喪及變更ニ付キ朝鮮不動産登記令又ハ朝鮮不動産證明令ニ於テ登記又ハ證明ノ規定ヲ設ケタルモノハ其登記又ハ證明ヲ受クルニ非サレハ之レヲ以テ第三者ニ對抗スルコトヲ得ストセリ(第一三條)。即チ朝鮮ニ於テハ人事、親族、相續ニ付テハ當事者ノ一方カ内地人タルトキト雖モ朝鮮人ハ常ニ朝鮮ノ慣習ニ從ヒ(此ノ點臺灣ト異ナル)又不動産物權ニ付テハ内地法ノ認ムル以外ノ物權ヲ認ムル慣習アルトキハ之レニ從フモノナリ。猶ホ會社ニ付テモ朝鮮會社令(明治四三年制令一三號)ナル特別法行ハル。其他臺灣ト同樣ナル利息制限令(明治四四年制令一三號)アリ。又朝鮮船舶令(大正三年制令七號)ナルモノアリ。此等ノ點ニ於テ朝鮮ニモ特別私法行ハルルモノナリ。

三　樺太ニ於テハ明治四〇年敕令第九四號ヲ以テ法例、民法、商法、民事訴訟法其他主要ナル法律ハ總テ施行セラルルニ至リタリト雖モ(第一條)、猶ホ樺太土人ノ外ニ關係者ナキ民事ニ關スル事項ハ從來ノ慣例ニ依リ、其ノ訴訟手續ハ裁判所ノ便宜ニ從フト爲シ(第二條)、猶ホ民法、商法ニ規定スル登記期間ハ總テ之レヲ二倍ト爲シタリ(第六條)。

四　關東州ハ所謂租借地ニシテ純然タル帝國版圖ニ非ス。租借地ノ性質ハ今爰ニ論スル限ニ在ラスト雖モ關東州ニ帝國統治權ノ行ハルルハ露清條約及ヒ之レニ基ツキ露國ノ有スル一切ノ權利ヲ繼承シタル日清協約ニ依リテ明カナリ(一八九八年寶羅夫條約、同年旅大租借ニ關スル追加條約、明治三八年日露媾和條約、同年日清滿洲善後協約)而シテ明治四一年勅令二一二號關東州裁判令ヲ以テ裁判所ノ組織、管轄ヲ定メ、同二一三號關東州裁判事務取扱令ヲ以テ民事、刑事、非訟事件ニ關シ依ルヘキ内地法ヲ列擧シ、民事ニ付テハ民法、商法、民事訴訟法等ノ規定ニ依ルヘシト爲シタルモ(一條)猶ホ支那人ノ外關係者ナキ民事ニ關スル事項ハ當分ノ內從前ノ慣例ニ依リ(第二條)、又土地ニ關スル權利ニ付テハ一般ニ當分ノ內從前ノ慣例ニ依リ且登記ヲ爲サストセリ(第四條)、即チ關東州モ亦我法律ノ行ハルル地域ニシテ而カモ特別私法ノ行ハルル地域タリ。隨テ內地トノ關係ハ前掲各地域ト異ナルナシ。故ニ本問題ニ於テハ併セテ研究

共通法ノ規定

スヘキモノタリ。

上述ノ如ク臺灣、朝鮮、樺太、關東州ニ各内容ヲ異ニセル特別私法行ハルルカ故ニ我國内ノ私法交通ニ於テ法ノ衝突ヲ生ス。而シテ此ノ衝突ハ二箇ノ方面ニ於テ生ス。即チ一ハ内地ト此等各地域トノ交通ニ於テ生スル内地私法ト地方特別私法トノ衝突ニシテ、一ハ此等各地方相互ノ交通ニ於テ生スル地方特別私法間ノ衝突ナリ。此ノ法律衝突ヲ解決スヘキ特別ノ準國際私法ナルモノハ從來我國ニ於テハ存在セス。唯大正七年ニ至リ共通法ナル法律出テ其ノ第二條第二項ニ於テ法例ノ規定ヲ準用スル旨ヲ定メタリ。然レトモ單ニ法例ノ規定ヲ準用スヘシトセンカ特ニ法律ヲ以テ明言スルノ要ナカリシナリ。何トナレハ此ノ如キ法ノ明文ナシトスルモ既ニ第一節ニ述ヘタルカ如キ理由ニ依リ内地ノ裁判所ハ法例ノ規定ヲ準用シテ内地法ト地方特別法並ニ地方特別法相互ノ適用範圍ヲ定ムヘク、又法例ハ臺灣 明治三一年敕令第六一號 樺太 明治四〇年敕令第九四號 及ヒ朝鮮 明治四五年敕令第二一號 ニ施行セラレ、又關東州ニ於テモ法例ニ依ルヘキ旨定メラル 明治四一年敕令第二一三號 故ニ此等各地方ノ裁判所ニ於テモ同シク法例ノ規定ヲ準用シテ準據法ヲ決定スヘキモノナレハナリ。

共通法制定前ニ行ハレタル議論

共通法制定以前ニ於テ我國學者或ハ實際家間ニ本問題ニ付テ一種ノ議論行ハレタリ。卽チ曰ク臺灣、朝鮮ニ行ハルル律令又ハ制令ハ內地裁判所ニ於テハ一切適用セラルルコトナシ。何者抑モ律令、制令ナルモノハ中央政府ノ臺灣、朝鮮ニ於テハ獨立ノ法制ヲ設ケ內地ト法制ヲ異ニセシカ爲メニ特ニ總督ニ附與セル立法權ニ基キ制定セラレタルモノナルヲ以テ此等ノ命令ハ單ニ臺灣、朝鮮ニ於テノミ適用セラルヘキモノナレハナリ。且又法例ハ內外國法ノ適用範圍ヲ定メタルモノナリ。然ルニ臺灣、朝鮮ノ法律ハ內國法ニシテ外國法ニ非ス。故ニ法例ノ規定ニ依リテ律令、制令ヲ適用スルコトヲ得スト。卽チ此ノ說ニ從フトキハ結局此ノ點ニ付テハ特別ノ法律ヲ設クルニ非サレハ問題ヲ解決スルノ途ナシト云フニ歸スルナリ。然レトモ此ノ議論ノ誤謬ハ余輩當時之レヲ指摘シタリ。卽チ律令、制令ハ各其ノ立法權ノ管轄地方ニ限リ行ハレ、他地方又ハ內地ニ行ハルルモノニ非サルハ勿論ナリ。然レトモ律令、制令ハ内地裁判所ニ於テ一切適用スルコトヲ得ス、隨テ臺灣、朝鮮ニ於テ律令、制令ヲ以テ行ハルル民法、商法等ノ規定ニ從ヒ有效ニ成立シタル總テノ法律關係ハ内地ニ於テハ一切法ノ保護ヲ享クルコトヲ得ストスルハ明カニ不當ナリ。何トナレハ此ノ議論ニ從フトキハ内地ノ法令モ其ノ特ニ臺灣、朝鮮ニ施行シタルモノ、若クハ特ニ此等地方ニ施行ノ目的ヲ以テ制定セラレタルモノヲ除クノ外ハ總テ此等地方ニ於テハ適用スルヲ得ス。隨テ内地法ニ從ヒ有效ニ成立シタル法律關係モ此等地方ニ於テハ一ノ事實關係ト為ルヘシ。果シテ然ラハ内地ノ法令ト此等地方ノ法令トハ全ク連絡ナク相對立シ、互ニ絶對排他的效力ヲ有シ、等シク帝國版圖内ノ一部タル臺灣、朝鮮ト内地トノ法律交通ハ全ク遮斷セラルルニ至ルヘシ。然レトモ此ノ如キハ國法一般ノ精神ニ反スルコト明カナリ。次ニ又法例ハ内外國法ノ適用範圍ヲ定メタル法律ナルカ故ニ法例ヲ直接ニ適用シテ律令、制令ノ適用範圍ヲ定ムルコト能ハサルハ勿論ナリ。然レトモ内外法ノ衝突ヲ解決スヘキ法例ノ規定ヲ類似ノ事項タル國內各地方ノ法律衝突ノ解決ニ準用スヘキハ正サニ法律適用ノ通義タリ。

國ハ法域ナリトスル說

だいしー其著法律衝突論ニ言テ曰ク國Countryニハ政治上ノ意義ト法律上ノ意義トアリ。政治上ノ意義ニ於テハ一主權ニ屬スル地方又ハ領土ノ全部ヲ謂フト雖モ法律上ノ意義ニ於テハ單ニ一法律組織ニ屬スル地方又ハ領土ヲ云フモノニシテ其ノ政治上ノ意義ニ於ケル國家ノ全部タルト一部タルトヲ問ハサルナリ。卽チ法律上ノ意義ニ於テハ英蘭、蘇格、愛蘭、北米合衆國ノ各州モ亦一ノ國家ナリ。法律上ノ意義ニ於ケル國Countryナル語ニ付テハ英語ニ適當ナル用語ナシ。敢テ新語ヲ用ヒンカ、羅典語ノterritorium legis又獨逸語ノRechtsgebietト同シクlaw district法域ト稱スヘシ。本書ニ於テ國ナル文字ハ總テ法律上ノ意義ニ於テ之ヲ用ユ。隨テ外國ナル語ハ英蘭以外ノ總テノ地方又ハ領土ヲ意味スルモノナリト

Dicey, Conflict of laws p. 69–71.

今此ノ說ヲ我國ニ移用スルトキハ臺灣、朝鮮モ外國ニ屬シ、其ノ律令、制令ハ外國法ナルヲ以テ法例ノ規定ニ從ヒ外國法ヲ適用スヘキ場合ハ律

令、制令モ亦當然適用セラルルモノナリト言フヲ得ヘシ。卽チ此ノ説ニ從フトキハ法例ノ規定ハ國内ノ私法衝突ニモ直接ニ適用セラルルモノナリ 山田博士論文「外國ト外國法」國際法雜誌一〇巻四號參照 此ノ議論ハ前ノ律令、制令ノ適用ヲ絶對ニ排斥セントスル妄論ニ比スレハ國内各地方間ノ私法交通ノ需要ニ應スルノ點ニ於テ優レルコト勿論ナリト雖モ理論上又全ク正當ナリト言フコトヲ得ス。國内各異法域間ノ私法交通ノ需要ト國際間ノ私法交通ノ需要トハ元ヨリ類似ノ點アリト雖モ亦國内私法交通ト國際私法交通トノ間ニハ自ラ性質ノ異ナルモノアルヲ以テ國際私法ノ原則カ當然國内ノ私法衝突ニ其儘適用セラルヘキモノナリト爲スハ正シカラス。加之我法例ノ規定ニ用ヒラレタル國、本國、外國人、外國法等ノ語ニ於ケル國ナル文字ハだいしーノ所謂政治的意義ニ於ケル國ニシテ法律的意義ニ於ケル國ニ非サルコト明カナリ。

要之共通法第二條第二項ノ規定ヲ俟タサルモ我國内各法域間ノ私法衝突問題ハ法例ノ規定ヲ準用シテ解決スヘカリシモノナリ。猶ホ國際私法

臺灣民事令第三條ト法例トノ關係

ハ私法ノ内容ノ衝突解決ヲ以テ目的ト爲スモノニシテ其ノ形式ノ衝突解決ハ國際私法ノ範圍ニ屬セサルハ從來ノ研究ニ依リテ明カナリ。隨テ準國際私法モ同シク法ノ形式問題ニ交渉セサルコト勿論ナリ。共通法第二條第一項ハ專ラ法ノ形式ニ關スル規定ニシテ議スヘキ點ナキニ非スト雖モ本書ニ論スヘキ限ニ在ラス。

内地及ヒ各地方ノ裁判所カ法例ノ規定ヲ準用スルニ當リ一般ニハ何等困難ヲ見ルコトナシ。唯臺灣ニ付キ或ハ疑ノ生スヘキモノアリ。即チ現行民事令第三條規定ノ前身タル明治三一年七月律令第八號第一條ハ「民事商事ニ關シテハ民法商法等ノ規定ニ依ル但シ本島人及清國人ノ外ニ關係者ナキ民事及商事ニ關スル事項ハ別ニ定ムルマテ現行ノ例ニ依ル」ト規定セリ。然ルニ法例モ亦同年同月敕令第六一號ヲ以テ臺灣ニ施行セラレタリ。而シテ臺灣ノ慣習ハ必シモ清國ノ慣習ト一致セサルカ故ニ臺灣舊慣調査會報告書臺灣私法第一卷三九頁參照本島人ト清國人トノ間ニ人事、親族、相續法上ノ問題ニ付キ法ノ衝突ヲ生シタル場合ニ、法例ノ規定ニ從ヒ準據法ヲ定ムルトキハ清國人ニハ其ノ本國法ヲ適用スヘキモノナリ。然ルニ此ノ律令ニ從フトキハ臺灣ノ慣例ニ依ルヘキカ如ク見ユ。卽チ法例ト律令トハ爰ニ相牴觸スルノ觀ナキニ非ス。然レトモ其ノ實然ラサルナリ。抑モ此ノ律令ノ規定ハ民事、商事ニ關シテハ臺灣ニ於テモ內地ノ民法、商法等ノ規定ニ依ルヲ原則ト爲シ、唯例外トシテ臺灣ノ慣習ニ依ルヘキ場合ヲ定メタルモノナリ。卽チ內地法ト臺灣慣習トノ關係ヲ定ムルヲ目的ト爲シタルモノニシテ決シテ內國法ト外國法トノ關係ヲ定メントシタルモノニ非ス。換言スレハ國際私法ノ問題ヲ決スルヲ以テ目的ト爲シタルモノニ非サルナリ。故ニ臺灣慣習ト淸國慣習トカ衝突スル場合ニ於テハ無論法例ノ規定ニ從ヒ準據法ヲ決定スヘキモノナリ。此ニ依リテ觀レハ法例ト律令トノ牴觸ハ單ニ表見的ノ牴觸ニ過キスト云ハサル可ラス。反之內地法ト律令トノ眞實ノ牴觸ハ元ヨリ之レヲ避ケサル可ラス。卽チ明治三九年法律第三一號臺灣ニ施行スヘキ法令ニ關スル法律第五條ハ此ノ點ニ付テ規定ヲ設ケ、律令ハ敕令ニ依リ臺灣ニ施行セラレタル法律及ヒ特ニ臺灣ニ施行スル目的ヲ以テ制定セラレタル法令ニ違背スルコトヲ得ストセリ。而シテ前掲律令第八號ヲ改正シタル四一年八月律令第一一號臺灣民事令モ亦本島人淸國人ノ外ニ關係者ナキ民事ニ付テハ舊慣ニ依ルト規定スト雖モ是亦前述ノ如ク內外法律ノ衝突問題ヲ規定スルヲ以テ目的ト爲セルモノニ非サルヲ以テ若シ淸國法ト臺灣舊慣ト衝突スルトキハ法例ノ規定ニ從ヒ準據法ヲ定ムヘク、民事令ニ從ヒ淸國人ニ臺灣舊慣ヲ適用スヘキモノニ非ス、從テ此ノ律令ハ前掲法律第五條ノ規定ニ違反セルモノニ非サルナリ。

留保條欵ノ適用

次ニ內地及ヒ各地方ノ裁判所ニ於テ法例ノ規定ヲ準用スルニ當リ其ノ第三〇條ノ留保條欵モ亦固ヨリ適用セラルヘキモノナリ。卽チ他法域ノ法律ニ依ルヘキ場合ニ於テ其ノ規定ノ適用カ自己法域ノ所謂公序、良俗ニ反スルトキハ其ノ適用ヲ排斥セサル可ラス。然ルニ學者或ハ國內地方特別法ノ衝突問題ニ付テハ留保條欵ノ適用アル可ラスト爲シ其ノ理由トシテ述ヘテ曰ク一國カ數多ノ地方特別法ヲ制定シ若クハ之レヲ認許シタルトキハ其ノ國家ノ意思ハ國內ニ於ケル一切ノ法律關係ハ一般地方特別法衝突規則ニ依リテ從フヘキ地方特別法ニ無制限ニ從ハシメントスルモノナリ。實ニ此ノ場合ハ國際私法ニ於ケル場合ト全ク異ナル。何者此ノ場合ニ於テ各地方ニ異ナレル法律ヲ制定シ又ハ之レヲ認許シタル中央國家ハ將來ニ對シテモ亦專斷的立法權力ヲ有スルカ故ニ敢テ國際關係ニ於ケル留保條欵ノ如キ保障手段ヲ設クルノ必要ヲ見サルナリ。随テ公ノ秩序ヲ理由トシテ他地方ノ特別法ノ適用ヲ排斥スルカ如キハ正サニ國家ニ忠順ナラサルモノ又國法ニ背反スルモノト云ハサル可ラス。故ニ國際私法ノ規定ノ類推ニ依リテ地方間私法(準國際私法ノ義)ノ規則ヲ求ムル場合ニ於テハ公ノ秩序ニ關スル一切ノ規定ハ嚴ニ之レヲ除外セサル可ラスト Peter Klein, Studien zum interlokalen Privatrecht, §8. 此ノ說ハ當ヲ得ス。一國カ其ノ國內ノ或ル地域ニ限リ種屬的特別法ヲ認容スルコトアルモ爲メニ國內一般ニ該特別法ノ效力ヲ絕對ニ認ムルモノト云フヲ得サルナリ。例之賣子、典妻妾ノ如キ臺俗之レヲ認ムト雖モ 臺灣舊慣調査會第一部第一回報告書上卷二二頁 內地ニ於テ臺灣本島民カ此ノ臺灣ノ舊慣ニ從ヒテ爲シタル賣子、典妻妾ノ契約ニ付テ此ノ舊慣ヲ適用スルハ正サニ內地ノ公序、良俗ニ反スルモノト云ハサル可ラサルカ如シ（山口博士日本國際私法論分冊一、九八頁）ちーてるまんノ如キモ一國內ノ地方特別法適用問題ニ於テハ留保條款ノ適用ヲ要スルカ如キ甚シキ道德觀念ノ差異ヲ見ルコト尠シト雖モ猶ホ稀ニハ法ノ目的ニ反スルノ故ヲ以テ他ノ地方特別法ノ適用ヲ排除スヘキ場合アルコトヲ認ム（Zitelmann, I. S. 400/401.）故ニ氏ヲ以テ留保條款適用絕對否認論者ト認ムルコト能ハス（前揭くらいんハ此ク信スルカ如シ）民事判決ノ執行ニ付キ我法律ハ本問ニ關スル一例ヲ示セリ。即チ內地及樺太、朝鮮、臺灣、關東州等ニ於テ司法事務ヲ取扱フ官廳間ノ司法事務ノ共助ヲ定メタル司法事務共助法第三條ニ執行地ノ法令ニ依リ許ス可ラサル請求ニ付テハ强制執行ヲ爲ササル旨ヲ規定ス。此ノ規定ハ他法域ノ判決ヲ執行スルトキハ執行地ノ公序、良俗ニ反スヘキ場合ニ限リ其ノ執行ヲ排斥スルノ意ナリ。

【註】或ハ司法事務共助法第三條ノ規定ヲ見テ是レ一般ニ律令、制令等ノ內地裁判所ニ於テ適用ヲ見サル證左ナリト爲ス者アリ。然レトモ其ノ誤ナルハ言フヲ俟タス。

屬人法

終リニ法例ノ規定ニ從ヒ本國法トシテ日本法ヲ適用スヘキ場合ニ、等シク日本國民タル各地方ノ人民ニハ何レノ法律ヲ適用スヘキカ。本問モ亦法ニ特別ノ規定ナキ限リハ法例第二七條第三項ノ規定ヲ準用シテ決定スヘキモノナリ。而シテ該規定ニ「其者ノ屬スル地方ノ法律」トアルハ既ニ説明シタルカ如ク三七四、三七五頁參照當事者ノ本籍ヲ有スル地方ノ法律ト解スヘキモノナリ。猶ホ該規定ハ元ヨリ一般屬地的特別法ノ行ハルル國ニ關スル規定ナリト雖モ我臺灣、朝鮮等種族的特別法ノ行ハルル場合ニ之レヲ準用スルヲ妨ケス。況哉此等特別法ハ人種ニ關スル一ノ屬地的特別法ナルニ於テヲヤ。即チ臺灣戸口規則明治三八年總督府令第九三號ニ所謂本居第三條ヲ本島ニ有スル者ハ臺灣人ニシテ臺灣ノ舊慣ニ從ヒ、民籍法隆煕三年法律第八號ニ依ル本籍ヲ朝鮮ニ有スル者ハ朝鮮人ニシテ朝鮮ノ慣習ニ從フモノナリ。然ルニ共通法ハ特ニ此ノ結論ヲ明言シテ第二條第二項後段ニ「此ノ場合ニ於テハ各當事者ノ屬スル地域ノ法令ヲ以テ其ノ本國法トス」ト規定セリ。

大正十一年十二月廿五日印刷
大正十二年一月一日發行
大正十二年六月一日再版
大正十三年五月五日三版
大正十四年四月二十日四版
大正十五年八月十日五版
大正十五年九月十日合本發行
昭和二年八月一日六版

國際私法論上製
正價金六圓五拾錢

著作者　跡部定次郎

發行者
印刷者
　八坂淺次郎
　京都市丸太町寺町東入

印刷所　弘文堂印刷部
　京都市夷川通川端東入

禁漢譯

發行所　弘文堂書房
　京都市丸太町寺町東
　振替大阪一七〇五番
　電話上二〇〇九番

發賣元　弘文堂東京店
　東京市神田區淡路町二丁目四
　振替東京五三九〇九番
　電話神田二七五二番

製本所弘文堂工場

跡部定次郎著	國際私法論（上卷）	六・五〇	・三六
山田正三著	民事訴訟法（I）	三・五〇	・二七
同　著	同（II）	四・〇〇	・二七
同　著	判例批評民事訴訟法（I）	五・〇〇	・二七
同　著	同（II）	三・五〇	・二七
宮本英脩著	刑法學綱要（I）（II）各	一・七〇	・一八
恒藤恭著	國際法及國際問題	二・七〇	・一八
同　著	ローマ法に於ける慣習法の歷史及理論	二・二〇	・一八
末川博著	民法に於ける特殊問題の研究（I）	三・八〇	・二七
同　著	同（II）	五・〇〇	・三六
同　著	民法大意（合本）	三・五〇	・二七
齋藤常三郎著	註釋訴訟記錄（第一審第二審）	六・五〇	・三六
同　著	同（破產手續）	四・〇〇	・二七
同　著	日本和議法論	六・〇〇	・二七
同　著	破產法大綱	三・〇〇	・一八
同　著	破產法及和議法研究	三・〇〇	・一八
同　著	墺太利破產法及和議法	二・二〇	・一八
烏賀陽然良著	商法要論總則會社	四・五〇	・二七
宮本英雄著	英法研究	五・〇〇	・二七
岡村司著	民法と社會主義	三・〇〇	・一八
井上登譯 アントン・メンガア著	民法と無產者階級	二・五〇	・一八
井上直三郎著	破產法綱要（I）	二・〇〇	・一八
佐々木惣一著	立憲非立憲	二・一〇	・一八
田村德治著	行政學と法律學	二・二〇	・一八
同　著	思想問題解決の合理的基礎	一・八〇	・一八
曄道文藝著	日本民法要論（總則）	六・〇〇	・三六
同　著	最近大審院民法判例批評	三・〇〇	・一八
同　著	民法研究	三・〇〇	・一八
菅原眷二著	日本民法論（總則）	五・〇〇	・二七
同　著	民法判例批評	四・〇〇	・二七
竹田省著	商法判例批評	二・五〇	・一八
西島彌太郎譯 レオン・デュギー著	私法變遷論	二・〇〇	・一八
有馬忠三郎著	不正競業論	五・五〇	・二七
勝山勝司著	共同海損論	一・三〇	・一五

國際私法論　上巻　　**日本立法資料全集　別巻 1198**

平成30年７月20日　　復刻版第１刷発行

著　者　跡　部　定　次　郎

発行者　今　井　　　貴
　　　　渡　辺　左　近

発行所　信　山　社　出　版

〒113-0033　東京都文京区本郷６－２－９－102
モンテベルデ第２東大正門前
電　話　03（3818）1019
ＦＡＸ　03（3818）0344
郵便振替　00140-2-367777（信山社販売）

Printed in Japan.

制作／(株)信山社，印刷・製本／松澤印刷・日進堂

ISBN 978-4-7972-7313-7 C3332

別巻　巻数順一覧【950～981巻】

巻数	書　名	編・著者	ISBN	本体価格
950	実地応用町村制質疑録	野田藤吉郎、國吉拓郎	ISBN978-4-7972-6656-6	22,000円
951	市町村議員必携	川瀬周次、田中迪三	ISBN978-4-7972-6657-3	40,000円
952	増補 町村制執務備考 全	増澤鐵、飯島篤雄	ISBN978-4-7972-6658-0	46,000円
953	郡区町村編制法 府県会規則 地方税規則 三法綱論	小笠原美治	ISBN978-4-7972-6659-7	28,000円
954	郡区町村編制 府県会規則 地方税規則 新法例纂 追加地方諸要則	柳澤武運三	ISBN978-4-7972-6660-3	21,000円
955	地方革新講話	西内天行	ISBN978-4-7972-6921-5	40,000円
956	市町村名辞典	杉野耕三郎	ISBN978-4-7972-6922-2	38,000円
957	市町村吏員提要〔第三版〕	田邊好一	ISBN978-4-7972-6923-9	60,000円
958	帝国市町村便覧	大西林五郎	ISBN978-4-7972-6924-6	57,000円
959	最近検定 市町村名鑑 附 官国幣社 及 諸学校所在地一覧	藤澤衛彦、伊東順彦、増田穆、関惣右衛門	ISBN978-4-7972-6925-3	64,000円
960	鼇頭対照 市町村制解釈 附 理由書 及 参考諸布達	伊藤寿	ISBN978-4-7972-6926-0	40,000円
961	市町村制釈義 完　附 市町村制理由	水越成章	ISBN978-4-7972-6927-7	36,000円
962	府県郡市町村 模範治績　附 耕地整理法 産業組合法 附属法令	荻野千之助	ISBN978-4-7972-6928-4	74,000円
963	市町村大字読方名彙〔大正十四年度版〕	小川琢治	ISBN978-4-7972-6929-1	60,000円
964	町村会議員選挙要覧	津田東璋	ISBN978-4-7972-6930-7	34,000円
965	市制町村制 及 府県制　附 普通選挙法	法律研究会	ISBN978-4-7972-6931-4	30,000円
966	市制町村制註釈 完　附 市制町村制理由〔明治21年初版〕	角田真平、山田正賢	ISBN978-4-7972-6932-1	46,000円
967	市町村制詳解 全　附 市町村制理由	元田肇、加藤政之助、日鼻豊作	ISBN978-4-7972-6933-8	47,000円
968	区町村会議要覧 全	阪田辨之助	ISBN978-4-7972-6934-5	28,000円
969	実用 町村制市制事務提要	河邨貞山、島村文耕	ISBN978-4-7972-6935-2	46,000円
970	新旧対照 市制町村制正文〔第三版〕	自治館編輯局	ISBN978-4-7972-6936-9	28,000円
971	細密調査 市町村便覧（三府 四十三県 北海道 樺太 台湾 朝鮮 関東州） 附 分類官公衙公私学校銀行所在地一覧表	白山榮一郎、森田公美	ISBN978-4-7972-6937-6	88,000円
972	正文 市制町村制 並 附属法規	法曹閣	ISBN978-4-7972-6938-3	21,000円
973	台湾朝鮮関東州 全国市町村便覧 各学校所在地〔第一分冊〕	長谷川好太郎	ISBN978-4-7972-6939-0	58,000円
974	台湾朝鮮関東州 全国市町村便覧 各学校所在地〔第二分冊〕	長谷川好太郎	ISBN978-4-7972-6940-6	58,000円
975	合巻 佛蘭西邑法・和蘭邑法・皇国郡区町村編成法	箕作麟祥、大井憲太郎、神田孝平	ISBN978-4-7972-6941-3	28,000円
976	自治之模範	江木翼	ISBN978-4-7972-6942-0	60,000円
977	地方制度実例総覧〔明治36年初版〕	金田謙	ISBN978-4-7972-6943-7	48,000円
978	市町村民 自治読本	武藤榮治郎	ISBN978-4-7972-6944-4	22,000円
979	町村制詳解　附 市制及町村制理由	相澤富蔵	ISBN978-4-7972-6945-1	28,000円
980	改正 市町村制 並 附属法規	楠綾雄	ISBN978-4-7972-6946-8	28,000円
981	改正 市制 及 町村制〔訂正10版〕	山野金蔵	ISBN978-4-7972-6947-5	28,000円